Volkmar Braunbehrens

Salieri

SERIE MUSIK
PIPER · SCHOTT
Band 8322

Zu diesem Buch

Antonio Salieri – ein musikalischer Stümper, den der Hohn Mozarts und die Einsicht in dessen Überlegenheit zum Giftmord an seinen Rivalen treiben. So zeichnen Peter Shaffer in seinem Stück und Miloš Forman in seinem Film »Amadeus« den Komponisten. Und so sieht ihn die Welt bis heute. Volkmar Braunbehrens, Autor des vieldiskutierten und erfolgreichen Buches »Mozart in Wien«, hält dagegen: Salieri war zu Mozarts Lebzeiten mit seinen etwa 40 Opern der weitaus Erfolgreichere von beiden.
Mit dieser ersten Salieri-Biographie seit etwa 160 Jahren will Braunbehrens einen ungewöhnlichen Musiker ins rechte Licht rücken. Dieses Buch ist Pflichtlektüre für alle, die sich für Mozart und seine Zeit interessieren.
»Braunbehrens versteht es auch in diesem Buch wieder, mit scharfem historischen Seitenblick den Komponisten in seiner Zeit zu orten und damit an entscheidenden Stellen aus Unkenntnis der geschichtlichen Situation entstandene Fehlinterpretationen auszuräumen.« Neue Zürcher Zeitung

Volkmar Braunbehrens, geboren 1941 in Freiburg, Studium der Literaturgeschichte, Musikwissenschaft und Kunstgeschichte in München, Heidelberg und Berlin, wissenschaftlicher Assistent an der FU Berlin, Lehrstuhlvertretung an der Universität Osnabrück, seit 1981 Privatdozent. Mitbegründer und (bis 1981) Redakteur der *Berliner Hefte*, Gründer und (bis 1982) Leiter der »Galerie am Savignyplatz« in Berlin, Tätigkeit als Publizist, lebt in Freiburg. Im Piper Verlag veröffentlichte er außerdem: *Mozart in Wien* (1986, [7]1991)

Volkmar Braunbehrens

Salieri

Ein Musiker im Schatten Mozarts?
Eine Biographie

Mit 12 Abbildungen auf Tafeln und 8 im Text

Piper München · Schott Mainz

SERIE MUSIK
PIPER · SCHOTT

Von Volkmar Braunbehrens liegt in der Serie Piper außerdem vor:
Mozart in Wien (8233)

Redaktion und Register: Uwe Steffen

ISBN 3-492-18322-0 (Piper)
ISBN 3-7957-8322-4 (Schott)
Neuausgabe 1992
2. Auflage, 9.–13. Tausend Oktober 1992
(1. Auflage, 1.–5. Tausend dieser Ausgabe)

Umschlag: Federico Luci,
unter Verwendung eines Kupferstichs von Sándor Ádám Ehrenreich
(Bildarchiv der Österreichischen Nationalbibliothek, Wien)
Foto Umschlagrückseite: Michael Lemster
Satz: Kösel, Kempten
Druck und Bindung: Clausen & Bosse, Leck
Printed in Germany

Inhalt

Vorwort 7

Einleitung
Wispern und Raunen 11

1. Kapitel
Neapel oder Wien? (1750–1772) 25

2. Kapitel
In der Gunst des Kaisers (1773–1777) 55

3. Kapitel
Italienreisen und ein Nachspiel (1778–1781) 78

4. Kapitel
Höhen und Tiefen – Paris und Wien (1782–1783) 103

5. Kapitel
Salieri und Mozart (1784–1786) 133

6. Kapitel
Mit Beaumarchais zum Triumph: »Tarare« (1786–1787) . . . 158

7. Kapitel
Stürme aus wechselnden Richtungen (1787–1790) 185

8. Kapitel
Niedergang in der Restaurationszeit (1791–1802) 214

9. Kapitel
Nach dem Abschied von der Oper (1802–1825) 245

Anmerkungen 277

Literatur 288

Abbildungsverzeichnis 294

Personen- und Werkregister 296

Vorwort

Er war einer der bedeutendsten Opernkomponisten des ausgehenden 18. Jahrhunderts. Seine Werke wurden in ganz Europa aufgeführt – von Neapel bis Kopenhagen, von Lissabon bis Moskau. In Paris feierte man ihn als den würdigen Nachfolger Christoph Willibald Glucks. Der Pariser Oper brachte er über viele Jahre die höchsten Gewinne ein – und zwar vor, während und selbst nach der Französischen Revolution, als längst wieder die Bourbonen herrschten –, und dies mit einer Oper über einen maßlosen Gewaltherrscher, der schließlich einem vom Volk gewählten König Platz machen muß. Doch das eigentliche Zentrum seines Wirkens war Wien, die Stadt, in der er schon seine musikalische Ausbildung genossen hatte, nachdem er – ungewöhnlich für einen italienischen Musiker dieser Zeit – auf ein Studium in Italien (Neapel) verzichtet hatte. Und hier in Wien wurde er Leiter der italienischen Oper am Nationaltheater, Hofkapellmeister, gehörte später sogar zu den Gründern der »Gesellschaft der Musikfreunde«. Über Jahrzehnte war er die einflußreichste Musikerpersönlichkeit in der Metropole Wien. Darüber hinaus war er ein gesuchter Lehrer, der zu seinen zahlreichen Schülern unter anderem Beethoven, Hummel, Moscheles und Schubert zählte, selbst der junge Liszt hat noch Unterricht bei ihm bekommen.

Doch all dies konnte Antonio Salieri nicht vor einem schnellen und gründlichen Vergessenwerden bewahren. Nur der Name ist noch bekannt, aber er verbindet sich nicht mit seinem Werk, das kaum aufgeführt wird, sondern geistert einzig als der eines Konkurrenten, Neiders und angeblichen Giftmörders Mozarts durch die Geschichte. Das Theaterstück und der Kinoschlager *Amadeus* haben in den letzten Jahren aus dieser Legende ein publikumswirksames Ereignis werden lassen. Die Musikgeschichtsschreibung hat zwar früh die Legende vom Giftmord widerlegt, der Schmährede von Intrigantentum und musikgeschichtlicher Bedeutungslosigkeit jedoch lange Zeit kaum ernsthaft widersprochen. Obschon Salieri, musikhistorisch gesehen, völlig andere Wege als Mozart ging, hat ihn die Nachwelt in seinen Schatten gestellt. Man wird Salieris Bedeutung jedoch nur dann erfassen können, wenn man ihn gerade nicht mit Mozart vergleicht und diese ungerechtfertigte Polarisation aufgibt.

In meinem Buch *Mozart in Wien* habe ich deshalb Salieri nur sehr knapp erwähnt. Mit der hier vorgelegten kleinen Biographie möchte ich auf die Lebensleistung dieses wichtigen Komponisten aufmerksam machen, dessen Name so oft genannt wird, ohne daß sich damit eine Vorstellung von Leben und Werk verbindet. Erst in diesem Gesamtzusammenhang läßt sich auch das Verhältnis zu Mozart genauer ausleuchten, kann der sachliche Kern der oft zitierten »Cabalen« erfaßt werden.

Mir ging es nicht um ein vorschnelles Psychogramm, zu dem uns die Materialien über private Lebensumstände, persönliche Aufzeichnungen und Ansichten kaum überliefert sind (Familienbriefe sind wohl überhaupt nicht erhalten), sondern um eine Darstellung seiner musikalischen Karriere und eine kritische Überprüfung vor allem seines Opernwerkes, das bis heute so gut wie unbekannt ist. Das Verhältnis zu seinen wichtigsten Librettisten (Da Ponte, Beaumarchais und Casti) hat mich dabei besonders interessiert, da sie mit Salieri der Versuch verbindet, die engen Fesseln der traditionellen Operngattungen zu sprengen und dem Musiktheater neue dramatische Möglichkeiten zu eröffnen. Um den keineswegs gradlinig verlaufenen Prozeß der Weiterführung der Gluckschen Opernreform durch Salieri zu verfolgen, habe ich alle seine Opern wenigstens kurz zu charakterisieren versucht, die wichtigsten Stationen ausführlicher beschrieben. Mir kam es in erster Linie darauf an, einen anschaulichen kritischen Überblick zu geben, der vielleicht auch dazu anregt, Salieris Werk durch Aufführungen wieder zugänglich und überprüfbar zu machen.

Kurz nach Salieris Tod erschien die Biographie Ignaz Franz

von Mosels und blieb für die nächsten hundert Jahre die einzige selbständige Arbeit über Salieri, sieht man von gelegentlichen Erwähnungen in musikgeschichtlichen Darstellungen und den Arbeiten von Adolphe Jullien über die Geschichte der Pariser Oper einmal ab. Dann erschienen immerhin einige kleinere wissenschaftliche Abhandlungen (Werner Bollert, Andrea Della Corte, Giuseppe Magnani, Rudolf Nützlader) sowie ein trivialer Roman *Salieri und Mozart* von Franz Farga, der einen ins Bodenlose gehenden Haß Salieris auf Mozart zum Gegenstand hat, sich allerdings nicht der Vergiftungslegende anschließt, so entstellt auch alles andere bleibt.

Erst in den letzten dreißig Jahren hat es von musikwissenschaftlicher Seite wieder Interesse an Salieri gegeben. Vor allem zwei überaus verdienstvolle Dissertationen, die parallel entstanden sind, haben zusammenzufassen versucht, was über das Leben Salieris gesagt werden kann: Edward Elmgren Swenson hat eine Dokumentenbiographie erarbeitet (1974), die jedoch nur als Xeroxdruck vorliegt; sie zeichnet sich durch große Zuverlässigkeit aus. Rudolph Angermüller hat in seiner Arbeit *Antonio Salieri. Sein Leben und seine weltlichen Werke unter besonderer Berücksichtigung seiner ›großen‹ Opern* untersucht (1971–74) und ist seither mit zahlreichen Aufsätzen zu Einzelaspekten von Leben und Werk hervorgetreten. Auf diese Forschungen wird sich jede Salieri-Darstellung stützen müssen.

Die folgenden Bibliotheken haben mir bei Auskünften, Materialbeschaffung und durch Einsichtnahme in ihre wertvollen Autographenbestände in großzügiger Weise die notwendige Hilfe gegeben: Österreichische Nationalbibliothek Wien, auch mit ihrer Theatersammlung, vor allem aber mit der Musiksammlung, die die Handschriften und Kopien von Salieris Opern verwahrt; Bibliothek der Gesellschaft der Musikfreunde, die mit dem übrigen musikalischen Nachlaß zahlreiche Salieri-Autographen besitzt; sodann Universitätsbibliothek und musikwissenschaftliches Seminar der Universität Freiburg im Breisgau, Staatsbibliothek Berlin (West), Städtisches Reiss-Museum Mannheim (mit den Resten von Archiv und Bibliothek des Mannheimer Hof- und Nationaltheaters). Großer Dank gebührt auch Robert Pobitschka (Wien) für vielfältige Recherchen, Bettina Kienlechner für Übersetzungshilfe, manchen ungenannten Freunden für wertvolle Hinweise, vor allem aber Gisela Beutler, die diese Arbeit erst ermöglicht hat.

Einleitung

Wispern und Raunen

Als der russische Dichter Alexandr Sergejewitsch Puschkin im Herbst 1830 sich für einige Wochen auf das väterliche Gut Boldino zurückzog, begann für ihn die schöpferischste Phase seiner kurzen Laufbahn. Hier entstanden der Schluß von *Jewgeni Onegin*, etwa dreißig Gedichte, fünf Erzählungen, ein Versepos und fünf dramatische Szenen und »kleine Tragödien«, die menschliche Leidenschaften in Extremsituationen bis zu Selbstzerstörung und Tod verfolgen. Die Pläne zu diesen Kurzdramen gingen schon auf das Jahr 1825 zurück, aber erst in Boldino fand Puschkin jene Ruhe und Ausgeglichenheit, die der schöpferische Furor braucht. Freilich war dies nur die Windstille vor den Stürmen eines verhaßten Gesellschaftslebens, das in der Perversion des tödlichen Duells (1837) eskalierte. Diese glücklichen Wochen auf dem Lande mußten unfreiwillig verlängert werden, weil schon hier in Rußland sich jene Cholera-epidemie ausbreitete, die ein Jahr später ihre verheerende Wirkung in Mittel- und Westeuropa entfalten sollte.

Unter den lange geplanten Arbeitsvorhaben war auch ein Thema, das hervorragend in Puschkins immer wieder zentrale Überlegungen zum Künstlertum hineinpaßte: »Mozart und Salieri«. Es ging hier nicht um ein historisches Drama über den Gegensatz dieser beiden Künstler, um das Aufspüren des Kerns ihrer vermeintlichen Konflikte, um den Versuch, die Rätsel um Mozarts Tod in einer psychologischen Studie zu lösen – Puschkin ging es eher um die Gegenüberstellung zweier verschiedener Künstlertypen, für die die Namen Mozart und Salieri als historische Figurationen herhalten.

Der äußere dramatische Ablauf ist nur ein fast nebensächliches Handlungsgerüst und doch in seiner fast dürftigen Kargheit so unabweisbar, daß die beiden im Manuskript mit »Neid« überschriebenen Szenen den Kriminalfall Salieri/Mozart unbezweifelbar gelten lassen:

Salieri klagt Gott an, daß er so ungerecht sei, nicht brennende Liebe zur Kunst, Selbstaufopferung, Mühe, Fleiß und Gebet durch die Verleihung unsterblichen Genies zu belohnen, sondern ausgerechnet das Haupt eines Verrückten, eines Müßiggängers, eben Mozarts, mit Genie zu krönen. Zum erstenmal empfindet Salieri so etwas wie Neid. Mozart spielt Salieri ein neues Stück vor und bittet ihn um seine Meinung; für Salieri Bestätigung, daß Mozart sein Genie selbst nicht erkenne. Salieri beschließt, Mozart zu vergiften, jenen Künstler, der von allem irdischen Bemühen um die Kunst so weit ins Paradiesische entrückt sei, daß er der Kunst selbst nicht mehr nützlich sein könne. In der zweiten Szene berichtet Mozart von dem anonymen *Requiem*-Auftrag. Man kommt auf Pierre Augustin Caron de Beaumarchais zu sprechen, und Mozart fragt, ob es wahr sei, daß dieser jemanden vergiftet habe, denn Genie und Verbrechen seien doch eigentlich zwei unvereinbare Dinge. In diesem Moment schüttet Salieri heimlich das Gift in das Glas, Mozart trinkt und setzt sich anschließend ans Klavier, um aus dem *Requiem* zu spielen. Aber bald schon fühlt er sich unwohl und geht. Salieri, allein, denkt weiter über Genie und Verbrechen nach – sind sie wirklich unvereinbar?

In Puschkins Szenen hat Salieri Mozart vergiftet, auf offener Bühne, eindeutig. Es ist die einzige der »kleinen Tragödien«, die noch zu Puschkins Lebzeiten veröffentlicht wurde, bereits 1840 lag sie auch in einer ersten deutschen Übersetzung vor. Wie konnte eine so ungeheuerliche Beschuldigung so lapidar, so selbstverständlich verbreitet werden? Woher glaubte Puschkin so sicher sein zu können über ein so entsetzliches Verbrechen, daß er in seinem Dramolett fast beiläufig den Giftmord Ereignis werden ließ? Dabei ist diese dramatische Wendung nicht einmal konstitutiv für sein Stück: Es wird lediglich gezeigt, wie Salieri das Gift in Mozarts Glas schüttet und Mozart kurze Zeit später den Raum verläßt, weil ihm nicht wohl ist. Es folgen nur noch die kurzen Worte Salieris mit der Gedankenreplik über Genie und Verbrechen, und damit endet die kleine Tragödie. Zweifellos glaubte Puschkin an Salieris Verbrechen und war so überzeugt davon, daß er diese Tat wie ein historisches Allgemeingut in seinem Drama behandeln konnte. Es beabsichtigt nicht, einen Kriminalfall darzustellen, sondern es will das Genie, dem alles ohne eigenes Zutun von Gott verliehen zu sein scheint, dem anderen Künstler gegenüberstellen, der sich die Kunst mit Talent, Ausdauer und Fleiß wie ein immer mehr vervollkommnetes Handwerk anzueignen versucht und doch, trotz Aufbietung aller seiner Kräfte, nie auch nur entfernt »die paradiesischen Gesänge« erreichen wird, die der »Sohn der Harmonie« leicht hinstreut und damit »uns, Kindern des Staubes, flügelloses Verlangen geweckt hat«.

Puschkin hatte aufgegriffen, was längst in ganz Europa nicht nur geflüstert wurde, sondern als nur halbherzig widerlegtes Gerücht die Runde machte, eine Legende, die zudem auf Salieri selbst zurückzugehen schien und die schon bald nach Mozarts Tod entstandenen Vermutungen über einen Giftmord bestens bestätigte.

Daß Mozart vergiftet worden sein soll, war schon in den ersten Nachrichten über seinen Tod verbreitet worden – und zwar von Prag aus. So hieß es in einem Korrespondentenbericht, der im Berliner *Musikalischen Wochenblatt* veröffentlicht wurde:

»Mozart ist – todt. Er kam von Prag kränklich heim, siechte seitdem immer: man hielt ihn für wassersüchtig, und er starb zu Wien, Ende voriger Woche. Weil sein Körper nach dem Tode schwoll, glaubt man gar, dass er vergiftet worden.«[1]

Auf wen diese Vermutung zurückgeht, ist bis heute nicht erwiesen; daß Konstanze Mozart selbst an der Verbreitung solcher Legende mitgewirkt habe, wie immer wieder behauptet wird, ist eher unwahrscheinlich, denn aus ihrem Munde ist keinerlei solche Verdächtigung überliefert. Aber schon früh ist an dieser Legende weitergestrickt worden. So schreibt Franz Niemetschek in seiner Biographie von 1798 von einem Praterbesuch Mozarts mit seiner Frau, da sie »beyde einsamm saßen, fing Mozart an vom Tode zu sprechen, und behauptete, daß er das Requiem für sich setze. Thränen standen dem empfindsamen Manne in den Augen. ›Ich fühle mich zu sehr, sagte er weiter, mit mir dauert es nicht mehr lange: gewiß, man hat mir Gift gegeben! Ich kann mich von diesem Gedanken nicht los winden. – ‹«[2]

Niemetschek beließ es bei dieser Anekdote, ohne sie weiter zu kommentieren. Seither fehlt sie wohl in keiner Mozart-Biographie. Von Salieri als möglichem Giftmörder ist allerdings noch nirgends die Rede. Indes muß schon früh eine Verbindung zu der »italienischen Partei« an der Wiener Oper gerüchteweise hergestellt worden sein, denn in einer wenig beachteten frühen Mozart-Biographie liest man bereits folgende Zurückweisung solcher Beschuldigungen:

»Mozart hatte freilich – wie jeder große Künstler – eine Menge Feinde, zumal unter den italienischen Operisten, die freilich sehen mußten, daß mit Mozarts Emporkeimen, ihr welscher Singsang zu Grabe gehen mußte. Man weis, welche Mühe sie sich gaben, den Figaro zu verhunzen, daß sie auf Mozarts Bitten, beim Kaiser, durch dessen ausdrücklichen Befehl zwischen dem ersten und zweiten Akte angehalten werden mußten, bei Ungnade, den Gesang gehörig vorzutragen. Allein, wollten sie Mozarten aus dem Wege räumen, so durften sie nicht so lange warten, bis er mit seinen übrigen Geistesproduckten ihrem Charivari den letzten Gnadenstoß gegeben hatte; sie mußten rascher zu Werke schreiten.

1786 schrieb er Figaro, wo seine Neider am wüthendsten waren, und sie hätten ihm den Raum von fünf Jahren – 1786:1791 – gelassen, seinen Ruhm zu vermehren? – Dies ist schon wegen der Jähzornigkeit der Italiener als ihres eigenen Interesse unwahrscheinlich. Und wollte man ihn ja vergiften, wozu der geheimnißvolle Bothe? wozu vergiftete Briefe, und eine ansehnliche Belohnung für eine Komposizion, die aus demselben Grunde, wie ihr Verfasser, zur Vernichtung bestimmt war? Man konnte leichter an Mozart kommen. Sein offener, redlicher Charakter machte, daß er jedem traute, sich oft seinem ärgsten Feinde hingab. Wozu also die Umstände? –

[...] Der Gedanke der Vergiftung war gewiß ein bloßes Spiel seiner Einbildung.«[3]

Die Frage wäre erst noch zu diskutieren, ob eigentlich Salieri das Haupt der italienischen Fraktion an der Wiener Oper war. Jedenfalls hatte er in seiner Stellung als Kapellmeister der italienischen Oper schon institutionell gelegentliche Differenzen mit Mozart, die berühmten »Cabalen«, die Mozart in seinen Briefen öfter erwähnt. Salieri saß eben mit seinen Opern am längeren Hebel, während Mozart sich als freier Komponist durchsetzen mußte. Einer durchaus auch kollegialen Verbindung dieser beiden Komponisten, wie sie gerade aus Mozarts Todesjahr bekannt ist, tat dies aber keinen Abbruch. Immerhin wurde 1803 bereits »den Italienern« ein Mordkomplott zugeschoben, wenn auch der Name Salieri (zumal in dieser Zurückweisung) nicht öffentlich genannt wird.

Gerüchte lassen sich nicht lückenlos verfolgen, sie sind nur ein Wispern und Raunen, ein Flüstern hinter vorgehaltener Hand, sind selbst ein schleichendes Gift. Wann in Wien zuerst davon gesprochen wurde, gar Salieri ins Spiel gebracht wurde, läßt sich nicht rekonstruieren. Es scheint so, als habe Carl Maria von Weber, der 1803 Salieri in Wien besucht hat, bei späteren Aufenthalten in Wien von solchen Beschuldigungen erfahren und jeden Kontakt mit Salieri deshalb bewußt vermieden; offenbar glaubte er, der sich sogar einer Verwandtschaft mit Mozart rühmen konnte, daran[4].

Erst um 1823 findet man schriftliche Gesprächsaufzeichnungen, die allerdings eine ganz neue tragische Wendung bringen. Gioacchino Rossini, der im Frühsommer 1822 in Wien war, konnte Salieri noch scherzhaft auf die Gerüchte ansprechen; sie waren ihm offensichtlich gleich zu Ohren gekommen[5]. Als Salieri aber im Herbst 1823 einen physischen und geistigen Zusammenbruch erlitten hatte und in einem gebrechlichen und verwirrten Zustand ins Wiener Allgemeine Krankenhaus aufgenommen worden war, wurde bald bekannt, Salieri habe sich in geistiger Verwirrung selbst beschuldigt, Mozart umgebracht zu haben. Das mußte natürlich das größte Aufsehen machen, wenngleich es viele, schon der Umstände wegen, nicht für glaubhaft hielten. In Ludwig van Beethovens Konversationsheften findet man Spuren solcher Gespräche[6]. In lichteren Momenten war Salieri selbst in der Lage, sich hierzu zu äußern. So berichtet Ignaz Moscheles von einem erschütternden Besuch im Krankenhaus:

»Das Wiedersehen [...] war ein trauriges; denn sein Anblick schon entsetzte mich, und er sprach mir in abgebrochenen Sätzen von seinem nahebevorstehenden Tode; zuletzt aber mit den Worten: ›Obgleich dies meine letzte Krankheit ist, so kann ich doch auf Treu und Glauben versichern, dass nichts Wahres an dem absurden Gerücht ist; Sie wissen ja, – Mozart, ich soll ihn vergiftet haben. Aber nein, Bosheit, lauter Bosheit, sagen Sie es der Welt, lieber Moscheles; der alte Salieri, der bald stirbt, hat es Ihnen gesagt‹. Ich war tief erschüttert, und als der Greis nun noch unter Thränen den Dank für meinen Besuch wiederholte, mit dem er mich schon beim Eintreten überhäuft, da war es Zeit, dass ich forteilte, um mich nicht überwältigen zu lassen. Was das Gerücht betrifft, auf das der Sterbende anspielte, so hatte es allerdings circulirt, ohne dass es mich jemals berührt hätte. Moralisch hatte [er] ihm freilich durch Intriguen geschadet und ihm dadurch manche Stunde vergiftet.«[7]

In der Öffentlichkeit konnte jetzt nicht mehr geschwiegen werden. Im Herbst 1824 veröffentlichte Giuseppe Carpani seinen *Brief zur Verteidigung Salieris gegen die Beschuldigung der Vergiftung Mozarts*[8]; die Leipziger *Allgemeine musikalische Zeitung* berichtete aus Paris über öffentliche Widerlegungen des Vorwurfs, brachte sogar eine eindeutige »Nachricht« folgenden Wortlauts:

»Unser würdiger Salieri kann – nach dem Volksausdrucke – halt nicht sterben. Der Körper leidet alle Schmerzen der Altersgebrechen, und der Geist ist entflohen. In seiner Phantasiezerrüttung soll er sich wirklich zuweilen selbst als Mitschuldigen an Mozarts frühem Tode anklagen: ein Irrwahn, dem wahrlich niemand Glauben beymisst, als der arme, sinnverwirrte Greis. Mozarts Zeitgenossen ist es leider nur allzu bekannt, dass nur angestrengtes Arbeiten und Geschwindleben in übelgewählter Gesellschaft seine kostbaren Tage verkürzte!«[9]

Die Virulenz des Gerüchtes ist unabweisbar, sie wird durch diese Versuche, ihre Haltlosigkeit nachzuweisen, kaum gebrochen. Kein Wunder bei dem einzigartigen Ruhm, den Mozart in ganz Europa genoß, daß auch solche Gerüchte sich über ganz Europa verbreiten mußten. Und die *Allgemeine musikalische Zeitung*, so gut sie es meinte, trug selbst mit der Zurückweisung noch zur Verbreitung bei, denn dies war ja eine der seriösesten und angesehensten Musikzeitschriften, die es überhaupt gab.

Wie sollte man deutlicher als durch den Hinweis auf die Absurdität der Anwürfe einen Beweis von Salieris Unschuld erbringen? Hier gab es ja nichts als eine Behauptung, nicht einmal die geringsten

Indizien, die für eine Täterschaft Salieris sprachen. Wie anders konnte da eine Verteidigung aussehen? Carpani hatte immerhin versucht, den Kriminalfall an seiner eigentlichen Substanz zu pakken, indem er darzulegen versuchte, daß Mozart gar nicht vergiftet worden war, und dazu hatte er durchaus kompetente Fachleute herangezogen, sogar sich ein Gutachten eines jener Ärzte herangeholt, die Mozarts Leiche mit eigenen Augen gesehen hatten. Wie man weiß, hat auch dies nur wenig genützt, denn die Vergiftungsthese ist bis in jüngste Zeit immer wieder aufgestellt worden, auch von solchen, die nicht Salieri als den Mörder annahmen, sondern in ganz anderen Kreisen Ausschau hielten. Noch zu Salieris Lebzeiten hatte sich der Beweisgegenstand in eigentümlicher Weise verkehrt: Nicht das Sammeln von Indizien für einen Mord und danach zur Überführung eines Mörders war gefragt, sondern die unlösbare Aufgabe stand an, eine völlig grundlose Verdächtigung widerlegen zu sollen, bei der sich niemand auch nur einmal die Frage gestellt hat, wie denn Salieri diesen Giftmord bewerkstelligt haben soll. So wurde aus dem üblen Gerücht eine Glaubenssache, die keines Beweises bedurfte und nun völlig ungehindert ihr obskurantes Werk verrichten konnte.

Wie man allgemein annimmt, hat Puschkin die Artikel aus der *Allgemeinen musikalischen Zeitung* gekannt, zumindest den Nachruf auf Salieri[10], in dem Friedrich Rochlitz noch einmal auf die Absurdität der Selbstbeschuldigungen eines verwirrten Greises hinwies. Aber Puschkin war für solche Besonnenheit nicht mehr empfänglich, war vielleicht zu eingenommen von seinem Idol Mozart. Dabei hat es auch in Rußland nicht an nachdenklichen Leuten gefehlt. Pawel Alexandrowitsch Katenin zum Beispiel monierte mit Recht:

»Gibt es einen sicheren Beweis dafür, daß Salieri Mozart aus Neid ermordet hat? Wenn ja, dann muß man ihn im Vorwort in der Prosa des Strafrechts mitteilen; wenn nicht – ist es dann statthaft, das Andenken eines wenn auch nur mittelmäßigen Künstlers vor der Nachwelt derart zu verleumden?«[11]

Katenin läßt sich mit solchen Argumenten ganz auf Puschkins Version des Neides als Motiv ein. Historisch gesehen muß freilich auch hier einiger Zweifel angemeldet werden. Denn Salieri mag zwar die künstlerische Überlegenheit Mozarts deutlich gefühlt haben – nach Mozarts Tod und im Alter spricht er mit der größten Hochachtung und Bewunderung von Mozart –, aber zu dessen Lebzeiten war Salieri zwar nicht durchgängig und mit allen seinen Werken, doch immerhin mit einigen mindestens ebenso erfolgreich wie Mozart, einige seiner Opern lagen sehr früh schon in gedruckten Partituren und Klavierauszügen vor. Und zumindest aus Paris brachte Salieri auch höchst ansehnliche Honorare mit. Darüber hinaus hatte er im Musikleben Wiens wohl eine der einflußreichsten Stellungen inne. Sollte Salieri also diese immensen Erfolge so gering geachtet haben, daß sie eventuellen Neid auf Mozarts kompositorisches Vermögen, sein Genie, nicht wenigstens so weit zu bremsen vermochten, immerhin vor einem Kapitalverbrechen zurückgehalten zu werden? Eine solche Frage hätte sich auch Puschkin schon stellen können, sie entsteht nicht erst aus dem historischen Abstand und dem panoramaartigen Überblick des Historikers.

Erst einige Jahre nach 1800 begann langsam der Aufführungserfolg Salieris zu sinken; freilich hatte er nach 1802 auch keine neue Oper mehr geschrieben. Mozart hingegen – und das darf man nicht übersehen – ist der erste Komponist gewesen, der nach seinem Tode mit steigenden Aufführungszahlen (in allen Gattungen), mit einem seitdem nie versiegenden Nachruhm beglückt wurde, ein Phänomen, das es in dieser Form vor Mozart niemals gegeben hatte[12]. Wenn also von Neid und Eifersucht die Rede ist: darauf konnte Salieri in der Tat mit wachsender Erbitterung sehen, allerdings erst in den mehr als dreißig Jahren, die er Mozart überlebte (und außerdem war Salieri nicht jener mißgünstige Charakter, als den man ihn oft genug hinstellt).

Puschkin und mit ihm viele andere waren also in mehrfacher Hinsicht einem Irrtum aufgesessen, den sie freilich selbst schon hätten entdecken können. Sie wurden vielleicht in diesem Irrtum begünstigt durch die zunehmende Unkenntnis über Salieri. In Wien kannte man zu seinen Lebzeiten Salieri sehr gut, er gehörte sogar zu den hochgeachtetsten Musikern auch nach seiner Zeit als aktiver Komponist. Denn er übte bis zuletzt, als ihn die Kräfte plötzlich verließen, nicht nur vielfältige Ämter bei der Organisation des Wiener Musiklebens aus, was sich unter anderem bei der Tonkünstlersozietät, bei der Gründung der Gesellschaft der Musikfreunde und des Konservatoriums niederschlug, sondern er war zugleich bis zuletzt die führende Autorität als Kompositions- und Gesangslehrer, der so bedeutende Schüler wie Beethoven, Johann Nepomuk Hummel, Moscheles, Franz Schubert, Franz von Liszt und viele andere hatte. Von all dem wird Puschkin kaum viel gewußt haben. Und nachweislich hat er nie auch nur eine einzige Oper Salieris auf der Bühne gesehen; dazu fehlte es ihm, der nie im westlichen Ausland war und in Rußland lange genug in der Verbannung leben mußte, einfach an Gelegenheit. All dies begünstigte sicherlich, Salieri als den minderen Komponisten Mozart gegenüberzustellen, ihn als einen typischen Vertreter jener »musici minores« aufzufassen, die nur Talent, Fleiß und Ausdauer haben, aber kein Genie.

Salieri gehörte zu jenen Komponisten, die spätestens nach ihrem Tode nicht mehr aufgeführt werden. Bis in die zweite Hälfte des 19. Jahrhunderts sind von diesem Schicksal von Abertausenden von Komponisten nur wenige ausgenommen worden. Daß überhaupt nicht mehr lebende Komponisten in größerem Umfang wieder aufgeführt wurden, ist – sieht man von Mozart und dem Sonderfall Beethoven einmal ab – eine Errungenschaft des historischen Konzerts, das sich nach 1850 einbürgerte. Die Opern des 18. Jahrhunderts sind – mit Ausnahme Mozarts – noch zögernder aufgeführt worden, bestenfalls einige von Christoph Willibald Glucks Reformopern, selbst Georg Friedrich Händel bedurfte in unseren zwanziger Jahren einer großangelegten Renaissance. Andere Werke sind allenfalls in singulären Aufführungen erprobt worden, aber keine Repertoirestücke geworden. Erst mit der Massenverbreitung der Schallplatte und mit den kulturellen Anstößen des Rundfunks zur Entdeckung von Neuland wird das Repertoire in immer größerem Tempo erweitert und ausgedehnt, freilich am wenigsten in den Opernhäusern und unter den etablierten Konzertveranstaltern. Und erst jetzt wird es auch wieder möglich, Salieri zu hören, zu überprüfen, was und wie er eigentlich komponiert hat, welche Bedeutung er unter seinen Zeitgenossen erlangt und wie er musikgeschichtlich darzustellen sein könnte.

Aber auch die heutige Kulturindustrie mit ihrer zwanghaften Neigung zu Wiederentdeckungen, in der ein gut Teil Unbehagen an den neuen Musikschöpfungen mitschwingt, bedarf der Anstöße von außen, der Stichwortgeber und Spürhunde. Und hier ist es das fulminante und theaterwirksame Stück *Amadeus* von Peter Shaffer gewesen, das einen neuen Blick auf Salieri werfen ließ. Ihm ist es in bemerkenswerter Weise gelungen, die These von Salieri als Mörder Mozarts einerseits zu widerlegen, andererseits den tödlichen Haß Salieris zum Gegenstand seines Dramas zu machen. Shaffers Salieri hat kaum Mitschuld am Tod Mozarts, sieht man ab von einem Moment von Psychoterror, als er Mozart allnächtlich als leibhaftige Verkörperung seiner Angstphantasien über den »grauen Boten« erscheint. Entscheidend ist, daß in *Amadeus* Salieri vollbewußt zu einem letzten Schlag ausholt, um sein Vergessenwerden zu verhindern, indem er sich selbst als Mörder Mozarts bezichtigt:

»Nun, meine Freunde, jetzt werden sie sicher sein. Sie werden von meinem gräßlichen Tod erfahren – und sie werden die Lüge glauben. Von heute an wird, wenn immer Menschen liebevoll den Namen Mozart nennen, auch meiner genannt – voller Haß! Wie sich sein Name über die Welt verbreitet, verbreitet sich meiner auch – wenn schon nicht rühmlich, dann unrühmlich eben. Ich werde doch noch unsterblich – und Er hat keine Macht, das zu verhindern! *Lacht mißtönend. Zu Gott* So, Signore, jetzt wollen wir mal sehen, ob man den Menschen verspotten darf!«[13]

Shaffer hat sich sehr viel enger als Puschkin an die historischen Gegebenheiten gehalten, ihm ging es sicherlich auch um die historischen Personen. Aber im Kern entfernt sich Shaffer kaum von Puschkins Vorlage, indem auch er den Gegensatz einer dem Vergessen anheimfallenden Mittelmäßigkeit und eines göttlichen Genies postuliert, das sich zugleich kindisch und unwürdig im Leben benimmt. (Selbst die Auflehnung der Figur Salieris gegen Gott hat bei Puschkin bereits einen zentralen Stellenwert.) Das verwirrte Reden eines zerfallenden Greises wird von Shaffer zu einem raffinierten Schachzug umgedeutet; das ist alles. Aber damit wird zugleich das Motiv der Legende vom Giftmörder beibehalten, und Salieri bleibt der von Eifersucht, Neid und Rachsucht besessene kleine Musiker, dem nie etwas Großartiges eingefallen ist, gelingen konnte.

Miloš Formans Film *Amadeus* hebt die von Shaffer klug disponierte Theaterhaftigkeit seines Stückes, eine kritische Distanz zum Bühnengeschehen, vollends auf und führt eine rauschende Kinoorgie von so gefangennehmender Eindeutigkeit der Bilder vor, daß der Eindruck entsteht, nur so und nicht anders kann es gewesen sein. Die Suggestivkraft der Bilder von Schauplätzen, Personen, Gesichtern tut ein übriges. Den Film haben inzwischen mehr als dreißig Millionen Menschen gesehen, er ist einer der allergrößten Kinoerfolge. Damit wird eingelöst, was Shaffers Salieri am Ende des Theaterstücks versprochen hatte. Unter dem Stichwort »Amadeus« (das seit Beginn des 19. Jahrhunderts immer auf Wolfgang Gottlieb Mozart deutet) verbreitet sich auch die Theater- und Kinofigur Salieri um die ganze Welt, und – als bemerkenswerte ironische Volte – selbst der historische Komponist Antonio Salieri (1750–1825), der einmal fast vergessen schien und sogar von der Musikwissenschaft kaum beachtet wurde, erfreut sich einer ganzen Reihe neuer Aufführungen und Einspielungen seiner Werke. Es scheint, als habe die erste Version der Salieri-Legende (als Giftmörder) den Komponisten tatsächlich aus der musikalischen Öffentlichkeit verbannt, wobei der Fortgang der Musikgeschichte diesen Prozeß gleichsam natürlich unterstützte, während die zweite Salieri-Legende (als Selbstbezichtiger und damit Trittbrettfahrer an Mozarts Ruhm) seine Wiederentdeckung begünstigt.

Der alte Salieri hat sich durchaus Gedanken über seinen Nachruhm gemacht: Er gedachte, ein wohlgeordnetes Erbe zu hinterlassen. Über seine Kompositionen, deren Handschriften er sorgfältig aufbewahrt hatte, traf er genaue und wohlüberlegte Verfügungen, die ihre Zugänglichkeit für jedermann sicherten. Aus dem Abstand von zwanzig bis dreißig Jahren schrieb er in die Originalpartituren zu zwölf seiner Opern Bemerkungen auf die Vorsatzblätter, die kurze kritische Überlegungen zu den einzelnen Nummern und ihrer dramaturgischen Bedeutung enthalten. Ein Werkverzeichnis wurde angelegt. Die Skizze einer Lebensbeschreibung wurde begonnen, offenbar aber nur die flüchtige Aufzählung der wichtigsten Ereignisse, die zudem unvollendet blieb. Auf einzelnen Blättern wurden Gedanken zur Musik, zu ihrer Einteilung, zur Bedeutung ihrer Gattungen notiert. Ergänzt wurde dieses Material durch eine Sammlung von Anekdoten und kurzen Schilderungen kleiner Begebenheiten, die sich Salieri wohl fortlaufend während seines Lebens notiert hatte, kein umfangreiches Konvolut in der Art eines Tagebuches, eher Gelegenheitsaufzeichnungen. An eine Autobiographie hatte er offensichtlich nicht gedacht, sondern an einen Biographen, der nach seinem Tode sein Leben im Zusammenhang mit der Darstellung seiner Werke zu schildern imstande sei; für ihn wollte Salieri die notwendigen Vorarbeiten der Materialsammlung bereitstellen. Indem er sich selbst noch einmal an Stationen und Erlebnisse seines Lebens erinnerte, seine Werke noch einmal durchlas und Revue passieren ließ, verschaffte er sich ein Vergnügen und begann zugleich seinen Nachlaß zu ordnen. Bei der Durchsicht seiner Kompositionen notierte er:

»Es macht mir Freude [...] mehr Gutes als Schlechtes darin zu finden, und wenn es mir manchmal gelingt, eine Stelle zu verbessern, die mir immer mißfiel, und die ich früher vergebens zu verbessern suchte; dann ist Niemand vergnügter als ich. Man wird sagen, ich begnüge mich mit Wenigem; allein dieß beweist nur die Leidenschaft eines Künstlers für seine Kunst, ohne welche Leidenschaft man nie etwas Gutes zu Stande bringt.«[14]

Man gewinnt aus solchen Äußerungen den Eindruck eines bescheidenen Künstlers, der kaum dazu neigt, sich zu überschätzen, der gleichwohl weiß, daß er geleistet hat, wozu er fähig war, und ein Werk hinterläßt von nicht unerheblichem Rang. An Selbstkritik fehlte es Salieri gewiß nicht.

Seinen Biographen hat sich Salieri selbst ausgesucht, Ignaz Franz von Mosel, einen umfassend gebildeten, vielseitig interessierten Musikdilettanten, der lange Jahre Vizedirektor der beiden Wiener Hoftheater und später Kustos der Hofbibliothek war. Neben schriftstellerischen Arbeiten war er auch mit drei Opern an die Öffentlichkeit getreten, von Salieri ermuntert, hatte sich darüber hinaus mit Bearbeitungen von Händel-Oratorien und Streichquartett-Bearbeitungen von Mozart-Opern einen Namen gemacht. Ihm zeigte Salieri sein Bündel von Aufzeichnungen, die ihm nach seinem Tode ausgehändigt werden sollten.

Zu einem systematischen Abschluß scheinen diese Notizen allerdings nicht gekommen zu sein, und als Mosel nach dem Tod Salieris sich an seine Aufgabe machte im Glauben, es handle sich nur um die

Übersetzung einer mehr oder weniger abgeschlossenen Autobiographie aus dem Italienischen, mußte er feststellen, daß die Anekdotensammlung aus nichts weniger als »freundschaftlichen Scherzen« bestand, »aus kleinen, von *Salieri's* munterer Laune erzeugten Neckereien, deren Erzählung wohl einen Zirkel vertrauter Freunde ergetzen mag, die aber zur Mittheilung an ein Publikum nicht geeignet sind«[15]. Mosel sah sich daher genötigt, mit eigener Gründlichkeit eine Biographie zu erstellen, zu diesem Zweck auch Salieris umfangreiche Korrespondenz zu benutzen, was insofern von Bedeutung ist, als all diese Materialien sich offensichtlich nicht erhalten haben und Mosel insoweit als authentische Auskunftsperson gelten muß. Mosel, der die Vergiftungslegende ebenso kannte wie die Selbstbezichtigung des verwirrten Greises im Krankenhaus (wobei niemand weiß, wer sie eigentlich selbst gehört und dann verbreitet hat – sie ist nur als Gerücht bekannt geworden), hat das beste getan, was unter diesen Umständen zu tun war: knapp ein durchaus ereignisreiches Leben zu schildern und mit einiger Ausführlichkeit zumindest die wichtigsten Opern Salieris noch einmal ins Gedächtnis zu rufen. Für die nächsten hundert Jahre blieb dies die einzige selbständige Darstellung über Salieri, nur ein einziges Mal aufgelegt und nur in wenigen Bibliotheken erhalten.

1. Kapitel

Neapel oder Wien?

1750–1772

Antonio Salieri stammt aus Legnago, einer kleinen Grenzstadt des venezianischen Reiches zum österreichischen Herzogtum Mantua, an der Etsch gelegen und damit zugleich ein nicht unwichtiger Hafenplatz vor allem für den Getreidehandel. Wirtschaftlich ging es diesen Kleinstädten der Terra ferma nicht sehr gut, dafür schöpfte die Kapitale Venedig einfach zuviel ab, insbesondere durch hohe Steuern. Legnago litt zudem darunter, einen Militärstützpunkt für die Grenzbefestigungen zu haben, und das war für die Entwicklung von Handel und Gewerbe nicht gerade förderlich. Zwar gab es eine nicht unbedeutende Schicht von Kaufleuten, die das Leben der Stadt bestimmten – sie leisteten sich für die etwa 2500 Einwohner immerhin ein eigenes Theater –, aber die Stimmung war gedrückt, die Aussichten auf dauerhafte wirtschaftliche Verbesserungen wenig günstig. Venedig lebte deutlich über seine Verhältnisse, und das mußte finanziert werden; die Terra ferma, die Landgebiete Venedigs, hatten darunter zu leiden.

Salieri hat offenbar wenig über seine Kindheit aufgezeichnet oder seinem Biographen Ignaz Franz von Mosel mitgeteilt. Außer ein paar Anekdoten wissen wir fast nichts, und diese Anekdoten sind zudem wenig aufschlußreich. Da ist von einem Bruder die Rede, der als geschätzter Musiker viel auf Dorf- und Kirchfesten der Umgebung spielte und oftmals den jungen Antonio zu solchen Gelegenheiten mitnahm. Als einmal kein Platz mehr in der Kutsche war, lief der zehnjährige Knabe zu Fuß hinterher und kam erst am Abend wieder nach Hause. Eine andere dieser Anekdoten erzählt, wie der

Knabe einen ihm gut bekannten Organisten auf der Straße nur widerwillig grüßte und deshalb von seinem Vater zur Rede gestellt wurde. Antonio erwiderte darauf, er habe eine Abneigung gegen ihn, weil er ein schlechter Orgelspieler sei. Als der Vater lachend meinte: »Wie kannst du denn das beurteilen, du bist ja noch ein Anfänger in der Musik?«, meinte der junge Antonio etwas keck: »Das stimmt, aber trotzdem würde ich mit mehr Andacht spielen.« Aus solchen Geschichtchen läßt sich noch nicht einmal etwas über frühes musikalisches Talent herauslesen. Auch über das Elternhaus, seine Geschwister, Lebensstil oder Bildungsgang verrät Salieri kaum etwas, immerhin läßt sich einiges rekonstruieren.

Sein Vater Antonio, mindestens seit Anfang der zwanziger Jahre in Legnago ansässig, war anscheinend ein gutsituierter Kaufmann, der mit Landprodukten handelte. Aus erster Ehe hatte er zwei Kinder, Giulia (geboren 1724) und Francesco Antonio (geboren 1737). Seine Frau Elisabetta war schon 1740 gestorben, worauf er – sicher auch in Rücksicht des dreijährigen Kindes – sogleich wieder heiratete. Aus dieser zweiten Ehe mit Anna Maria Scachi hatte er weitere neun (oder zehn) Kinder, die zwischen 1741 und 1752 geboren wurden (das letzte Kind, Lucia, geboren 1756, läßt sich nicht genau identifizieren). Fast im Jahresabstand vergrößerte sich die Familie. Ein bißchen verwirrend sind die Namen, denn auch der erste Sohn aus zweiter Ehe bekam den Vornamen Francesco Antonio, dabei war er nur vier Jahre jünger als sein Stiefbruder. Das vierte Kind war ein Sohn Antonio, der allerdings schon im zweiten Lebensjahr starb. Der Name Antonio wurde daraufhin ein weiteres Mal verwendet für das achte Kind aus der zweiten Ehe, und dies ist der uns beschäftigende spätere Komponist Antonio Salieri, der am 18. August 1750 in Legnago geboren wurde.

Ob die Geschäfte des Vaters sich in den fünfziger Jahren wirklich verschlechtern, läßt sich nicht genauer sagen, weil wir über den Umfang seiner Tätigkeit nichts wissen. Immerhin reichte er beim Rat der Stadt 1757 ein Gesuch ein mit der Bitte, die Steuern für seine »bottega di grassina« zu ermäßigen. Dabei wies er auch auf die zahlreiche Familie hin, die ihm von Gott geschenkt worden sei.

Schulbildung und Musikunterricht wurden im Hause Salieri groß geschrieben. Francesco Antonio war auf die Musikschule von Padua geschickt worden und Schüler des bedeutenden Geigers Giuseppe Tartini, der dort bis ins hohe Alter unterrichtete. Dieser Bruder brachte auch unserem Antonio das Violinspiel bei, unterrichtete ihn daneben noch auf dem Klavier und gab ihm ersten Gesangsunterricht. Außerdem wurde der junge Antonio auf die Lateinschule geschickt und durfte später seine Musikstunden fortsetzen beim Organisten am Dom von Legnago, Giuseppe Simoni, der ein Schüler des berühmten Padre Giovanni Battista Martini in Bologna war. Mochte der Knabe auch von großer Lehrerverwandtschaft umgeben sein, so wissen wir über Frühbegabung oder Erfolg dieser Ausbildung gar nichts. Anekdoten deuten darauf hin, daß es durchaus Neigung und Lust zur Musik gab; wann allerdings die Musik als mögliches Berufsziel zum erstenmal ins Auge gefaßt wurde, bleibt völlig unklar.

Man hat fast den Eindruck, daß Salieri sich an diese Jugend in Legnago nur ungern erinnerte. So blieb auch später der Kontakt zu seinen Geschwistern offensichtlich gering, andere Verbindungen zu seiner Heimat gab es nur spärlich. Vielleicht hängt dies damit zusammen, daß Salieri früh schon Waise wurde: Seine Mutter starb 1763 (da war Salieri zwölf), sein Vater wenig später. Läßt sich das Todesdatum seiner Mutter wenigstens noch aus den Kirchenbüchern ermitteln, so wissen wir über den Tod des Vaters, ein doch einschneidendes Erlebnis für den Halbwüchsigen, nichts; entweder ist er außerhalb Legnagos, vielleicht auf einer Reise, gestorben, oder die ohnehin unvollständigen Kirchenbücher versagen als Quelle. Einige der Geschwister lebten sicher noch zu Hause und mußten nun bei der Verwandtschaft untergebracht werden; von Antonio wissen wir, daß er zu einem älteren Bruder nach Padua kam, der dort Mönch an der Kirche San Francesco war[1]. Sollte etwa auch er das geistliche Gewand anziehen, oder war das Ziel die weitere musikalische Ausbildung an der Musikschule von Padua? Wir wissen nicht einmal, wie lange der junge Antonio sich dort aufgehalten hat.

Erst 1766 werden die Auskünfte genauer. Ein Bekannter der Familie Salieri nahm sich des Fünfzehnjährigen an und führte ihn mit sich nach Venedig. Das war Giovanni Mocenigo, ein Angehöriger der weitverzweigten venezianischen Adelsfamilie, in dessen Palast der Knabe nun aufgenommen wurde.

Die Mocenigos gehörten zu den bedeutendsten und reichsten Familien Venedigs. Neben den Contarinis hat keine Sippe so viele Dogen gestellt; im 18. Jahrhundert standen die Mocenigos insgesamt fünfunddreißig Jahre an der Spitze der Oligarchenrepublik. Eben jetzt regierte Alvise IV. als hundertachtzehnter der insgesamt hundertzwanzig Dogen in der Geschichte dieser Stadt. In mindestens sieben Palästen residierte diese Familie, vier davon lagen an der »Volta del canal« mit Blick auf den Turm der Frari-Kirche. Angehörige dieser Familie hatten (außer dem Dogat) viele bedeutende Staatsämter inne, waren Botschafter ihres Landes an den wichtigsten europäischen Höfen und spielten eine führende Rolle im gesellschaftlichen Leben dieser eigentümlichen Stadt. Freilich kann man das Leben dieses Adels kaum vergleichen mit dem mitteleuropäischer Höfe. Aus der geschichtlichen und staatsrechtlichen Konstruktion dieser Stadt ergab sich zwar eine besondere Stellung, man lebte aber mit den übrigen Bürgern und Einwohnern nicht nur auf engstem Raum zusammen, sondern auch in einer ungezwungenen, keineswegs abgesonderten Lebensweise. So waren nicht nur Adlige als Paten ihrer Angestellten oder anderer Bürger eingetragen, auch umgekehrt wurden Angehörige der Volksschichten als Paten der Adelskinder ausgewählt. Der venezianische Stolz galt in erster Linie der Stadt, nicht dem gesellschaftlichen Rang. Lediglich in der Beteiligung an öffentlichen Ämtern waren subtile Einschränkungen zur Sicherung der Oligarchenmacht vorgesehen. Aber auch hier gab es gelegentlich Öffnungen, um den Kreis der bevorrechtigten Familien zu erweitern. Der Reichtum spielte dabei die entscheidende Rolle.

Was mag es für den gerade fünfzehnjährigen Antonio bedeutet haben, nun plötzlich in einem Palast in Venedig zu wohnen, als Gast dieser Familie, mitten in diesem europäischen Sündenbabel, das uns aus den Schilderungen Giacomo Casanovas, Lorenzo Da Pontes und vieler anderer so gut bekannt ist, aus den Bildern Pietro Longhis, aus den zahlreichen Reiseberichten und Erinnerungen? Zweifellos war Venedig neben Neapel *die* Musikstadt im zersplitterten Italien. Zahlreiche Theater und vier Opernhäuser konkurrierten hier miteinander. Selbst im Palazzo Mocenigo wurden Opern aufgeführt, als gäbe es nicht schon genug Musiktheater. Immer neue Opern wurden vorgeführt. 1766, als Salieri nach Venedig kam, hat Pietro Alessandro Guglielmi, dessen Stern gerade aufging, allein fünf neue Opern an vier verschiedenen Häusern Venedigs herausgebracht. Der junge Antonio muß überwältigt gewesen sein. Von einer geradezu rührenden Szene berichtet er später noch: Bei einer dieser Aufführungen kam er zufällig so nahe an den mit einem Pelzmantel bekleideten Guglielmi heran, der sich gerade angeregt mit einer Dame unterhielt, daß er unbemerkt den Pelzärmel voller Entzücken an seine Brust drücken konnte.

Mocenigo ließ den Knaben nicht untätig herumsitzen, sondern verschaffte ihm soliden Unterricht. Bei Giovanni Battista Pescetti, dem Vizekapellmeister von San Marco, lernte er den Generalbaß. Pescetti, schon über sechzig, früher lange Jahre als Dirigent am King's Theatre in London tätig und ein erfolgreicher Opernkomponist, starb allerdings schon nach wenigen Wochen. Aber da war noch Fernando Pacini, Tenorsänger an San Marco, der auch im Hause Mocenigo wohnte; er sollte Salieri Gesangsstunden geben. Pacini wirkte auch bei Opernproduktionen mit und machte Salieri mit der Welt der Oper bekannt, nicht nur aus dem Zuschauerraum, sondern gewissermaßen durch den Hintereingang, und ermöglichte ihm den Blick hinter die Bühne in das Innenleben eines Opernhauses, öffnete den Insiderblick.

Mocenigo hatte freilich vor, den jungen Salieri nicht bei sich zu behalten, sondern zum weiteren Musikstudium nach Neapel zu schicken. Für einen angehenden Musiker war dies nichts Ungewöhnliches. Denn kaum einer hatte von Hause aus die finanziellen und sonstigen Mittel, sich zum fertigen Instrumentalisten oder Komponisten ausbilden zu lassen und dann sein Können auf dem freien Markt der Konkurrenz anzubieten. Adliges Mäzenatentum und kirchliche Dienste waren die beiden Hauptalternativen der musikalischen Ausbildung. Daneben gab es höchstens noch die Möglichkeit, von einem Musiker, der ein hochdotiertes Amt innehatte, als Schüler angenommen zu werden, ein ganz handwerkliches Lehrverhältnis mit Unterkunft und Verpflegung im Hause des Meisters, auch mit Diensten als Entgelt wie Notenkopieren, Aushilfen im Orchester und ähnlichem. Salieri hatte sicher also eine Glückssträhne erwischt, denn mit einem Mäzen wie Mocenigo im Hintergrund sollte es wohl möglich sein, in Neapel zu bestehen, wenn man nur einiges Talent hatte. Mocenigos Motive kennen wir nicht. Waren es nur freundschaftliche Verpflichtungen der Familie Salieri gegenüber, die ihn veranlaßten, sich des jungen Waisen anzunehmen, waren es die musikalischen Talente, die ihn beeindruckt hatten? Womit aber hatte er sie gezeigt? Wir wissen nichts über die Qualitäten des Instrumentalisten Salieri, kennen keine frühen Kompositionen, wenn es sie überhaupt gegeben hat.

Da geschah etwas noch Überraschenderes. Pacini, sein Hausgenosse und Gesangslehrer, machte Salieri mit einem Komponisten bekannt, der in Venedig weilte, um die Einstudierung einer neuen Oper vorzunehmen. Florian Leopold Gaßmann war in Venedig kein Unbekannter, hatte er doch einige Jahre hier gelebt und zwischen 1757 und 1762 jährlich eine Oper herausgebracht. Die Begegnung mit diesem Komponisten sollte für Salieri zur lebensentscheidenden Wende werden. Anscheinend hat Salieri von dieser ersten Begegnung später keine Aufzeichnungen gemacht, denn sein Biograph Mosel hätte sonst wohl kaum in unbegreiflich kurzen Worten hierüber berichtet:

»Zufällig sprach er [Pacini] mit dem Kapellmeister *Gaßmann* von seinem jungen Hausgenossen, als von einem Jünglinge, der viel Talent und noch mehr Leidenschaft für die Tonkunst zeige. Der Meister verlangte ihn zu sehen, er wurde ihm vorgestellt und hatte das Glück, ihm sowohl im Clavierspiele als im Gesange zu gefallen, dergestalt, daß er ihn von seinem Beschützer sich erbat, und mit nach Wien nahm, um ihn dort in der musikalischen Composition zu unterrichten.«[2]

Was konnte Gaßmann veranlassen, so ohne weiteres die Verantwortung für einen jungen Waisenknaben zu übernehmen und ihn mit nach Wien zu nehmen? Gaßmann hatte zwar eine einträgliche Stelle am Wiener Hof, aber er lebte als Junggeselle allein. Er mußte also nicht nur über eine große Wohnung verfügen, sondern auch über ausreichendes Dienstpersonal für Kleidung, Wäsche, Essen, Frisieren und was dergleichen mehr notwendigste Handreichungen waren, die man im 18. Jahrhundert nicht allein bewerkstelligen konnte. Er mußte außerdem von den musikalischen Talenten des Jungen sehr überzeugt gewesen sein, denn nur der schöne Gesang eines Halbwüchsigen kurz vor dem Stimmbruch kann es nicht gewesen sein. Und Geld hatte Salieri auch keines, oder war Mocenigo bereit, eine Summe dazuzugeben? Immerhin war die teure Reise nach Wien kein Problem, die hatte Kaiser Joseph II. Gaßmann spendiert.

Es war ja auch nicht so, daß hier ein gutes Werk an einem Mittellosen vonnöten war, Mitleid für den Verlassenen, das bei Gaßmann eine empfindliche Saite zum Klingen bringen konnte. Gaßmann selbst war als Knabe von zu Hause ausgerissen und nach einiger Zeit in Italien gelandet – offensichtlich in der Vorstellung, eine Musikerlaufbahn könne nur dort beginnen. Völlig mittellos wurde er von einem Priester auf der Straße aufgelesen, der sich seiner annahm, ihn nicht nur unterrichten ließ, sondern schließlich sogar zu Padre Martini nach Bologna schickte, wo man in der Tat die beste musikalische Grundlagenschulung erfahren konnte, die es gab. Und da war Gaßmann eine eigentümliche Geschichte passiert, indem er von einem venezianischen Adligen entdeckt und in dessen Palast in Venedig als gleichberechtigter Hausgenosse aufgenommen wurde, ein ganzes Stockwerk bewohnte und mit allen Ehren überhäuft wurde – der Beginn von Gaßmanns Musikerkarriere. Wollte Gaßmann nun in eigentümlicher und doch ungleicher Wiederholung sich für sein Lebensglück revanchieren?

Aber Salieri stand nicht mittellos auf der Straße, sondern hatte bereits eincn Mäzen gefunden und war auf dem Sprung nach Neapel. (Was dachte eigentlich Mocenigo darüber, daß ihm die selbstauferlegte Verantwortung über den Waisenknaben so entzogen werden sollte?) Und Wien war nicht Italien. Es war das oberste Ziel jedes Musikers, einmal in Italien gewesen zu sein, dort seine Ausbildung zu vervollkommnen. Aber Wien? Dort herrschte noch nicht einmal, wie sonst (Paris ausgenommen), der italienische Stil als unangefochtener Modegeschmack, sondern vermischt mit Italienischem eine ganz eigene Tradition, bei der kontrapunktische Künste durchaus auch eine Rolle spielten, wo nicht nur gesangliche Melodiosität, sondern auch dramatischer Effekt und Orchestersatz ihr Gewicht hatten, und hatte nicht dort eben der Ritter von Gluck einen ganz neuen Stil begonnen, der französische und italienische Operntradition zu etwas ganz Neuem umzuschmelzen versuchte? Was mußte denn in einem jungen Italiener vorgehen, der das sichere Stipendium nach Neapel in der Tasche hatte und sich nun statt dessen auf das Abenteuer Wien einließ, das ja auch für weiteres Fortkommen sehr viel begrenztere Möglichkeiten bot. Oder glaubte er etwa, in Wien mehr lernen zu können? Glaubte er vielleicht, genügend »italianità« für eine Laufbahn jenseits der Alpen mitzubringen? Hier begann ein Lebensweg mit völlig umgedrehten Vorzeichen. Salieri kehrte Italien den Rücken für immer – lediglich drei kurze Reisen hat er später nach Italien unternommen – und wurde von Wien adoptiert: Salieri wurde tatsächlich später nicht ein Komponist der »italienischen« Stilrichtung, sondern ein Wiener Komponist der Gluck-Nachfolge.

Gaßmann und Salieri kamen am Sonntag, dem 15. Juni 1766, in Wien an. Sein ganzes Leben hat Salieri sich diesen Tag als den seiner »Hegire« gemerkt. Zu dieser unauslöschlichen Erinnerung gehörte grenzenlose Dankbarkeit gegenüber Gaßmann, und noch der alternde Salieri schreibt hierüber:

»Den Tag nach meiner Ankunft in dieser Residenz-Stadt führte mein Meister mich in die italienische Kirche, um dort der Andacht zu pflegen. Im Nachhausegehen sagte er mir: ›Ich dachte deine musikalische Erziehung mit Gott beginnen zu müssen. Von dir wird es nun abhangen, ob sie einen guten oder schlimmen Erfolg haben soll; ich werde in jedem Falle meine Pflicht gethan haben.‹ – Dergleichen Männer sind selten! – Ich versprach ihm ewige Dankbarkeit für Alles, was er mir Gutes erzeigen würde, und, gelobt sey Gott! ich darf mich rühmen, sie ihm, so lang er lebte, und nach seinem Tode seiner Familie, redlich bewiesen zu haben.«[3]

Gaßmann nahm seine Rolle als Mentor sehr ernst und sorgte für einen geradezu mustergültig ausgearbeiteten Unterrichtsplan. Über einen Zeitraum von zwei Jahren wurde ein ganzer Katalog von »Fächern« aufgestellt, für die eigens Lehrer engagiert wurden. So erhielt Salieri je einen deutschen und französischen Sprachlehrer, dazu einen Lehrer für Latein, der auch italienischen Unterricht zu erteilen hatte. (Gerade letzteres war von großer Bedeutung für die spätere Auseinandersetzung mit italienischen Opernlibretti. Ob der Abbate Pietro Tommasi, der diese Lektionen erteilte, freilich der richtige Mann dafür war? Jedenfalls hat Salieri später bei der Auswahl seiner Opernlibretti nicht immer ein sehr sicheres Geschmacksurteil bewiesen.) Für musikalische Fächer kam ein böhmischer Musiker ins Haus, der Violinunterricht gab, daneben auch Generalbaßspiel und Partiturlesen beibrachte. Der Mittelpunkt der Ausbildung war aber die Kontrapunktlehre als Herzstück der Kompositionslehre, die Gaßmann selbst erteilte. Hierzu wurde als Lehrbuch der *Gradus ad Parnassum* von Johann Joseph Fux benutzt, und zwar die lateinische Ausgabe, die Salieri in seinen Lateinstunden übersetzen lernen mußte. Wie man sieht, war der gesamte Unterricht sehr ökonomisch ineinander verzahnt. Daß offensichtlich der Gesangsunterricht nicht wiederaufgenommen wurde, erklärt sich leicht mit dem Stimmbruchalter des jungen Schülers.

Gaßmann hat sich offensichtlich in einem ungewöhnlichen Maße bei Salieri engagiert. Denn zweifellos bezahlte er den Unterricht aus eigener Tasche. Gaßmann war zu diesem Zeitpunkt ein sehr erfolgreicher, aber noch keineswegs am Ziel seiner Karriere angelangter Komponist; er war ja auch erst siebenunddreißig Jahre alt. Erst vor drei Jahren war er nach Wien gekommen, wo er die Position eines Ballettkompositeurs und Theaterkapellmeisters innehatte; darüber hinaus hatte ihn Kaiser Joseph II. zu einem Mitglied seiner Kammermusikrunde gemacht, mit der der Kaiser täglich eine Stunde zu musizieren pflegte. Alles in allem hatte Gaßmann 2200 Gulden jährlich, kein geringes Einkommen, das ihm einen eigenen Hausstand mit entsprechendem Personal ermöglichte. Er wohnte zunächst an der Wasserkunst-Bastei mit der herrlichen Aussicht auf die südlichen und südöstlichen Vorstädte Wieden und Landstraße, im Vordergrund über das fünfhundert Meter breite Glacis hinweg sah man auf die Karlskirche, das Schwarzenbergpalais und dahinter das Belvedere. Und dies war auch Salieris erste Wohnung in Wien.

Gaßmann sah es nicht allein als seine Aufgabe an, seinem Schüler einen guten Unterricht zu vermitteln, sondern auch die notwendigen Schritte für eine erfolgreiche Karriere zu unternehmen, und das hieß vor allem, ihn mit den richtigen Leuten bekannt zu machen. Drei entscheidende Begegnungen sind ihm von seinem Lehrer vermittelt worden, und alle drei wußte er für sich zu nutzen – bescheiden, selbstbewußt und lernbegierig.

Der Kontakt zu Joseph II. kam eigentlich eher zufällig zustande, als der Kaiser bei einer seiner Kammermusikrunden erfuhr, daß Gaßmann einen Schüler aus Venedig mitgebracht hatte und ihn

Florian Leopold Gaßmann, Salieris Mentor und Lehrer

einmal vorzustellen wünschte. Bei diesen Musizierstunden gab es kein festes Programm, man spielte Quartett in wechselnden Besetzungen, nahm sich Opern vor, wobei die Singstimmen verteilt wurden, wie es gerade paßte. Vor allem ganz neue Opern wünschte der Kaiser auf diese Weise und selbst mitmusizierend kennenzulernen, er selbst spielte dabei Cembalo, Cello oder sang auch. Musikalische Bildung hatte in der Habsburger Familie seit Generationen einen hohen Rang. Als der junge Salieri von Gaßmann mitgebracht wurde, mußte er sich natürlich gleich beteiligen; ein bißchen wird es auch Examination gewesen sein, was der junge Mann denn auf dem Kasten habe. Salieri erinnerte sich später noch recht genau, daß Johann Adolf Hasses Oper *Alcide al bivio* vorgenommen wurde und er zuerst in den Chören die Altstimme zu singen hatte. Da dies recht gut ging, ließ man ihn dann auch einige Solostellen vom Blatt singen und war so zufrieden, daß der Kaiser Gaßmann anhielt, seinen Schüler von nun an immer mitzubringen. Salieri wuchs damit unmerklich in eine feste Bindung an den Hof Josephs II. hinein, auch wenn er von einer förmlichen Anstellung entsprechend dem Stand seiner Ausbildung noch weit entfernt war.

In Kaiser Joseph lernte Salieri einen in musikalischen Fragen höchst vielseitig interessierten Menschen kennen, der keineswegs nur Unterhaltung à la mode suchte. Aus Mozarts Briefen wissen wir von der Vorliebe des Kaisers für Fugen, die es doch eigentlich nur noch im Zusammenhang mit der Kirchenmusik gab. In Gaßmann hatte der Kaiser einen Musiker, der für kontrapunktische Künste sehr zu haben war: Seine Streichquartette, in denen bis zu zwei Fugensätze vorkamen, dürften wohl kaum ohne dieses kaiserliche Interesse erschienen sein. Bei der Oper wird immer wieder behauptet, Joseph II. habe einseitig die italienische Oper bevorzugt. Ein solches Urteil läßt sich jedoch kaum halten: Über seine Meinung der Gluckschen Reformoper gegenüber wissen wir nichts. Immerhin gehörte der Kaiser aber zu den Initiatoren des deutschen Singspiels, und zwar nicht einfach durch Übernahme des norddeutschen Singspiels, sondern im Versuch, von Wien aus dem Singspiel als einem nationalen Musiktheater auf die Beine zu helfen. Daß die Ergebnisse unbefriedigend waren, wird wohl jeder zugeben (und allein mit Mozarts *Entführung aus dem Serail* ließ sich keine eigene Bühne halten). Gerade an der Bewunderung und Förderung Mozarts kann man jedoch sehen, daß Joseph II. ein sicheres Qualitätsurteil hatte und sich keineswegs von Gattungstraditionen leiten ließ.

So knausrig Joseph auch war, wirkliche Verdienste ließ er nicht unbelohnt. Für die allwöchentliche gastweise Mitwirkung bei der Musik bekam der junge Salieri an Neujahr ein Geschenk von 50 Dukaten (225 Gulden), das im folgenden Jahr sogar auf 80 Dukaten (360 Gulden) erhöht wurde – Salieris erstes eigenes Geld, das er sogleich an Gaßmann weitergab.

Die zweite wichtige Bekanntschaft war die mit Pietro Metastasio, dem bedeutendsten Operndichter, den es wohl je gegeben hat. Er war die unbezweifelte und unangefochtene Autorität der Opera seria, einzelne seiner etwa dreißig Dramen sind mehr als fünfzigmal vertont worden. Seine Theaterstücke, alle in der griechischen oder römischen Welt angesiedelt, ließen – bei oftmals komplizierten Verwicklungen der Handlung – ein einziges Fest der Tugend, der veredelten Liebe, der unvergleichlichen Großmut aufscheinen. Alle grellen und exzessiven Charaktere bleiben ausgespart, unerbittliche Katastrophen werden vermieden, Anstand, Würde und eine oft genug unwahrscheinliche Tugendhaftigkeit bestimmen seine Dramen, die in idealer Weise dem höfischen Geschmack entsprachen, mit der Niederringung der Niederträchtigkeit und des Bösen und dem Sieg von Sittlichkeit und Moral aber auch bürgerliche Wertvorstellungen verkörperten. Freilich hätte Metastasio kaum eine solche Bedeutung erlangt, wenn nicht seine Sprache ausgefeiltesten Wohllaut mit einer auf die Musik geradezu kongenial hingebildeten Melodität und Leichtigkeit des Verses verbinden würde. Und dieses Haupt der italienischen Dichtung lebte über fünfzig Jahre in Wien, ohne ein einziges Mal sein Heimatland zu besuchen, als kaiserlicher Hofdichter, bescheiden und zurückgezogen, nicht einmal einen eigenen Hausstand hatte er (sondern lebte in der ihm befreundeten Familie Martinez), häufte heimlich Reichtümer an, trug das unauffällige Gewand eines Abbate – ein Dichter, dem ganz Europa zu Füßen lag, der einen entsprechend umfangreichen Briefwechsel unterhielt, aber zugleich auch ein hilfsbereiter (wenn es kein Geld kostete) und liebenswürdiger, jedermann zugänglicher Mann. Jeden

Sonntagvormittag von neun bis zwölf war bei ihm offenes Haus, wo sich die interessantesten Leute aus Wien, aber auch Reisende von auswärts trafen.

Daß Gaßmann Salieri hierhin mitnehmen konnte, war also keine Schwierigkeit, und einflußreiche Leute mochte man dort immer antreffen. Es ging Salieri vorläufig aber nicht einmal in erster Linie um die nützlichen Bekanntschaften, sondern um die Spezifika der musikalischen Textbehandlung, und Metastasio war großzügig genug, dem jungen Wißbegierigen auch zu anderen Tageszeiten seine Tür zu öffnen, wo nicht die Huldigungen der Verehrer die poetisch-musikalische Belehrung störten – vielleicht auch weil Metastasio für Schmeicheleien ebenso empfänglich war, wie er sie selbst kunstvoll austeilte. So kam Salieri ganz privatissimum zu Deklamationsübungen bei Metastasio, eine Schulung, die nicht nur für den künftigen Opernkomponisten höchst nützlich war, sondern auch für den späteren Gesangspädagogen. Darüber entstand ein so freundschaftliches Verhältnis, daß Salieri nun auch als ständiger mitwirkender Gast zu den Abendunterhaltungen von Metastasios Gastgeberfamilie Martinez gebeten wurde.

Gleich im Haus nebenan wohnte Christoph Willibald Gluck, der Salieri später die Pforten zu seinen eigentlichen Triumphen aufstoßen sollte. Gluck hatte zwar seine Stellung als Ballettkompositeur nach dem Sturz Giacomo Graf Durazzos als Opernintendant an Gaßmann abtreten müssen (1764), aber Gaßmann erwies sich schon bald als ein den Gluckschen Reformen höchst aufgeschlossen gegenübertretender Komponist. Gluck hatte jetzt die Muße, das, was er mit seinem Tanzdrama *Don Juan* (1761) und mit *Orfeo ed Euridice* (1762) begonnen hatte, in aller Ruhe weiter auszuarbeiten. Wann Salieri zum erstenmal mit Gluck zusammengetroffen ist, läßt sich nicht ermitteln. Über Gaßmann muß er aber schon gleich mit Gluckschen Vorstellungen vertraut geworden sein. Denn Gaßmann bereitete für den Herbst 1767 seine Oper *Amore e Psiche* vor, eine Oper, die ohne das Vorbild von *Orfeo* kaum denkbar ist. Sicher war Salieri bei der Einstudierung dabei, wie überhaupt es zu Gaßmanns Unterricht gehörte, seinen Schüler von Anfang an mit der Opernpraxis vertraut zu machen, ihn schon bald am Cembalo mitwirken zu lassen. Im Dezember 1767 fand dann die Uraufführung von Glucks

Alceste statt, bei der Salieri wiederum am Cembalo gesessen haben soll.

Es gehört sicher zu den Salieri tief beeindruckenden Erfahrungen, daß er gerade zu dem Zeitpunkt nach Wien gekommen war, wo hier, anfänglich mit Erstaunen, teilweise wohl auch mit Ablehnung aufgenommen, die ersten Werke erschienen, die das Ende der Vorherrschaft der strengen Tradition der Metastasio-Opern einleiteten. Natürlich waren so weitreichende Konsequenzen noch nicht abzusehen, noch handelte es sich um erste tastende Versuche in eine neue Richtung, aber die ihnen zugrundeliegenden ästhetischen Vorstellungen über Einfachheit, Wahrheit und Natürlichkeit des musikalischen Dramas an Stelle eines unnatürlichen, bilderreichen Sprachduktus, komplizierter Intrigen und eines schematischen, undramatischen Ablaufs wurden unter den Beteiligten sicher heftig diskutiert, schließlich entschieden begrüßt. Hier geschah etwas so grundlegend Neues, daß man später sogar von der Revolution der Oper gesprochen hat – und Salieri konnte sich sagen, daß er fast von Anfang an dabeigewesen war. So merkwürdig es in Venedig ausgesehen haben mochte, nicht nach Neapel zu gehen mit einem sicheren Stipendium in der Tasche und mit der Protektion eines einflußreichen venezianischen Adligen, sondern nach Wien in ungewisseste Verhältnisse, so deutlich gewann diese Alternative jetzt Konturen. Und Salieri konnte und wollte sich diesem avantgardistischen Weg nicht verschließen, der übrigens in Gotthold Ephraim Lessings Theaterreform seine Parallelen hatte. Metastasio-Texte wurden zwar weiter komponiert (selbst Gaßmann schrieb 1770 noch einen *Ezio*, allerdings für ein römisches und nicht das Wiener Theater), jedoch immer seltener, wenn auch vereinzelt noch bis nach 1800. Aber bezeichnend ist es doch, daß Mozart, als er den Auftrag für die Prager Krönungsoper (1791, nach Metastasios *La clemenza di Tito*) bekam, eine Bearbeitung vornehmen ließ, die er als »Umgestaltung zur wahren Oper« bezeichnete: Fünfundzwanzig Jahre zuvor hat sich niemand getraut, so mit Metastasios Libretti umzugehen, da galten sie noch als unantastbarer Kanon.

Gerade rechtzeitig zu den neuen Opern von Gluck war auch Wolfgang Gottlieb Mozart (mit seiner ganzen Familie und einem Bedienten) in Wien eingetroffen – und blieb fast anderthalb Jahre.

Natürlich hat Leopold Mozart seinen elfjährigen Sohn mit in die Oper genommen, in Briefen nach Salzburg erwähnt er ausdrücklich sowohl *Amore e Psiche* als auch *Alceste*, schließlich sollte das »Wunderkind« ja selbst eine Oper in Wien schreiben, wenn auch eine Opera buffa (»nicht aber eine kleine opera buffa, sondern zu 2½ Stund bis 3 Stunden lang« – wie Leopold Mozart schreibt). Es ergibt sich daraus, daß Mozart hier zum erstenmal Salieri gesehen hat, den mehr als fünf Jahre Älteren. Er wird ihn kaum beachtet haben, handelte es sich doch nur um einen schlaksigen Jungen am Cembalo, unauffällig, durch nichts bisher hervorgetreten. Salieri hingegen wird sehr wohl in jener Zeit von diesem phänomenalen Wunderknaben gehört haben, wird selbst Gelegenheit gehabt haben, ihn am Klavier zu bewundern bei einer der zahlreichen Vorführungen dieses Genies. Leopold Mozart versäumte schließlich keine Gelegenheit, auf seinen Sohn aufmerksam zu machen. Und selbstverständlich wird er auch davon gehört haben, daß dieses elfjährige Kind für jenes Opernhaus, an dem Salieri oft genug abends das Cembalo spielte, eine Oper schreiben wollte, was kein Mensch für möglich hielt. Viele hielten das für Betrug des Vaters, dem man offensichtlich allerhand zutraute. Die meisten Komponisten in Wien fanden das einfach unseriös und ein albernes Spektakel, das man verhindern mußte. (Im Prinzip hatten sie gar nicht so unrecht: Daß hier eine so unglaubliche Ausnahmeerscheinung wie Mozart am Werke war, ließ sich schließlich weder vermuten noch wissen, so etwas war noch nie dagewesen. Man hielt das wohl für die überkandidelte Idee eines Vaters als Impresario, der sich nicht begnügen konnte mit den allerdings unbezweifelbaren Klaviertalenten seines »Wunderkindes«. Tatsächlich konnte *La finta semplice* in Wien nicht aufgeführt werden, obschon selbst Kaiser Joseph eine Aufführung empfohlen hatte.) Gluck scheint ganz gegen dieses Experiment eingestellt gewesen zu sein, was bei dem nachtragenden Leopold Mozart zu einem lange währenden Affekt gegen den Reformer führte – aber hatte Gluck denn so viel Einfluß an der Oper? Zog er sich nicht damals gerade weitgehend zurück vom öffentlichen Geschehen? Und Gaßmann, der doch immerhin eine einflußreiche Stellung am Opernhaus hatte? Gerade von ihm berichtet Leopold Mozart im Zusammenhang mit den lang andauernden Intrigen nichts.

In der gleichen Zeit verdiente sich der junge Salieri seine ersten kompositorischen Sporen mit kleinen Bearbeitungen oder Einlagestücken für die Oper, die er unter Anleitung Gaßmanns für die tägliche Theaterpraxis vornehmen durfte, komponierte auch einige kleinere Kirchenwerke und Instrumentalmusik, die er freilich später meistens wieder zerrissen hat. Er verstand sich selbst noch ganz als Schüler; dazu paßt auch, daß er solche Stücke, die sein Lehrer gerade komponierte, heimlich ebenso in Musik setzte, um sie dann vergleichen zu können. Auch ist von einer frühen Oper aus dieser Zeit die Rede, *La vestale,* die aber nicht erhalten ist. Vermutlich hat sich Salieri auch hier an eine Vergleichsarbeit herangemacht, denn tatsächlich hat Gluck 1768 eine gleichnamige Bearbeitung einer älteren Oper herausgebracht, ein Sujet, das sich mit seinem wichtigen Choreinsatz durchaus eignete, dem Schüler die ersten Schritte in neuen Bahnen zu erlauben.

Eine kleine Anekdote, die die leidigen Seiten der alltäglichen Theaterpraxis ebenso zeigt wie Salieris Temperament, gehört in diese Zeit – Salieri wird sie selbst Mosel berichtet haben. Da gab es im Theater ein Spinett, das sich in einem desolaten Zustand befand, seine Stimmung nicht einmal für die Dauer einer Probe behielt, abgebrochene Kiele, versagende Federn hatte, gleichwohl aber nicht durch ein besseres ersetzt wurde. (Offensichtlich war es die Zeit des Theaterunternehmers Giuseppe Affligio, die bald mit einem wirtschaftlichen Fiasko endete.)

Eines Tages bekam Salieri »Lust, dem Geize oder der Nachlässigkeit des Theaterunternehmers endlich Schranken zu setzen; er öffnete das Spinett völlig, setzte einen Stuhl dicht neben dasselbe, bestieg ihn, und sprang von demselben in das Spinett. Wer den Mechanismus solch eines Instrumentes kennt, kann sich vorstellen, wie er es dadurch zugerichtet hat! [...] Abends war Oper, das Spinett ward in's Orchester gebracht, eine Stunde vor dem Anfang der Vorstellung kam der Stimmer, und öffnete es, um es zu stimmen. – Barmherzigkeit! rief er und sank auf seinen Stuhl zurück. Fast alle Saiten waren abgerissen und der Resonanzboden zertrümmert. ›[...] irgend ein Teufel muß hineingesprungen seyn.‹ – ›Der gute Mann räth nahe bei,‹ dachte der schweigend dabei stehende *Salieri,* auf welchen zwar Niemand einen Verdacht hatte, oder

Niemand wenigstens einen äußerte, dem aber doch nicht eher ganz wohl zu Muthe wurde, als bis er den Meister sagen hörte: ›Sey es, wie es mag! Dem Himmel sey Dank, das der Impresario nun endlich doch gezwungen ist, ein neues Instrument machen zu lassen.‹ Und so geschah es auch.«[4]

Der Unterricht bei Gaßmann war auf zwei Jahre berechnet. Ein signifikanter Abschluß ist jedoch nicht erkennbar. Salieri war frühzeitig und unmerklich in eine Rolle als Korrepetitor an der Oper geschlüpft, ohne förmliche Anstellung, gewissermaßen als Assistent Gaßmanns. Er wohnte allerdings weiter bei Gaßmann, der spätestens im Herbst 1768 in die Josephstadt (»zur goldenen Säule«) gezogen ist und geheiratet hat. Salieri war noch ganz auf Gaßmann angewiesen und hatte bis jetzt kein eigenes Einkommen.

Ein Jahr später ergab sich die Gelegenheit, so etwas wie ein erstes Gesellenstück abzuliefern. Unter den Tänzern der Oper war Giovanni Gastone Boccherini, ein Freund von Ranieri de' Calzabigi (Glucks Librettisten seiner Reformopern und Motor der Erneuerungsbewegung), der sich auch einmal mit einem Opernlibretto versuchen wollte. Er hatte die Commedia per musica *Le donne letterate* geschrieben, eigentlich für Gaßmann, der jedoch mit einem Auftrag für Rom beschäftigt war, so daß ihm Calzabigi riet, diese Oper Salieri anzuvertrauen, der ebenso noch ein Anfänger sei. Salieri schildert selbst den Fortgang:

»Aha! dachte ich, man hält dich also schon fähig, Opern zu componiren! Nur Muth! Wir wollen die Gelegenheit nicht ungenützt vorüber gehen lassen! – Ich bat daher den Dichter mit großer Ungeduld, mir den Stoff seiner Oper mitzutheilen und das Gedicht selbst vorzulegen. Beides geschah; und nachdem wir die Rollen nach der Fähigkeit der damaligen Sängergesellschaft vertheilt hatten, sagte *Boccherini*: Ich verlasse Sie nun, machen Sie indessen Ihre Bemerkungen, und wenn Sie hier und da einige Veränderungen in Rücksicht auf die musikalische Wirkung verlangen, wollen wir sie, wenn ich wiederkomme, gemeinschaftlich vornehmen. Als ich allein war, sperrte ich mich ein, und mit entflammten Wangen – wie ich auch späterhin pflegte, so oft ich eine Arbeit mit Lust und Liebe unternahm – durchlas ich das Gedicht von Neuem, fand es für die Musik allerdings günstig, und, nachdem ich die Gesangstücke ein drittes Mal gelesen, bestimmte ich für's Erste, wie ich von meinem Meister gesehen hatte, die dem Character eines jeden Gesangstückes entsprechende Tonart. [...]

So bald ich mich allein sah, befiel mich ein unwiderstehliches Verlangen, die Introduction der Oper in Musik zu setzen. Ich suchte mir daher den Character und die Situation der Personen recht lebhaft vor Augen zu stellen, und plötzlich fand ich eine Bewegung des Orchesters, die mir den, dem Texte nach zerstückten Gesang des Tonstückes angemessen zu tragen und zu verbinden schien. Ich versetzte mich nun im Geiste in das Parterre, hörte meine Ideen ausführen; sie schienen mir characteristisch; ich schrieb sie auf, prüfte sie nochmal, und da ich damit zufrieden war, fuhr ich weiter fort. So stand in einer halben Stunde der Entwurf der Introduction auf dem Notenblatte. [...]

Kurz, nachdem ich meine Arbeit mit demselben Eifer fortgesetzt hatte, sah ich binnen vier Wochen zwei gute Dritttheile der Oper in Partitur gesetzt und instrumentirt. Meine Absicht war, sie zwar unverweilt zu vollenden, aber nicht eher aufführen zu lassen, bis mein Meister aus Rom zurückgelangt seyn, und meine Arbeit verbessert haben würde. Die damals obgewalteten Umstände aber fügten es anders. Der Impresario hatte eben eine Oper in die Scene gesetzt, die dem Publikum mißfiel, und sah sich daher genöthiget, derselben schnell ein anderes neues Werk folgen zu lassen.«

In dieser Verlegenheit wußte Boccherini geschickt auf die fast vollendete Oper Salieris aufmerksam zu machen, und man forderte ihn auf, vorzustellen, was davon fertig war.

»Ich stutzte ein wenig, den Impresario und die Kapellmeister *Gluck* und *Scarlatti* dort zu finden, glaubte aber, sie wären blos aus Neugierde gekommen und freute mich ihrer Gegenwart ungemein. Ich sang und spielte was vollendet war; *Gluck* und *Scarlatti* sangen mit mir in den mehrstimmigen Stücken. *Gluck,* der mich stets geliebt und aufgemuntert hatte, zeigte sich gleich Anfangs mit meiner Arbeit zufrieden; *Scarlatti,* der von Zeit zu Zeit kleine grammatische Compositionsfehler rügte, lobte gleichwohl im Ganzen jedes Gesangstück, und beide Meister sagten am Schlusse dem Impresario, daß, wenn ich das noch Fehlende bald zu Stande bringen wollte, man die Oper unverzüglich einstudieren und aufführen könnte, ›indem (waren *Gluck's* Worte) das Werk enthält, was hinreicht, dem Publikum Vergnügen zu machen.‹«[5]

Das war nun zwar kein überschwengliches Lob, aber doch immerhin eine Empfehlung Glucks. Das Werk zeigt, daß Salieri bereits einiges der neuen Richtung gelernt hatte. So gibt es begleitete statt Seccorezitative, Ensemblesätze und am Ende jeden Aktes ein Finale; die Arien enthalten kein Dacapo und sind auf wirkungsvolle Personencharakterisierung angelegt. Allerdings finden sich (schon vom Textbuch her) auch einige Überladenheiten, wie sie bei Anfängern häufig sind. Acht Personen werden benötigt, und drei verschiedene Chöre sind eingesprengt, obschon die Handlung recht einfach ist: In einer recht gelehrt erscheinenden Familie (zwei Schwestern treiben Philosophie und Astronomie, der Gemahl der einen schreibt gerade ein Trauerspiel über »Caracalla« und möchte gerne den Doktorgrad erwerben), lebt Corilla als Mündel und soll entweder an einen Dichter oder an einen Dottore verheiratet werden. Nach allerlei Komplikationen gelingt es ihr aber doch, den Mann zu bekommen, den sie liebt, der ihrer unverstiegenen Natürlichkeit besser entspricht.

Daß Salieri diese erste Oper sorgfältig einstudiert hat, kann man sich denken; er war so aufgeregt, daß er kaum erwarten konnte, zum erstenmal seinen Namen gedruckt auf dem Anschlagzettel zu sehen. Und nach der erfolgreichen ersten Aufführung mischte er sich gleich unter das Publikum, um aus den Gesprächen Wortfetzen des Lobes (oder des Tadels) aufzufischen. Wie groß der Erfolg war, wissen wir nicht, immerhin ist diese Oper später noch einmal in Prag (1773) gegeben worden. Gaßmann lernte diese Erstlingsarbeit seines Schülers erst nach seiner Rückkehr aus Rom kennen, als Kaiser Joseph in seiner Musizierstunde sie noch einmal durchspielen ließ. Er war – wie Mosel schreibt – »mit der Führung eines jeden einzelnen Stückes, mit den musikalischen Ideen, mit dem Character der Musik im Allgemeinen, und mit ihrem Verhältnisse zu dem Stoffe der Oper insbesondere, ungemein zufrieden«[6].

Salieri hatte damit seine Lehrzeit abgeschlossen, zum erstenmal eigenes Geld verdient und gehörte nun zu den Komponisten, die am kaiserlichen Burgtheater aufgeführt wurden. Er ließ nicht lange mit dem nächsten Stück auf sich warten, das noch im selben Jahr herauskam, *L'amore innocente,* eine Pastorale, die wiederum Boccherini zum Verfasser hatte.

Das Eigenartige dieses kleinen Werkes ist, daß es an genau bezeichnetem Ort, nämlich in Klausen, spielt, jenem Bergort an der Eisack zwischen Brixen und Bozen vor der großartigen Kulisse der Tiroler Alpenwelt – und nicht, wie gewöhnlich bei dieser Gattung, in südlich-bukolischer Landschaft: Ein Schäfer hat eine schon ganz städtisch orientierte Tochter sowie ein Mündel, das noch ganz in der Bauernlandschaft lebt und einem Hirten versprochen ist. Die Tochter möchte auch den Hirten haben und zündet ein ganzes Feuerwerk von Intrigen, um ihn zu bekommen. Bis zum letzten Moment scheint ihr das auch zu gelingen, doch dann kommt eine überraschende Lösung nach bäurischer Ordnung.

Salieri mußte das natürliche Hirtenmädchen ausgerechnet mit einer Koloratursängerin besetzen, die natürlich entsprechende Bravourarien verlangte. War dies der Grund, warum das Stück in die Alpenwelt verlegt wurde – Koloratur als Jodeln? Jedenfalls hatte Salieri hier geschickt charakterisiert: Dem Koloratursopran des bäuerlichen Mündels stellt er die kapriziöse Hirtentochter gegenüber, deren gespielte Mondänität vor dieser Alpenkulisse sich besonders gut ausmacht. Der umworbene Hirt hingegen kommt in größte Konfusion. Das war mit einfachsten Mitteln wirkungsvoll gemacht und ist dementsprechend auch noch mindestens dreimal nachinszeniert worden.

Diese ersten beiden Opern waren zwar keine berauschenden Erfolge, aber durchaus ermutigende. Salieri meinte offenbar, sich gleich von allen Seiten zeigen zu müssen, und setzte im selben Jahr noch ein Werk drauf, wiederum von ganz anderer Gattung: *Don Chisciotte alle nozze di Gamace,* eine Ballettoper in einem Akt von einer geradezu dürftigen Handlung. Das Lustigste ist noch das rhythmische Geklingel ihres Titels: Während Gamace gerade ländliche Hochzeit hält, kommen Don Chisciotte und ein Ritter mit ihren Dienern vorbei und werden auch eingeladen. Salieri sagt selbst, daß dieses Werk »äußerst geringen Beifall« erhalten habe, und daran konnte auch nichts ändern, daß die Tänze von dem berühmten Choreographen Jean Georges Noverre stammten – manchmal helfen auch die größten Namen nichts.

Bevor Salieri zu seinem ersten großen Wurf ausholte, entstand schnell noch ein Pasticcio: *La moda ossia I scompigli domestici,* zu dem Salieri nur Teile beigesteuert hat, ein Gelegenheitswerk zur Ausfüllung des Spielplans.

Dann wagte sich Salieri zum erstenmal an einen großen Stoff, das Dramma per musica *Armida*, auf einen Text von Marco Coltellini. In dieser »Zauber-, Helden- und Liebesoper, die auch das Tragische berührt« – wie Salieri sagt –, lieferte er ein durchkomponiertes Werk mit Tänzen, Chören, Arien und Ensembles. Die Ouvertüre ließ schon aufhorchen. Sie war keine dem Werk voranstehende, thematisch kaum verbundene Sinfonia – wie üblich –, sondern versucht mit musikalischen Mitteln die der Oper unmittelbar vorangehende Handlung auszudrücken:

»[...] Ubaldos Ankunft zu Armida's Insel, durch den dicken dunkeln Nebel, der sie umgiebt; die bewachenden Ungeheuer, die ihn beym Fusse der Klippe anfallen, um ihn zu erschrecken; das entsetzliche Geheul, die Verwirrung mit der sie über Hals und Kopf in die Flucht gestürzt werden, indem er den bezauberten Schild ihnen blos entgegen hält; die Mühe und äusserste Anstrengung, mit welcher er die überhängenden Klippengipfel ersteigt; seinen schnellen Fortschritt endlich, auf dem Rücken des Bergs, hin zu einer anmuthigen und bezaubernden Gegend.«

Carl Friedrich Cramer, der Salieris Beschreibung in seinem *Magazin der Musik* (1783) abdruckte, fügt noch hinzu: »Diese Idee auch nur gehabt zu haben, zeugt schon von Salieri's grossem plastischen Genie; aber nun vollends die Ausführung!«[7]

In der Tat sollte die Musik ein dramatisches Geschehen ausdrükken ohne gleichzeitige pantomimische oder tänzerische Darstellung auf der Bühne. Das konnte nur gehen, wenn das Publikum die Grundzüge der Handlung ohnehin kannte, sie also nur aus dem Gedächtnis mitzuverfolgen brauchte, forderte vom Komponisten aber auch eine unmißverständliche tonmalerische Gestaltungskraft. *Armida* war ein bekannter Stoff, durch zahlreiche Ausgaben und Übersetzungen von Torquato Tassos Versepos über Gottfried von Bouillon und das »befreite Jerusalem« verbreitet. Doch Coltellini und Salieri ließen sich nicht auf die äußerst komplizierte vollständige Geschichte um Armida ein, sondern reduzierten das Geschehen auf die drei Hauptgestalten (und als einzige Nebenperson eine Vertraute Armidas):

Armida, die Tochter des Königs von Damaskus, wird als Lockvogel gegen die vor Jerusalem lagernden christlichen Ritter benutzt. Sie, die nicht nur über alle Liebeskünste verfügt, hat auch zauberische Kräfte, mit denen sie schließlich Rinaldo, einen besondere Abenteuer suchenden Ritter, auf einer Liebesinsel im toten Meer (!) zu ketten weiß, jetzt aber selbst in Liebe an Rinaldo gefesselt. Salieris Oper setzt mit dem waghalsigen Befreiungsversuch Ubaldos ein, der Rinaldo aus der Verstrickung mit Armida lösen und zurück zu seiner Christenpflicht vor Jerusalem bringen will. Seine Landung auf der Zauberinsel schildert die Ouvertüre. Der erste Akt entfaltet ein anschauliches Bild der Zauberinsel, wo auch Ubaldo sogleich von Nymphen zu wollüstigem Spiel eingeladen wird, dem er jedoch widersteht, schließlich mit einem Zauberstab die drohenden Dämonen in die Schranken weist. Im zweiten Akt wird die Liebesverstrikkung Rinaldos mit Armida gezeigt; Ubaldo, der die beiden endlich aufgespürt hat, findet Rinaldo fast unansprechbar im Zauberbann der Liebe, während Armida Gefahr ahnt und in äußerste Sorge gerät. Der dritte Akt schließlich zeigt die eigentliche Befreiung Rinaldos: zunächst noch ein Schwanken zwischen Liebe und Christenpflicht, aber Ubaldo versteht es, Rinaldo immer mehr zu lösen. Wenn Armida hinzukommt, kann sie Rinaldo bereits nicht mehr umstimmen, der das Schiff nach Jerusalem besteigt. Armida löst sich langsam aus ihrer Erstarrung aus Enttäuschung und ruft in einer Rachearie noch einmal alle Zauberkräfte, die die Insel zusammenstürzen und das Meer im Zorn toben lassen.

Coltellini hatte es verstanden, ein Opernbuch zu schreiben, in dem – ganz nach den Vorstellungen Calzabigis und Glucks – in glücklicher Weise Tänze und Chöre zum Bestandteil einer einfachen, auf stimmungsvolle Bilder angelegten Handlung erscheinen. Er hatte dabei eine Sprache gefunden, die völlig frei war von Metastasios Metaphern und »concetti«, die darüber hinaus in einer schönen, schmucklosen Ausdrucksweise die Empfindungen der drei Hauptakteure zu schildern versteht – wohl sein bestes Libretto.

Ebenso hatte sich Salieris Komposition weit entfernt von den Traditionen der Opera seria und sich bereits eng an Glucks italienische Reformopern angeschlossen. (Glucks *Iphigénie*-Opern existierten noch nicht.) Der einfache Wechsel von Rezitativ und Arie war weitgehend aufgehoben zugunsten komplexer dramatischer Szenen, in denen der Chor (im ersten und dritten Akt) eine bedeutende Funktion erhält, oftmals von Solostellen unterbrochen und dadurch eng in das szenische Geschehen einbezogen. Die Rezitative sind selten reine Seccorezitative, zumeist werden sie mit fließenden Übergängen zu orchesterbegleiteten Teilen gestaltet. Vor allem aber konzentriert sich diese Oper auf eine gradlinige Handlung, bei der alle Nebenhandlungen, von denen der Stoff in anderen Bearbeitungen überwuchert war, völlig freigehalten wurde. (Selbst Glucks *Armide*, erst sechs Jahre später geschrieben, räumte den Nebenhandlungen einen breiten Raum ein.) Musikgeschichtlich war Salieris *Armida* das erste Werk nach Glucks *Alceste* und *Paride ed Elena,* das die Kerngedanken von Glucks Opernreform aufnahm. Freilich fehlte es dem zwanzigjährigen Salieri noch an Erfahrung für eine individual-psychologisierende Erfassung seiner Gestalten: Die Arien sind nicht frei von konventionellen und schematischen Mitteln der Opera seria, insbesondere bei der Verwendung von Bravourkoloraturen, die eine Konzession an die Gesangssolisten waren, hier aber nicht hinpassen; andererseits merkt man aber auch, wie sehr sich Salieri darum bemüht, sie für seine dramatischen Effekte umzumünzen. Fehlte es ihm so an der entschiedenen Konsequenz Glucks, die ein Anfänger vielleicht auch nicht durchzusetzen vermochte, so zeigt sich *Armida* keineswegs als ein epigonales Werk, sondern eröffnet bereits eine Richtung, die an Stelle von Glucks hohem pathetischen Ton Tendenzen zur bewußten Vermischung verschiedenartigster Stilelemente zeigt, wie sie für Salieris spätere Opernproduktion charakteristisch werden sollte. Und dazu eignet sich kein anderer Stoff so gut wie diese tragische Zauber-, Helden- und Liebesoper.

Später hat Salieri immer wieder an diesem Werk zu verbessern gesucht, um 1780 sogar eine richtige Revision vorgenommen, die auch die instrumentale Seite einschloß. Der Grund lag in dem großen Erfolg dieser Oper, die auch sein erstes vollständig gedrucktes Werk wurde. Salieri war zunächst nicht sehr glücklich darüber, als er hörte, daß Cramer 1782 einen Klavierauszug mit deutschem

Text vorbereitete. Die Übersetzung fiel allerdings so sorgfältig aus, daß diese Bedenken schnell schwanden.

In Briefen an Cramer hat sich Salieri recht ausführlich über diese Oper geäußert, und er zeigt sich von einer sehr selbstkritischen und bescheidenen Seite. Er schreibt da von »unverzeihlicher Unreife, welche mich zum Erröten bringt« (7. September 1783)[8] und »Fehlern der theatralischen Führung, der mißverständlichen Passagen etc«, die »mich meine erste Armida mit unzufriedenen Augen betrachten läßt. [...] Also, um es nochmals zu wiederholen: mir geht in der gesungenen Musik nichts über die Wahrheit, jene Wahrheit, die ich beim unnachahmlichen Meister Gluck in den Tragödien im Ganzen wie auch im Detail hören kann, und wie ich sie in anderen Musikgattungen nur bei einigen wenigen Meistern finden konnte; diese also versuche ich in alle meine Opern zu legen, was die Mühe eines ausführlichen Studiums erfordert, und allein hierin bestehen die Änderungen, die ich bei der Armida vorgenommen habe und immer noch vornehme« (20. Juli 1784)[9].

Aus einem anderen Brief geht hervor, daß Salieri vor allem den theatralischen Zeitablauf und die Instrumentation für verbesserungswürdig ansah, denn »der Hauptteil der Veränderungen besteht in der Erweiterung des Instrumentalen, sei es, was die Art der Instrumentation betrifft, sei es, was man in der Musik als colpo di teatro [Überraschungseffekt] bezeichnet«. Für das Vorwort zum Klavierauszug bittet er »einzig darum, das Publikum wissen zu lassen, daß es sich um meine erste Opera seria handelt und um das vierte Produkt meines bescheidenen Talentes. Auf diese Weise wird, wer der Kunst und der Schwierigkeiten ihrer Art kundig ist, die Fehler verstehen und, so hoffe ich noch immer, verzeihen. Hierum möchte ich Sie dringlich bitten« (25. Februar 1783)[10].

Man kann verstehen, daß Salieri nicht ganz damit zufrieden war, daß dieses Werk ohne Verbesserungen veröffentlicht werden sollte, zumal er selbst für eine Aufführung (Kopenhagen 1784?) eine Neufassung vorbereitete. Andererseits schien ihm ein Klavierauszug mehr zum Studium und häuslichen Musizieren von Dilettanten geeignet zu sein und in der Reduktion auf das Cembalo der theatralische Effekt sowieso kaum darstellbar. Grundlage für Aufführungen konnte ohnehin nur die vollständige Partitur sein. Cramers Klavierauszug war so sorgfältig gemacht, daß er lange Zeit – neben dem zu Johann Gottlieb Naumanns *Cora och Alonzo* – als ein Musterbeispiel seiner Art galt. Seine Veröffentlichung wurde dann auch mit einem großen publizistischen Aufwand begleitet, indem Cramer es sich nicht nehmen ließ, in seinem *Magazin der Musik* nicht nur das Vorwort mit seinen nationalbewußten Tönen abzudrucken, die Salieri kaum noch als einen italienischen Musiker gelten lassen, sondern auch das gesamte Textbuch in seiner deutschen Übersetzung.

Erstaunlich ist das ungeheure Tempo, mit dem in dieser Zeit komponiert wurde und das in der Tat kaum Zeit ließ, gründlichere Überarbeitung aus der Distanz zum eigenen Werk zuzulassen. Jedes Werk wurde für eine unmittelbar bevorstehende Aufführung geschrieben, bis zum letzten Moment wurde daran gearbeitet, bis zum letzten Moment gab es viele, die mitreden wollten. So sind die zahlreichen Sonderwünsche der Sängerinnen und Sänger bekannt, die keine Note zu singen bereit waren, die nicht genau in ihre Stimmlage und ihr Ausdrucksvermögen paßte. Das machte ständige Änderungen notwendig, die nicht dem Werk selbst, sondern nur einer bevorstehenden Aufführung zugute kamen. Andererseits war es geraten, auf solche Wünsche sich einzulassen, weil sie den einzelnen Aufführungserfolg gewaltig beeinflussen konnten. Ein Opernkomponist schrieb im 18. Jahrhundert bis zu vier Werke pro Jahr, rastlos immer neuen Aufträgen nachjagend. Von einem Komponisten wie Gluck wissen wir, daß er in der Zeit vor den Reformopern schamlos sich selbst ausplünderte, indem er ständig eigene ältere Stücke wiederverwendete und in neue Stücke einbaute, so daß manchmal ein großer Teil einer Oper nichts anderes als eine Collage von Selbstzitaten war. Das sollte sich in späteren Jahren, zur Zeit seiner sogenannten Reformopern, allerdings gründlich ändern.

Für Salieri ging es indessen nach *Armida* sofort weiter. Im Jahre 1772 kam er gleich mit drei neuen Opernproduktionen heraus. Daß sie zu seinen besten Werken zählen, kann allerdings nicht behauptet werden. Auch im 18. Jahrhundert gab es so etwas wie Verschleiß der intellektuellen Kraft durch allzu bereitwillige Anpassung an die Alltagsbedürfnisse des Theaters. Dort wollte man ständig Neues sehen, verständlich, wie überhaupt dem Kulturbetrieb des 18. Jahrhunderts das Interesse an Kunstschöpfungen der Vergangenheit recht fremd war. Sie waren bestenfalls Gegenstand gelehrter Studien. Allgemeine Aufmerksamkeit fanden nur die jeweils neuesten Kunstwerke. Daneben bestimmte nicht nur die Qualität von Textbuch und Musik den Erfolg einer Aufführung – und das hieß: ihre häufige Wiederholung –, sondern auch Einzelheiten wie besonders populär gewordene Gesangsstücke, virtuose Bestleistungen der großen Stars, theatralische Schaueffekte und ähnliches. Und nicht immer ist es dem heutigen Betrachter ganz leicht nachzuvollziehen, warum ein Stück erfolgreich war, ein anderes nicht.

Salieris nächste Oper, *La fiera di Venezia,* gehörte zu seinen beliebtesten Kompositionen und wurde zu seinen Lebzeiten über dreißigmal in ganz Europa inszeniert, doch enthält sie kaum etwas, das des Komponisten der *Armida* würdig wäre. Selbst im Erstlingswerk hatte Salieri sich mehr Mühe gegeben, allzu schalen Konventionen der landläufigen Opera buffa zu entgehen. Hier aber kommt zur musikalisch wenig einfallsreichen Behandlung ein Libretto hinzu, das nicht einmal mit seinen Verwicklungen Spannung erzeugt. Boccherini erwies sich als ein Librettist, der sich kaum zu besonderer Eigenständigkeit entwickelte; dennoch hielt Salieri an ihm fest, da sie nun einmal gemeinsam als Anfänger begonnen hatten. Gerade hier gibt sich Salieri zum erstenmal ganz der italienischen Spielart der Opera buffa hin (die er in seinem Erstling doch bereits zu überwinden versucht hatte) und bleibt einfallslos. Es ist, als sei ihm bei der Erinnerung an Venedig – denn dort spielt die Oper – ein Kloß im Halse stecken geblieben.

Leopold Mozart, der diese Oper 1785 in Salzburg sah, schrieb darüber hart und bündig: »dann wird noch eine opera Buffa dazu gegeben: *La fiera di Venezia* vom Salieri, die mir Wehe thut; weil sie in der That, was die Musik betrift, voll der ausgepeitschtesten gemeinsten Gedanken, altvätterisch, gezwungen und sehr Leer an Harmonie ist: die einzigen Finale sind noch erträglich: die Materie des Stücks, ist wie gewöhnlich eine *erzdumme welsche Kinderey,* wider allen gesunden menschenverstand.«[11]

Ein Jahrmarktsfest im ersten und Maskentreiben im zweiten Akt waren es wohl, die es den Zeitgenossen angetan hatten, das unvermeidliche venezianische Lokalkolorit. Die Handlung dreht sich um einen reichen und verschwenderischen venezianischen Adligen, der zu seiner zwischenzeitlich verlassenen Braut zurückfindet. Das Ganze ist mehr ein Gesellschaftsbild, bei dem sich schließlich drei Paare finden, die jeweils den verschiedenen Ständen des Adels, des Bürgertums und des einfachen Volkes angehören, wo sich also alles in der gehörigen Ordnung findet – und das ist dramatisch natürlich wenig ergiebig. Vielleicht war es diese Bestätigung des Selbstverständlichen, die den Zeitgenossen gefiel – jenen, die in die Oper gingen.

Sehr viel gelungener ist Giuseppe Petrosellinis Libretto zur zweiten Oper dieses Jahres, *Il barone di Rocca antica,* eine typische kleine Buffooper, ohne allzu geschmacklose Übertreibungen oder grobe Typisierungen der vier Darsteller, mit denen dieses Werk auskommt. Ein Baron hat während seines Studiums in Cremona ein Eheversprechen gegeben (auch schriftlich), an das er aber nicht weiter denkt. Er erwartet Besuch einer Dame, die er bei Gefallen heiraten will. Da erscheint eine Pilgerin, die ihm die Zukunft weissagt, dann die erwartete Dame, die sich aber so schlecht benimmt, daß er lieber an sein studentisches Eheversprechen zurückdenkt, worauf die Dame sich als diese Jugendliebe und zugleich als die Pilgerin zu erkennen gibt. Eine parallele Nebenhandlung dreht sich um den Gutsverwalter des Barons, der auch früher einmal ein Eheversprechen gegeben hat, sich jetzt aber mehr für den Kriegsdienst interessiert. Er muß mit erheblichem Nachdruck zur Einlösung seines Versprechens gebracht werden.

Salieri hatte eine nur wenig inspirierte Musik zustande gebracht, die Charles Burney bei einer späteren Aufführung »langweilig« fand. Erst das Auftreten der Primadonna, die die Dame in ihren verschiedenen Verkleidungen gab und von der berühmten Koloratursängerin Costanza Baglioni gesungen wurde, faszinierte Burney und offensichtlich auch andere: »Ihre Töne waren alle so rund und edel, daß alles anziehend ward, was sie nur that; ein paar einfache, langsame Noten von ihr, waren den Zuhörern mehr werth, als eine ganze ausgearbeitete Arie von allen übrigen.«[12]

Die dritte Oper hatte wieder Boccherini zum Verfasser, der diesmal auf ein berühmtes Stück der italienischen Literatur zurückgriff, Alessandro Tassonis *La secchia rapita,* das freilich so vereinfacht wurde, daß von Tassonis Vermischung des Heroischen und des Komischen nichts mehr blieb. Tassoni hatte in einen historischen Krieg zwischen Modena und Bologna die antiken Götter als heruntergekommene Jammergestalten eingreifen lassen und darüber ein Versepos in zwölf Gesängen geschrieben. Bei Boccherini reduziert sich das Geschehen auf den kriegsauslösenden Raub eines Eimers – mit den Göttern konnte er dabei nichts anfangen. Im Vorwort zu Salieris Oper heißt es dazu:

»Nachdem die Dichtung Tassonis in der Hauptsache nichts weiter ist als eine Parodie der göttlichen Dichtungen Homers, Petrarcas und Ariosts, wollte man in der Anordnung der Szenen und im Ausdruck der Arien die berühmtesten Heldenepen imitieren mit der Absicht, Gedanken zu wählen, die beim Publikum wieder Gefallen finden könnten, obgleich in einen heiteren Stil gekleidet.«[13]

Das war dann nur noch eine harmlose Burleske, zu der auch Salieri wenig Originelles beitrug. Dennoch ist diese Oper noch an vier Orten nachinszeniert worden. Salieri muß selbst eingesehen haben, daß die Zusammenarbeit mit Boccherini für ihn kaum fruchtbar werden konnte. *La secchia rapita* blieb dann auch die letzte gemeinsame Produktion.

Seinen ersten wirklichen Durchbruch hatte Salieri im »italienischen Fach« der Buffaoper erst mit *La locandiera,* dem Goldoni-Stück um die selbstbewußte Mirandolina, das ihm Domenico Poggi bearbeitet hatte. Poggi und seine Frau Clementina Baglioni stammten beide aus berühmten italienischen Sängerfamilien und waren seit Mitte der sechziger Jahre bis 1774 in Wien. In der denkwürdigen Uraufführung von Glucks *Alceste* hatte Poggi das Orakel gesungen. Er hatte nicht nur eine sehr schöne Baßstimme, sondern war vor allem auch ein hervorragender Schauspieler. Theaterpraktiker, der er war, hatte er sich selbst gleich die wichtige Rolle des Kellners Fabrizio reserviert, die Hauptrolle der Mirandolina sang seine Schwägerin Costanza Baglioni und deren Schwester Rosa die Rolle des Zimmermädchens Lena: also ein richtiges Familienunternehmen, für das Salieri eine sehr spritzige und schnelle Musik geschrieben hat. Da sind nur noch wenige große Arien, nur zweimal mit Textwiederholungen, meist herrschen jedoch zweiteilige Arien, Kavatinen oder Ariosos vor, die musikalisch einen fließenden

Übergang zu begleiteten Rezitativen ermöglichen. Dadurch wird insgesamt ein schneller Parlandostil erreicht, der auch in den Finaleszenen vorherrscht, indem motivische Verbindungen eine Einheit aller Abschnitte erreichen. Dem entspricht auch, daß in der Oper selbst nur zwei echte Duette vorkommen, in dem einzigen Terzett die drei Beteiligten jedoch niemals gleichzeitig, sondern stets abwechselnd singen. Salieri hatte damit ein musikalisches Lustspiel geschaffen, das sich nicht auf schöne Melodien und eine eingängige Musik verläßt, vielmehr Sänger erfordert, die zugleich hervorragende Schauspieler sind. Denn Goldonis Gestalten sind keine komischen Typen, keine groben Masken der Commedia dell'arte mehr, sondern klug beobachtete Individuen, deren verschiedenartiger Charakter sich erst durch die intrigenreiche Handlung ganz offenbart: Die schöne und muntere Wirtin Mirandolina führt drei Gäste ihres Hauses in ziemlich verwegener Weise an der Nase herum, um schließlich den Kellner zu bekommen, den sie selbst will und der ihr schon lange von ihrem Vater vorherbestimmt war – eine selbstbestimmte Frau, die niemals die Fäden aus der Hand gibt.

Das Werk wurde in Wien ein großer Erfolg, sicher auch dank seiner idealen Besetzung, wurde aber auch in ganz Europa nachgespielt. Der gerade dreiundzwanzigjährige Salieri war damit zu einem arrivierten Komponisten aufgestiegen. (Eine deutsche Fassung, die am Nationalsingspiel in Wien 1782 herauskam, hatte hingegen nur geringen Erfolg. Abgesehen davon, daß die Darsteller wahrscheinlich keine guten Schauspieler waren, mußte auch eine Übersetzung des schnellen Parlandos in ein ungezwungenes Deutsch erhebliche Schwierigkeiten machen, ein Mißglücken, das man ja auch von Mozart-Opern kennt.)

Im Sommer 1773 kam auch Mozart wieder nach Wien, diesmal nur in Begleitung seines Vaters. Natürlich wollten die beiden sich nach neuen Zukunftsperspektiven umsehen, schließlich hatten sie nicht vor, in Salzburg zu versauern. Mozart war jetzt siebzehn Jahre alt, hatte in den letzten Jahren drei Reisen nach Italien unternommen, die zusammen zwei Jahre gedauert hatten, und war dort mit dem größten Erfolg auch als Opernkomponist aufgetreten. Aber was waren die konkreten Ziele dieser Wienreise? Machte sich Leopold Mozart etwa Hoffnungen, sein Sohn könne in seinem jugendlichen

Alter bereits eine offizielle Anstellung am kaiserlichen Hof finden? In den Briefen Leopolds finden sich Andeutungen, die sich bis heute nicht wirklich entschlüsseln lassen. Immer wieder ist von »Umständen« die Rede, »die ich nicht benennen kann«; das Vertrauen in das Postgeheimnis war wirklich nicht sehr groß, oder befürchtete er, daß seine Briefe in Salzburg herumgezeigt werden und zu unnützen und gefährlichen Redereien Anlaß geben könnten? Unter den vielen Besuchen der Mozarts ist auch einer bei der Familie Martinez zu nennen, wo ja Metastasio wohnte. Es könnte schon sein, daß sie dort auch Salieri getroffen haben. Jedenfalls schrieb Mozart in diesem Herbst *Sechs Variationen über ein Thema aus der Oper »La fiera di Venezia«*, ein hübsches, wenngleich nicht sehr bedeutungsvolles Gelegenheitswerk, das einige Jahre später (1778) auch im Druck erschien; ein freundliches Kompliment an den Älteren war es allemal.

2. Kapitel

In der Gunst des Kaisers

1773–1777

Natürlich wurde man auch außerhalb von Wien auf den jungen Komponisten aufmerksam. Die ersten Aufführungen waren 1772 in Dresden *(L'amore innocente)*, Mannheim *(La fiera di Venezia)* und Florenz *(Il barone di Rocca antica)* sowie 1773 in Prag *(Le donne letterate)* und Kopenhagen *(Armida)*. Überall war man begierig, nur neueste Werke vorzustellen, über die man zwar nichts in der Tagespresse lesen konnte, die aber durch den regen Kontakt der Musiker, vor allem auch der Sängerinnen und Sänger untereinander, rasch bekannt wurden. Salieri galt offenbar bereits als ein kommender Stern am Opernhimmel. Nur so ist eine Bemerkung Ignaz Franz von Mosels zu verstehen, zu der sonst nichts weiter bekannt ist:

»Um diese Zeit erhielt er einen Ruf zu dem Hoftheater in Stockholm auf drei Jahre. Da aber der Kaiser dieser Reise wenig Beifall gab, blieb *Salieri* in Wien, und hatte in der Folge nicht Ursache, diesen Entschluß zu bereuen.«[1]

Offenbar ist ihm dort keine feste Stelle angeboten worden, sondern nur ein verlängertes Gastspiel, um vielleicht einige Opern zu schreiben. König Gustav III., der eben erst den Thron bestiegen hatte, war in der Tat dabei, dem schwedischen Musikleben einen ganz neuen Aufschwung zu geben. Vor allem war ihm, der selbst auch als Librettist sich versuchte, daran gelegen, ein nationales Musiktheater ins Leben zu rufen, wo Stoffe aus der schwedischen Geschichte, vor allem auch in schwedischer Sprache, gespielt werden sollten. Da einheimische Kräfte einstweilen noch nicht zur Verfügung standen, griff der König auf Ausländer zurück. Francesco Antonio Uttini war schon seit 1755 am schwedischen Hof; er sollte mit *Thetis och Pelée* 1773 die erste schwedische Oper schreiben. Andere Komponisten wie Joseph Martin Kraus, Johann Gottlieb Naumann oder Georg Joseph Vogler folgten.

Salieris Leben wäre wohl sehr anders verlaufen, wenn er dies Angebot aus Stockholm angenommen hätte. Seine musikalische Entwicklung hätte wohl zu einer noch konsequenteren Auseinandersetzung mit Gluck geführt, dessen Werke in der gustavianischen Zeit sofort ins Schwedische übersetzt und zum Vorbild der neuen Nationaloper wurden. Historische und mythologische Stoffe standen im Vordergrund – »große« Oper also, in der auch dem Chor wichtige Aufgaben zufielen, zugleich offen für Neues, Experimentelles, in der großen Aufbruchstimmung bereits weit entfernt von metastasianischen Seriakonventionen. Offenbar hatten die Vermittler nach Schweden bei Salieris *Armida* sehr genau hingehört: Was er hier versucht hatte, paßte bestens in die ästhetischen Diskussionen, die der Kreis um Johan Henrik Kellgren führte. Wahrheit, Natürlichkeit, Einfachheit, das war mehr als nur eine Entschlackungskur für die überkommene Oper, die als Opera seria in formalen Konventionen erstarrt war, das war die Ablösung eines prunkvollen und gespreizten höfischen Zeremoniells durch weltbürgerliche Formen von natürlicher Würde und egalitärem Respekt – das war die Geburt der Klassik im Bereich der Musik, keineswegs nur ein Stil, sondern ein ästhetisches Programm, das das Ende von Feudalismus und Ancien régime begleitete. Was sich hier anbahnte, gipfelte nicht im Streit von Piccinnisten und Gluckisten, der doch nur ein Streit blinder Parteigänger war, während Christoph Willibald Gluck und Niccolò Piccinni sich bereits respektvoll und brüderlich umarmten, vielmehr ging es um ein neues Verständnis von Musiktheater, ein durch Musik redendes Theater, in der Musik selbst die dramatische Sprache, die Sprache der Aktion ist. Dieses neue Verständnis von Oper setzte sich sehr schnell durch und keineswegs allein über die Opernmetropole Paris, sternförmig von dort ausstrahlend, sondern ebenso von den Rändern her: Stockholm war so gesehen nicht die immer nur nachhinkende Provinz.

Daß Salieri nicht nach Stockholm ging, obschon er doch keinerlei feste Anstellung hatte und insoweit durch dieses Gastspiel nichts zu verlieren, aber viel zu gewinnen hatte, ging also allein auf Kaiser Joseph II. zurück. Es gibt nicht den geringsten Anlaß, an dieser Erklärung Mosels zu zweifeln. Denn Salieri gehörte seit seinen Wiener Anfängen zur Kammermusikrunde des Kaisers, ein wenig »offizielles«, eher persönlich-privates Gremium, das zugleich ein natürlich-freundschaftliches Verhältnis begründete. Selbstverständlich mußte dort ein so ehrenvolles Angebot bekannt und besprochen werden. Und wer, wie Joseph II., riet, dieses Angebot auszuschlagen, übernahm eine persönliche Verantwortung dafür, daß dies nicht zum Nachteil werden sollte.

Es wird immer wieder gesagt, Kaiser Joseph habe einseitig die »welschen« Musiker bevorzugt, weil er selbst mehr Gefallen gefunden habe am herrschenden italienischen Stil, seiner eingängigen Melodik. Als ein »Beweis« dieser These muß unter anderem herhalten, daß Joseph II. bei einem Parisbesuch seiner königlichen Schwester Marie Antoinette geraten hatte, an Antonio Sacchini festzuhalten, wie es auch die Piccinnisten forderten; aber hatte Sacchini nicht gerade mit seinen letzten Werken sich deutlich der Gluckschen Richtung angenähert? Und war nicht Salieri, schon von seiner ganzen Ausbildung und dem Umkreis seiner Vorbilder her, alles andere als ein Komponist der italienischen Schule? Natürlich war die italienische Schule durch Jahrzehnte führend in ganz Europa, und auch Gluck hatte bis zu Beginn der sechziger Jahre nicht anders komponiert. Die Reformbewegung kam ja nur langsam in Gang, ein Vortasten in künstlerisches Neuland. Aber Salieri hatte von Beginn seiner Komponiertätigkeit an sich mit diesen neuen Ideen auseinandergesetzt, sie weitergetragen. Und schließlich noch: der ganze Kreis der Kammermusik des Kaisers hatte in seiner Zusammensetzung nicht *einen* typischen Vertreter der italienischen Richtung, sondern eher konservative Kräfte, die noch Verbindung hatten zur älteren Wiener Tradition. Die bekannte Fugenvorliebe des Kaisers deutete schließlich kaum auf Bevorzugung italienischer Opernmusik. Auch der Versuch Josephs II., ein deutsches Nationalsingspiel zu etablieren, eine deutschsprachige Tradition des Musiktheaters zu begründen – sicher nicht die Laune eines Augenblicks, sondern in Jahren herangereift –, war gerade nicht das geschmäcklerische Festhalten am Bewährten (das lediglich der Übersetzung in die deutsche Sprache bedurft hätte), vielmehr ein ungewöhnlicher Optimismus auf ein mögliches Gegengewicht zur italienischen Oper, ein Vertrauen in Kreativität und eigenständige Innovation, wenn nur erst einmal eine Bühne dafür vorhanden wäre.

Zwar hat Joseph II. kein förmliches Gegenangebot an Salieri gemacht, um ihn in Wien zu halten, aber ihn doch wenigstens so unzweifelhaft und eindeutig seiner Gunst und Wertschätzung versichert, daß dies das Gewicht eines Übergebotes haben mußte. Es besagte unausgesprochen nichts anderes als eine sehr vorteilhafte Berücksichtigung bei der nächsten möglichen Stellenvergabe und bedeutete wohl auch eine gewisse Garantie, bis dahin nicht zu verhungern: Ein persönliches »douceur« für die Mitwirkung bei der Kammermusik bekam Salieri bereits, und die in Wien gespielten Opern wurden schließlich honoriert, wenn auch nicht gerade üppig.

Joseph II. war auch nicht entgangen, daß Florian Leopold Gaßmann, der ja ebenso immer noch zur Kammermusikrunde gehörte, seit einiger Zeit ernsthaft kränkelte. Vermutlich ging dies auf einen Unfall zurück, den Gaßmann auf seiner Italienreise 1769/70 erlitten hatte. Der *Wiener Theater Almanach für das Jahr 1795* schreibt: »Auf einer seiner Reisen durch Italien giengen ihm die Pferde durch, er wollte aus dem Wagen springen, und verfing sich an der Wagenkette. Die Pferde schleppten ihn drey Viertelstunden mit sich fort, und zwey Rippen wurden ihm sehr nahe an der Brust gebogen. Seit dieser Zeit bemerkte man an ihm einen außerordentlich starken Pulsschlag, selbst an Pulsen, die man sonst nicht bemerkt, z. B. an den Fingerspitzen. [...] Seit dieser Zeit hatte er auch sehr wenig Schlaf; er schlummerte gewöhnlich nur eine oder zwey Stunden. Freyherr von Quarin, dessen scharfer Blick in Beurtheilung der Krankheiten allgemein bekannt ist, sagte dem Kayser den ganzen Zustand seines Körpers vor, und als er geöffnet ward, fand sich alles genau so, wie es Quarin angegeben hatte.«[2] Salieri wohnte vermutlich noch bei seinem verehrten Lehrer[3] und mußte mitansehen, wie dessen Kräfte allmählich abnahmen, obschon Gaßmann erst Mitte Vierzig war. Schließlich, im Januar 1774, starb er.

Das Ämterkarussell kam sogleich in Bewegung. Giuseppe Bonno, bisher Hofkomponist, wurde Nachfolger Gaßmanns als Hofkapellmeister. Am Ende wurde die Stelle eines k.k. Kammerkompositeurs frei, kein gewichtiges Amt nach dem Hof- und Staatsschematismus, eher ein Verlegenheitstitel, den man nach Belieben vergeben konnte, und da Gaßmann diesen Titel innegehabt hatte, bedurfte es nicht einer umständlichen Begründung, dies Amt wiederzubesetzen – mit Antonio Salieri. Verbunden war damit das knappe Gehalt von 100 Dukaten, aber auch ein Hofquartier (also eine unentgeltliche Wohnung, da das zweite Stockwerk jedes Hauses zur Einquartierung der Hofbeamten vom Hausbesitzer dem Hof überlassen werden mußte). Salieri wohnte »auf dem Heidenschuß 361« (tiefer Graben). Bei den teuren Mieten in Wien war ein Hofquartier eine hohe geldwerte Vergünstigung (allerdings wurde diese ganze Einrichtung mit dem Tod Maria Theresias durch ihren Sohn Joseph II. wieder abgeschafft). Wichtiger aber war, daß Salieri zugleich als Kapellmeister an der Oper angestellt wurde und hierfür noch einmal 300 Dukaten bekam. Damit hatte er eine sichere und einflußreiche Stelle am Burgtheater und zugleich eine Anwartschaft auf das Amt des Hofkapellmeisters, denn Bonno war schon über sechzig Jahre alt. Der Kaiser hatte seinem Günstling Salieri in der Tat eine Stellung verschafft, die das Stockholmer Angebot bei weitem übertraf.

Um diese Zeit lernte Salieri auch seine spätere Frau kennen, ein Ereignis, das er selbst in einer umständlichen Aufzeichnung für seinen Biographen festgehalten hat. Es gibt nicht viele Briefe oder Dokumente, in denen Salieri selbst sich zu persönlichen Vorgängen geäußert hat und die zugleich private Lebensumstände schildern und auch Einblick geben in seine bescheidene, eher scheue Denkungsart. Theresia von Helferstorfer war die Tochter eines pensionierten Beamten und wurde in einem Nonnenkloster erzogen, wo Salieri einer jungen Gräfin Musikunterricht gab:

»Vom ersten Tag an, in welchem ich dort die Lehrstunde gab, machte eines der Mädchen, von schlanker Gestalt, etwas größer als die übrigen, ungefähr achtzehn Jahre alt, und in Rosa-Taffet gekleidet, einen mächtigen Eindruck auf mich. Zweimal sah ich sie da vorübergehen, das dritte und vierte Mal aber ward ich sie unter ihren Gespielinnen nicht gewahr, ohne zu wissen, warum sie weggeblieben; was mich sehr beunruhigte. Das fünfte Mal kamen die andern wieder ohne sie; eben fühlte ich meine Unruhe zunehmen, als sie später und allein in das Zimmer trat, ihren Freundinnen folgend. Die unvermuthete Freude, die ich darüber empfand, bemeisterte mich dergestalt, daß ich sie – zwar, wie gewöhnlich, mit Achtung – doch auf eine Art begrüßte, die ihr deutlich zeigen konnte, daß es mich geschmerzt hatte, sie die vorhergegangenen Tage nicht gesehen zu haben; und ich glaubte auf ihrem Gesichtchen eben so deutlich zu bemerken, daß ihr dieß nicht unangenehm war.

Von jenem Augenblick an hatte ihr Bild in meinem Kopfe und meinem Herzen sich festgesetzt; doch das süße Gefühl, das zugleich mit ihm in meine Brust gezogen war, wurde durch manche bittere Gedanken getrübt. ›Welch eine Thorheit;‹ sagte ich zu mir selbst, ›eine so plötzliche Leidenschaft für ein Mädchen zu fassen, das du nur drei Mal gesehen hast, das dich wahrscheinlich erst im Kloster kennen lernte, das du nie gesprochen hast, und wahrscheinlich nie wirst sprechen können!‹ [...] In solcher Bewegung lebte ich, als am zweiten Sonntag nach meiner ersten Begegnung der reizenden Unbekannten, ein Zufall (oder vielmehr Gottes Fügung) mir die Gelegenheit verschaffte, sie zum ersten Male zu sprechen. Ich war gewohnt, an Sonntagen, so oft ich konnte, dem Nachmittags-Gottesdienste in der Kathedrale beizuwohnen; [...] Welche himmlische Ueberraschung für mich! Ich begrüßte sie achtungsvoll, jedoch ohne sie anzureden; sie that mit vieler Grazie dasselbe. Es war mir nicht möglich, nur eine Minute zu verweilen, ohne ihr zu folgen. Ich trat aus der Kirche, sah, daß sie mit ihrer Begleiterinn den Weg nach dem Kloster einschlug, und eilte, ihr auf Nebenstraßen zuvor zu kommen, und sie zu begegnen. Ich wollte mich ihr nahen, und wagte es nicht. Endlich entflammte die Furcht, die günstige Gelegenheit zu verlieren, meinen Muth, und, in der Voraussetzung, daß sie französisch verstehe, bat ich sie in dieser Sprache, meiner Kühnheit zu verzeihen und mir zu erlauben, sie bis zum Kloster begleiten zu dürfen. Sie antwortete mir, ebenfalls französisch, aber mit der Stimme und in der Weise eines Engels, daß es ihr Vergnügen machen werde.

Umsonst würde ich versuchen, den innern Jubel auszudrücken, womit diese Worte und die Bemerkung mich erfüllten, daß sie über meine Anrede nicht befremdet war. Mit vor Wonne bebender Stimme fuhr ich nun fort, mit ihr zu sprechen; [...]

Am nächsten Sonntag hatte es kaum vier Uhr geschlagen, als ich in die Kirche eilte und in der Nähe jener Pforte Platz nahm, durch welche sie, von der Wohnung ihres Vaters her, kommen mußte. [. . .] Nach geendigter Andacht folgte ich ihr, wie das erste Mal, und fand für alle ausgestandenen Leiden süßen Trost in der Versicherung, die sie mir gab, daß sie erfreut sey, mich wieder zu sehen.

[. . .] ich wußte nicht, wo ich anfangen sollte, und schon war die kurze Zeit, die ich benützen konnte, beinahe verflossen, als ich Muth faßte, ihr zu sagen, ich hätte ihr ein Geheimniß zu eröffnen, das die Ruhe meines Lebens beträfe, bäte sie jedoch, mir vorher zu versprechen, daß sie mir darauf bestimmte Antwort geben wolle. Sie versprach es und ermunterte mich mit solcher Grazie und mit einer Art von zarter Neugierde zu reden, daß ich es endlich über mich gewann, ihr zu sagen, daß ich sie leidenschaftlich liebe, und zu erfahren wünschte, ob ich, wenn auch nur auf einige, Gegenliebe hoffen dürfte. ›Auf gleiche Neigung,‹ antwortete sie halblaut. ›Auf gleiche Neigung!‹ rief ich entzückt, indem ich ihre Hand ergriff und sie mit Küssen bedeckte: ›auf gleiche,‹ bestätigte sie, und drückte mir schüchtern leise die Hand. Außer mir vor Freude, versicherte ich ihr, daß dieses Wort mich glückselig mache, und fragte sie, wann ich mich ihrem Vater vorstellen könne, in so fern sie diesen Schritt billige. ›Heute über acht Tage,‹ gab sie mir zur Antwort; ›ich werde ihn auf Ihren Besuch vorbereiten, und Sie sollen gut aufgenommen seyn, denn mein Vater kennt Sie bereits durch Ihren Ruf.‹ In der That hatte ich mir damals durch einige gelungene Opern, wie: Armida, la fiera di Venezia, und La secchia rapita, schon einen Namen gemacht, und die gnädigen Gesinnungen des Kaisers gegen mich waren ebenfalls bekannt. Indessen war es mir nicht beschieden, um meine Geliebte bei ihrem Vater anzuhalten; Gott hatte diesen würdigen, von Jedermann geschätzten Greis, der schon seit längerer Zeit kränkelte, im Laufe der folgenden Woche beinahe unversehens von der Welt abgerufen; [. . .]

Herr *v. Helferstorfer* hatte seiner Tochter und seinen zwei Söhnen einen wackern und wohlhabenden Mann zum Vormund bestellt, der, Witwer, noch in guten Jahren, und mit dem Liebesbündnisse seiner schönen Mündel unbekannt, die Absicht hatte, sie zu heirathen und ihr bald nach ihres Vaters Tode diese seine Absicht entdeckte. Es blieb Theresen nun nichts übrig, als zu gestehen, daß ihr Herz nicht mehr frei sey, und den Gegenstand ihrer Neigung zu nennen. Sobald ich dieß erfuhr, eilte ich, von einem angesehenen Manne begleitet, zu dem Vormund, und warb förmlich um die Hand meiner Geliebten. Er empfing mich höflich und erklärte mit anscheinender Ruhe, daß, da seine Mündel es zufrieden sey, er ebenfalls in mein Begehren willige; nur müsse er sich vorläufig überzeugen, daß ich hinlängliche Mittel besitze, eine Frau aus einer geadelten Familie, und die ein nicht unbedeutendes Vermögen besäße, anständig zu erhalten. Ich antwortete, daß ich dreihundert Ducaten als Kapellmeister der italienischen Oper, hundert Ducaten als kaiserl. Kammer-Kompositor, und die Hoffnung hätte, dereinst Hofkapellmeister zu werden, überdieß aber meine Compositionen und meine Unterrichtsstunden mir jährlich andere dreihundert Ducaten einbrächten, so daß ich mein Gesammteinkommen auf siebenhundert Ducaten berechnen könne. Der Vormund antwortete: das wäre mehr als hinreichend, wenn es sicher wäre; allein von allem diesen können Sie nur auf die hundert Ducaten mit Gewißheit rechnen, die Sie vom Hofe beziehen, und ich muß sie daher ersuchen, abzuwarten, bis ihre Lage sich auf eine zuverlässige Weise verbessert, bevor ich, als Vormund, meine Einwilligung zu dieser Heirath ertheilen kann.

Im Grunde that der ehrliche Mann seine Pflicht, das mußte ich mir gestehen. Ich bat ihn daher blos, die Sache einstweilen geheim zu halten, was er (zu meinem Glücke) *nicht* gethan hat.

Zwei Tage darauf ging ich, wie es meines Amtes war, um drei Uhr Nachmittags zur Kammermusik des Kaisers. Als ich in das Vorzimmer trat, sah ich den Monarchen dort, den Rücken gegen mich gekehrt, allein und nachdenkend am Kamine stehen. Er wandte sich ein wenig, um zu sehen, wer da käme, und dankte meiner ehrfurchtsvollen Verbeugung mit gewohnter Huld. Auf der andern Seite des Zimmers standen der Leib-Kammerdiener des Kaisers und zwei Personen, von welchen eine, bei der Hofbibliothek angestellt und von dem Souverän besonders wohl gelitten, unter meine vorzüglichen Bekannten gehörte. Ich trete stillschweigend zu ihnen, und mein Bekannter machte mir, lächelnd, mit den Händen das Spottzeichen der langen Nase. In dem Augenblick wendet sich der Kaiser abermals um, bemerkt den Scherz, und geht auf uns zu, fragend, was dieß bedeute? Ich stellte mich an, den Scherz, den ich nur allzuwohl begriff, nicht zu verstehen; der Bibliothekar aber stotterte betroffen, daß ich eine schöne Waise hätte heirathen wollen, in ihrem Vormunde aber einen Nebenbuhler gefunden hätte. Der Monarch, Anfangs ein wenig überrascht, doch ebenfalls lächelnd, fragte mich, ob dieß wahr sey? Ich sah mich genöthiget, die ganze Geschichte meiner Liebe zu erzählen, die den Kaiser sehr zu unterhalten schien, und beschloß mit der Bitte, Se. Majestät möge mir vergeben, daß ich bis dahin aus dieser Sache ein Geheimniß gemacht hätte; es wäre aber eben deßhalb geschehen, weil ich des Erfolgs nicht gewiß war. Als ich von der Ursache sprach, warum der Vormund mir seine Einwilligung verweigert, bemerkte ich auf dem Gesichte des Monarchen plötzlich einen vorübergehenden Ernst; nachdem ich aber völlig geendet hatte, ging er von mir und sagte, wie halb in Gedanken: ›Je nun, da müssen Sie also Geduld haben.‹ – Indessen waren die übrigen Tonkünstler angelangt, und das Concert begann auf gewöhnliche Weise, ohne daß von meiner Herzensangelegenheit mehr die Rede gewesen wäre.

Am folgenden Morgen ließ der Intendant der Hofmusikkapelle mich zu sich rufen. Ich eilte hin, und er begrüßte mich mit den Worten: Empfangen Sie meinen Glückwunsch, Herr Kapellmeister; der Kaiser hat Ihren Gehalt von einhundert Ducaten auf *drei*hundert vermehrt, mit der einzigen Obliegenheit, daß Sie dem verdienten, aber schon sehr alten und oft kranken Hofkapellmeister *Bonno* seinen Dienst erleichtern, und die italienische Oper dirigiren, auch wenn Se. Majestät dieselbe in eigene Verwaltung nehmen. [...]

Daß ich nun zum Vormund flog, daß er seine Zustimmung nicht mehr verweigern konnte, daß der huldvolle Monarch dieß mit Vergnügen hörte, und was dann erfolgt ist, kann Jedermann leicht sich vorstellen; [...]«[4]

Der Bericht über die Widrigkeiten dieser Werbung bis zur Hochzeit ist eigentlich fast doppelt so lang, aber auch in dieser verkürzten Fassung spürt man noch die Unbedingtheit und Gewißheit des Verliebten, der geduldig alle Klippen übersteigt, schließlich noch nachsichtige Worte für seinen Nebenbuhler findet; Joseph II., sonst eher für sein unerbittliches Sparsamkeitsregime bekannt, erwies sich als unerwarteter freundschaftlicher Retter. Am 10. Oktober

1774 fand die Hochzeit statt[5]. Man wird wohl nicht fehlgehen, ein in diesem Jahr komponiertes *Alleluja* für Chor und Orchester als einen persönlichen Dankgesang des tiefreligiösen Musikers anzusehen.

Es mögen vielleicht zu viele Eigeninteressen mit im Spiel gewesen sein, wenn der Vormund von Salieris Braut – es war übrigens Leopold Hofmann, der Kapellmeister am Stephansdom – auf die ungewissen Einkünfte aus Salieris Kapellmeistertätigkeit bei der italienischen Oper hinwies, aber ein wunder Punkt war damit doch berührt. Denn die Verhältnisse am Wiener »Theater nächst der Burg« und am Kärntnertortheater waren seit Jahren alles andere als gesichert, und niemand wußte, wie es weitergehen würde. Beide Theater, die ehedem als Hoftheater geführt wurden, waren seit der Trauerzeit für Kaiser Franz I., den Gemahl Maria Theresias, verpachtet und erlitten höchst wechselvolle Schicksale, worunter insbesondere der Bereich des Musiktheaters litt. Der erste Impresario, Giuseppe Affligio, konnte sich trotz Unterstützung eines Bankiers nur kurze Zeit halten und mußte mit einem riesigen Schuldenberg fliehen (wobei Gluck, der sich zwischenzeitlich engagiert hatte, auch noch sein Vermögen verlor); als nächstes fand sich ein kunstbegeisterter, aber völlig unerfahrener Adliger, Johann Nepomuk Graf Koháry, der nach kurzer Zeit Konkurs anmelden mußte; ihm folgte mit Joseph Graf Keglevich ein Kurator, der unter diesen Umständen nicht mehr tun konnte als notdürftige Verwaltung und Fortführung der Theatergeschäfte.

Dahinter standen natürlich divergierende Interessen aus den verschiedenen Publikumsschichten, die ein Interesse an Theater und Oper hatten. Vor allem unter der »Noblesse« gab es den ausgeprägten Wunsch nach französischem Theater. Die Exklusivität dieses Wunsches hing sicher auch mit der Sprache zusammen: Französisch war die Sprache des Adels, der Diplomatie, nicht aber des Bürgertums, das jetzt vermehrt in Theater und Oper drängte. Es ist wohl kaum anzunehmen, daß diese Kreise das französische Theater als das beste ansahen, mit den besten Stücken, den besten Schauspielern und so fort, vielmehr drückte sich darin Adelsstolz aus, der Wunsch nach Beibehaltung eines exklusiven Hoftheaters, Widerwille gegen die Vermischung mit gewöhnlichem Publikum. Andere waren wiederum vor allem am deutschen Schauspiel interessiert –

vor allem das bürgerliche Publikum. Dann gab es den großen Kreis der Liebhaber von Oper (das hieß in erster Linie italienischer Oper) und Ballett, aber dies war zugleich der kostspieligste Bereich, der unter den bürgerlichen Schichten wohl nur von den Wohlhabenderen häufiger besucht werden konnte, und schließlich gab es den in Wien schon immer besonders gepflegten Teil des Volkstheaters, der solchen Zulauf hatte, daß sich entsprechende Theatertruppen sogar um die Pacht des Kärntnertortheaters bemühen konnten. Diese sehr verschiedenartigen Interessen einigermaßen befriedigen zu können und dabei auch noch ein künstlerisch und wirtschaftlich erträgliches Ergebnis zu liefern war die schon theoretisch fast unlösbare Aufgabe der Theaterdirektion. Bis 1764 hatte Giacomo Graf Durazzo als Direktor des Hoftheaters zwar französisches Theater, aber auch italienische Opern und französische Opéra-comique im Burgtheater spielen lassen, sich aber auch tatkräftig für die ersten Reformversuche Glucks eingesetzt; das Kärntnertortheater war dem Volkstheater vorbehalten. In der Zeit der sogenannten Theatralpachtung jedoch fehlte es ebenso an einer professionellen Leitung wie an einer Konzeption, die mit den wirtschaftlichen Möglichkeiten in Einklang zu bringen gewesen wäre. Affligio (1767–70) wollte es allen recht machen und behielt das französische Ensemble und die italienische Operntruppe, ließ die deutschen Schauspieler auftreten und holte, als Publikumsmagnet gedacht, Jean Georges Noverre nach Wien, den berühmtesten Choreographen und Ballettmeister, den es gab; daß dies alles nicht zu finanzieren war, nimmt nicht wunder. Unter der Ära von Graf Koháry (1770–72) und seinen Konkursverwaltern (1772–76) nahmen vor allem die Opera buffa und die Opera seria einen großen Aufschwung, während das französische Ensemble 1772 entlassen wurde. Es war die Zeit von Salieris ersten Bühnenerfahrungen und Opern.

Allen war klar, daß die Konkursverwaltung unter Graf Keglevich nur ein Intermezzo sein konnte, nicht eine befriedigende Dauerlösung. Joseph II. schaltete sich immer mehr in die Theaterangelegenheiten ein, war aber zugleich bestrebt, den Eindruck zu vermeiden, als ginge es ihm um die Wiederherstellung eines Hoftheaters. Salieris Stellung als Kapellmeister der italienischen Oper hing also ganz davon ab, wie es mit dieser italienischen Oper weitergehen würde, auch für den Fall, daß Joseph II. selbst die Theatralangelegenheiten bestimmend an sich reißen würde. Italienische Oper meinte insoweit nicht die Bevorzugung der einen oder anderen Richtung, war nicht die Entscheidung für eine bestimmte Traditionsschule, sondern hieß zunächst einmal nur das Bestehen eines Ensembles für italienisch gesungene Opera buffa und seria, wobei auch in der Opera buffa Sängerinnen und Sänger gebraucht wurden, die ihrem Stimmcharakter und Rollenfach nach das Gebiet der Opera seria vertraten. In der Folge sollte sich zeigen, daß der Bestand der italienischen Oper durchaus in Frage stand, daß die Protektion, die Salieri bei Joseph II. genoß, dennoch fest gegründet war.

Gerade in dieser Zeit zeigte sich Salieri auch als Komponist von Instrumentalwerken, einem Orgelkonzert, zwei Klavierkonzerten, einem Tripelkonzert (für Violine, Oboe und Violoncello) sowie einem Konzert für Flöte und Oboe jeweils mit Orchester. Diese Konzerte verdanken sich mit Sicherheit konkreten Anlässen, über die wir jedoch nichts wissen. Sie als Gelegenheitskompositionen abzutun verdienen sie jedoch nicht, denn sie können sich durchaus neben den Konzerten Haydns und Mozarts sehen lassen. Der Aufbau hat vielleicht nicht ihre strenge Klarheit, die Themen sind manchmal etwas behäbig oder flach, aber Salieri gelingt es, eine stellenweise sehr elegante und einfallsreiche Musik zu schreiben (erster Satz des *Konzerts für Flöte, Oboe und Orchester*). Im *Klavierkonzert B-Dur* enthält der erste Satz durchaus dramatische Momente, während das Adagio ein elegisch-zarter Satz mit einigen energischen Einwürfen ist; den Abschluß bilden Menuettvariationen. Im *Klavierkonzert C-Dur* ist der erste Satz etwas theatralisch angelegt, dabei mit virtuoser Brillanz, das Larghetto eine nuancenreiche Siciliana; den Abschluß bildet ein munteres Menuett-Rondo. Salieri zeigt in diesen Konzerten eine sehr farbige und vielseitige Instrumentation mit aparten Klangwirkungen. Man muß bedauern, daß es bei diesen wenigen Konzerten blieb, daß Salieri keine einzige Symphonie im klassischen Sinne geschrieben hat (die als Sinfonia bezeichneten Werke sind Ouvertüren zu seinen Opern). Sicher hängt dies damit zusammen, daß er sich nicht nur in erster Linie zur Oper hingezogen fühlte, sondern auch vom Anfang seiner Laufbahn an im Opernhaus

Funktionen erfüllte. Seine eigenen instrumentalen Fähigkeiten reichten für ein solistisches Auftreten wohl nicht aus (Mozart verdanken wir ja einen großen Teil seiner Werke seinem eigenen Einsatz als bewunderter Klaviervirtuose).

Für die italienische Oper wurde Salieri gerade in der Zeit der verworrenen Direktionsverhältnisse so etwas wie der Hauskomponist. Nach den Publikumserfolgen von *La fiera di Venezia* und *La locandiera* war dies auch kaum verwunderlich. Er lebte am Ort, war also greifbar für die manchmal etwas kurzfristigen Bedürfnisse des Theaters, er genoß die kaiserliche Gunst – das war in diesen verwirrten Zeiten höchst wichtig –, und er konnte so schreiben, wie es das Publikum goutierte. Aber eine solche Erfolgsleiter hatte auch ihre Tücken. Salieri war vielleicht zu eng verstrickt mit diesem Haus, hatte nicht die Unabhängigkeit, Aufträge ablehnen zu können, konnte nicht reifen lassen und sich dorthin entwickeln, wo vielleicht seine besten Kräfte lagen, sondern mußte sich stets anpassen, immer eilig das gerade Geforderte abliefern. Er hatte wahrscheinlich wenig Einfluß auf die Auswahl der Textbücher, nahm sich selbst zuwenig Zeit für ihre Bearbeitung oder traute sich vielleicht gerade diese entscheidende Mitwirkung an der dramatischen Gestalt seiner Libretti nicht zu. Zugegebenermaßen ist das von Mozart her argumentiert, der wie kaum ein anderer Opernkomponist seiner Zeit (zumindest seit *Idomeneo*) die gesamte dramaturgische Anlage, aber auch jede Einzelheit seiner Opern mitbestimmt und mitverantwortet hat. Üblich hingegen war, daß der Komponist ein fertiges Textbuch bekam, das er dann in kürzester Zeit komponierte, nummernweise. Da selbst in der Opera buffa, der keine so strenge Regelhaftigkeit zugrunde lag wie der Opera seria, es für viele theatralische Verwicklungen, Figuren, Situationen bewährte Modelle gab, typische Lösungen, die Gattung erfüllende musikalische Formen, war es auch möglich, so schnell (für uns Heutige unvorstellbar schnell) eine ganze Oper zu komponieren. Um aber über das hundertmal Bewährte hinauszukommen und das Einmalige und Besondere jeden theatralischen Moments musikalisch auszudrücken, genügte nicht ein routiniert benutztes Handwerkszeug, sondern war eine künstlerische Individualität vonnöten, die sich dem Vorgegebenen entzog.

Am Neujahrstag 1774 kam eine neue Oper Salieris heraus, *La calamità de' cuori* auf einen Text Carlo Goldonis. In der *Historisch-Kritischen Theaterchronik* von Wien heißt es dazu:

»Herr Marchese ***, Herr Abt Casti, Herr Dominikus Poggi, Herr Pocherini und Herr Salieri sollen an der Poesie dieser Oper des Hrn. Goldoni verbessert, geflikt und gestikt haben, dennoch hat das Buch nicht gefallen wollen. Von der Musik wollen einige Kenner und Liebhaber der Musik behaupten, daß sie künstlich, schön, harmonisch sey, und Herrn Salieri viel Ehre mache. Der Gegenstand ist aber zu kindisch, behaupten andere, und die Musik, obschon schön, zu ernsthaft für das Buch. Ein besonderer Umstand ist anzumerken, daß bei der letzten Probe, der Musikmeister auf dem Theater stund die Dekorationen und Aktionen zu ordnen, indeß der Theatralpoet unten im Orchester war um die Noten auszutheilen.«[6]

Ob diese letzte Bemerkung nur schön erfunden war oder sich die Ereignisse tatsächlich so abgespielt haben, läßt sich nicht beantworten, das Durcheinander vor der Premiere könnte nicht besser bezeichnet werden.

Der Text dieser Oper war schon 1752 von Baldassare Galuppi für Venedig komponiert und an zahlreichen Orten ganz Europas nachinszeniert worden. Es geht um eine schöne Frau, die von vier Männern umworben wird, sich aber nicht entscheidet. Schließlich verlangt sie von jedem der Männer eine Liebesprobe. Verwicklungen entstehen dadurch, daß von zweien dieser Männer die früheren Geliebten streit- und eifersüchtig erscheinen. Unter den verliebten Männern wird ein Turnier ausgetragen, dessen Ergebnis die schöne Frau gar nicht erst abwartet, sondern ihre Entscheidung zugunsten des Einfältigen und nicht Eifersüchtigen unter den Vieren bekanntgibt. Zwei andere versöhnen sich wieder mit ihren früheren Freundinnen, und der Geizhals unter ihnen bleibt allein. Das Stück ist eine Typenburleske nach einem höchst einfachen, oft erprobten Strickmuster, die Figuren sind nur mit den notwendigsten Charakterzügen ausgestattet in grober Holzschnittmanier, für individuelle Empfindungen oder Motivationen gibt es keinen Raum, alles ist auf Situationskomik und schnelle Konfrontation angelegt, nicht aber für zarte Übergänge, einfühlsame Szenen, widerstreitende Empfindungen.

»Der Gegenstand ist aber zu kindisch, behaupten andere, und die Musik, obschon schön, zu ernsthaft für das Buch.« Diese Bemerkung trifft wohl recht genau das Dilemma dieser Oper. Salieri lag es wohl nicht, spritzig, witzig, quirlig zu schreiben und zugleich einen solchen Text, der nicht einmal satirische Ansätze bot, angemessen zu komponieren. Als der alternde Salieri sich seine Opern kritisch vornahm, schrieb er zu diesem Werk Sätze, die seine Verlegenheit noch einmal deutlich werden lassen. »Die Sinfonie hat wenigstens das Verdienst, nicht in Widerspruch zu dieser Art Oper zu geraten«, heißt es über die Ouvertüre. Das erste Quartett »scheint« ihm »die dieser Situation zukommende musikalische Farbe« zu haben, einzelne Teile »machen gut gesungen ihren guten Effekt«, das kurze Schlußfinale »schließt die Oper einigermaßen gut ab«.

Es dauerte länger als anderthalb Jahre bis zum nächsten neuen Werk, aber auch diesmal findet man Schwierigkeiten: erst langes Warten bis zum nächsten Auftrag, dann aber muß alles ganz schnell gehen. Als Librettist trat Giovanni De Gamerra auf, der schon in diesen Jahren versuchte, einen Posten als Theaterdichter in Wien zu bekommen, was ihm aber erst zwanzig Jahre später gelingen sollte. Er hatte einige Jahre in der Armee gedient, dann aber ein unstetes Leben mit dem Ziel geführt, als Dichter eine Anstellung zu finden. Seine Stücke neigten zu schauerlichen Situationen, führten grauenhafte Verbrechen, romantische Abenteuer und dazu passende Sentimentalitäten vor, Wechselbäder von Schauerdrama und Rührstück. Für Mozart hatte er *Lucio Silla* geschrieben, sicher den schwächsten Text, den Mozart je komponiert hat, und erst nach Verbesserungen Pietro Metastasios halbwegs brauchbar. Gamerra versuchte, was ihm an dichterischer Kraft fehlte, durch Schmeicheleien und Lobgedichte auf die diversen Habsburger Regenten in Italien und Wien auszugleichen, aber zumindest Joseph II. war hierfür wenig empfänglich. Gamerra als Dichter für das Musiktheater hatte immerhin das Verdienst, sich um die konventionellen Pfade eingespielter Gattungen weniger zu kümmern, statt dessen auf neue Tendenzen des Sprechtheaters zurückzugreifen.

Auch das neue Stück für Salieri, *La finta scema,* hat mit der Opera-buffa-Tradition wenig zu tun. Es handelt von einem Schloßherrn, der gern Rosina, die Tochter eines seiner Bedienten, heiraten würde, die aber längst einem anderen Bedienten versprochen ist. Da kommen nacheinander zwei Familien zu Besuch, ein verarmter Marchese mit zwei Kindern und die Frau eines Obersten, von dem es heißt, er sei im Krieg gefallen, auch sie mit zwei Kindern. Die Soldatenwitwe bietet sich sowohl dem Marchese als auch dem Schloßherrn als Frau an. Während alle beim Essen sitzen, erscheint plötzlich der totgesagte Oberst, der lediglich seine Frau auf die Probe stellen wollte, und macht Anstalten, mit seinen Soldaten das ganze Schloß zu zerstören. Er kann allerdings bald besänftigt werden und scheint im Folgenden ein ganz vernünftiger Mann zu sein. Nachdem der Schloßherr sein Bedientenpaar beim Stelldichein belauscht hat und sich betrogen sieht, bestraft er Rosina mit Gefangenschaft, ihn mit dem Tode, doch der Oberst greift rechtzeitig ein. Verschiedene kleinere Liebeswerben der Kinder des Marchese und des Obersten, die die Handlung ständig begleiten, bleiben letztlich erfolglos. Schließlich setzt der Oberst auch die Heirat des Bedientenpaares durch, das der Schloßherr nicht mehr bei sich sehen will, und nimmt sie selbst in seine Dienste.

Ob eine solch überdrehte und bizarre Handlung als Commedia per musica ernst gemeint sein konnte, steht dahin. Satirische Ansätze sind jedenfalls nicht zu erkennen. Aber Salieri ließ sich von dem schlechten und immer wieder an Überhitzung leidenden Text nicht abschrecken. Überlieferte Gattungsschemata konnten hier ohnehin nichts helfen, also benutzte er einen gemischten Stil, in dem er frei verschiedenartigste Elemente vereinte und zugleich Ansätze zu einer nicht mehr aus Einzelnummern bestehenden, sondern durchkomponierten Musik lieferte. Das bedeutete eine Fülle von Ensemblesätzen und ausgedehnte, vielfach gegliederte Finale, selbst in einzelne Arien werden rezitativische Teile eingeschoben. Mit Recht war noch der alte Salieri auf die Musik dieses Werkes ziemlich stolz. Aber dem Stück war insgesamt nicht aufzuhelfen, einesteils wegen der Handlung, andernteils wegen einer verfehlten dramatischen Anlage, die dem dritten Akt gewissermaßen nur noch Aufräumarbeiten überläßt, keine dramatische Steigerung und Lösung bereithält, sondern nur ein mähliches Abflachen. Selbst für ein richtiges Schlußfinale gab es keinen Stoff mehr. Hätte man dies nicht noch ändern können?

Salieri muß dies natürlich auch aufgefallen sein, schließlich war er Theaterpraktiker genug. Aber er hat keine Bearbeitung durchgesetzt, sondern sich gefügt – vermutlich weil mal wieder die Zeit drängte (wie schon Mosel anmerkt), und damit hat sich Salieri selbst um einen auch nur kleinen Erfolg gebracht. Ob ihm das künstlerische Selbstbewußtsein fehlte, zu sagen: so nicht, so ist das Libretto unbrauchbar, zumindest der Schluß muß umgearbeitet werden? Ob er in seiner Kapellmeisterfunktion eine Verschiebung der Premiere der Theaterleitung nicht zumuten zu können glaubte? Ob er eine falsche Entscheidung zwischen persönlicher Zuverlässigkeit und künstlerischer Verantwortung traf? Welchen Zwängen er unterlag – wir wissen es nicht. Zweifellos ist in dieser Zeit vieles entstanden, das einen unakzeptablen Kompromiß darstellte und deshalb nicht gefallen konnte, wieder vergessen werden mußte, aber es gab auch Komponisten, die sich auf solche Vergeudung ihrer Kräfte für zum Scheitern verurteilte Projekte einer inkompetenten Theaterleitung nicht mehr einließen. Salieri hingegen fühlte sich verpflichtet mitzuspielen, vielleicht aus falsch verstandener Bescheidenheit und Dankbarkeit gegenüber seinen Förderern.

Ebenso ein nie wieder nachgespielter Mißerfolg, wenn auch aus ganz anderen Gründen, blieb *Delmita e Daliso,* eine »azione pastorale«, die wiederum Gamerra zum Verfasser hatte und am 29. Juli 1776 aufgeführt wurde. Ein alter athenischer Kapitän lebt mit seinen zwei Töchtern und einem angenommenen Sohn in einer ländlichen Idylle, die mit einem eröffnenden Hirtenfest geschildert wird. Ein altes Gesetz gebietet, daß die Athener regelmäßig ein Mädchen und einen Knaben auswählen müssen, die als Menschenopfer nach Kreta geschickt werden. Das Los fällt auf Delmita, doch Daliso will den Kampf mit dem Ungeheuer aufnehmen, um Delmita zu retten und Athen von dem Opfer zu befreien. Doch da kommt die Nachricht, daß Theseus das kretische Ungeheuer getötet habe ...

Salieri hat – wie schon in seiner ersten Pastorale – die Oper weitgehend durchkomponiert, die Rezitative vielfach vom Orchester begleiten lassen und besondere Sorgfalt auf die Chöre verwandt. Das ganze Genre lag Salieri sehr und zeigte, wieviel er von Gluck gelernt hatte, von dem er tief beeindruckt und auf dessen Weg fortzuschreiten seine erklärte Absicht war. Das Mißgeschick, das diese Oper erlitt, schildert Mosel – sicher nach Berichten des Komponisten – sehr eindrücklich:

»Auch scheinen in der That – abgesehen davon, daß das Gedicht sehr matt ist – ungünstige Zufälle den Sturz dieses Werkes herbeigeführt zu haben. So stellte die erste Decoration ein ländliches Amphitheater vor, worin das Volk sich versammelte, ein Ringen der jungen Schäfer zu schauen. Nach der Generalprobe, bei welcher Alles gut ging, fiel es dem Decorateur ein, ohne dem Dichter oder dem Tonsetzer ein Wort davon zu sagen, die Reihen des Amphitheaters mit Zuschauern zu bemalen, die, zwischen den Bäumen, womit das Ganze geziert war, und den, das Volk darstellenden Statisten, eine, für jeden andern Fall, zweckmäßige Täuschung hervorgebracht haben würden. Allein, nach geendigtem Ringen, und nachdem der Sänger gekrönt war, entfernte sich Jedermann von der Bühne, ausgenommen der Vorsteher der Gemeinde, welcher mit seinen zwei Töchtern zurückblieb, denen er ein Geheimniß offenbaren will, und mit den Worten anfängt: Or che siam soli, o figlie (Nun wir allein sind, ihr Töchter) –. Das Publikum, welches jene gemalten Figuren zwischen den Gesträuchen hervorschauen sah, fing nicht nur zu lachen an, sondern erhob in dem Grade das Gelächter immer mehr, je mehr es bemerkte, daß die Sänger, welche die Ursache davon nicht erriethen, sich auf der Bühne darnach umsahen, und diese Unterbrechung sich nicht zu erklären wußten. Wie selten ein Unfall allein kömmt, so tritt im zweiten Acte *Daliso, Delmita's* Geliebter, in Waffen mit geschlossenem Helm auf, bereit, das Ungeheuer zu bekämpfen, dem *Delmita,* nach des Landes Gesetzen, zum Opfer gebracht werden soll, und will sich dieser, die furchtsam vor ihm flieht, mit den Worten zu erkennen geben: Non fuggir, non temer, son' io Daliso (Fliehe nicht, fürchte dich nicht, ich bin Daliso). Hier sollte er nun das Visir öffnen, allein es wollte ihm nicht gelingen, und je öfter er den Versuch fruchtlos wiederholte, je lauter begannen die Zuschauer zu lachen. Am Schlusse endlich, nachdem das Ungeheuer erlegt war, sollte man in der Ferne die Stadt Athen beleuchtet erblicken; das Zeichen dazu ward aber zu spät gegeben, und da das Publikum eine der Personen auf der Bühne sagen hörte: Vedete come allo splendor di mille faci e mille festeggia Atene (Seht, wie Athen beim Schimmer von tausend und tausend Fackeln das Fest begeht!), ohne davon etwas gewahr zu werden, erscholl das Gelächter zum dritten Male und erreichte den höchsten Grad, als die Beleuchtung in dem Augenblick erst zum Vorschein kam, in welchem der Vorhang herabrollte. So vereinigte sich Alles, diese Opera seria zu einer Opera buffa umzuwandeln. *Salieri* lachte am Ende selbst mit, zumal er sich von dieser Oper, die er nur auf wiederholtes dringendes Bitten in Musik setzte, und die von Sängern der komischen Oper aufgeführt wurde, nie viel versprochen hatte.«[7]

In demselben Jahr führte Salieri auch ein großes Oratorium auf, *La passione di Gesù Cristo*. Die Gelegenheit hierzu bot sich bei einem der beiden jährlichen Konzerte der »Musikalischen Societät der freyen Tonkunst der Witwen und Waisen«. Diese Einrichtung, eine Art Pensions- oder Versicherungsverein für Musikerwitwen und -waisen, war fünf Jahre zuvor von Gaßmann gegründet worden. Da die vorbereitenden Gespräche und Sitzungen hierzu in Gaßmanns Wohnung stattfanden, war Salieri von Anfang an zumindest als Zaungast dabei, auch wenn er selbst erst einige Zeit später förmlich beitrat – nachdem er sich als Komponist die ersten Sporen verdient hatte. Diese Gesellschaft war in Wien die erste öffentliche Konzertgesellschaft und zugleich für viele Jahrzehnte die einzige musikalische Einrichtung, die sich vor allem dem Oratorium widmete. Die Konzerte fanden in der Fastenzeit und im Advent statt und hatten ausschließlich Berufsmusiker als Mitwirkende. Mozart schrieb hierüber:

»alles was nur Musik heist spiellt da umsonst – das orchestre ist 180 Personnen stark – kein virtuos der nur ein bischen liebe des Nächsten hat, schlägt es ab darin zu spiellen, wenn er von der Societet aus darum ersuchet wird – denn, man macht sich auch sowohl beym kayser als beym Publicum darum beliebt« (24. März 1781)[8].

Der Kaiser war in der Tat ein großer Gönner dieser Gesellschaft – sparte sie ihm doch viele Unterstützungsgelder für arme Hinterbliebene von Musikern. Man zahlte eine einmalige Aufnahmegebühr von beträchtlichen 150 Gulden und einen jährlichen Mitgliedsbeitrag von 12 Gulden. Die Konzerte dienten als Wohltätigkeitsveranstaltungen dazu, die Einnahmen zu vermehren, und fanden im Burgtheater statt.

Die eigentliche Leitung der Gesellschaft hatte stets der Hofkapellmeister inne, der auch ihre Konzerte dirigierte. Salieri, der ohnehin die Aufgabe hatte, den alten und kränklichen Hofkapellmeister Bonno zu unterstützen, wird sein Oratorium daher selbst dirigiert haben. Der Text war von Metastasio bereits 1730 für Antonio Caldara geschrieben und seitdem oft vertont worden. Als Solisten treten Petrus, Johannes und Maria Magdalena auf, im zweiten Teil kommt Josef von Arimatia hinzu; der Chor besteht aus Gefolgsleuten Jesu. Das ganze Oratorium hat eigentlich keine Handlung, sondern besteht in gemeinsamen Erinnerungen und Betrachtungen um das Kreuzigungsgeschehen, wobei sich Petrus immer wieder seines dreimaligen Verrats anklagt. Der Chor singt nur einmal am Anfang und beendet jeweils mit einer Fuge jeden der beiden Teile. Gerade der Verzicht auf große dramatische Effekte und eine geradezu intime Beschränkung auf die Empfindungen dieser vier Vertrauten Jesu rufen eine große verinnerlichende Wirkung hervor. Metastasio sagte selbst, von allen Vertonungen sei dies die ausdrucksvollste – ein großes Kompliment, denn Metastasio war selbst Musiker genug, tiefergehende Vergleiche anzustellen. Vor Salieri ist das Werk mehr als zehnmal komponiert worden, darunter von so bedeutenden Komponisten wie Graun, Jommelli, Holzbauer, Naumann und Mysliveček.

Merkwürdigerweise tritt zwischen dem Sommer 1776 und dem Sommer 1778 eine deutliche Schaffenspause bei Salieri ein. Daß in dieser Zeit keine neuen Werke für das Musiktheater geschrieben wurden, erklärt sich aus den veränderten Verhältnissen an der Wiener Oper. Daß auch keine Instrumentalmusik vorliegt, Salieri vielleicht eine Zeitlang überhaupt nichts komponiert hat, muß erstaunen. Denn daß er durch die Protektion Josephs II. an Wien gebunden war und diese Sicherheit nicht leichtfertig mit einem anderen Ort vertauschen wollte, leuchtet ein. Aber die weiteren Perspektiven der Wiener Theaterverhältnisse waren unklarer denn je. Daß ein Komponist von siebenundzwanzig Jahren, der doch immerhin einige Erfolge aufzuweisen hatte und über Wien hinaus bekannt zu werden begann, einfach abwartet, was weiter geschieht, und so lange nichts tut, ist allzu unwahrscheinlich. Salieri war viel zu gewissenhaft und verantwortungsvoll, hatte schließlich auch eine

Familie zu versorgen, die ihm viel bedeutete – die erste Tochter, Josepha Maria Anna, wurde im Januar 1777 geboren, weitere sieben Kinder folgten. Sicher hat Salieri schon in dieser Zeit Schüler gehabt. Aber auch das erklärt kein künstlerisches Schweigen. Sein Biograph Mosel vermeldet lapidar: »Das Jahr 1777 zeigt uns keine neue Composition unsers Meisters [...]«[9]

In Wien war allerdings vorerst keine Oper unterzubringen. Joseph II. hatte im Frühjahr 1776 dem langsamen Niedergang einer ohnehin ruinierten Theatralpachtung ein Ende bereitet, der Opera buffa und dem Orchester sowie dem Ballett gekündigt und eine neue Ära eingeleitet: Die Schauspieler der Sprechbühne wurden von nun an vom Hof bezahlt und spielten am Burgtheater, das jetzt »Deutsches Nationaltheater« hieß. Gleichzeitig wurde eine allgemeine »Schauspielfreiheit« verkündet; fremde Theatertruppen konnten an spielfreien Tagen das »Theater nächst der Burg« gratis bekommen. Ebenso wurde das Kärntnertortheater für fremde Truppen zur Pacht freigegeben. Tatsächlich fanden sich immer wieder Theaterprinzipale, die unter anderem mit den noch in Wien anwesenden Sängern versuchten weiterzumachen – stets nach wenigen Monaten gaben sie wieder auf und machten anderen Mutigen Platz. Unter solchen Umständen, mit den übriggebliebenen Sängern der ehemaligen italienischen Oper, fand schon die Aufführung von Salieris *Delmita e Daliso* statt – die Schlampigkeit der Aufführung, die zum Desaster führte, hängt natürlich auch mit der Führungslosigkeit und mit unverantwortlichem Improvisieren zusammen. Daß so schlechte Leistungen insgesamt auch zu anhaltendem Desinteresse des Publikums führten, kann nicht wundernehmen. Die Sprechbühne des »Nationaltheaters« hingegen wurde einerseits von Joseph II. deutlich unterstützt und bevorzugt, vom Publikum andererseits zunehmend verwöhnt, so daß die Mißverhältnisse dieser konkurrierenden Ensembleleistungen kraß zutage traten.

Gleichzeitig formte sich beim Kaiser langsam die Idee, den Versuch zu wagen, ein nationales Musiktheater ins Leben zu rufen. Anders als etwa in Schweden, wo Gustav III. mit großer Oper über historisch-nationale Stoffe begann, versuchte man in Wien ein »Nationalsingspiel« zu erwecken, das bereits auf viele Vorstufen im nord- (und mittel-)deutschen Singspiel zurückgreifen konnte. Man braucht hierbei nur an Namen wie Johann André, Georg Anton Benda, Johann Adam Hiller, Ignaz Holzbauer, Christian Gottlob Neefe und Anton Schweitzer zu denken.

Den Versuch zu wagen konnte nur heißen, eine Spielstätte zur Verfügung zu stellen, die dem deutsch gesungenen Singspiel vorbehalten bleiben sollte, bedeutete aber nicht, daß dort nur deutsche Originalsingspiele aufgeführt werden sollten. Übersetzungen von französischer Opéra-comique (und in selteneren Ausnahmen italienischer Opera buffa) waren wohl von vornherein eingeplant. Man hoffte ja die Komponisten zu ermutigen, sich dem neuen Genre zuzuwenden, hoffte auf ein Zuströmen nach Wien, wenn der Anziehungspunkt eines »deutschen Singspiels im Nationaltheater nächst der k.k. Burg« erst einmal geschaffen wäre. Ein ausreichend stark besetztes Orchester, Chor und Gesangssolisten waren zusammengestellt; der Kaiser hatte es hier an nichts fehlen lassen (und doch war dieses Ensemble sehr viel billiger als die italienische Oper, wo die Gesangssolisten im Durchschnitt wohl das Doppelte bekamen). Was fehlte, waren eigentlich nur die neuen Stücke.

Und dies blieb das Hauptproblem bis zum Ende des halbherzigen Experiments nach fünf Jahren. Mit dem norddeutschen Singspiel ist kein Kontaktversuch unternommen worden, die Stücke dieser Komponisten wurden in Wien nicht einmal nachgespielt, um sie bekannt zu machen und zur Auseinandersetzung mit ihnen herauszufordern; Aufträge zu neuen Werken ergingen schon gar nicht. Unter den in Wien ansässigen Komponisten wartete man einfach ab, ob und was von ihnen beigetragen würde; auch hier fehlte es an offensiver und beispielgebender Planung. Einzig der musikalische Leiter dieser Unternehmung, Ignaz Umlauff, trug mit fünf neuen Stücken kontinuierlich zum Singspiel bei, im übrigen blieb es bei Zufallsfunden. Der Spielplan wurde aufgefüllt mit Übersetzungen; so erschienen allein zehn Opéras-comiques von André Ernest Modeste Grétry in Wien. Insgesamt ist in diesen fünf Jahren nur ein einziges wirklich bedeutendes Werk dieser neuen Gattung geschaffen worden, und dies zu einem Zeitpunkt, als die ganze Einrichtung ohnehin nicht mehr zu retten war: Mozarts *Entführung aus dem Serail*.

Salieri hatte mit diesem ganz neuen Zweig des Theaters zunächst überhaupt nichts zu tun. Er war Vizekapellmeister der italienischen

Oper, und die war einstweilen geschlossen. Unter diesen Umständen machte er, was für solche Fälle das Naheliegendste ist, er nahm Bildungsurlaub und ging nach Italien.

3. Kapitel

Italienreisen und ein Nachspiel

1778–1781

Bevor Salieri im April 1778 zu seiner ersten Italienreise aufbrach, waren dort erst zwei Opern von ihm aufgeführt worden. Seine auswärtigen Erfolge richteten sich einseitig nach Norden und Nordwesten, bis hinauf nach Sankt Petersburg und Kopenhagen – nicht aber über die Alpen. Dabei hatte es an Fürsprache nicht gemangelt. Joseph II. hatte schon Anfang 1772 an seinen Bruder Leopold, den Großherzog von Toskana, geschrieben:

»Der Schüler Gaßmanns, Salieri, dieser junge Mann, den Sie kennen und dessen Musik so gut ankommt, möchte gerne ein Theater in Italien finden, für das er eine Opera buffa oder seria schreiben kann, um sich bekannt zu machen. Gibt es nicht im Frühjahr in Florenz eine Gelegenheit, für die er etwas schreiben kann? Ich glaube, man würde mit ihm zufrieden sein. Wenn Sie das gut finden, so lassen Sie an ihn selbst schreiben, denn ich möchte nicht gerne in diesen Handel vermischt sein.«[1]

Sogar eine Partitur hatte der Kaiser zur Ansicht geschickt. So war es immerhin 1775 in Florenz zu einer Aufführung von *La locandiera* gekommen. Salieri galt offenbar eher als Wiener denn als typischer Vertreter der italienischen Oper. (Und so ganz unrichtig war das ja auch nicht.)

Jetzt aber hatte Salieri einen Opernauftrag bekommen, der außerordentlich ehrenvoll war – selbst wenn er dabei nur zweite Wahl blieb. Das Teatro Regio Ducale in Mailand war im Februar 1776 abgebrannt und in kurzer Zeit mit einer großen vereinten Kraftanstrengung des Mailänder Adels und der (habsburgischen) herzoglichen Regierung in imposanter Weise wiederaufgebaut worden. Schon frühzeitig hatte man wegen der Wiedereröffnung an Christoph Willibald Gluck geschrieben, um von ihm ein neues Werk zu bekommen. Gluck hatte zu Mailand eine besonders enge Beziehung, weil er die entscheidenden ersten Jahre seiner Operntätigkeit dort verbracht und von dort seinen rasanten Aufstieg begonnen hatte. Jetzt, mehr als dreißig Jahre später, wollte man Gluck noch einmal hierher zurückholen: Mailand wollte damit deutlich machen, daß es durchaus zu den ersten Adressen der italienischen Opernhäuser gehörte. Gluck erhielt dies Angebot für eine Opera seria Anfang Juli 1777 in Paris, wo er gerade seine *Armide* zur ersten Aufführung vorbereitete. Der Augenblick war denkbar ungünstig, denn die literarischen Auseinandersetzungen um die italienische Operntradition (mit ihrem Vorrang von einer gesanglich-melodischen Musik, einfach harmonisiert und instrumentiert) und die Glucksche Opernreform (die auf den überzeugenden dramatischen Ausdruck der Musik setzt) waren auf ihrem Höhepunkt angekommen. Gluck arbeitete sehr konzentriert und gründlich, er selbst rechnete für eine neue Oper mindestens ein Jahr. Und längst hatte er, so gut es ging, eine langfristige Planung seiner Arbeit begonnen, die ihn alle störenden kurzzeitigen Engagements ausschlagen ließ. (*Iphigénie en Tauride* war noch nicht begonnen, obschon Pläne dazu seit Jahren bestanden.) Gluck, der inzwischen weit über sechzig Jahre alt war, lehnte daher diesen Mailänder Auftrag ab, gab aber zugleich die Empfehlung, Salieri mit dieser Aufgabe zu betrauen. Das war ein wohlbedachter Vorschlag, denn Salieri war zwar nicht sein Schüler, aber Gluck hatte doch von dessen Erstlingswerk an seine Arbeit freundlich beratend verfolgt und sah in Salieri vermutlich denjenigen unter den jüngeren Komponisten, der am ehesten einmal sein Erbe antreten, seine Bestrebungen weiterreichen würde.

Das Erstaunliche war, daß Mailand diesem Rat folgte. Dabei bestand durchaus noch kein Zeitdruck, es blieb ein ganzes Jahr bis zur feierlichen Eröffnung des neuen Hauses. Salieri war also keine Notlösung. Hätte man Glucks Empfehlung nicht folgen wollen, so konnte man in aller Ruhe einen anderen finden.

Als Librettist wurde Abbate Mattia Verazi ausgesucht, Privatsekretär und Hofpoet des pfälzisch-bayrischen Kurfürsten. Der war ein erfahrener Librettist, der vor allem für Niccolò Jommelli (fünf Opern) geschrieben hatte, aber auch für Ignaz Holzbauer, Johann Christian Bach und Johann Rudolf Zumsteeg. Er schrieb nun für Mailand *L'Europa riconosciuta,* Dramma per musica in zwei Akten. Entsprechend dem feierlichen Anlaß wurde anschließend noch ein Ballett aufgeführt, dessen Handlung Verazi zusammen mit dem Ballettmeister Legrand schrieb. Mitte April kam Salieri in Mailand an, am 3. August sollte Premiere sein. Das war ein durchaus üblicher Zeitraum zum Schreiben und Einstudieren einer neuen Oper. Freilich wird Salieri nicht mit leeren Händen gekommen sein, sondern schon vorgearbeitet haben, denn in Wien drängte ihn nichts.

Das Textbuch weicht beträchtlich ab von dem bekannten mythologischen Stoff um den Raub der Europa durch Zeus in Gestalt eines Stieres und ihr ferneres Schicksal in Kreta. Der Raub bleibt hier Vorgeschichte, aber auch sie ist ganz entmythologisiert und verweltlicht: Zeus (oder eine andere Gottheit) ist hier nicht mehr beteiligt, nur ein paar Namen der antiken Fabel sind geblieben:

Asterio, König von Kreta, hat so viel Wunderbares von der Schönheit der Europa gehört, daß er sie geraubt hat und versteckt hält. Ihr Vater, Agenor, König von Tyros, beauftragt seine Söhne, sie zu suchen, die Schmach zu rächen und Europa zurückzubringen. Doch die Söhne können sie nicht finden und fürchten nun die Strafe des Vaters, weshalb sie nicht zurückzukommen wagen. Der Vater glaubt, sie seien tot, und regelt seine Thronfolge dergestalt, daß seine Nichte Semele dem adligen Krieger zur Frau gegeben werden soll, der seinen Racheschwur einlösen kann und den ersten Fremden umbringt, der sich Tyros nähert. Mit Semele soll dieser den Thron bekommen. Dann stirbt Agenor. Die Nachricht von seinem Tod kam auch nach Kreta, worauf Asterio und Europa, die inzwischen seine Frau ist, nach Tyros fahren, um ihren Thronanspruch anzumelden. Soweit die Vorgeschichte, während die Ouvertüre der Oper einen Orkan schildert, durch dessen Gewalt die kretischen Begleitschiffe zerstört worden. Europa, Asterio und ihr Kind können sich an einen verlassenen Strand in der Nähe von Tyros retten. Beide geraten in die Hände Egistos, der mit ihnen den versprochenen Preis bekommen will. Doch Isseo, ehemals der Verlobte Europas, nach ihrem

Raub der Geliebte Semeles, will mit ihr den Thron besteigen. Er kann Egisto und seine Anhänger im Kampf besiegen und läßt sich im ganzen Königreich feiern. Da erscheinen Asterio und Europa, die von allen wiedererkannt wird. Isseo und Semele verneigen sich unterwürfig vor Europa und Asterio, die so gerührt sind über dieses Zeichen der Treue, daß Asterio die Krone auf das Haupt von Isseo legt und ihn zum Herrscher von Tyros weiht. Asterio und Europa hingegen fahren zurück nach Kreta.

Daß dies kein sehr überzeugendes Textbuch war, geht eigentlich schon aus der Inhaltsangabe hervor. Nur mit Mühe und nicht sehr plausibel war ein dramatischer Konflikt um Egisto eingebaut, der sich vor allem daraus ergibt, daß einzig er die Königstochter Europa nicht erkennt, da er von einer ferneren Region der phönizischen Herrschaft stammt. Aber immerhin wußte Salieri den Beginn der Oper zu nutzen, indem er ein Vorspiel (»Tempesta di mare«) mit Blitz und Donner komponierte, das seine Wirkung nicht verfehlen konnte, ein Stimmungsbild, das indes weit entfernt war von der dramatischen Schilderung am Beginn von *Armida*. Die heftigen Streicherbewegungen beruhigen sich schließlich über einem Orgelpunkt und laufen in halben und ganzen Notenwerten (calando) aus.

In beiden Akten gibt es mehrere Chorszenen, nicht nur in den Finale; auch kommen insgesamt fünf orchesterbegleitete Rezitative vor. Aber die ganze Oper kann sich kaum von herrschenden Schablonen lösen. Im Gegenteil: Salieri erfüllte bereitwillig all jene Wünsche, die sich bei einem Publikum einstellen mochten, dem Repräsentation wichtiger war als dramatische Glaubwürdigkeit. Dabei spielt der Anlaß der Oper sicher eine erhebliche Rolle. Das dramaturgisch schwache Konzept wurde zusätzlich dadurch belastet, daß nicht nur die beiden weiblichen Hauptrollen Koloratursoprane waren, denen natürlich Koloratur reichlich gegeben werden mußte, sondern darüber hinaus die beiden männlichen Hauptdarsteller, Asterio und Isseo, mit Kastraten in Sopranlage besetzt waren, so daß es keine Kontraste gab. So entspricht diese Oper alles in allem gerade dem, was Glucks Opernreform endgültig zu überwinden sich vorgenommen hatte, und ausgerechnet Salieri war der Komponist. Selbst Ignaz Franz von Mosel schrieb über dieses Werk in ungewohnt kritischen Tönen:

»Jeder unpartheiische Beurtheiler, welchem die Partitur dieser Oper vor Augen kömmt, wird indessen gestehen müssen, daß sie, außer einer, im zweiten Acte befindlichen, ausdrucksvollen Arie des *Asterio,* (für einen Sopran-Sänger geschrieben) nichts besonders Vorzügliches enthalte, und – sonderbar! – was die Form der Gesangstücke betrifft, jetzt mehr veraltet zu nennen ist, als viele der früheren Compositionen *Salieri's*.«[2]

Indes war die Eröffnung des neuen Mailänder Opernhauses, wegen seiner Lage »Teatro alla Scala« genannt, ein so überwältigendes Ereignis, das neue Haus von solcher Schönheit, Zweckmäßigkeit und Dimension, daß dieser Glanz alles überstrahlen mußte. Außerdem hatte die Direktion es an keinem Aufwand fehlen lassen: Das Orchester bestand aus siebzig Personen und dem Cembalisten, vierzig Choristen und einhundert Komparsen waren beteiligt, und selbst das Ballett im Nachspiel umfaßte fünfzig Tänzer. Mosel schreibt über diese Aufführung: »Die Musik erwarb sich vielen Beifall, und das Werk erhielt sich, ungeachtet des scharfen Tadels, der über das Gedicht sich ergoß, lang auf der Bühne.«[3] Damit kann aber nur die Mailänder Bühne gemeint sein (über deren Zahl an Vorstellungen wir nichts wissen), denn soviel bekannt ist, ist dieses Werk nie ein zweites Mal inszeniert worden.

Nächste Station seiner Italienreise war Venedig, wo er den Auftrag zu einer Opera buffa hatte, die Ende des Jahres im Teatro di San Moisè aufgeführt werden sollte. Es wurde – neben *Axur* – die meistinszenierte Oper Salieris, die es in den folgenden dreißig Jahren auf mehr als sechzig Einstudierungen zwischen Lissabon und Moskau, Neapel und Riga brachte. Und merkwürdig ist es, immer wieder in Salieris Leben zu beobachten, daß solche gigantischen Erfolge, die fast an einen gefeierten Modekomponisten denken lassen, stets in unmittelbarer Nähe zu Werken stehen, die man als Eintagsfliegen bezeichnen könnte; dabei kontrastiert auch noch der phantastische Aufwand der Mailänder Oper zu dem sparsamen und einfachen Kammerspiel dieser venezianischen Oper.

Textdichter war diesmal Caterino Mazzolà, ein enger Freund Lorenzo Da Pontes (1780–96 als Theaterdichter in Dresden, schrieb er 1791 das Libretto zu Mozarts *La clemenza di Tito*). Er hatte ein heiteres Stück über die Eifersucht geschrieben, ganz ohne den lauten und übertriebenen Witz mancher Buffaopern, ohne komplizierte und groteske Verwechslungen, statt dessen Szenen aus dem bürgerlichen Leben mit hintergründiger Einfachheit, ganz auf die Nuancierungen des Dialogs angelegt:

Blasio, ein reicher Kornhändler, ist so krankhaft eifersüchtig auf seine Frau Ernestina, daß er sie einschließt und am liebsten in Ketten legen würde, während er verreisen muß. Kontrastierend hierzu wird ein Graf eingeführt, der seiner Frau ständig Treulosigkeiten zumutet. Beide Frauen leiden unter ihren Männern, die Gräfin, weil sie ihren Mann liebt; Ernestinas Liebe ist längst erloschen unter der unwürdigen Behandlung. Der Graf würde der Gräfin am liebsten Männer zuführen, um sich von Vorwürfen befreien zu können. Seine nächste Eroberungsabsicht gilt Ernestina, deren Mann kaum weiß, wie er den Grafen, mit dem ihn auch Geschäftsinteressen verbinden, ohne die Konvention zu verletzen, aus seinem Haus fernhalten kann. Der Graf nutzt solche Verlegenheit reichlich aus, der eifersüchtige Mann schäumt innerlich, zumal die Reise drängt ... Später rät ihm sein Vetter, ein Leutnant und geistvoller Mann, statt seine Frau einzuschließen, was ohnehin erfolglos sei und womit er sich nur lächerlich mache, doch besser die Liebe seiner Frau wieder zu wecken, sie selbst eifersüchtig zu machen. Der unter seiner Eifersucht wahrhaft leidende Blasio geht darauf ein und läßt bei seiner Frau ein fremdes Porträt fallen. Da der Leutnant auch mit dem Grafenpaar befreundet ist, rät er der Gräfin ebenso, ihr Verhalten radikal zu ändern, worauf sie den Grafen zu seinen Abenteuern ermuntert, statt eifersüchtig zu reagieren. Und das macht den Grafen natürlich stutzig ... Die Oper schließt an einem ländlichen Ort, wo sich alle gegenseitig auflauern, belauern, schließlich aber die beiden Ehepaare wieder zueinander finden.

Das ist kein vollständiger Handlungsabriß, sondern die Andeutung der Knotenpunkte. Ohnehin ist dieses Werk eher eine Charakterstudie, jedenfalls alles andere als eine Typenkomödie. Es geht um immer wieder neue Spiegelungen der Eifersucht, deren extremes Vorhandensein ebenso wie ihr völliges Fehlen als Liebeskrankheit gezeigt werden; dabei kommt das ganze Stück ohne eine einzige Verführungsszene oder auch nur eine Andeutung dazu aus. Das bürgerliche und das gräfliche Paar werden ohne alle Standesverschiedenheiten gegenübergestellt, bestenfalls gibt es einige Konventionen des Umgangs miteinander, jedoch keinerlei Überlegenheit. Auch die Figur des Leutnants, die eher beiläufig als in gewichtiger Vermittlungsposition erscheint, trägt zu dieser Nivellierung des gesellschaftlichen Ranges bei.

Salieri hatte diese Oper, *La scuola de' gelosi,* mit einer sehr leichten, ganz auf den schnellen und spritzigen Text eingehenden Musik ausgestattet, sich nicht vor langen Rezitativen gescheut, die ja in einem ganz natürlichen Tempo wie gesprochen wirken und wirken sollen, darauf bauend, daß jedes Wort verstanden wird. Die Arien und Ensemblesätze enthalten eine charakteristische, dabei sparsam instrumentierte Musik, nirgends etwas revolutionär Neues, eigentlich sogar ein konventioneller Ton, dabei jedoch nuancenreich gearbeitet, die Finale mit häufigem Tempowechsel, ganz wie es die dramatische Situation erfordert.

Merkwürdigerweise ist als Schauplatz der Oper ausdrücklich Mailand angegeben, wo Salieri doch eben erst herkam. Was für eine Anspielung die beiden Autoren den Venezianern damit entgegenhielten? Wir wissen es nicht. Am Ende dieser Oper wurde – ganz der damaligen Opernpraxis entsprechend, für uns heute kaum nachvollziehbar – ein großes Ballett gegeben, gegenüber dem Mailänder Vorlauf auch dies im Kammerformat, aber doch mit immerhin achtzehn Tänzern. Zweifellos war auch diese Ballettmusik von Salieri.

Salieri hielt sich nicht länger als nötig in Venedig auf und kehrte schon im Januar 1779 nach Wien zurück. Dort wartete seine Familie auf ihn, die sich während seiner neunmonatigen Abwesenheit um eine weitere Tochter, Francisca Xaveria Antonia, vergrößert hatte. Am Burgtheater zeichneten sich noch keine grundlegenden Änderungen ab. Das Nationalsingspiel hielt sich, insbesondere die Werke von Ignaz Umlauff errangen schöne Erfolge, aber es mangelte an weiteren geeigneten Komponisten, so daß verstärkt auf französische Werke (in dieser Spielzeit dreimal von André Ernest Modeste Grétry) zurückgegriffen werden mußte. Für einen Insider wie Salieri mußten diese Probleme und ihre Folgen klar erkennbar sein. Auch Joseph II. dürfte frühzeitig bemerkt haben, daß kaum geeignete deutsche Originalsingspiele angeboten wurden. Aber er war bereit, seinem Theaterexperiment wenigstens eine gewisse Zeit lang Protektion und Finanzmittel zu erhalten. Gerade aber die einzig nötige Konsequenz, den besten Komponisten auch von auswärts Aufträge zu erteilen und die richtigen Theaterdichter und Musiker zusammenzubringen, konnte oder wollte er nicht ziehen: Dies hätte ganz andere Finanzmittel erfordert, die der Kaiser als Mitregent seiner Mutter Maria Theresia als Herrscherin über die habsburgischen Erblande selbst nicht hatte, und es wären wohl auch längerfristige vertragliche Bindungen nötig gewesen, die der Hof ohnehin scheute. Salieri hatte in Wien nichts zu tun als abzuwarten und einstweilen die regelmäßigen Kammermusikstunden bei seinem kaiserlichen Gönner zu besuchen.

Alles war wie ein Jahr zuvor, nicht nur im Abwarten, sondern auch mit neuerlichen italienischen Aufträgen. Sogar die gleichen Städte und Gelegenheiten boten sich an. In Mailand wurde an einem weiteren neuen Opernhaus gebaut, und wiederum sollte Salieri eine Eröffnungsoper schreiben. Auch Venedig winkte mit einem neuen Auftrag. Und wiederum gab der Kaiser seinem Schützling den notwendigen Urlaub.

Aber Geschichte wiederholt sich nie, mögen auch die Rahmenbedingungen gleich sein. Für Mailand war diesmal eine Commedia per musica vorgesehen, deren Textbuch Carlo Goldoni schreiben sollte, der seit 1762 in Paris lebte. Den Plan seines Stückes hatte er zusammen mit dem ersten Akt übersandt, und Salieri machte sich gleich an die Arbeit. Diesmal hielt er sich jedoch zuerst in Venedig auf, wo eine Neueinstudierung der *Fiera di Venezia* im Pergola-Theater unter seiner Assistenz herauskam. Von dort aus ging es nach Mailand. Ohnehin verzögerte sich alles: Der Theaterbau wurde nicht rechtzeitig fertig, und auch Goldoni, der wieder einmal eine seiner Herzattacken erlitten hatte, konnte die weiteren Teile des Textbuches nicht rechtzeitig schicken. Die Verzögerungen brachten neue Probleme mit sich: Einerseits hatte man die Sänger bis zum Saisonende fest engagiert und konnte ihre Verträge nicht weiter verlängern, andererseits waren zur Eröffnung des Hauses gleich drei Inszenierungen vorgesehen, Salieris *Fiera di Venezia* mit ihrem fröhlichen Maskentreiben und ihren Bällen, die ein richtiges Bühnenspektakel in farbenprächtigen Kostümen ermöglichten, andererseits noch je eine neue Oper von Salieri und Giacomo Rust.

Für Rust war dieser Auftrag besonders bedeutsam, denn er war erst vor kurzem aus Salzburg gekommen und noch ohne befriedigende Wirkungsmöglichkeit. In Salzburg war er Kapellmeister gewesen (und insofern der Vorgesetzte von Leopold Mozart), vertrug aber das dortige Wetter nicht und hatte allein aus gesundheitlichen Gründen kündigen müssen. Ein Berg von Schulden war auch vorhanden. Die Theaterleitung des neuen Hauses beschloß nun angesichts des Termingedränges, mit *Fiera di Venezia* zu eröffnen, danach Salieris Goldoni-Oper *Il talismano* zu bringen und auf Rusts Oper zu verzichten.

Wie Mosel schreibt, »reichte [die Direktion] dem Kapellmeister *Ruß* ein Geschenk nebst einer schriftlichen Einladung für das nächste Jahr. Da aber der arme, wackere Meister darüber äußerst betrübt war, daß er zu dieser feierlichen Gelegenheit gar keine Composition liefern sollte, von *Salieri* hingegen eine Oper schon gegeben worden war; machte dieser der Direction den Antrag, *Ruß* den zweiten Act des Talismano in Musik setzen zu lassen. Dieser Vorschlag gefiel, wurde ausgeführt, und hatte den vollständigsten Erfolg.«[4]

Salieri mochte zwar die Vorteile, die sich ihm boten, gerne nutzen, ein Ellbogenkünstler, der stets allein darauf sieht, daß seine Werke aufgeführt werden, war er wahrlich nicht. Und diese uneigennützige Kompromißbereitschaft war auch keinesweg dem Werk Goldonis geschuldet, das er vielleicht nicht besonders anregend gefunden hätte – im Gegenteil: fast zehn Jahre später kam er auf diesen Stoff zurück und schrieb das ganze Werk allein zu Ende. Es handelt von der Tochter eines Gouverneurs, die als Kind von Zigeunern angenommen wurde und von einem alten Zigeuner einen Talisman bekommen hat, der Zauberkräfte besitzt und eine Verwandlung seines Trägers ermöglicht. Im Mittelpunkt der Handlung stehen komplizierte Liebesverwirrnisse, die in der Art der alten Verwechslungskomödie mit Verkleidungen und kleinen Gaunereien sehr turbulent verlaufen. Am Schluß findet der Gouverneur seine verschollene Tochter wieder.

Auch bei dieser feierlichen Gelegenheit der Eröffnung des neuen

»Teatro della Canobbiana« durften zwei Balletteinlagen nicht fehlen, die wieder mit großem Aufwand (mehr als dreißig Tänzer) vorgestellt wurden.

Gleich anschließend hatte er einen Auftrag nach Venedig für *L'isola capricciosa,* ein Libretto von Mazzolà, der jedoch nicht verwirklicht werden konnte, da der venezianische Impresario plötzlich starb. Ein Teil der Oper war schon geschrieben, ließ sich aber auch später nicht verwenden oder mit neuem Auftraggeber zu Ende schreiben, blieb also in der Schublade und ist bis heute verschollen. An Beschäftigungsmangel hatte Salieri in dieser Zeit ohnehin nicht zu leiden. Aus Rom lagen Aufträge vor, Kontakte nach Neapel wurden angebahnt, und Verazi, der Librettist von *L'Europa riconosciuta,* schrieb aus Mannheim, warum er von Salieri so lange nichts mehr gehört habe – auch er war offensichtlich an weiterer Zusammenarbeit interessiert.

Für Rom schrieb Salieri in diesem Herbst 1779 schnell ein zweiaktiges komisches Intermezzo, *La partenza inaspettata,* ein recht drastisches Stück um einen Gelehrten, der Zensurschwierigkeiten bekommen hat, und seine Schwester mit ihrem sehr handfesten Verlobten sowie einen heruntergekommenen und etwas einfältigen Kaufmann, der gleichwohl von der pfiffigen Rosina Spazzina vor seinen Gläubigern gerettet und schließlich sogar geheiratet wird, ein derber Schwank, dem gleich noch ein weiteres Intermezzo folgte: *La dama pastorella* auf ein Libretto von Giuseppe Petrosellini, das einige Ähnlichkeiten mit *Il talismano* hat, nur daß diesmal die als Kind in einer Schachtel ausgesetzte Eurilla eine Grafentochter ist, die bei einem Bauern auf dem Lande aufgezogen wird. (Die Liebesverhältnisse sind hier allerdings etwas überschaubarer.) Salieri berichtet, diese kleine Oper habe »weder gefallen noch mißfallen«[5].

All diese kleineren komischen Opern, die Salieri in Italien schrieb, sind musikalisch bieder und harmlos. Er schrieb sie ohne jeden Anspruch für den Tag und die Gelegenheit, ganz eingepaßt in die örtlichen Gegebenheiten, bediente die Sängerinnen und Sänger nach ihren Wünschen und virtuosen Möglichkeiten, akzeptierte die Textbücher, die man ihm gab, ohne weitere Änderungen, zu denen auch kaum die Zeit vorhanden gewesen wäre, und paßte sich dem herrschenden Opernbetrieb frag- und klaglos an. Von Erfolgen wurde er ebenso überrascht wie von Mißerfolgen, bei so bescheidenen dramaturgischen Ansprüchen konnte das auch gar nicht anders sein.

Von Rom aus folgte Salieri einer Einladung nach Neapel, wo man nicht nur seine *Scuola de' gelosi* aufführen wollte, sondern die Vertonung von Pietro Metastasios *Semiramide* bei ihm in Auftrag gab. Noch in Rom hatte er um eine Urlaubsverlängerung um drei Monate in Wien angefragt, angesichts der Umstände eher eine Formsache. Aber Joseph II. konnte in dergleichen Dingen recht pingelig sein, und deshalb war es besser, sich an die Regel zu halten. Natürlich wurden auch die Gründe umständlich erläutert: Da der Auftrag vom königlichen Theater in Neapel kam, somit vom Schwager des Kaisers, Ferdinand I., war an der Urlaubsverlängerung nicht zu zweifeln. Jedoch hatte man in Wien dem Kaiser diese Bitte nur mündlich vorgetragen, Salieris Schreiben aber nicht gezeigt. Vielleicht wurde diese Bitte auch mit entsprechenden Kommentaren durch die Hofbeamten versehen, jedenfalls reagierte Seine Majestät etwas unwirsch, und Franz Xaver Wolf Graf Rosenberg-Orsini hatte folgenden Bescheid auszufertigen:

»In Erledigung Ihres, an Seine Majestät gestellten Gesuches, um die Erlaubniß, noch länger in Italien bleiben zu dürfen, tragen Allerhöchstdieselben mir auf, Ihnen zu schreiben, daß Sie Herr seyen, so lange dort zu verweilen als es Ihnen gefällt und gut dünkt, ja, daß Sie, wenn Sie Sich besser dort befinden, als hier, auch für immer dort bleiben mögen. Ich bedaure, Ihnen keine angenehmere Nachricht mittheilen zu können und verharre u. s. w.«[6]

Das war eine deutliche Sprache und ganz in der unmißverständlichen Art, wie man sich in Wien auszudrücken pflegte. Schon Maria Theresia hatte immer die Befürchtung, Hofschmarotzern aufzusitzen, Leuten, die sich einschmeicheln und die man nicht wieder los wird, die irgendein unnützes Amt bekleiden und ohne etwas zu tun auf Kosten des Hofes leben. Und Joseph II. war in dieser Hinsicht noch rigoroser (später als Alleinherrscher ließ er sogar einen Teil der kaiserlichen Burg mit Brettern vernageln, um selbst die Wachen zu sparen). Nur keine Bindungen eingehen, die womöglich Geld kosteten, aber nichts einbrachten. Andererseits konnte er persönlich auch wieder sehr großzügig sein, und Salieri gehörte doch zu seinem engsten persönlichen Umkreis, wo solche kaltherzigen und förmlichen Antworten ganz und gar nicht üblich waren. Zu allem Unglück war diese kaiserliche Unmutsäußerung auch noch nach Rom gekommen und mußte erst nach Neapel nachgeschickt werden, wo sie Salieri wie ein Schock traf. Es war also auch noch überflüssige Zeit mit der Post vertan.

Salieri tat, was ihm unvermeidlich dünkte, so unangenehm es war: Er bat das Theater in Neapel, ihn von seinem Auftrag zu entlassen, reiste schnurstracks nach Wien zurück und ging, kaum dort angekommen, »nach Hofe« – wir folgen jetzt der Erzählung Mosels, die so authentisch wie anschaulich ist –, »und zwar, um seine Unterwerfung deutlich zu machen, nicht in die Kammer des Kaisers, wie er, als zu derselben gehörig, wohl hätte thun können, sondern in den Corridor (den sogenannten Controlorgang), in welchem der Monarch täglich um drei Uhr Nachmittags die Bittenden anzuhören und ihre schriftlichen Gesuche zu empfangen pflegte. [. . .]

Um drei Uhr kehrte der Kaiser von einer Spazierfahrt zurück, kam, wie gewöhnlich, durch jenen Corridor, und hörte die Bittenden an, die Er mit der Miene und dem Ton eines zärtlichen Vaters ansprach, als er plötzlich *Salieri* gewahr wurde und sogleich mit den Worten sich ihm näherte: ›Sieh da, *Salieri*! Willkommen! Ich erwartete Sie nicht so bald; haben Sie eine gute Reise gehabt?‹ – ›Eine sehr gute, Eure Majestät‹, antwortete *Salieri* furchtsam, ›obschon ich, um meinen Fehler zu verbessern, wegen dessen ich unterthänigst um Verzeihung bitte, Tag und Nacht reisen zu müssen glaubte, um desto eher meine Pflichten am Hofe wieder erfüllen zu können.‹ – ›Es war nicht nöthig‹, erwiederte der Monarch huldvoll, ›die Sache so zu übereilen, doch ist es mir lieb, Sie wiederzusehen. Gehen Sie indessen hinauf, wir wollen einige Stücke aus Ihren neuen Opern versuchen, die man mir aus Italien gesendet hat.«[7]

Von kaiserlichem Unmut war nicht mehr die Rede, der Ausflug nach Neapel vergessen, dafür hatte Salieri die Wiener Wirklichkeit in den nächsten Tagen eindrücklich wieder.

Als erstes schickte Joseph II. Salieri ins Nationalsingspiel, um von ihm zu hören, ob er dort Fortschritte beobachten könne seit der

Zeit seiner Abwesenheit. Salieri ging hin und war sehr angetan. Kein Wunder, sah er doch Charles Simon Favarts Vaudeville *La Rosière de Salency,* ein französisches Erfolgsstück, und hörte dabei zum erstenmal Aloysia Weber in der Hauptrolle, die spätere Schwägerin Mozarts, die damit ihr Wiener Debüt gab. »Eine herrliche Sängerin, ein Ton, ein Ausdruck, der zum Herzen dringt, eine außerordentliche Höhe, die schwerste Passagen richtig ausführt und mit dem Gesang, wie es sein soll, verflösset«, wie ein Zeitgenosse berichtet[8].

Aber der Kaiser führte längst etwas im Schilde, und Salieri lieferte nur das unfreiwillige Stichwort dazu, als er das Nationalsingspiel lobte. Mosel gibt folgenden Dialog:

»›Jetzt sollten Sie,‹ sagte der Kaiser, ›eine deutsche Oper componiren.‹ *Salieri* machte den Vorschlag, eine von den fünf Opern, die er in Italien geschrieben hatte, in's deutsche übersetzen zu lassen. ›Keine Uebersetzung,‹ entgegnete der Monarch lächelnd, ›ein Original-Singspiel!‹ – ›Eure Majestät!‹ antwortete *Salieri,* ›ich wüßte nicht, wie ich es anfangen sollte, eine Oper in deutscher Sprache zu componiren; ich rede sie so schlecht . . .‹ – ›Je nun,‹ unterbrach ihn der Kaiser, immer lächelnd, ›dann dient Ihnen diese Arbeit zur Sprach-Uebung. Gleich morgen will ich dem Grafen *Rosenberg* auftragen, daß er eigens für Sie ein deutsches Opern-Gedicht verfertigen lasse.‹«[9]

Salieris Verlegenheit muß ziemlich groß gewesen sein, denn die deutsche Sprache war wirklich für ihn ein Handicap. Natürlich hatte er Deutsch gelernt, Florian Leopold Gaßmann hatte ihm ja extra einen Sprachlehrer gegeben, aber wirklich sicher fühlte er sich nicht. An der Oper hatte er es ausschließlich mit italienischen »Operisten« zu tun, Italienisch war die Musikersprache schlechthin. Für den Alltagsgebrauch, selbst bei seinen Schülern, mochte ein nicht perfektes Deutsch kein Problem sein, aber eine Oper in dieser fremden Sprache zu schreiben war etwas ganz anderes. Hatte er selbst nicht bei Metastasio die richtige Deklamation als Grundlage jeder Gesangskunst erlernt? Wie sollte man die richtigen Melodien erfinden, wenn man die Sprachmelodie nicht beherrschte, wie ein natürliches Sprechen musikalisch ausdrücken, die passenden rhythmischen Werte finden, Haupt- und Nebenbetonungen unterscheiden? Den Auftrag abzulehnen, daran war gar nicht zu denken. Dann hätte er ebensogut gleich seine Entlassung beantragen können.

Der Kaiser brauchte deutsche Originalsingspiele, nur für diesen Sektor war ein Ensemble eingestellt und vom Hof bezahlt. Joseph II. mochte aus seiner Vorstellung einer wirtschaftlichen Theaterleitung heraus mit einem gewissen Recht denken, wozu eigentlich habe ich einen Komponisten, wenn der nicht schreibt, was das Theater braucht. Daß Salieri vielleicht nicht gerade der Komponist sein würde, der dem Nationalsingspiel ein vorbildhaftes großes Werk abliefern werde, ahnte der Kaiser vermutlich auch. Aber andererseits gab es Engpässe im Spielplan und alltägliche Erfordernisse, die überbrückt sein wollten. Warum sollte Salieri nicht gut dafür sein? Die Lückenbüßerfunktion war offensichtlich, und für das neue Werk war es eine nicht gerade einfache Hypothek, von vornherein mit heruntergeschraubten Erwartungen belastet zu sein. Hinzu kam die Schwierigkeit, ein geeignetes Textbuch zu bekommen, im Grunde die Hauptcrux des ganzen Singspiels.

Wer das Textbuch für Salieris »musikalisches Lustspiel« *Der Rauchfangkehrer* vorgeschlagen hat, ob Salieri selbst an der Auswahl gerade dieses Stückes beteiligt war oder die Theaterdirektion ihm – salopp gesagt – diesen Knochen zum Nagen hingeworfen hatte, wissen wir nicht. Ein besonders glücklicher Stoff war dies Libretto jedenfalls nicht.

Sein Autor war Leopold Auenbrugger, ein berühmter Wiener Arzt, der zwei Klavier spielende Töchter, Francisca und Marianne, hatte, die in Wien hoch geschätzt waren. Zwar gab sich Auenbrugger als Verfasser nicht zu erkennen, aber Salieri muß davon, entgegen Mosels Ansicht, gewußt haben, zumal er mit dem Hause Auenbrugger gut befreundet war: Der Textdichter war sogar als Salieris Trauzeuge aufgetreten, und Marianne Auenbrugger war seine Schülerin. Vielleicht wollte Mosel auch nur schonen, denn er nennt das Textbuch »in Hinsicht auf Sprache und Versbau unter aller Kritik«. Die eigentliche Handlung hingegen scheint ihm durchaus passabel: »Würde das Gedicht dieses Singspiels verbessert, oder eigentlich auf dem Grunde des Stoffes und der Musik neu verfaßt; so könnte diese Composition auch noch in unsern Tagen des Beifalls gewiß seyn.«[10] Aber man darf wohl sagen, daß nicht allein die

Sprache, sondern der ganze Plan von großer Dürftigkeit ist, und deshalb wird nicht viel zu retten sein.

Volpino, ein italienischer Schornsteinfeger, der nur ein verballhorntes Deutsch spricht, ist mit der Köchin Lisel verlobt und möchte auf eine etwas dummdreiste Art zu Geld kommen, indem er sich bei Lisels Herrschaft als verfolgter korsischer Marchese ausgibt, der gerade dabei ist, einen Prozeß um große Gelder zu gewinnen. Seinen Plan erläutert er Lisel so: »Ich werde die gnädige Frau und die Fräule mit das Musik, und die Lugerey in mich verliebt machen; da wird mich eine jede zum Mann haben wollen; alsdann werden die zwey Messieurs natürlich in Verlegenheit kommen; dann werde ich ihnen Verstande machen, daß Sie gegen uns mit einer guten Heyrathsgut heraus müssen, wenn Sie in Ihrer Liebe wollen glücklich seyn; hierüber soll euer dummes Bedienter aus Aergerniß das schwere Noth bekommen« (I/3). Der erste Akt schildert die Verhältnisse der jungen Witwe Frau von Habicht und ihrer Stieftochter sowie ihrer beiden Liebhaber, wobei unter Anleitung Volpinos auch noch eine Oper »Die Entführung des Ganymed« aufgeführt wird, die voller Anspielungen ist. (»Die Geschichte ist ohnehin bekannt; nämlich: Jupiter ließ Ganymeden, als er auf dem Berge Ida jagte, durch seinen Adler zu sich in den Himmel überbringen, und machte ihn zu seinem Mundschenk. – Der Dichter läßt in dieser trockne Geschichte den Ganymedes mit seinem Gefolge auf zwey Schäfershütten stossen; in welchen zwey Nymphen, unter den Namen Cloe und Daphne wohnten. – Ein zahmes Reh, welches Beyde für ihren Unterhalt ernährten, wird durch das Gefolge des Ganymedes gejagt. – Cloe und Daphne deßwegen in Angst und Schrecken versetzet, unterbrechen die Jagd. – Ganymedes, durch die Anmut der Nymphen gerührt, verliebt sich in beyde. Da jede unter wechselnden Zärtlichkeiten, den Wahlspruch des vor Liebe schmachtenden Ganymedes erwartet; entführt ihnen Jupiters Adler den Geliebten.«) Der erste Akt beendet die Aufführung dieser Oper vorzeitig, als plötzlich Lisel hereinkommt, Volpino als Ganymed mit den beiden Nymphen überrascht und ein eifersüchtiges Riesengeschrei anfängt. Der zweite und dritte Akt verfolgen im Eiltempo Volpinos zitierte Gaunerei, wobei er als Italienisch- und Gesangslehrer der beiden Damen agiert. Das Ganze ist ein Verwirrspiel, das in einem absichtlich inszenierten Kaminbrand endet, bei dem Volpinos Identität als Rauchfangkehrer entdeckt und die Paare wieder versöhnt werden.

An diesem Textbuch läßt sich deutlich das Niveau des Wiener Nationalsingspiels ablesen, vor allem, wenn man den weiten Abstand dieses Librettos zu dem von Mozarts *Entführung aus dem Serail* sieht. Mozart war gewiß besonders kritisch mit seinen Textbüchern, aber er wußte auch von der Wichtigkeit des Textes für eine gute Oper:

»ich habe leicht 100 – Ja wohl mehr bücheln durchgesehen – allein – ich habe fast kein einziges gefunden mit welchem ich zufrieden seyn könnte; – wenigstens müsste da und dort vieles verändert werden. – und wenn sich schon ein dichter mit diesem abgeben will, so wird er vieleicht leichter ein ganz Neues machen. – und Neu – ist es halt doch immer besser«, schreibt er am 7. Mai 1783 an seinen Vater[11].

Das *Rauchfangkehrer*-Libretto enthält aber als durchaus witzigen Seitenaspekt auch eine hintergründige Reflexion des Verhältnisses von deutscher und italienischer Oper und ist damit ein kritischer Kommentar zur Situation am Nationaltheater. Das legt es allerdings nahe, daß Salieri selbst am Textbuch mitgewirkt oder Auenbrugger beraten hat. So gesehen bekam Joseph II. von Salieri in eleganter Form zurück, daß er sich nicht als den geeigneten Komponisten für das deutsche Singspiel ansehen konnte. Die Volpino-Figur wirkt dabei streckenweise wie eine Selbstparodie Salieris und seiner Sprachprobleme, zumal der Held als Musiklehrer erscheint und mit zwei italienisch gesungenen Arien hervortritt (Nr. 6 und 12), die erste mit einer parodistisch zu verstehenden Koloratur. Im anschließenden Dialog behauptet Volpino, ein Schüler Farinellis zu sein, eines der berühmtesten Kastraten seiner Zeit.

Deutlicher noch wird durch Frau von Habicht und ihre »majorenne Stieftochter«, das »Fräule«, auf das Singspiel verwiesen. Frau von Habicht ist nämlich »als ledig, eine deutsche Operistinn« gewesen. »Man sagt: ich spreche die Worte in welschen Arien fehlerhaft aus.« Worauf das »Fräule« schnell dupliziert: »Den nämlichen Fehler hab ich auch. Folgsam bin ich entschlossen, den Volpin gleichfalls zu meinem Sing- und Sprachmeister zu nehmen.« (Die Rolle des »Fräule« sang Catarina Cavalieri, die als Gesangsschülerin Salieris eben erst debütiert hatte und in den folgenden fünfzehn Jahren zur gefeiertsten Sängerin am Burgtheater werden sollte.) Die folgende Szene ist nur als Anspielung auf die Wiener Situation verständlich, wobei die Arie des Herrn von Bär der Bassist Ludwig Fischer sang, später der erste Osmin, der als einer der besten Bassisten galt, »welcher die tiefsten Töne mit einer Fülle, Leichtigkeit und Annehmlichkeit singt, die man sonst nur bei guten Tenoristen antrifft«[12].

»*Frau v. Habicht:* Wissen Sie, Herr von Wolf! Ich habe heute schon gesungen, und auch singen gehört.

Fräule: Mein scharmanter Bär! – auch ich habe gesungen.

Herr v. Bär: Vermuthlich die gedruckten Lieder. – Wie gefallen sie?

Fräule: Sie sind voll Ausdruck und Schönheit, nur schade, daß sie deutsch sind.

Herr v. Wolf: Sie würden vielleicht in der französischen Sprache besser gefallen.

Frau v. Habicht: Diese Sprache ist für den Gesang eben so abgeschmackt wie die Deutsche. – Italienisch! italienisch sollen sie seyn, das ist die Sprache, welche die Musik belebt, und im Gesang verständlich wird.

Herr v. Wolf: Um Vergeben! das ist nicht der Fehler der Sprache, sondern der Aussprache, welche die meisten deutschen Singspieler bis zur Aergerniß vernachläßigen. Alleine hier (auf beede Damen zeigend) leidet es eine Ausnahme.

Herr v. Bär: Richtig! beede Gnädige übertrefen in der Aussprache und im Gesange jeden welschen Sänger. [. . .]

ARIA des Herrn v. Bär:

Bey meiner Seel, dies wäre viel,
Kein Sänger singt all's, was er will;
Er hat sein Ziel.
In dem lobt man nur
Passagen, Bravour,
Im tönenden Gesang
Hat jener den Rang;
Der zwickt den Falset
Und wird sehr erhebt.

Man staunt bey dem Mann
Die Tiefe des Ton.
Wo bleibt das Crescendo?
Wie klingt das Calando?
Die schmelzende Bindung,
Die schmachtende Schwindung?
Wie sind die Grupetten,
Tenuten, Falseten?
Das Liscio Staccato?
Das Tempo rubbato,
Dann das Sincopiren
Und andre Manieren?
Kurz: das Portament;
Das Trillern am End?
Bey meiner Seel, das wäre viel,
Kein Sänger singt all's, was er will,
Er hat sein Ziel.«

Die Gesangsstunden Volpinos bei den beiden Damen werden nacheinander vorgeführt, wobei man sich wohl launig improvisierte Szenen vorzustellen hat:

»(Er fängt an das Klavier zu spielen, und Frau von Habicht singt den wälschen Text fehlerhaft, und wird von Volpin in der Aussprache belehret.)

ARIA der Frau von Habicht:

Se più felice ogetto ...«

In der anderen Szene heißt es:

»(Volpino setzet sich zum Klavier, die Fräule neben ihn; er spielt und verbessert die fehlerhafte Aussprache und den Gesang der Fräule)

ARIA der Fräule:

Basta, vincesti, eccoti il foglio ...«

Da beide Arientexte aus Metastasio-Dramen stammen[13], kann man sich diesen Unterricht so vorstellen wie Salieris Deklamationsübun-

Violini
Basso
Cantabile
Ah non lasciarmi no,
bell' idol mio:
di chi mi fiderò

»Der Rauchfangkehrer«, Metastasio-Arie des Fräule in Salieris Autograph

gen bei dem berühmten Meister, bei dem er so viel verkehrt hatte. Beide Arien sind als virtuose Bravournummern mit schwierigen Koloraturen angelegt, in diesem Zusammenhang ein parodistisches Zitieren der Traditionen der Opera seria. Den Zuschauern mußte es dabei besonders witzig erscheinen, daß ausgerechnet eine ehemalige »deutsche Operistinn« deutsch als Opernsprache verurteilt und das Italienische rühmt, selbst aber italienisch nur fehlerhaft singen kann, zugleich aber die italienische Seriaarie damit unfreiwillig parodiert. Musikalisch hat man den Eindruck, daß Salieri vor allem von dieser Metaebene eines insgesamt sehr albernen und sprachlich unbeholfenen Textbuchs inspiriert worden ist zu einer Musik, die bewußt den Kontrast verschiedener Stile sucht. Dabei ist alles auf die besonderen Möglichkeiten jeder einzelnen Stimme dieser Inszenierung zugeschnitten – Volpino muß einmal sogar im höchsten Falsett singen – und reizvoll instrumentiert und harmonisiert. Man kann sagen, daß Salieri trotz des schlechten Librettos all seine Fähigkeiten genutzt hatte und in Wien damit einen schönen Erfolg verbuchen konnte. Anderswo suchte man (allerdings mit mäßigem Erfolg) das Textbuch zu verbessern, wohl der ansprechenden und aparten Musik wegen.

Mozart, seit fast zwei Monaten in Wien, hat die dritte Aufführung dieses Singspiels besucht. Seine Auseinandersetzung mit dem Erzbischof von Salzburg, Hieronymus Graf von Colloredo-Waldsee, hatte gerade den Höhepunkt erreicht, so daß er in einer Audienz mit Aplomb gekündigt hatte, und er war noch so voller Wut, auch über ein nachfolgendes Gespräch mit Karl Graf Arco, daß er kaum etwas mitbekam. Seinem Vater schrieb er:

»alles was mir der Erzbischof in den drey audienzen erbauliches sagte, besonders in der letzten – und was mir izt wieder dieser herrliche Mann gottes Neues erzehlte, machte eine so trefliche Wirkung auf meinen körper daß ich abends in der opera mitten im Ersten Ackte nach hause gehen musste, um mich zu legen. – dann ich war ganz erhitzt – zitterte am ganzen leibe – und taumelte wie ein besoffener auf der gasse – blieb auch den folgenden tag als gestern; zu hause – denn ganzen vormittag aber im Bett. weil ich das tamarinden Wasser genommen« (12. Mai 1781)[14].

Später scheint Mozart die Oper dann doch noch gesehen zu haben. Nach seinem Salzburgbesuch im Spätsommer 1783 sollte er die Partitur seinem Vater schicken und schreibt dazu:

»ich schreibe ihnen nur in gröster Eyle daß ich die Opera den Rauchfangkehrer schon um 6 duckaten gekauft und im hause habe. [. . .] nach ihrem schreiben zu urtheilen, glauben sie der Rauchfangkehrer sey eine Welsche opera. – nein, es ist ein deutsches und oben drein Elendes original-Stück, welches den H: Doctor Auernbrucker in Wienn zum Verfasser hat. – sie werden sich erinnern daß ich ihnen davon erzehlet habe, das H: fischer öfentlich auf dem theater darüber satirisirt hat« (10. Dezember 1783)[15].

Ende 1781 entstand dann zum erstenmal eine Situation, die Mozart und Salieri als Konkurrenten gegenüberstellte. Von persönlichen Animositäten ist in diesem Zusammenhang keine Rede, und daß Salieri schließlich bevorzugt wurde, lag auf der Hand. Es ging um die Besetzung der Stelle eines Klavierlehrers für die Prinzessin Elisabeth Wilhelmine von Württemberg, die – obschon erst vierzehn

Jahre alt – als Braut für den Erzherzog Franz bestimmt war und in Wien in einem Kloster erzogen wurde. Da Franz als Neffe des kinderlosen Joseph II. einmal römischer Kaiser werden sollte, ließ man ihr natürlich nur beste Lehrer angedeihen. Mozart machte sich gewisse Hoffnungen auf diese Stelle, von der er annahm, daß sie hoch dotiert werde. Er hatte ja in Wien keinerlei Amt und war einstweilen ganz auf Einkünfte von »Scolaren« angewiesen. Wenn Mozart je arm wie eine Kirchenmaus war, dann in diesem ersten Jahr in Wien. Aber wieso sollte man unbedingt ihm, einem zwar hochgeschätzten Pianisten und Komponisten, aber in Wien letztlich Fremden ausgerechnet eine Stelle geben, die höchste Aufmerksamkeit des Hofes erheischte. Kaiser Joseph sah nicht den geringsten Anlaß, Mozart zu bevorzugen, ohne daß er damit irgendeine Geringschätzung ausdrücken wollte. Im Gegenteil: er schätzte Mozart außerordentlich hoch ein, und bald schon stellte sich ein sehr freundschaftliches und direktes Verhältnis her. Aber es gab auch andere zu versorgen, denen Joseph II. gewissermaßen im Wort war. Konnte Salieri als Vizekapellmeister der italienischen Oper schon kaum wirksam werden, einfach weil es diesen Zweig der Oper nicht gab, so übertrug der Kaiser ihm gerade deshalb gerne andere Aufgaben, die sein Hofgehalt wenigstens insoweit rechtfertigen konnten. Denn mit dem Geldausgeben war der Kaiser nun einmal sehr streng und ein erklärter Feind aller Sinekuren. Salieri war eben der Platzhirsch, der schon fünfzehn Jahre länger in Wien war.

Mozart schrieb ein bißchen resigniert an seinen Vater: »wegen der Prinzessin vom Würtenberg und mit mir ist es schon vorbey; der kayser hat es mir verdorben, denn bey ihm ist nichts als Salieri. – der Erzherzog Maximilian hat ihr *Mich* angetragen; sie hat ihm geantwortet; wenn es auf sie angekommen wäre, so hätte sie nie keinen andern genommen. aber der kayser hätte ihr den Salieri angetragen; wegen dem Singen. es wäre ihr recht leid« (15. Dezember 1781)[16].

Diesen objektiven Vorteil hatte Salieri allerdings: Er war bereits ein höchst erfolgreicher Gesangslehrer, wovon man sich bei der Sängerin Cavalieri abends in der Oper überzeugen konnte. Und auf diesem Gebiet mußte Mozart passen. Das war beim besten Willen keine Ungerechtigkeit. Im übrigen scheint Salieri auch nur für kurze

Zeit diese Klavierlehrerstelle ausgeübt zu haben, ebenjene Zeit, bis die italienische Oper in Wien wieder eingerichtet wurde (1782)[17].

Gewissermaßen als Nachspiel der fast zweijährigen Italienreisen gelang es, die ursprünglich für Neapel vorgesehene und bereits begonnene Oper *Semiramide* in einen Auftrag aus München umzuwandeln. Ob Verazi dabei als Vermittler gedient hat, wissen wir nicht, aber andere Verbindungen nach München hatte Salieri wohl nicht. Das Libretto ist jenes oft vertonte von Metastasio, das damit bereits seine vierzigste Komposition erfuhr. Fast alle namhaften Komponisten des 18. Jahrhunderts haben zu diesem Textbuch gegriffen, unter ihnen Porpora, Hasse, Gluck, Galuppi, Sacchini, Traetta und Jommelli (dieser sogar zweimal); selbst Giacomo Meyerbeer hatte 1819 noch einmal eine Bearbeitung dieses Textes vertont, der im legendären Babylon spielt und eine grandiose Ausstattungsoper ermöglicht.

Die Oper handelt von der Bewerbung dreier Prinzen um die Hand der Prinzessin von Baktrien (Afghanistan), die am Hofe der Königin Semiramis lebt. Eine komplizierte Intrigenhandlung dreht sich darum, daß Semiramis, die in Männerkleidern als König Nino herrscht, und einer dieser Prinzen früher am ägyptischen Hof ein Liebesverhältnis hatten, sich gegenseitig zwar wiedererkennen, beide aber ihre Identität zunächst verbergen. Und selbst nachdem sie sich gegenseitig offenbart haben, muß erst das von außen geschürte Mißtrauen beseitigt werden, um zum glücklichen Schluß zu kommen, bei dem sich zwei Paare die Hand reichen. Mit einer großen Huldigung der Semiramis endet diese Oper.

Das war nun ganz Opera seria im Prunkstil, ein Fest für große Stimmen mit Pathos, Leidenschaft, Stolz, weniger der leisen und zarten Gefühle, dafür mit vielen Bravourpartien und reichen Koloraturen, vor allem die Rolle der Semiramis (in München mit Elisabeth Wendling, der Elettra aus Mozarts *Idomeneo,* besetzt) war mit größten Schwierigkeiten bestückt. Zwei männliche Hauptrollen sind für Kastraten geschrieben, so daß diese Oper neben den Sopranen nur zwei kleinere Baßpartien führt. Indes war das in der Opera seria das übliche und machte zumindest für den Komponisten keine weiteren Probleme, da die Opera seria kaum Ensemblestücke, sondern fast nur Arien kennt; Salieri brachte nur ein Duett unter. Die

Arien verlassen die strenge Dacapoform zugunsten etwas freierer Formen und musikalischer Varianten bei den Textwiederholungen, auch kommen kleine Liedformen vor. Die Überwindung der metastasianischen Opera seria gelingt nur im Detail, nicht im Grundsätzlichen, sie konnte – wie hier – immerhin bedeuten, die Vorherrschaft der Dacapoarie aufzuheben, der Orchestersprache ein deutlicheres Gewicht zu geben, aber solange die Auftraggeber an den immer wieder geforderten Libretti Metastasios festhielten, war der Spielraum für eine neue musikdramatische Sprache kaum vorhanden. Oder man hätte ganz neue Libretti aushandeln müssen.

Wenn man auf die Jahre seit Entlassung des italienischen Ensembles in Wien zurückblickt, so wird man Salieri kaum Abwarten oder Untätigkeit vorwerfen können. Mit den Italienreisen hatte er seine Zeit gut genutzt, hatte auch dem Wiener Nationalsingspiel seinen Tribut gezollt, für die künstlerische Entwicklung jedoch bedeutete diese Zeit wenig. Salieri hatte sich überall geschickt angepaßt, hatte seine jeweiligen Auftraggeber gewiß nicht enttäuscht, sogar mit *La scuola de' gelosi* einen seiner größten und nachhaltigsten Erfolge geschrieben, aber er hatte weder auf dem Gebiet der großen heroischen Oper die mutigen Pfade seiner *Armida* breitergetreten, hatte eigentlich nur bei diesem Erstling sich deutlich zu Gluck als seinem Lehrmeister bekannt und war danach ängstlich wieder in alte Konventionen verfallen, als habe er sich dieses eine Mal zu weit vorgewagt, wo er doch hätte bemerken können, daß *Armida,* gerade weil sie eine neue dramatische Sprache gefunden hatte, so erfolgreich und bewundert war. Und bei den musikalischen Komödien hatte er immer wieder die Erfahrung machen müssen, wie schwer es ist, ein brauchbares Textbuch zu bekommen, ausgenommen vielleicht *La locandiera,* wo auch die Musiksprache Formen findet, die dem Tempo der Handlung entsprechen, und das Erfolgsstück von der *Schule der Eifersüchtigen.* Salieri hatte sich als ein vielbegabter Komponist erwiesen, der sich in den verschiedenen Spielarten des Musiktheaters bestens auskannte und in allen Bereichen erprobt hatte, aber es fehlten die klare Linie, eine Perspektive seines künftigen musikalischen Ganges, Entschiedenheit und strenge Kritik bei der Auswahl seiner Libretti und ein konsequentes musikdramatisches Konzept, wollte er sich deutlich absetzen von den vielen

Opernkomponisten, die um Aufträge und die Gunst des Publikums buhlten. Dabei hatte Salieri nicht nur verläßliche Gönner wie Joseph II., sondern auch musikalische Freunde, die ihm die größten und schwersten Aufgaben zutrauten. Für Zaghaftigkeit war so gesehen wahrlich kein Grund vorhanden.

4. Kapitel

Höhen und Tiefen – Paris und Wien

1782–1783

Kaum war Salieri aus München zurück, wohin er zur erfolgreichen Uraufführung von *Semiramide* gefahren war, begann in Wien der Trubel um den Besuch des Papstes Pius VI., der, von den josephinischen Kirchenreformen erschreckt, persönlich bei dem Monarchen den römischen Kircheneinfluß retten wollte. Es ging um sehr konkrete Machtinteressen, denn Joseph II. war dabei, eine Art Staatskirchentum einzurichten, das fast einer neuen Reformation gleichkam. Die vielen Klosteraufhebungen und der Einzug der entsprechenden Kirchenschätze zugunsten eines Sozialfonds waren nur der sichtbarste Ausdruck einer Reform, die eine engere Bindung von Kirche und Staat und Lockerung der kirchlichen Bindungen an Rom vorsah, zugleich aber von der Kirche eine werktätige Frömmigkeit an Stelle von leerem Prunk, Andächtelei oder ausuferndem Mönchswesen forderte. Gleichwohl war der Papstbesuch ein Jahrhundertereignis, ein einziges riesiges Spektakel, das schon bei der Ankunft des Gastes zweihunderttausend Schaulustige versammelte. Zur feierlichen Ostermesse unter freiem Himmel sollen allein dreißigtausend Fremde nach Wien gekommen sein. Jeder wollte diesen hohen Besuch selbst miterleben, wollte das üppige zeremonielle Gepränge ansehen. Das Ganze war ein Volksfest, mochte der Papst auch in seinen Unterhandlungen mit dem Kaiser ernste Angelegenheiten zu besprechen haben. (Übrigens erfolglos, wie man später erfuhr, aber gleich erahnen konnte, denn die Klosteraufhebungen gingen sogar während der Anwesenheit dieses Gastes in Wien weiter.) Mindestens ebenso interessant für das schaulustige Publikum waren allerdings solche Dinge wie die päpstlichen Schuhe, die man gemeiniglich zu küssen pflegt, die aber dem hohen Adel ins Haus getragen und herumgereicht wurden, damit es bequemer sei.

In diesen turbulenten Wochen meldete sich bei Salieri, aus Dresden kommend, ein Venezianer von Anfang Dreißig und überbrachte ein Empfehlungsschreiben von Caterino Mazzolà, dem Textdichter der *Scuola de' gelosi*:

»Freund Salieri

Der von mir hoch geschätzte Da Ponte wird Ihnen diese wenigen Zeilen bringen. Tun Sie alles für ihn, was Sie für mich tun würden. Sein Mut und seine Talente verdienen alles. Außerdem ist er von meiner Denkungsart und überhaupt meine andere Hälfte.

Ihr Mazzolà.«[1]

Lorenzo Da Ponte, seines Zeichens Priester, war ein höchst gebildeter, geistreich plaudernder und liebenswerter Mann, ohne Anstellung, ohne Vermögen, ohne weitere Bindungen, der in Wien sein Glück zu machen suchte. Er schrieb elegante Gedichte und hoffte, bei der Oper als Librettist Verwendung zu finden. Bei Salieri war er, zumal mit dieser Empfehlung, in den besten Händen.

Gleich in den ersten Tagen besuchte er auch den alten Pietro Metastasio, bei dem er sich mit einem Gedicht einführte, und wurde dabei einer größeren Gesellschaft vorgestellt, wie sie sich dort regelmäßig traf – beste Gelegenheit, auf sich aufmerksam zu machen. Keiner der Anwesenden konnte freilich ahnen, daß er Zeuge eines höchst bedeutungsvollen Augenblicks geworden war, der den Beginn eines neuen Kapitels der Operngeschichte bedeutete, nachdem über ein halbes Jahrhundert lang Metastasio ihr völlig unangefochtener Alleinherrscher gewesen war. Ohne ihn hätte sich wohl kaum die Vorherrschaft der italienischen Oper so lange halten lassen, denn es gab in der italienischen Literatur keinen, der auch nur annähernd seinen Rang erreichen konnte. Da Ponte hingegen sollte wenig später als der Textdichter von Mozarts drei großen Opern *Le nozze di Figaro, Don Giovanni* und *Così fan tutte* der nachmetastasianischen italienischen Oper die unübertroffenen Meisterwerke liefern, zugleich dem Musikdrama das realistische, an den gesellschaftlichen Widersprüchen orientierte Zeitstück erschließen (mochte auch diese Gattung nach Mozart für lange Zeit keinen Nachfolger finden). Es blieb bei dieser einen Begegnung – denn wenige Tage später starb Metastasio im hohen Alter von vierundachtzig Jahren.

Da Ponte hielt sich zunächst ganz an Salieri, der nicht nur den Zugang zum Theater, sondern – wichtiger noch – zu Joseph II. eröffnen konnte. Der Zeitpunkt war äußerst günstig, denn am deutschen Nationalsingspiel machten sich Schwächen bemerkbar, die erstmals der italienischen Oper wieder einige Chancen einräumten. Bei einer Hofbühne, die repräsentativen Aufgaben zu dienen hatte, mußten auch feierliche Staatsakte und Staatsbesuche berücksichtigt werden, bei denen die Darbietung allzu alberner Bühnenspäße sich verbot. Der Kaiser liebte solche repräsentativen Gelegenheiten allerdings gar nicht und vermied sie, wo immer es ging. Als jedoch für den Spätherbst 1781 der Besuch des russischen Großfürsten Paul angesagt war, ordnete der Kaiser eine Neuinszenierung von Glucks *Iphigénie en Tauride* in deutscher Sprache an, es folgten – nun in italienischer Sprache – seine *Alceste* und *Orfeo ed Euridice*. Im April 1782 kam sogar wieder ein erstes italienisches »dramma giocoso« am Nationalsingspiel heraus, deutliches Anzeichen dafür, daß sich die deutsche Oper nicht mehr lange werde halten können. Daran konnte auch Mozarts *Entführung aus dem Serail* nichts mehr ändern, die am 16. Juli 1782 uraufgeführt wurde, ein sensationeller Erfolg, der sich in kürzester Zeit an zahlreichen europäischen Bühnen wiederholen sollte. Seit dem Spätsommer 1782 gab es dann die ersten Fühler nach Italien zwecks Neuengagements von Sängerinnen und Sängern des italienischen Fachs – zweifellos auf Veranlassung Josephs II. Zugleich kündigten sich damit zum Ende der Spielzeit die Aufgabe des Experiments mit einem deutschen Nationalsingspiel und die Wiedereröffnung einer italienischen Oper an. Salieri, der damit als Kapellmeister der italienischen Oper wieder in Funktion gesetzt wurde, konnte sogar schon im November eine Neuinszenierung von *La locandiera* durchsetzen, einerseits als Verlegenheitslösung, weil es keine brauchbaren Singspiele gab, andererseits eine Vorankündigung der Veränderungen.

Salieri war jetzt maßgeblich an der Spielplangestaltung beteiligt und wußte diese Situation für sich selbst hervorragend zu nutzen. Er saß eben an der Schaltstelle und hatte vor jedem anderen einen quasi institutionellen Vorteil. Wer freilich glaubte, Salieri werde jetzt an »seinem« Haus mit ständig neuen eigenen Werken herauskommen, irrte sich gewaltig. Salieri ging zunächst ganz andere Wege, die ihn – sicher zur allgemeinen Überraschung – nach Paris führen sollten. Einstweilen begnügte er sich damit, daß die italienische Oper mit *La scuola de' gelosi* wiedereröffnet wurde, seinem bisher größten Erfolgsstück, das in weniger als fünf Jahren bereits an über zwanzig europäischen Bühnen gespielt worden war. Auch in Wien konnte es sich jahrelang auf dem Spielplan halten.

Daß Salieri auf ein älteres Stück zurückgreifen mußte, hatte natürlich gewichtige Gründe. Aber wenn schon keine neue Oper, dann doch wenigstens eine von Salieri. Denn er war schließlich der musikalische Hausherr. Indes mit seinen Gedanken, mit seiner Arbeit war er in gänzlich anderen Gefilden, war er doch gerade dabei, ein Werk zu beenden, zu dem er sich zunächst nicht öffentlich bekennen durfte, die Oper *Les Danaïdes*. Diese Heimlichkeit gehörte zu der langen Vorgeschichte des Werkes, in der Salieris Mentor Gluck die wichtigste Rolle spielte.

Als Christoph Willibald Gluck im November 1778 zum letztenmal in Paris eintraf, um seine *Iphigénie en Tauride* zur Uraufführung vorzubereiten, fand er einen Brief seines alten Mitstreiters (und Librettisten der ersten drei der sogenannten Reformopern) Ranieri de' Calzabigi vor, der zugleich das Libretto einer neuen Oper über den bekannten Hypermnestra-Stoff enthielt. Wir wissen nichts über Glucks Reaktion, kennen nicht sein Urteil über dieses Buch, auf Ablehnung stieß es aber gewiß nicht. Es scheint so, als habe Gluck es noch während seines zehnmonatigen Aufenthaltes in Paris an François Gand-Leblanc du Roullet oder Baron Louis Théodore Tschudi gegeben, um eine französische Version herstellen zu lassen. Insbesondere Roullet, Komtur des Malteserordens und Diplomat, den Gluck schon seit vielen Jahren kannte, war einer der wichtigsten Fürsprecher und Freunde des Komponisten in Paris. Tschudi, ein Diplomat und Schöngeist, der unter anderem auch an der berühmten *Encyclopédie* mitgearbeitet hatte, war der Verfasser von Glucks *Echo et Narcisse*. Mit beiden stand Gluck während seines Aufenthaltes in Paris in engster Verbindung. Um sich mit dem neuen Drama ausführlicher zu beschäftigen, war vorläufig sicher keine Zeit, konzentrierte sich Gluck doch ganz auf *Iphigénie en Tauride,* die ihre triumphale erste Aufführung im Mai 1779 hatte. Und gleich danach komponierte Gluck jene kleine Idylle, der größte Mißerfolg seines Lebens, *Echo et Narcisse,* die im September herauskam. Gluck, der doch in Paris schon allerhand Streitereien und teilweise sogar gehässige Kritik seiner Werke erlebt hatte, war über dieses Wechselbad an Zustimmung und Ablehnung so enttäuscht, daß er sogleich nach Wien zurückfuhr, sich selbst von Königin Marie Antoinette nicht zum Bleiben umstimmen ließ, ja sogar schwor, nie wieder eine Oper zu schreiben. Er war zweifellos empfindlicher geworden, vielleicht auch nicht mehr so streitlustig, seit er im Sommer einen leichten Schlaganfall erlitten hatte, der sonst aber ohne Folgen blieb.

Von dem Hypermnestra-Stoff ist lange nichts zu hören. Glucks Äußerungen während der kommenden Jahre über Opernpläne oder Parisreisen schwanken heftig, vor allem Paris bleibt ein affektbeladenes Stichwort: »Das ich aber selber wiederumb auf Paris kom̄en solte, da wird nichts darauß so lang mann annoch die wörter: Piccinist: Gluckist: wierd in gebrauch haben, dan ich bin gott sey Danck anjetzo gesunth, ich mag keine galle mehr in Paris speyen«, heißt es am 31. März 1780. Zwei Monate später: »schwerlich werde ich [mich] noch bereden lassen wiederumb auf das Neye das object der Critique oder des Lobs der frantzösischen Nation zu werden, dan sie seyndt veränderlich wie die rotten Hahne, wan Es geschehen solte, so müste Es sehr com̄od seyn, dan das faulentzen ist nunmehro mein Einziges Vergnügen« (29. April 1780). Kaum vorzustellen, daß Gluck noch an Hypermnestra dachte. Aber am 30. Juni heißt es etwas einlenkender: »Wan die dummen resonnements zu Paris ausser mode köm̄en, so Man über die Music, und Spectaclen macht, so könte ich mich vielleicht nochmahls resolviren auf Paris zu kom̄en, und noch Etwas ihnen vor zu pfeifen, allein ich traue ihnen nicht mehr, das gebränte Kindt fürchts feyer.« Spätestens im Januar 1781 muß Gluck das französische Libretto der Hypermnestra, wohl schon unter dem Titel *Les Danaïdes,* bekommen haben. Aber auch in dieser Zeit äußert er sich zu Paris höchst distanziert: »[. . .] meine

Zurückkunfft nacher Paris wird sich wohl schwerlich effectuiren, sie haben recht, Ein gesetzter Mann kan sich mit den gesindl nicht mehr abgeben, doch möchte ich annoch gerne meine freinde Einmahl wiedersehen« (3. Januar 1781)[2].

Alle diese Briefe waren an Franz Kruthoffer gerichtet, den Sekretär des österreichischen Botschafters in Paris, der Gluck stets über alle Theaterereignisse auf dem laufenden hielt. Roullet und Tschudi hingegen rechneten wohl fest damit, Gluck mit *Les Danaïdes* noch einmal zu einer Pariser Oper bewegen zu können. Daß sein Gesundheitszustand dies vielleicht gar nicht mehr zuließ, wußten sie wohl nicht. Gluck selbst träumte ja gelegentlich noch von Reisen bis nach England. Im Juni 1781 erlitt er allerdings einen zweiten Schlaganfall, der nun auch zur Lähmung der ganzen rechten Seite führte und das Schreiben unmöglich machte. Doch Tschudi verhandelte bereits mit dem zuständigen Minister Antoine-Jean Amelot de Chaillon, dem er von der *Danaïdes*-Oper vorschwärmte und mit der zweiten Kur in Baden Glucks vollständige Heilung versprach.

Gluck faßte jedoch einen ganz anderen Plan, der dahin zielte, sich zwar eines entsprechenden Auftrages mit allen Förmlichkeiten zu versichern – und dazu gehörten zum Beispiel auch die Honorarbedingungen, die bei Gluck mit seinem spektakulären Renommee entsprechend saftig waren –, die Oper jedoch gar nicht selbst zu schreiben, sondern Salieri zu überlassen und die Offenbarung dieses Komponistenwechsels, der ja einem Betrug nahekam, so lange hinauszuzögern, bis in einer Art Fait accompli die Pariser Oper sich fügen und mitspielen werde. Wann Salieri selbst mit diesem Plan konfrontiert wurde, wann er zu komponieren anfing, wissen wir nicht. Jedoch wußte er von der Existenz des *Danaïdes*-Librettos bei Gluck schon seit 1779, als ihm Calzabigi während des kurzen Aufenthaltes in Neapel davon erzählte. Sicher war auch die Verbindung Salieris mit Gluck sehr eng, und sie sahen sich häufig in Wien – wie sonst sollte Gluck nun schon zum zweitenmal nach der Eröffnungsoper für die Mailänder Scala Salieri einen so bedeutenden Auftrag zuschanzen und ihm damit Möglichkeiten verschaffen, die sich Salieri allein nie hätte erobern können. Denn die *Danaïdes* waren ein Stoff, der den größten Aufwand erforderte – für einen in Paris bis dahin völlig Unbekannten nun doch ein zu großes Risiko.

Zwar zog sich alles noch lange hin, aber Gluck hatte einen sehr versierten Partner in Roullet, gezielt ausgestreute Gerüchte taten ein übriges. Im Comité de l'Opéra wurde im August 1782 über einen Brief Glucks verhandelt, dem zufolge er eine *Danaïdes*-Oper für 20000 Livres anbietet (Honorar für Musik und Text) und verspricht, im Oktober 1783 selbst damit nach Paris zu kommen. Aber Amelot ist bereits besser informiert und berichtet, daß Gluck nur die ersten beiden Akte der *Danaïdes* komponiert habe, der Rest sei von einem anderen Komponisten. Angesichts dessen könne man höchstens 10000 Livres zahlen, da er unter diesen Umständen einige Zweifel am Erfolg habe, aber wenn die ersten drei oder vier Vorstellungen doch Erfolg haben würden, könne man weitere 10000 Livres zusichern; damit könne Gluck nicht unzufrieden sein.

Die ganze Wahrheit sollte nur scheibchenweise auf den Tisch kommen, und so ließen sich die Beteiligten auch immer neue kleine Scheibchen einfallen. Im Januar 1783 wird im Opernkomitee ein weiterer Brief Glucks diskutiert, der diesmal mitteilt, sein Gesundheitszustand werde es vermutlich nicht zulassen, daß er selbst nach Paris komme; in dem Falle werde Salieri allein mit der Oper erscheinen und sich der Preis auf 12000 Livres reduzieren. Das Komitee glaubte nun nicht mehr zweifeln zu können, daß Salieri der (alleinige) Komponist dieser Oper sei. Nun wurde die Konstruktion aufgebaut, Gluck habe Salieri bei der Komposition geführt (vielleicht hatte Gluck selbst eine solche Formulierung gebraucht) und ihm zu einer unsterblichen Karriere verholfen, eine Vermutung, die sehr günstig für dies Werk stimme. Man war offensichtlich dabei, Sprachregelungen zu finden. Im April heißt es deshalb, von Gluck seien die ersten beiden Akte, der dritte sei unter dem Diktat des berühmten Komponisten von Salieri geschrieben.

Jetzt mußte man sich allerdings endlich für einen Aufführungstermin entscheiden, zumal auch Joseph II., der Salieri bereitwillig Urlaub geben wollte, den genauen Termin wissen wollte. Schließlich war Salieri in Wien nicht ohne weiteres entbehrlich, war doch die italienische Oper eben erst angelaufen. Man einigte sich auf die Zeit nach Ostern 1784, Salieri sollte bereits im März in Paris sein, die Partitur aber vorher einschicken. Ein bißchen mißtrauisch scheint er gewesen zu sein, ob nicht doch noch im letzten Augenblick Schwierigkeiten auftauchen könnten, und er erschien schon in den ersten Januartagen in Paris, um endlich einen festen Vertrag zu unterzeichnen und frühzeitig mit den Vorbereitungen zu beginnen.

Denn schließlich waren diese ganzen Wirrnisse, die sich fast drei Jahre hinzogen, nicht ganz unter Ausschluß der Öffentlichkeit geblieben. Die Antigluckisten kannten natürlich die Interna der »Académie Royale de Musique« ebenso gut wie die Gluckisten, und es gehörte ja zum Wesentlichen ihrer Auseinandersetzungen, alles in der Öffentlichkeit zu diskutieren. Dabei nahm keine Seite es mit der Wahrheit sehr genau. Und die Irreführung über Glucks Autorschaft war sogar Monate vor der ersten Aufführung in deutschen Zeitungen bestätigt – und korrigiert worden. Salieri selbst hatte wohl ein Interesse, das Spielchen nicht zu weit treiben zu lassen, und offenbarte sich Carl Friedrich Cramer, der daraus folgende Meldung formulierte:

»Aus einem Briefe aus Wien, vom 18. August 1783.) . . . Noch etwas aus der dreyviertelstundenlangen Digression über die Danaïdes von Salieri. – Er führt diese Oper auf Ostern 1784 zu Paris auf. Er muß sichs gefallen lassen, als conditio sine qua non, daß das pariser Publikum glaube, Ritter Gluck habe die ersten Acte ganz componirt, und er habe an den leztern nur wenig Antheil. Indeß ist das Ganze von ihm; Gluck gab nur einige Ideen dazu her. Salieri versicherte mich, daß er ohne Lebensgefahr nicht sobald wieder eine solche Oper würde componiren können.«[3]

Salieris Rechtschaffenheit und Bescheidenheit wurden mit diesen ganzen Vorgängen sicher auf eine harte Probe gestellt. Andererseits, je mehr ein Werk schon vor seiner ersten Aufführung öffentlich diskutiert, in den Nebel von Vermutungen getaucht wird, desto mehr weckt es Neugierde und sorgt für Zulauf.

Vielleicht wäre es übertrieben, von fieberhaften Erwartungen des Publikums zu sprechen – daß ein ganz außergewöhnlicher Opernabend bevorstand, war jedoch jedem klar. Schon der Aufwand an Mitwirkenden, Sängern, Ballett, Orchester, an Dekorationen und Kostümen, die Belastungen des ganzen Personals waren so enorm, daß die übrige Spielplangestaltung auf diese Aufführung die größten Rücksichten nehmen mußte. Andererseits rechnete man mit einem

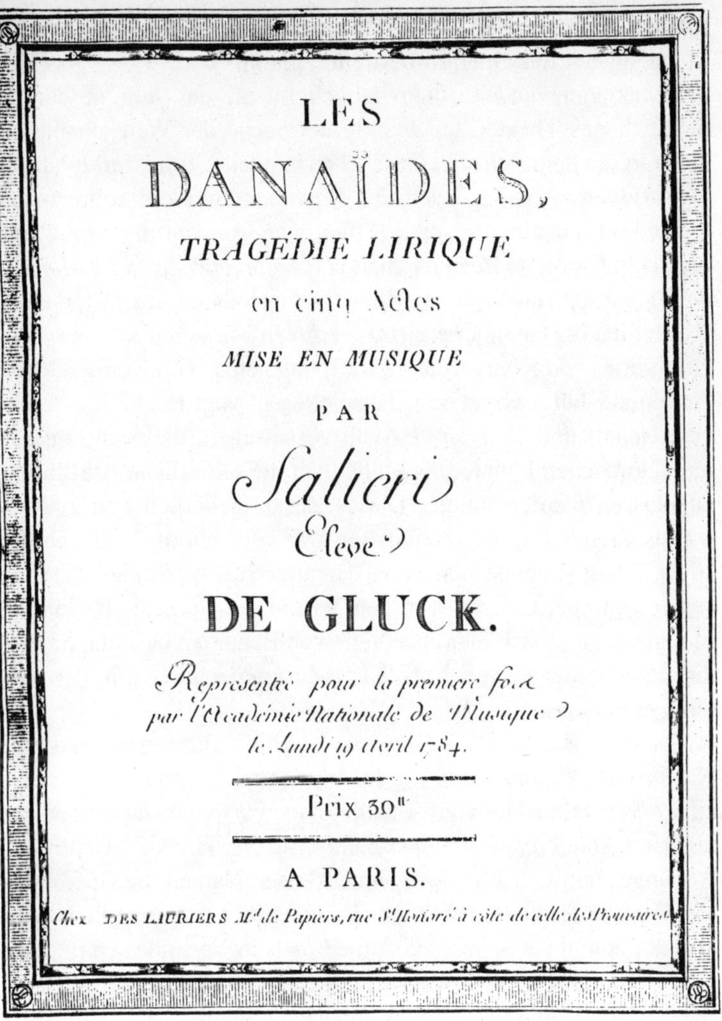
LES
DANAÏDES,
TRAGÉDIE LIRIQUE
en cinq Actes
MISE EN MUSIQUE
PAR
Salieri
Eleve
DE GLUCK.
Representée pour la premiere fois
par l'Académie Nationale de Musique
le Lundi 19 Avril 1784.

Prix 30 ll.

A PARIS.
Chez DES LAURIERS Md de Papiers, rue St Honoré à côté de celle des Prouvaires.

»Les Danaïdes«, Titelblatt der Erstausgabe

solchen Andrang, daß man allein aus den Premiereneinnahmen die Monatsgagen der Oper zu bestreiten plante.

Etwas ganz anderes kam jedoch hinzu, das nun in der Tat plötzlich das Theater zur wichtigsten Sache der Welt machte, zu dem Ort, an dem sich alles Geschehen bündelte, zum Marktplatz der Sensationen: Am Tag nach der *Danaïdes*-Premiere sollte in der Comédie-Française die erste öffentliche Aufführung von Pierre Augustin Caron de Beaumarchais' *La Folle journée ou Le Mariage de Figaro* stattfinden, jenes schon fast legendären Stückes, das seit drei Jahren die Gemüter erhitzte, verboten war und doch beim Adel zirkulierte, von König Ludwig XVI. abgelehnt, von Königin Marie Antoinette befürwortet, ein beispielloser Angriff auf die Adelsgesellschaft und doch so geistvoll vorgetragen, daß sich ihm niemand entziehen konnte, bis schließlich die öffentliche Aufführung zugelassen werden mußte. Dieses Zusammenfallen von zwei so herausragenden Theaterereignissen war kein Zufall. Vielleicht hat sogar Beaumarchais selbst, der der umsichtigste Reklamechef all seiner Unternehmungen war, den Termin der Comédie beeinflußt. Jedenfalls zeigt sich hier eine Nähe von Beaumarchais und Salieri, die wenig später zu einer fruchtbaren Zusammenarbeit mit spektakulären Ergebnissen wurde.

Zur Premiere von *Les Danaïdes* erschien alles, was Rang und Namen hatte, allen voran Marie Antoinette, die sich vorab schon einige Szenen am Hof von Versailles hatte vorspielen lassen und den regesten Anteil an dieser Oper nahm. Sie war eine der wichtigsten Anhänger von Gluck in Paris, unter dessen Namen die Oper angekündigt wurde, kannte aber inzwischen sicher genauer alle Hintergründe, zumal sie Salieri selbst mehrmals in Versailles empfangen hatte. Zum Glück ging alles gut, die Oper wurde sogar ein Riesenerfolg, nicht zuletzt wegen des ungeheuer beeindruckenden Bildes der Hölle, mit dem die Oper schließt.

Doch worum geht es eigentlich? Die Oper handelt von König Danaos und seinen fünfzig Töchtern, unter ihnen vor allen Hypermnestra, und geht auf eine antike Sage zurück, die schon von Aischylos in einer Tetralogie bearbeitet worden war. Im 17. und 18. Jahrhundert war dies einer der meistbearbeiteten Theater- und Opernstoffe. Die Vorgeschichte ist, daß Danaos seinen Zwillingsbruder Aigyptos, der fünfzig Söhne besaß, aus Neid und Furcht vertrieben hatte, wodurch eine lange Familienfehde entstanden war, die jetzt feierlich beigelegt und mit der Hochzeit der Danaos-Töchter und der Aigyptos-Söhne besiegelt werden soll. Die Oper beginnt mit der Ankunft der Schiffe mit den fünfzig Brüdern unter Führung von Lycée, dem Hypermnestre versprochen ist, einem feierlichen Schwur am Altar der Juno und fröhlichem Tanz. Der zweite Akt spielt in einem der Nemesis geweihten unterirdischen Raum, wo Danaus seinen Töchtern erklärt, Egyptus habe sich nur verstellt, wolle ihn vom Thron jagen und ermorden. Danaus befiehlt deshalb seinen Töchtern, in der Hochzeitsnacht die Söhne des Egyptus zu erdolchen. Hypermnestre weigert sich und wird von Danaus bedroht; allein gelassen, beklagt sie ihr Schicksal. Im dritten Akt wird die Massenhochzeit gefeiert, nur Hypermnestre weigert sich, aus der Hochzeitsschale von Lyncée zu trinken. Sie geht hinaus, während Danaus den verwirrten Lyncée beruhigt. Die Hochzeitsfeier geht weiter. Im vierten Akt versucht Hypermnestre ihren Vater zu erweichen, doch Danaus bleibt hart. Hypermnestre stößt Lyncée zurück, obgleich sie ihn liebt, was er nicht versteht. Doch sie kann sich ihm nicht entdecken. Da wird das Zeichen zum Mord gegeben, Hypermnestre fordert Lyncée zur Flucht auf. Im fünften Akt fragt Danaus seine Tochter, ob sie Lyncée erdolcht habe; sie verneint. Danaus will mit seinen Töchtern den entflohenen Lyncée suchen. Doch Lyncée greift mit seinen Soldaten den Palast an, ist schon eingedrungen. Danaus will Hypermnestre umbringen; in dem Augenblick stürzt Lyncée herein. Danaus wird getötet. Die Erde bebt, es donnert, Lyncée flieht mit Hypermnestre und seinen Soldaten, da zerstört ein Blitz den ganzen Palast, und er versinkt. Im Schlußbild sieht man die Hölle mit dem Ufer eines Blutmeeres. Danaus ist an einen Felsen gekettet, seine blutigen Eingeweide werden von einem Geier zerfressen. Die gefesselten Danaiden werden von Dämonen, Schlangen und Furien gequält und verfolgt, während das Theater von ihren Schreien erfüllt ist und ständig Feuerregen fällt.

Die erste Besprechung erschien am Tage nach der Premiere im *Journal de Paris* und enthielt eine ausführliche Beschreibung der Handlung. Zur Musik heißt es nur, es scheine nicht, als habe das Publikum irgendeine Ungleichheit bemerken können, so daß Salieri

ACTE PREMIER

Le Théatre représente le Bord de la Mer; un Temple des preparatifs des Sermens de la paix et de l'hamen; les filles d'Egyptus descendes de leurs Vaisseaux.

SCENE I.

Danaus, Hypermnestre, Lyncée, les freres de Lyncée, les Danaïdes, peuples et Sacrificateurs.

»Les Danaïdes«, Beginn des ersten Aktes

würdig sei, sich an die Seite des großen Gluck zu stellen. Im *Mercure de France*[4] heißt es:

»Diejenigen, die in der Erwartung standen, ein schreckliches Schauspiel zu sehen zu bekommen, sind verwundert worden, mehr Feste als Entsetzen darin anzutreffen; diejenigen, die die großen Wirkungen des Trauerspiels sich draus versprachen, haben nicht genugsam rührendes und abgewechseltes Interesse gefunden; diejenigen, die sich damit abgaben, in der Music die Stellen zu unterscheiden, die dem Ritter Gluck oder seinem Jünger gehören könnten, haben leicht in dem ganzen Geiste der Composition diese große, starke, rasche und wahre Manier erkannt, die das Ideal des Schöpfers der dramatischen Lyrik characterisirt; haben aber auch zu gleicher Zeit in dem Einzelnen, besonders im Recitative, und der Wendung des Gesangs einen eigenen Styl bemerkt, der aber ein vorzügliches Talent verräth, das zu den größten Hofnungen für unser Theater berechtigt. Diejenigen von den Zuschauern endlich, die, ohne vorher eingenommen zu seyn, und ohne ein besonders System zu besitzen, ihre Empfindung ganz allein den natürlichen Eindrücken der Gegenstände öfneten, sind lebhaft von der Neuheit, dem Reichthume und der unerwarteten Mannigfaltigkeit des Schauspiels frappirt worden.«

Aber die eigentliche Besprechung der Musik dieser Oper erschien erst am 22. Mai. Die Ouvertüre »ist weit über den unbedeutenden Symphonien, die nichts mahlen, nichts ankündigen, die in die gewöhnliche Form von Sonaten gegossen, alle aus drey oder vier Stücken zusammengestoppelt« sind, sondern ganz im Geiste des Musters von Glucks *Iphigénie en Aulide*. Bei den Rezitativen sind »das einfache, und so genannte begleitete Recitativ zusammen vermischt«; Salieri »hat beydes bisweilen durch Gesangstellen, a tempo, die doch keine förmliche Arien sind, unterbrochen, und darüber nichts, als den Sinn der Worte, die Situation und die Empfindung der Personen seines Stückes befragt«. Zu den Arien heißt es: »Der Componist hat die Declamation mit dem Gesange zu vereinigen gewußt, ohne der Entwickelung seiner Themas und der Einheit des Ganzen, zu nahe zu treten. Er wendet mit Geschmack die Wiederholungen an, die in der Arienmusic nothwendig sind, und dazu beytragen, ihr eine gewisse Ründung zu geben, die aber, verschwendet, sie nur kraftlos machen, indem sie den Fortschritt der Handlung hemmen. Die Begleitung trägt immer das ihrige dazu bey, den allgemeinen Character der Arie zu unterstützen, und die besonders ausdrückenden Stellen darinn zu verstärken.« In der »pathetischen Arie der Hypermnestra« im zweiten Akt hat »die Wiederholung der Worte: mon père! [. . .] herzdurchdringende Töne im Gesange, auf eine bewundernswürdige Weise durch das Crescendo der Instrumente verstärkt, die ihre Stimmen mit der Hypermnestra zu vereinigen scheinen, um das Herz des Danaus zu erweichen. Man könnte diese Arie vielleicht als ein Muster von dem Umfange und dem wahren Maaße anführen, die eine leidenschaftliche Arie, mitten in einer interessanten Scene vorkommend, haben darf. [. . .] Die erste Arie des Danaus: *Jouissêz du destin propice,* scheint uns, sowohl in der Erfindung als Ausführung, von Meisterhand zu seyn. Das Süjet der Arie ist im Geschmack der Alten, und erinnert an die Strophen des Anacreon und des Catulls, wo der Gedanke an den Tod mit Bildern der Wollust zusammengestellt war. Dieser Absicht hat, unserm Bedünken nach, der Componist ein volles Genüge gethan. Das Thema der Arie ist von einem angenehmen und leichten Gesange; mit dem sich, auf eine feine und natürliche Art, der finstre Ausdruck der zweyten Idee verbindet. Die Begleitung athmet Geist und Wärme. Diese beyden so entgegengesezten Charactere sind in der Arie mit einer Kunst und einem Glücke zusammengeschmelzt, die uns die Aufmerksamkeit aller Leute von Geschmack zu verdienen scheint; dennoch gestehen wir, daß diese Arie bey der Aufführung niemals die Wirkung hervorgebracht hat, die wir davon erwartet hätten.«

Selten ist wohl in einer Oper der Chor so wenig begleitende Statisterie, sondern so deutlich mit der Handlung verwoben. Die je fünfzig Söhne des Egyptus und die Danaiden sind ja über lange Partien als handelnde Personen auf der Bühne, und selbst im Schlußbild agieren die Danaiden als Höllenopfer – immerhin hatte man in Paris zwar nicht die volle Zahl auf die Bühne gebracht, aber doch fünfunddreißig Danaus-Töchter und neununddreißig Männer. So werden die Chöre auch besonders gerühmt: »sie haben fast alle Character, Melodie und trefliche harmonische Wirkungen; einige sind voll Einbildungskraft, Grazie und Empfindung.«[5]

Der Titel *Les Danaïdes* für einen Stoff, der in zahlreichen anderen Bearbeitungen für das Theater oder die Oper eigentlich immer »Hypermnestra« hieß, war mit Bedacht gewählt. Er stellte den unglaublichen Massenmord der Danaiden und ihre Höllenstrafe in das Zentrum. Danaus glaubt sich betrogen und scheut sich um seines Machterhalts willen nicht, seine Töchter zur gräßlichen Tat anzustiften. Hypermnestre versucht ihren Vater umzustimmen, aber sie argumentiert nicht. Ihr »Nein« ist zögerlich zuerst, wird entschiedener beim Anblick ihres Verlobten, den sie umbringen soll, reicht aber nicht zum Verrat, um den Mordplan zu verhindern. Sie verkörpert eine Humanität, der es an der Kraft zur Aktion fehlt, die das Entsetzliche verhindern könnte. Diese Grenze der Hypermnestre-Figur hatte Calzabigi klar erkannt. Salieri hingegen ist es meisterhaft gelungen, dies zögernde und zagende Heraustreten der Figur aus der Danaiden-Handlung zu gestalten, ohne das Interesse am weiteren Schicksal von Danaus und seinen Töchtern preiszugeben. Das »Ziel« der Oper ist ja nicht die Rettung von Hypermnestre und ihrem Verlobten Lyncée, sondern die Sühne eines monströsen Verbrechens. Gleichwohl, und ohne dieses dramatische Konzept in Frage zu stellen, ist Hypermnestre als Protagonistin eine Glanzpartie, die zu den besten Rollen der Tragédie-lyrique gehört und in der Gestaltung der großen Soloszene bereits auf Cherubini und Spontini deutet.

Mit der Premiere waren die Wirrungen nicht vorbei. Einige Tage zuvor war Tschudi gestorben, der Mitübersetzer des Textbuchs. Am Tage der Premiere – und sicher gezielt mit diesem Datum – schrieb Gluck einen Brief an Roullet:

»Ich bitte Sie, mein Freund, in das Journal de Paris eine Erklärung einrücken zu lassen, die ich machen muß und hiermit mache, daß die Musik der Danaiden ganz von Herrn Salieri ist und ich keinen anderen Anteil daran habe als durch Ratschläge, die er gerne von mir annehmen wollte, und daß meine Hochachtung für ihn mich veranlaßt hat, ihm etwas von meiner Erfahrung mitzugeben.«[6]

Roullet zögerte allerdings mit der Veröffentlichung noch einige Tage, was ihm die *Mémoires secrets* durchaus ankreideten, und wartete bis zur sechsten Aufführung mit dieser für das allgemeine Publikum in Paris immer noch überraschenden Nachricht. So lange hatte sich also die Fiktion von Glucks Autorschaft einigermaßen halten lassen. Salieri ließ sogleich eine Dankadresse an Gluck im *Journal de Paris* abdrucken, in der es hieß:

»Die Erklärung des Herrn Ritter Gluck, die ich eben in Ihrer Zeitung gelesen habe, ist ein neuer Gunstbeweis, den ich von diesem großen Manne erhalte, dessen Freundschaft auf mich einen Strahl seines Ruhmes zurückwerfen will. Es ist wahr, daß ich allein die Musik zur Oper der Danaiden geschrieben habe, aber ich habe sie ganz unter seiner Aufsicht geschrieben, geführt von seinem Licht und erleuchtet von seinem Genie. [...]

Ich würde sowohl Wahrheit wie Dankbarkeit verfehlen, wenn ich nicht an der Ehre teilhabe, daß er mir erlauben wollte, seinen Namen dem meinigen auf dem Titel dieses Werkes hinzuzufügen.«[7]

Aber mit dieser Erklärung war es noch nicht genug. Denn auch das Libretto, das eigentlich von Calzabigi stammte und von Tschudi und Roullet lediglich eine französische Bearbeitung erfahren hatte, war insofern mit einer Täuschung angekündigt, als Calzabigi mit keinem Wort erwähnt wurde. Dieser war vielleicht noch mehr darüber enttäuscht, daß Gluck das für ihn geschriebene Textbuch einfach an Salieri weitergegeben hatte. Calzabigi blieb über solchen Mißachtungen seines geistigen Eigentums nicht untätig und schrieb eine deutliche Richtigstellung an die *Mémoires secrets*, die wiederum eine Gegenerklärung Roullets zur Folge hatte – eine Presseauseinandersetzung, die sich bis in den Herbst hinzog.

Salieri drängte es nach Hause. Schon Anfang Mai war er zur Abreise bereit, als man ihn in Paris damit überraschte, man habe bereits in Wien um eine Urlaubsverlängerung nachgesucht, denn er solle gewisse Änderungen an Glucks *Armide* vornehmen, die man als Festaufführung für den Besuch Gustavs III., des Königs von Schweden, vorbereite. Salieri fügte sich und nutzte die Gelegenheit zu einem neuerlichen Besuch bei Marie Antoinette, der er dabei die Partitur der *Danaïdes* widmete. Von der Königin erhielt er ein Geschenk von 3000 Livres.

Salieri kehrte als ein reicher Mann nach Wien zurück. Zwar wird er von seinem Opernhonorar (12000 Livres) auch etwas an Roullet als Textdichter abgegeben haben müssen, aber die Partitur der *Danaïdes* wurde – wie in Paris üblich – sogleich gedruckt und brachte ein zusätzliches Honorar. Schenkt man Cramer Glauben, der mit Salieri in einem intensiven Briefwechsel stand, so blieben ihm als Opernhonorar 8000 Livres, so daß Salieri mit mehr als 12000 Livres aus Paris zurückkam, und das waren etwa 4000 Gulden.

Mit *Les Danaïdes* hatte sich Salieri einstweilen als der einzige konsequente Nachfolger Glucks (und nicht Schüler – wie es auf dem Titelblatt der gedruckten Partitur hieß) in der Tragédie-lyrique gezeigt, und dies an dem Ort, wo Gluck am entschiedensten seine Opernreform durchzusetzen versucht hatte. Salieri, der gebürtige Italiener, hatte sich damit so deutlich wie nie einer zuvor zur Partei des musikalischen Fortschritts bekannt.

In Paris sprach man in schöner Vereinfachung von Gluckisten und Piccinnisten, obwohl mit diesem Gegensatz in erster Linie die Anhänger gemeint waren, nicht die Komponisten selbst. Aber in Wien? Gab es in Wien einen Namen für jene Richtung, die Salieri vertrat? Konnte man hier vereinfacht nur vom deutschen Singspiel und der italienischen Oper sprechen? Dann gehörten ja auch Glucks Reformopern, die hier in ihrer italienischen Version gegeben wurden, zur Partei der Italiener – konnte also »italienische« Oper ein auch nur ungefähr erklärendes und sinnvolles Unterscheidungsmerkmal sein? Wie soll es sich dann mit Mozarts italienischen Opern verhalten, wo man sich angewöhnt hat, zwischen Mozart und den Italienern in Wien einen konkurrierenden Gegensatz herzustellen? War Salieri womöglich das Haupt einer italienischen Partei in Wien, die im Gegensatz zu Mozart gestanden hätte? Mußte man nicht viel eher von einer traditionellen Oper sprechen, die die Gattungen der Opera seria und der Opera buffa nach überkommenem Muster bediente, und im Gegensatz dazu von einer neuen Richtung, der einerseits die neue Reformoper Gluckschen Typs an Stelle der Opera seria, andererseits eine neue Form der Commedia per musica oder des Dramma giocoso an Stelle der alten Opera buffa zuzuordnen ist, ein musikalisches Lustspiel in einem »stilo misto« neuen Typs?

Gerade auch für die Weiterentwicklung der Commedia per musica waren die Textdichter von ebenso entscheidender Bedeutung wie für Glucks Reformopern. Und ebenso wie dort ein in Wien lebender Italiener (Calzabigi) entscheidende Anstöße gab für eine neue Opernästhetik (Gluck hat das immer wieder deutlich anerkannt), war das Auftreten des Italieners Da Ponte und kurz darauf Giambattista Castis ein entscheidender Impuls. Erst mit diesen Textdichtern gelang es, die älteren Formen der Typenoper zu überwinden und zu Formen der musikalischen Charakterkomödie zu gelangen, die den Anschluß des Musiktheaters an eine moderne Theaterästhetik ermöglichte.

Salieri hatte an diesem Prozeß entscheidenden Anteil und war ein einflußreicher Förderer jener modernen Entwicklung. Die Gegensätze zwischen ihm und Mozart, in den meisten Darstellungen immer wieder einseitig gegen ihn ausgespielt, zeigten sich ausschließlich auf der institutionellen Ebene des täglichen Theaterbetriebs, waren jedoch nicht grundsätzlicher Natur. Nur deshalb war es ja auch möglich, daß Salieri wie Mozart sich desselben Textdichters bedienen konnten, wenn auch mit unterschiedlichem Erfolg.

Was für Salieri gilt, muß auch von Joseph II. gesagt werden. Er war nicht, wie in nichtssagender Vereinfachung immer wieder behauptet wird, ein Anhänger der italienischen Musik. Welcher denn? Und hatte nicht er aus eigener Machtvollkommenheit das Experiment mit dem deutschen Singspiel durchgesetzt? Und was die Italiener anging – hatte er nicht seinen entscheidenden Anteil an der Berufung jener nach Wien, die dieses moderne Musiktheater erst möglich machten? Wurde er selbst nicht zum hilfreichen Anhänger Mozarts, der diesem sogar in kritischen Situationen noch Aufträge verschaffte? Und hatte er nicht mit seinem Festhalten an Salieri dem musiktheatralischen Fortschritt einen gewichtigen Statthalter gewonnen?

Wieviel Salieri beim Kaiser als Berater galt, zeigt sich daran, daß er gleich mit der Einrichtung des italienischen Ensembles am Nationaltheater Da Ponte die Stelle eines Operndichters verschaffen konnte, obschon jener noch nie ein Libretto verfaßt hatte. Die Empfehlung Mazzolàs allein kann es nicht gewesen sein. Da Ponte muß Salieri (und durch ihn den Kaiser) mit seiner liebenswürdigen, dabei temperamentvollen Art beeindruckt haben. Darüber hinaus war es sicher der geschliffene und witzige Stil von Da Pontes Versen, die nichts Gravitätisches und Schulmeisterliches hatten, vielmehr einen geistreich spöttelnden, dabei leichten, aber am klassischen Vers geschulten Ton verrieten.

Da Ponte war 1749 als Jude im Getto von Ceneda (Venetien) geboren und hieß eigentlich Emanuele Conegliano. Als der Knabe vierzehn Jahre alt war, konvertierte sein Vater Geremia mit der ganzen Familie zum katholischen Glauben, wobei Emanuele den Namen seines Taufpaten erhielt und von nun an Lorenzo Da Ponte hieß. Mit vierundzwanzig Jahren Priester geworden und bestens ausgebildet, wurde er Professor der schönen Wissenschaften am Priesterseminar von Treviso, eine Stellung, die er allerdings schon bald verlor wegen einiger aufreizender Gedichte, in denen sich Da Ponte als ein eleganter, satirisch gewitzter Dichter auszeichnete. Ein freizügiges Leben kam hinzu, Liebesgeschichten, das Zusammenleben mit einer Freundin, Neider und Feinde, so daß es schließlich zu einer förmlichen Anklage wegen »Ehebruchs und Konkubinats eines pflichtvergessenen Priesters« kam. Das Ende vom Lied war eine fünfzehnjährige Verbannung aus dem venezianischen Staatsgebiet, der sich Da Ponte bereits durch die Flucht entzogen hatte. Ein unstetes Leben, das nach Abenteurertum roch[8] – aber ein gebildeter, zu spritzigen Versen begabter Charakter. Zu Zeiten Maria Theresias hätte Da Ponte in Wien wohl nicht die geringste Chance gehabt, unter Joseph II. jedoch wurde sie ihm vorurteilslos geboten – allein auf die Fürsprache Salieris hin.

Da Ponte schildert selbst in seinen Memoiren die erste Audienz beim Kaiser, bei der er sich für die bereits vollzogene Anstellung bedankte:

»Ich hatte nie zuvor einen Monarchen gesprochen. Obwohl mir jedermann versicherte, daß der Kaiser ein Fürst von den menschenfreundlichsten Gesinnungen sei, der mit der größten Freundlichkeit jeden empfange, so konnte ich doch nicht ohne große Schüchternheit vor ihm erscheinen. Der lächelnde Ausdruck seines Gesichts aber, der liebliche Klang seiner Stimme und mehr noch als alles dieses, seine äußere Einfachheit, sowohl in seinem Benehmen, als in seiner Kleidung, das durchaus nichts von allem dem hat, was man sich von einem König vorstellt, ermutigte mich nicht nur wieder vollkommen, es ließ mir kaum noch Raum zu bemerken, daß ich vor einem Kaiser stünde. [...] Da er sehr begierig war, alles zu wissen, so stellte er verschiedene Fragen über mein Vaterland, über meine Studien und die Ursachen, die mich nach Wien geführt hatten. Ich beantwortete ihm alle Fragen in möglichster Kürze, was ihm auch zu gefallen schien. Endlich fragte er mich noch, wieviele Dramen ich schon geschrieben habe; worauf ich ihm offen sagte: ›Eure Majestät, keines‹. – ›Gut, gut‹, erwiderte er, ›da werden wir eine jungfräuliche Muse haben.‹ Es läßt sich leicht denken, wie begeistert ich diesen Regenten verlassen habe. Mein Herz war voll von tausenden der angenehmsten Gefühle, von Freude, Ehrfurcht und Bewunderung.«[9]

Da Ponte als Theaterdichter – das war eine gewagte Entscheidung. Wir wissen nicht, was Salieri zu solcher Fürsprache veranlaßt hat, jedenfalls war er es, für den Da Ponte zuerst ein Textbuch abzuliefern hatte. Bei seiner Unerfahrenheit machte er das Beste, was er tun konnte, und ging zu einem Italiener in Wien, der eine riesige Textbuchsammlung hatte, um zu studieren. Die Lektüre dieser Opernlibretti war sehr ernüchternd:

»Ich hatte den Mut und die Geduld, achtzehn bis zwanzig von diesen Edelsteinen mit den Augen zu durchlaufen. Armes Italien, welch schlechtes Zeug! Kein Zusammengreifen, keine Charaktere, kein Interesse, keine Szenerie, keine Grazie der Sprache noch des Stils, und obgleich sie gemacht waren, um darüber zu lachen, so hätte doch wohl jeder sie vielmehr geeignet gefunden, darüber zu weinen. Es war kein Vers in diesen erbärmlichen Pasteten, der mit einer gewissen Anmut geendigt hätte, keine Lebhaftigkeit der Einfälle, kein zierliches, sinnreiches Wort, das auf jede Weise die Lust zu lachen erregen mußte. Es war ein reiner Schwall törichter, einfältiger Redensarten, Dummheiten und Narrenpossen.

Ich wußte nun, daß es ein leichtes sein müsse, bessere zu schreiben, und hoffte wenigstens, daß man da oder dort in den meinigen irgend einen angenehmen Scherz, einen Witz oder doch einen lustigen Einfall finden solle, daß die Sprache weder ungesittet noch gemein sein werde, daß man die Arien werde ohne Widerwillen lesen können und der ganze Inhalt lebhaft, voll interessanter, gut durchgeführter Charaktere und unerwarteter Begebenheiten sein müsse. Ich hätte selbst mit meinem besten Willen kein so schlechtes Drama schreiben können, wie jene, die ich gelesen hatte. Ich kannte

Lorenzo Da Ponte, Librettist von Salieri und Mozart

aber aus Erfahrung, daß, um ein gutes Drama zu schreiben, noch weit mehr erforderlich ist, wenn es gefallen, besonders aber, wenn es bei der Vorstellung auch mit Beifall aufgenommen werden soll.«[10]

Da Ponte hatte vollkommen recht mit seiner Kritik an den gängigen Libretti seiner Zeit. Man kann heute noch nur staunen, was für Textbücher die Komponisten zu guter, manchmal sogar großartiger Musik inspirierten. Andererseits haben auch seine Texte ein erstaunlich unterschiedliches Niveau; Mozart hatte das Glück, verbunden mit seiner eminent dramatisch begabten Mithilfe, Da Pontes beste Libretti zur Komposition zu bekommen. Es ist sogar nicht ganz von der Hand zu weisen, daß Da Ponte vor allem ein erstaunlich geschickter Bearbeiter von Vorlagen und fremden Stoffen gewesen ist, weniger jedoch ein origineller Erfinder einer theatralisch geeigneten Handlung. Gerade aus diesem Grunde ist es höchst anschaulich zu hören, wie Da Ponte an seine Aufgabe ging, wo die Probleme einer musikdramatischen Bearbeitung lagen, zumal wir von keinem anderen Textdichter eine kritische Reflexion seiner Tätigkcit haben:

»Da meine erste Dichtung von Salieri in Musik gesetzt werden sollte, der, um die Wahrheit zu sagen, ein äußerst gebildeter, kenntnisreicher Mann war, so legte ich ihm mehrere Stoffe vor, um ihn wählen zu lassen. Unglücklicherweise gefiel ihm vor allen derjenige, welcher am wenigsten geeignet war, eine gewisse Grazie und theatralisches Interesse darein zu legen. Es war ›Der Reiche von einem Tag‹ (Il ricco d'un giorno). Ich machte mich mutvoll an die Arbeit; bemerkte aber auch schnell, wic viel schwieriger die Ausführung einer Sache in der Wirklichkeit, als bloß in der Einbildung ist. Ich bin auf eine grenzenlose Menge von unvorausgesehenen Schwierigkeiten gestoßen. Der Stoff bot mir nicht die gewünschte Anzahl von Charakteren und die Verschiedenheit und Abwechslung der nötigen Begebenheiten dar, um einen Plan auszuführen, der interessant genug wäre, um während zweier Stunden ungefähr unterhalten zu können. Die Gespräche waren mir zu trocken, die Arien zu erzwungen, der Ausdruck der Gefühle zu alltäglich, die Handlung selbst ohne Leben, die Szenen kalt. Es schien mir am Ende, daß ich nichts mehr verstünde, und weder schreiben, noch

Verse machen, noch kolorieren könnte und daß ich die Keule des Herkules mit der Hand eines Kindes ergriffen hätte. Endlich war der erste Akt gut oder schlecht beinahe fertig. Es fehlte mir nur noch das Finale. Dieses Finale, das unter anderm ganz enge mit dem übrigen der Oper verbunden sein muß, ist eine Art Komödie oder ein kleines Drama in sich selbst, es erfordert einen neuen Eingang und muß unumgänglich Interesse erregen. Hierin muß das Talent des Kapellmeisters und die Kunst, die Kraft der Sänger hauptsächlich hervortreten, es muß als Glanzpunkt der Oper den größten Effekt hervorbringen. Die Rezitative sind ganz davon ausgeschlossen, man singt alles und jede Art des Gesanges muß darin entwickelt werden. Das Adagio, das Allegro, das Andante, das Amabile, das Armonioso, das Strepitoso, das Arcistrepitoso und das Fortissimo, womit beinahe immer das Finale schließt, und was man die Chiusa oder Stretta nennt. Ich weiß nicht, ob man es so benennt, weil darin die ganze Kraft des Drama sich zusammenzieht, oder weil es allgemein das arme Gehirn des Poeten, der es zu schreiben hat, nicht ein-, sondern tausendmal in die Enge treibt. In einem Finale müssen nach theatralischem Gebrauch alle Sänger auf der Bühne erscheinen, und wären es auch deren dreihundert; um einzeln, zu zweien, zu drei, zu sechs, zu zehn, zu sechzig, um Arien, Duette, Terzette, Sextette und große Chöre zu singen, und wenn der Inhalt des Dramas es nicht erlauben sollte, so ist es die Aufgabe des Dichters, sich einen Weg zu suchen, auf dem er es bewerkstelligen kann, wäre es selbst gegen alle gesunde Vernunft und gegen alle aristotelischen Vorschriften und Regeln der Welt; findet man dann, daß es schlecht geht, um so schlimmer für ihn.

Nach dieser Beschreibung dürfte es nicht schwer fallen, sich die Verlegenheit zu denken, in der ich mich mit meinem Finale des ersten Akts befand. Ich war wohl zehnmal im Begriff, das zu verbrennen, was ich gemacht hatte, und um meinen Abschied zu bitten. Endlich nach langem Kauen an den Nägeln, Augenverdrehen, Kopfkratzen und Anrufen der Göttin Lucina, aller Heiligen und aller Hebammen des Pindus, endigte ich nicht nur das erste Finale, sondern selbst die ganze Oper. Ich verschloß sie sodann in meinem Schreibtisch und nahm sie erst vierzehn Tage später wieder heraus, um sie mit heiterem Geiste durchzulesen. Sie schien mir nun geistloser und schlechter als je zuvor. Ich mußte sie aber dennoch dem Salieri übergeben, der schon einige Szenen davon in Musik gesetzt hatte und mir täglich den Überrest der Oper abforderte. Ich ging zu ihm mit herabhängenden Ohren und händigte ihm das Libretto ein, ohne ihm etwas dazu zu sagen. Er las es nun gleich ganz in meiner Gegenwart und sagte mir dann: ›Es ist gut geschrieben, aber man muß es erst auf der Bühne sehen, um es richtig beurteilen zu können. Es enthält mehrere sehr gute Arien und ganze Szenen, die mir sehr wohl gefallen, jedoch würde es nötig werden, daß Sie mir einige kleine Abänderungen damit vornehmen, mehr wegen der musikalischen Wirkung, als aus anderen Gründen.‹

Ich verließ ihn so zufrieden wie ein König, und gleichwie man immer gerne glaubt, was man wünscht, so fing ich an zu hoffen, daß dieser Text doch nicht so schlecht wäre, als ich es früher gefunden hatte. Worin bestanden nun aber jene kleinen Abänderungen? In Verstümmelung oder Verlängerung des größten Teils der Szenen, im Einschalten neuer Duette, Terzette und Quartette und so weiter; in Veränderung des Versmaßes bei der Hälfte der Arien, in der Einschaltung von Chören, die von Deutschen gesungen werden mußten, in Abkürzung aller Rezitative und folglich des ganzen Inhalts, Zusammenhangs und des Interesses der Oper, wenn je früher eines darin zu finden war. Ich glaube, daß, als die Oper in Szene kam, nicht mehr hundert Verse von meinem Original übrig blieben.«[11]

Entwurf und endgültiger Text lassen sich heute nicht mehr vergleichen, allerdings darf man nicht alle Einzelheiten auf die Goldwaage legen: Da Ponte hat diesen Teil der Erinnerungen erst nach dreißig Jahren aufgezeichnet. So kommen in der Oper *Il ricco d'un giorno* nur je ein Duett, Quintett und Sextett sowie zwei Terzette vor, vom »Einschalten neuer Duette, Terzette und Quartette« kann also kaum die Rede sein. Aber die Schwierigkeiten eines dramatischen Textes, der seine Wirkung durch das Mittel der Musik erst ganz entfalten soll, hat Da Ponte sehr anschaulich beschrieben. Gerade in dieser Oper zeigte sich zum Beispiel, daß am Ende des ersten und des zweiten Aktes sehr ausgedehnte und komplexe Finale mit einem bewegten Handlungsablauf vorgesehen waren, für den dritten Akt aber eigentlich nur ein kleines dramatisches »Restproblem« zu lösen war, gewissermaßen eine Koda, die nur aus zwei Nummern bestand. Und das war sicher ein Mangel an dramatischer Ökonomie. Andererseits sind viele Einzelheiten, Arien, Szenen dieser Oper sehr gut gelungen und verraten durchaus Da Pontes Sinn für genau beobachtete dramatische Momente, für die Darstellung individuell ausgeprägter Einzelcharaktere ohne die flache Typenschematik und für einen geistreichen Konversationston in seinen Versen. Der Gang der Handlung ist folgender:

Zwei Brüder, der eine äußerst geizig, der andere maßlos verschwenderisch, machen eine große Erbschaft, die ihnen vom Notar Berto ausbezahlt wird. Beide lieben Emilia, die Tochter des Notars, die sich aber längst für den Verschwender entschieden hat, unterstützt von dessen Schwester Doralice und ihrer Zofe. Der Verschwender hat einen Diener, Mascharone, der das viele Geldausgeben vor allem in seinen Beutel zu lenken versteht und vor keiner Gaunerei zurückschreckt. Er bietet sogar einen ganzen Chor von Kaufleuten, Juwelieren, Handwerkern und Bedienten auf, die zu sinnlosen Ausgaben verführen. Doralice überredet Emilia dazu, vor einer Hochzeit ihren Liebhaber erst von seiner Verschwendungssucht zu heilen, indem sie scheinbar auf die Werbungen des geizigen Bruders eingeht. Daraus ergibt sich ein kompliziertes Hin und Her zwischen den Frauen und den beiden Brüdern. Im zweiten Akt versuchen beide Brüder für Emilia je ein Ständchen zu bringen, das allerdings durch ein heftiges Unwetter unterbrochen wird. Emilia ist verwirrt, daß der Verschwender sich kein bißchen ändert, im Gegenteil immer verhängnisvoller von seinem Diener Mascharone ins Unheil gezogen wird. Schließlich organisiert Mascharone auch noch ein Glücksspiel, bei dem er mit falschen Karten spielt und auffliegt. Er muß sein ganzes ergaunertes Geld herausrücken und wird fortgeschafft. Erst jetzt gehen dem Verschwender die Augen auf, der nun sein Geld vom Notar verwalten läßt. Sein geiziger Bruder verzichtet auf Emilia, nachdem man ihm in drastischer Weise klargemacht hat, mit welchen Ansprüchen einer Frau er rechnen müsse, und Emilia kann den geheilten Verschwender heiraten.

Da Pontes Textbuch enthält bereits viele Eigentümlichkeiten, die seine späteren Arbeiten auszeichnen: Ein schonungsloser Realismus teilt die Gesellschaft nicht in »Gute« und »Böse« ein, sondern zeigt höchst gemischte Charaktere vor dem Hintergrund einer insgesamt brüchig gewordenen Moral; mit Mascharone tritt ein Diener auf, der zum vollgewichtigen Gegenspieler seines Herrn wird; Szenen ungezwungener und natürlicher Konversation stehen komplexe theatralische Situationen gegenüber, die große Ensembleszenen unter Einbeziehung eines dramatisch kunstvoll motivierten Chores ermöglichen; Anspielungen auf allerneueste Tagesereignisse kommen vor, zum Beispiel ein Hinweis auf *Il re Teodore in Venezia,* ein eben erst in Wien uraufgeführtes Erfolgsstück von Giovanni Paisiello, oder den gerade erfolgten ersten Ballonaufstieg der Brüder Montgolfier. Andererseits ist dieses Stück noch voller Umständlichkeiten und Wiederholungen, die Zeichen mangelnder Erfahrung sind. Da Ponte hatte vielleicht das Pech, bei seinen ersten Schritten auf dem Theater keinen Partner zu haben, der mit einem eminenten Theaterinstinkt – wie etwa Mozart – jede kleinste Einzelheit auf ihre dramatische Tauglichkeit abklopfte, sondern einen Komponisten, der eher dazu neigte, von der Arbeitsteilung des Librettisten und des Komponisten auszugehen. Dennoch scheint Salieri in diesem Falle manche Änderungswünsche und Bearbeitungen vorgeschlagen zu haben, die jedoch nicht alle Schwächen ausgleichen konnten. Da Ponte ist aber sicher im Unrecht, wenn er alle Gründe, die zum schließlichen Mißerfolg dieses Erstlings führten, allein Salieri in die Schuhe zu schieben versucht, denn es bestand genug Zeit, in aller Ruhe daran weiterzuarbeiten. Salieri hatte sicher im Sommer 1783 den größten Teil dieser Oper bereits fertig komponiert, entschloß sich aber dann, mit einer Aufführung noch zu warten, als sich in Paris endlich der Aufführungstermin der *Danaïdes* konkretisierte. Diese Oper mußte selbstverständlich allem anderen vorangehen, und so schob Salieri erst einmal sein halbjähriges Gastspiel in Paris dazwischen.

Salieri kehrte also Anfang Juli 1784 nach Wien zurück und konnte sich ganz seinem mehr oder weniger fertiggestellten Dramma giocoso *Il ricco d'un giorno* widmen. Zeitdruck bestand durchaus nicht, denn es standen noch drei andere Opern zur Premiere an, Salieri konnte also in aller Ruhe sowohl zusammen mit Da Ponte am Textbuch als auch an der Musik Veränderungen vornehmen, hielt das aber offensichtlich nicht mehr für nötig. Die Premiere war erst Anfang Dezember.

Salieri muß von dem Mißerfolg völlig überrascht worden sein. Mit Mühe brachte man es auf sechs Aufführungen, aber schon Ende Januar war endgültig Schluß. Freilich waren auch die äußeren Umstände widrig gewesen. Vielleicht machten sich auch Parteiungen geltend zwischen den Da-Ponte- und den Casti-Anhängern, zumal Casti immer gut war für Spott über seine Konkurrenten. Vielleicht waren die Musik und die ganze musikdramatische Behandlung dieses Werkes ungewohnt, wahrscheinlich kam alles dies und einiges mehr zusammen. Da Ponte berichtet:

»Die Hauptrolle dieser Oper war für die Storace geschrieben, die damals auf ihrem höchsten Glanzpunkt stand und von den Wienern förmlich vergöttert wurde. Sie war unglücklicherweise unpäßlich, man mußte die Rolle also einer andern Sängerin überlassen, die gerade so gut dazu paßte als eine Taube, um die Rolle eines Adlers zu geben. Die Oper bekam dadurch einen starken Stoß. Dieses aber war das Wenigste. [. . .] Brunati kam auf den Gedanken, eine Kritik darüber zu schreiben und sie am Abend der ersten Vorstellung zu veröffentlichen. Er schrieb sie nun in der Tat; und im Glauben, dem Herrn Abbé Casti dadurch einen Gefallen zu erweisen, sprach er mit ihm davon, um die Erlaubnis auszuwirken, dieselbe in der Vorstellung selbst ausgeben zu dürfen.« Scheinbar selbstkritisch schreibt er: »Das Libretto war ohne Widerspruch schlecht«, und fährt fort: »und die Musik selbst nicht viel besser, denn Salieri, erst von Paris zurückgekehrt, das Gehör noch voll von der Musik Glucks, von Lays, von den ›Danaiden‹ und von dem wahnsinnigen Geschrei, hatte eine ganz französische Musik geschrieben und die schönen volkstümlichen Melodien, an denen er wirklich überreich war, hatte er in der Seine begraben. Aber um die vollkommene Bosheit meiner Verfolger kennen zu lernen, reicht es hin zu sagen, daß, obgleich so viele Sachen zum Durchfall dieser Oper beigetragen hatten, man doch glauben machen wollte, daß ich allein die Schuld daran trüge, denn während man bei den komischen Opern den Text nur wie den Rahmen bei einem schönen Gemälde betrachtet, der die Leinwand ausgespannt hält, so behauptete man bei dieser Gelegenheit, daß der Text von so großer Wichtigkeit wäre, daß von diesem allein der gute Erfolg einer Oper abhinge. Es waren nicht nur die Anhänger des Casti, meine eigenen Feinde und alle diejenigen, die auf die Stelle des Hofdichters des kaiserlichen Theaters Jagd machten, die plagas über mich schrieen, aber auch selbst die Sänger und an ihrer Spitze sogar Salieri, sie äußerten sich höchst nachteilig über mich. Unter anderm sagten sie: daß sie gar nicht begreifen könnten, wie sie solch einen Wörterkram hätten vortragen und noch weniger, wie ihn der Kapellmeister habe in Musik setzen können; und dieser letzte, übrigens ein kluger und nicht unwissender Mann, tat einen feierlichen Schwur, daß er sich lieber die Finger abschneiden lassen wollte, als je wieder einen meiner Verse in Musik zu setzen.«[12]

Zum Glück hat Salieri sich daran nicht gehalten ...

Der alte Da Ponte neigte als Memoirenschreiber dazu, sich überall von Feinden und boshaften Leuten verfolgt zu sehen, und übertreibt vielleicht ein bißchen. Auch mißt er plötzlich das Libretto an jenen Elaboraten, die er selbst doch in anderem Zusammenhang heftigst und berechtigt kritisiert hatte. Das war auch sich selbst gegenüber ungerecht und larmoyant statt selbstkritisch. Salieri aber war in seinem Urteil nicht viel überlegter, wenn er die weitere Zusammenarbeit mit Da Ponte aufkündigen wollte – auch wenn dies nur ein heftig aufbrausender Zorn der Enttäuschung war. Daß er aber eine »französische« Musik geschrieben habe und seine »schönen volkstümlichen Melodien in der Seine begraben« habe, ist nicht nur historisch, sondern auch sachlich falsch.

Diese Oper ist zunächst einmal mit höchst verschiedenartigen Orchesterfarben durchmischt, die die dramatischen Abläufe wirkungsvoll untermalen. Kleine Formen, die sich aber in größere musikalische Zusammenhänge ordnen, herrschen vor, wobei dem Chor für eine komische Oper ungewohnt große Aufgaben zufallen. Auch in dieser Oper hat Salieri wieder den leichten parlandohaften Ton probiert, der dem Text eine große Wichtigkeit beimißt. Obwohl es viele Arien (achtzehn) gibt, herrscht auch hier große Mannigfaltigkeit in der formalen, dramatischen und orchestralen Ausgestaltung – öfter werden Arien sogar durch kurze Einwürfe unterbrochen. So entsteht auch mit musikalischen Mitteln eine große Lebhaftigkeit, vor allem in den reich gegliederten Ensemblesätzen, besonders den Finale der ersten beiden Akte, in denen jeweils alle sieben Gesangssolisten und der Chor beteiligt sind. Salieris Musik hatte gerade versucht, auf den neuartigen dramatischen Ton Da Pontes angemessen zu reagieren und eine kongruente Lösung zu finden. Allerdings fehlt es dieser Musik an einprägsamen Glanzlichtern, jenen Melodien, die so sehr unter die Haut gehen, daß man versucht ist, sie am nächsten Tag auf der Gasse zu pfeifen.

An diesem Beispiel läßt sich eines deutlich beobachten: Eine Oper, die – aus welchen Gründen auch immer – erfolgreich aufgeführt wird, wird auch bald in anderen Städten wiederholt. Ein einmaliger Mißerfolg hat es immer schwer, sich später von seinem Anfangsmakel zu erholen. Salieris relativ unbedeutende Oper *La fiera di Venezia* zeigte ein effektvolles Kolorit von Straßen- und Maskentreiben, das immer wieder begeisterte, obschon dies Werk wenig musikalische Substanz hat. *Il ricco d'un giorno,* das in musikalischer Hinsicht sicher zu den besseren Werken Salieris gehört, ist nach seinem offensichtlich auch mißlichen Umständen geschuldeten Premierenreinfall nie wieder an einem anderen Ort erprobt worden und für immer in den Archiven verschwunden.

Das Fiasko mit dieser Oper führte Salieri schnurstracks in das andere Lager, zu dem Poeten Casti, und sollte ihn mit seinem nächsten Werk mehr als entschädigen.

5. *Kapitel*

Salieri und Mozart

1784–1786

Auch Giambattista Casti war kein erfahrener Librettist, was ihn aber nicht hinderte, sich für die Stelle eines kaiserlichen Hofdichters und somit als Nachfolger Pietro Metastasios zu bewerben. Auch er war ein italienischer Abbate, der sich nicht im Dienste der Kirche betätigte, sondern als »homme de lettres« lebte. Und das sind nicht die einzigen Gemeinsamkeiten mit seinem Konkurrenten Lorenzo Da Ponte. Von seiner Lebensweise, seinen Interessen und literarischen Arbeiten her nahm sein Lebensweg allerdings einen sehr andersartigen Verlauf, zeichnet sich durch Stetigkeit, Gradlinigkeit und Konsequenz aus, wo Da Ponte – seinem Charakter nach alles andere als ein Abenteurer – immer von neuem umhergetrieben wird, zu neuen Unternehmungen Zuflucht sucht und dabei doch immer auf der Suche bleibt. Casti hingegen, eher noch provokanter in seinen Werken, besaß jene Geschmeidigkeit, die ihn weder unwürdige Kompromisse eingehen ließ noch zu jähen Abstürzen führte, ein gezügeltes Temperament, dessen private Lebensführung niemals Anstoß erregte, ein beißender Satiriker, doch nie auf verlorenem Posten.

Giambattista Casti, 1724 in Acquapendente (Latium) geboren, stammte seiner Familie nach aus Montefiascone, einem kleinen Städtchen über dem Bolsenasee, malerisch auf einem Hügel inmitten üppiger Weinberge gelegen. Über sein Elternhaus ist wenig bekannt, doch scheint es sich um eine wohlsituierte Familie gehandelt zu haben. Die Stadt, ein alter Bischofssitz, hatte ein Priesterseminar, in das Casti als Zehnjähriger aufgenommen wurde, Grundlage einer an der Antike geschulten fundierten Ausbildung. Daß Casti einen beweglichen Geist besessen haben muß, zeigt sich schon daran, daß er als Sechzehnjähriger bereits als Lehrer der »humaniora« (mit dem wenig bedeutungsvollen Titel eines Professors) verwendet wurde. Das setzt immerhin die niederen Weihen zum Priestertum voraus. Praktisch bedeutete dies, daß er Rhetorik und Dichtkunst am Beispiel der alten Sprachen unterrichtete. Die alten Priesterseminare waren eben nicht allein theologische Ausbildungsstätten, sondern darüber hinaus die besten Schulen für eine umfassende Allgemeinbildung, und man versteht nachgerade, warum aus diesen Institutionen die besten Köpfe Italiens hervorgegangen sind.

Casti hat aber – im Gegensatz zu Da Ponte – seine weitere Laufbahn durch keinerlei literarischen Übermut gefährdet, sondern wenigstens in Montefiascone stillegehalten, sich hingegen durch häufige Ausflüge nach Rom, das etwa hundert Kilometer entfernt ist, schadlos gehalten. Die geistige Enge ließ sich so ertragen, denn in Rom hatte er Anschluß an jenes literarische Leben, das von Frankreich und der Aufklärungsphilosophie bereits stark beeinflußt war. Hier wurde er Mitglied der »Accademia degli Arcadi«, trug mit anakreontischen Versen das Seinige bei und hatte Zugang zu den literarischen Salons. Gewiß ein Doppelleben, durch die räumliche Distanz begünstigt. 1759 schließlich erlangte Casti ein Kanonikat in Montefiascone und dadurch wohl noch mehr Unabhängigkeit. Eine Affäre mit der jungen Marchesa Lepri ließ ihn eine Parisreise mit dieser berühmten Schönheit beginnen; um 1762 ließ sich Casti dann ganz in Rom nieder, freilich nicht für lange.

In dieser Zeit machte sich Casti einen Namen als Verfasser höchst freizügiger erotischer Verse, von denen es hieß, sie ließen sogar Petronius erröten; daß er aber deswegen zur Flucht gezwungen, gar aus der Kirche exkommuniziert worden sei – wie gelegentlich behauptet wurde –, scheint nicht zu stimmen. Kaum hätte er sich sonst am Hof von Florenz vorstellen und wenig später den offiziellen Rang eines Hofpoeten beim Großherzog von Toskana erringen können, eine Verbindung, die sich später als höchst nützlich erwies. In Florenz lernte er auch den Grafen Franz Xaver Wolf Rosenberg-Orsini kennen, der als Obersthofmeister und Vertrauter Kaiserin Maria Theresias eine einflußreiche Stellung am Hofe Großherzog

Peter Leopolds hatte. Auch die persönliche Bekanntschaft mit Kaiser Joseph II. datiert von einem Florenzbesuch 1769. Casti wußte sich ins rechte Licht zu setzen, ganz ohne konkrete Absichten und gerade dadurch um so wirkungsvoller. Den Eindruck eines höfischen Schmeichlers ließ er kaum aufkommen, und das war wohl das bessere Erfolgsrezept.

Mit Graf Rosenberg unternahm er 1772 eine Reise nach Wien, die er zu einem neuerlichen Zusammentreffen mit Joseph II. nutzte. Im Herbst desselben Jahres begleitete er Joseph Clemens Graf Kaunitz, Sohn jenes Fürsten Wenzel Anton Kaunitz, der als Staatskanzler jahrzehntelang die habsburgische Politik leitete, auf einer Reise nach Berlin zu König Friedrich II., im folgenden Jahr reiste er mit Graf Rosenberg nach Triest, wo er die Bekanntschaft Giacomo Casanovas machte. Das Zentrum seiner Unternehmungen war nun Wien, durchaus mit Billigung des Großherzogs von Toskana, der ein Bruder (und später Nachfolger) Josephs II. war. Das gute Einvernehmen zeigte sich auch darin, daß Casti weiter sein Gehalt als Hofpoet bezog. Die poetische Ausbeute war vorerst denkbar gering, einige Verse, ein paar »novelle galanti« . . .

Die vielen ausgedehnten Reisen durch ganz Europa, die sich in den folgenden Jahren anschlossen, waren ohne konkrete Aufträge, ohne diplomatische oder andere Aufgaben, sondern Bildungsreisen eines Mannes, der die Augen offenhielt, genau beobachtete, seine Erfahrungen, Eindrücke, Erlebnisse, die Vorgänge an fremden Höfen mit kühlem Verstand im Gedächtnis notierte, sich durch nichts blenden ließ, sich aber auch nicht durch unkontrollierte Mitteilsamkeit, gar spontane Emotionen unzeitig zu erkennen gab. Die stoische Philosophie war für ihn sowohl Geistes- wie Lebensschulung.

Im Frühjahr 1776 begann er eine große Reise durch Nord- und Osteuropa, über Stockholm und Reval nach Sankt Petersburg, wo er sich etwa zwei Jahre am Hofe Kaiserin Katharinas II. aufhielt, und zurück über Warschau nach Wien. Nach einem Jahr Pause, wahrscheinlich schon ganz der Verarbeitung seiner russischen Eindrücke gewidmet, folgte eine neuerliche große Reise, diesmal nach Spanien und Portugal. Auf der Rückreise wurde er in Italien so krank, daß er fast ein Jahr in Mailand und am Comer See sich auszukurieren suchte. In dieser Zeit wurde das *Poema tartaro* abgeschlossen, ein satirisches Epos in zwölf Gesängen, das, kaum durch fremde Namen verhüllt, die skandalösen Verhältnisse am Hofe von Katharina II. schildert, das ausschweifende Liebesleben der Kaiserin, Intrigen und Günstlingswirtschaft, Korruptheit und entsetzliche Grausamkeiten an einer vollkommen rechtlosen Bevölkerung – dies alles unter der Maske eines zivilisierten europäischen Hofes. Casti wagte sich allerdings noch einen Schritt weiter, indem er das Schicksal seiner Heldin Cattuna (Katharina II.) gewissermaßen in die Zukunft der Zarin weiterverfolgte, die von ihrem Sohn gestürzt und ins Gefängnis geworfen wird, wo Schreckensvisionen und Reue sich abwechseln. Aber auch ihr Nachfolger wird bald gestürzt, Cattuna nach Sibirien verbannt, wo die alte und machtlose Frau auf ihren früheren Geliebten trifft, der sich jedoch lieber mit einer jungen Leibeigenen vergnügt. (Solche Prophezeiung blieb natürlich unerfüllt, aber so arg weit von den Realverhältnissen am russischen Hof war das dann doch nicht: Schließlich fiel die Hälfte ihrer Nachfolger auf dem Zarenthron Mordanschlägen oder Attentaten zum Opfer.) Auch andere europäische Herrscher kommen in diesem Poem unter das satirische Messer, ausgenommen Joseph II. – aber das war vermutlich weniger Schmeichelei als ehrliche Überzeugung.

Seit September 1783 wieder in Wien, bewarb sich Casti erfolglos um die Nachfolge Metastasios als Hofdichter. Die Stelle blieb unbesetzt, nur als Theaterdichter konnte er – konkurrierend mit Da Ponte – tätig werden. Für Giovanni Paisiello schrieb er das Libretto zu *Il re Teodoro in Venezia,* später ließ er noch *Il re Teodoro in Corsica* folgen, zwei Stücke um einen selbsternannten, aber wieder gestürzten König, der sich in argen Geldverlegenheiten befindet. Casti war in Wien der entschiedene Günstling des Grafen Rosenberg, der nun als Oberdirektor des Hoftheaters fungierte. Das führte unweigerlich zu Polarisationen gegen Da Ponte, der im Kaiser seinen Protektor fand.

Vielleicht ist hierin auch besser der Streit um Mozart und seine angeblichen Gegner unter den »Italienern« zu verstehen. Es scheint eher so, daß Mozart, der mit Da Ponte zusammenarbeitete und gelegentlich auch die Unterstützung des Kaisers suchte (und fand), seinen Hauptgegner in Graf Rosenberg hatte, der über erheblichen, aber nicht unüberwindlichen Einfluß verfügte. Salieri jedoch, der zunächst mit Da Ponte, dann mit Casti, schließlich wieder mit Da Ponte zusammenarbeitete und dazwischen seine großen Erfolge in Paris hatte, scheint eher eine Zwischenposition innegehabt zu haben, kann jedenfalls weder als entschiedener Parteigänger Rosenbergs noch als erklärter Gegner Mozarts angesehen werden, allen gängigen Vereinfachungen der Musikgeschichtsschreibung zum Trotz.

Da Ponte rächte sich an Rosenberg mit der anzüglichen Sottise »non casti amici di Casti« und spielte damit auf das Gerücht an, Casti habe Rosenbergs Altersschwäche, sei es in kupplerischer Weise, sei es durch seine manchmal geradezu obszönen Verse, abzuhelfen gewußt. Casti war jedoch versiert genug, sich auch das Wohlwollen Josephs II. zu erhalten. Sein *Poema tartaro* überreichte er dem Kaiser, der ebenso amüsiert von der Lektüre war wie besorgt über eine Veröffentlichung, die außenpolitische Verwicklungen zur Folge haben konnte. Denn schließlich war die Zarin seine neue Verbündete. Bei aller persönlichen Wertschätzung Castis war hier Distanz geboten. Dies war sicher einer der Gründe, warum Casti besser nicht als Hofdichter angestellt wurde; Joseph II. wäre vielleicht noch als Mitschuldiger an einer gravierenden Beleidigung der Zarin erschienen ...[1]

Aber als Theaterdichter blieb Casti in Wien durchaus willkommen. So schrieb er 1785 für Salieri *La grotta di Trofonio,* im Jahr darauf sogar für ein offizielles Fest des Kaisers in Schönbrunn die kleine Oper *Prima la musica e poi le parole*; von einer Verstimmung zwischen ihm und dem Kaiser konnte also keine Rede sein. Freilich, Casti war ein unabhängiger Mann und ohne jede feste Bindung in Wien. Und seine Reiselust gehörte wohl zu seinen Wesenszügen, Reisen, die er stets als Begleitung von Diplomaten, Adligen, reichen Kaufleuten unternahm, von diesen finanziert, andererseits ohne Verpflichtungen, nur im freundschaftlichen Einvernehmen. Man schmückte sich mit diesem liebenswürdigen und geistvollen Abbate, der in Gesellschaft gern aus seinen galanten Novellen vorlas und überall Beifall fand. Und Casti nutzte diese Reisen zu Beobachtungen des höfischen Lebens, dem Generalthema seiner poetischen

Existenz, für das er eine ganz eigene Form des satirischen Epos, in Stanzen und Gesänge gegliedert, gefunden hatte. So reiste er im Januar 1787 in Begleitung des reichen Bankiers und Kunstsammlers Josef Graf Fries nach Italien, im folgenden Jahr finden wir ihn in Konstantinopel, dazwischen immer wieder für längere Zeit in Venedig oder Mailand, wo Casti gute Freunde hatte. Zwischendurch hatte er für Salieri noch ein Libretto geschrieben über *Cublai, gran kan de Tartari,* ein Sujet, bei dem er Thema und literarische Methode seines *Poema tartaro* auf die Opernbühne zu bringen versuchte.

Die Nachricht vom Tod Josephs II. überraschte ihn in Florenz, doch erst im Sommer 1791 kehrte er nach Wien zurück, wieder mit der Hoffnung, Hofdichter werden zu können, nun bei Leopold II. Doch der frühe und überraschende Tod des neuen Kaisers vereitelte auch diesmal solche Pläne. Erst dessen Sohn, Franz II., erfüllte diesen lang gehegten Wunsch. Sogleich nahm Casti einen literarischen Plan in Angriff, den er zu seinem Hauptwerk ausarbeiten wollte, ein großes Epos *Gli animali parlanti.* Es beschreibt die Entstehung einer großen Monarchie der Tiere mit dem Löwen als König, die, in der zweiten Generation jedoch korrumpiert, zu einem langdauernden blutigen Bürgerkrieg führt, in dem vor allem die nicht zur herrschenden Gesellschaft der Säugetiere Gehörenden eine immer größere Macht gewinnen. Am Ende versucht ein großer Kongreß auf der Insel Atlantis den Frieden auszuhandeln, jedoch bricht jene Erdbebenkatastrophe aus, die Atlantis (und damit auch alle Kongreßteilnehmer) mit einem Male im Meer versinken läßt. Dies waren kaum verhüllt die Vorgeschichte und der Ablauf der Französischen Revolution, die Beschreibung des Sittenverfalls, der politischen Übelstände und der Machtintrigen am Hof, geradezu eine Analyse der Herrschaftsinstrumente des Ancien régime und all jener europäischen Staaten, die Casti auf seinen langen Reisen kennengelernt hatte. Diesmal wird selbst eine satirische Beschreibung des Wiener Hofkriegsrates nicht ausgespart. Auch die Kirche erfährt mit dem Verhalten der verschiedenen Nachtvögel eine anschauliche »Würdigung«, der Papst freilich kann sich in der Figur des Krokodils wiedererkennen. Casti hat an diesem Gedicht von fast zwanzigtausend Versen (in sechsundzwanzig Gesängen) bis kurz vor seinem Tod gearbeitet.

In Wien schrieb er noch einige Theaterstücke, die jedoch erst postum veröffentlicht wurden, lebte zurückgezogen im Kreis von Freunden und Gönnern, ein witziger und spöttischer Unterhalter, der mit Interesse die politischen Ereignisse verfolgte und in einem ausgedehnten Briefwechsel vor allem mit seinen italienischen Freunden kommentierte. Bei einem »Jakobinerriecher« wie Kaiser Franz II. mußte aber selbst eine solche Zurückhaltung eines satirischen Poeten Verdacht erregen: Casti wurde des Jakobinertums verdächtigt, worauf er, der Konflikte um seine Person zu vermeiden suchte, sich einen Reiseurlaub nach Italien erbat. Höfliches Einvernehmen konnte aber die Ernsthaftigkeit solcher Beschuldigungen – nicht ihren Beweis – keineswegs kaschieren: Noch auf der Reise wurde in Graz sein Gepäck polizeilich untersucht und zahlreiche Schriften und Briefe beschlagnahmt. Casti hat Wien nie wieder gesehen. 1798 ging er nach Paris, konnte noch 1802 sein großes Tierepos beenden und die Herausgabe seiner Werke vorbereiten, als er 1803 achtundsiebzigjährig plötzlich an einer Gallenkolik starb.

Weit vorausgeeilt kehren wir zu Salieris Mißerfolg mit der ersten Da-Ponte-Oper zurück, als der Komponist (nach Da Pontes Schilderung in seinen Memoiren) sich schwor, nie wieder mit diesem Librettisten zusammenzuarbeiten, und sogleich sich von dessen Hauptkonkurrenten Casti ein Textbuch schreiben ließ. Dieser Schwur war freilich nur ein Zornesanfall, der rasch verflogen war. Denn ausgerechnet für Nancy Storace, deren plötzlicher Stimmverlust ihre Mitwirkung an *Il ricco d'un giorno* unmöglich gemacht und damit den Reinfall mitverschuldet hatte, schrieb Da Ponte nach ihrer Genesung eine kleine Kantate mit dem Titel *Per la ricuperata salute di Ofelia,* die von Salieri, Mozart und Alessandro Cornetti gemeinsam komponiert wurde und Ende September 1785 im Druck erschien. (Ironischerweise war Cornetti, der als Gesangslehrer und Tenorist in Wien wirkte und nur wenig komponiert hat, vor allem dafür bekannt, daß seine Gesangsschule auf größte Schonung der Stimme aus war.) Im übrigen ist dies ein schönes Beispiel, wie Mozart und Salieri einträchtig zusammenwirken konnten, zumal wenn es um eine für beide Komponisten außerordentlich bedeutsame Sängerin ging. Für Mozart sollte sie die erste Susanna (in *Le nozze di Figaro*) verkörpern, für Salieri war sie nicht nur die wichtigste Stütze seines italienischen Opernensembles, sondern sollte auch in seiner neuen Casti-Oper die Ofelia spielen, worauf schon der Titel der Kantate anspielt[2]. Bei allem Theaterstreit hatte Da Ponte also sogar Werbung für Salieris und Castis neue Produktion gemacht. All dies zeigt, daß man die Theaterintrigen ohnehin nicht überernst nehmen darf.

Unklare Überlieferungen tun ein übriges. So wird immer wieder Salieris *La grotta di Trofonio* als ein Konkurrenzprodukt zu Mozarts *Figaro* dargestellt, wobei als Beleg die Erinnerungen des irischen Sängers Michael Kelly dienen, eines guten Freundes Mozarts, der schreibt:

»Drei Opern waren jetzt in Vorbereitung, eine von Righini, eine andere von Salieri (La Grotta di Trofonio) und auf ausdrücklichen Befehl des Kaisers eine von Mozart. Mozart wählte das französische Lustspiel von Beaumarchais ›*Figaro's Hochzeit*‹, welches in eine italienische Oper umgestaltet werden sollte, was von Da Ponte mit grosser Geschicklichkeit ausgeführt wurde. Diese drei Stücke waren fast zu gleicher Zeit zur Aufführung fertig, und jeder Componist beanspruchte das Recht, seine Oper zuerst aufzuführen. Dieser Streit verursachte viel Zwietracht, und Parteien bildeten sich. Die Charaktere der drei Männer waren gänzlich verschieden. Mozart war auffahrend wie Schiesspulver und schwur die Partitur seiner Oper ins Feuer zu werten, wenn sie nicht zuerst gegeben werden sollte; sein Anspruch wurde von einer starken Partei unterstützt. Righini im Gegentheil arbeitete wie ein Maulwurf im Dunkeln, um den Vortritt zu erlangen. Der dritte Candidat war Maestro di Cappella am Hofe, ein schlauer, gewandter Mann, der besass was Bacon ›crooked wisdom‹ (die Weisheit der krummen Wege) nennt, und seine Ansprüche wurden von dreien der Hauptsänger unterstützt, welche eine nicht leicht zu besiegende Cabale anzettelten. Jeder von den Operisten nahm an diesen Zwistigkeiten Theil. Ich allein stand auf Mozart's Seite, natürlich genug, denn er hatte ein Recht auf meine wärmste Theilnahme durch meine Bewunderung seines mächtigen Talents und meine Dankbarkeit für manche persönliche Gunstbezeugung. Dem mächtigen Streite wurde endlich ein Ende gemacht durch den Befehl des Kaisers, sofort die Proben von Mozart's ›Nozze di Figaro‹ zu beginnen, und Keiner erfreute sich mehr des Triumphes des kleinen grossen Mannes über seine Nebenbuhler, als O'Kelly.«[3]

Sofern an dieser oftmals zitierten Geschichte etwas Wahres ist – außer der Charakterisierung der Komponisten –, so handelt es sich neben Mozarts Oper um Giuseppe Gazzanigas *Il finto Cieco,* die als erste am 20. Februar 1786 aufgeführt wurde, und Vincenzo Righinis *Demogorgone,* die zehn Wochen nach *Figaro* ihre Uraufführung erlebte (12. Juli). Denn Salieris Oper war schon im Sommer des Vorjahrs fertig und wurde wahrscheinlich zuerst in Laxenburg gespielt, der Sommerresidenz des Kaisers. (Wie anders sollte jene *Ofelia*-Kantate, die bereits Ende September 1785 im Druck erschienen war, einen Sinn haben.) Ihre Burgtheater-Premiere hatte sie am 12. Oktober 1785, zu einem Zeitpunkt also, als Mozarts Arbeit an *Figaro* erst begann.

Die Sommeraufenthalte der italienischen Oper in Laxenburg hat Kelly in bester Erinnerung, und er gibt eine anschauliche Schilderung der äußerst zuvorkommenden Behandlung dort:

»Dieser Palast befindet sich nur wenige Meilen von Wien, und kann man sich nichts Herrlicheres denken; er ist umgeben von Waldungen, voll von Wild aller Art; der Park, die Gärten und Ländereien sind wahrhaft schön in der Mitte eines reichen, luxuriösen Landes. Das Theater war sehr hübsch und wurde gut besucht; denn Jeder hatte freien Eintritt, die Bauern der Umgebung mit eingeschlossen.

Wöchentlich wurden dreimal italienische Opern, zweimal deutsche Lustspiele und zweimal deutsche Opern aufgeführt. [...] Jedem Mitwirkenden an der italienischen Oper waren besondere Zimmer hergerichtet worden, wohin ihm sein Frühstück geschickt wurde. Es befand sich dort ein prachtvoller Saal, in welchem wir Alle zum Mittagessen zusammentrafen. Die Tafel war mit dem Ausgesuchtesten, was die Jahreszeit bot, reichlich und verschwenderisch besetzt; sowohl mit Weinen aller Art, als auch mit Früchten, Eis u. s. w., und jeden Abend nach der Vorstellung erhielten wir ein ausgezeichnetes Abendbrod. Des Morgens hatte ich nichts zu thun (es wurden nämlich keine Proben abgehalten) als mich zu amüsiren. Der Kaiser und sein Hof begaben sich oft auf die Jagd des Airone-Vogels [Reiherjagd], ein Amüsement, dem er sehr zugethan war.

»La grotta di Trofonio«, Theaterzettel zur Uraufführung

Fürst Dietrichstein, der Stallmeister, war sehr freundlich gegen Signora Storace und erzeigte ihr die Güte, ihr eine der Hofequipagen zu senden, um der Jagd zuzuschauen. Auf diesen Ausflügen begleitete ich sie stets.«[4]

Salieri als Kapellmeister wird mit von der Partie gewesen sein; wenn aber wirklich keine Proben dort abgehalten wurden, müßte man voraussetzen, daß seine neue Oper in Wien geprobt wurde, entweder schon vor dem Sommeraufenthalt in Laxenburg, also vor dem Juni, oder das Ensemble ist zwischendurch öfter in Wien gewesen, wo der Spielplan ja weiterlief. Jedenfalls war die Premiere am Burgtheater bestens vorbereitet. Die Oper wurde dann auch einer der größten Erfolge in Salieris künstlerischer Laufbahn.

Am Textbuch lag dies sicher zum wenigsten. Casti hatte ein Sujet aus der antiken Mythologie aufgegriffen und in eine Art Zaubermärchen umgedeutet, seine Handlung freilich etwas schematisch und allzu durchsichtig angelegt. Das Stück spielt im »philosophischen Zeitalter Griechenlands« (wie es im »argomento« heißt), womit die Zeit von Aristoteles und Theophrast gemeint ist. Sein Gang ist folgender:

Aristone hat zwei Töchter, Ofelia und Dori, die er selbst ihre Gatten aussuchen ließ. So wählte sich Dori Plistene, der alles andere als ein Gedankenmensch ist, sondern von immerdauernder Munterkeit erfüllt, während Ofelia zu Artemidor neigt, einem etwas pedantischen Anhänger der Philosophie, der von nichts anderem als Platon und Sokrates spricht. Aristone freilich meint, es würde besser ihren Temperamenten entsprechen, wenn seine Töchter ihre Liebhaber vertauschten. Ein Quartett charakterisiert die beiden Paare in all ihren Gegensätzlichkeiten. Ein zweites Bild zeigt Trofonio, den »Philosophen und Zauberer«, in seiner Höhle mit einem Chor der Geister, wobei das Geheimnis seiner Grotte gelüftet wird: Ginge jemand zum einen Eingang hinein, so soll seine ernsthafte Laune in eine heitere verwandelt werden, eine heitere in eine ernsthafte, doch wenn er den anderen Eingang benutzt, so verschwindet diese Verzauberung wieder. Artemidoro und Plistene kommen nacheinander in die Höhle und werden so jeweils in ihrer Wesensart verwandelt; wenn sie zu ihren Frauen zurückkehren, geraten sie prompt mit ihnen in Streit. Im zweiten Akt schlägt Aristone, durch diesen Streit bestätigt, noch einmal einen Partnertausch vor, der wiederum abgelehnt wird. Der Verdacht eines Zaubers taucht auf. Die beiden Männer kommen noch einmal zu Trofonio und werden zurückverwandelt. Trofonio klärt das Publikum über seine wahren Absichten auf: »Ich habe diese überspannten Jünglinge meine wahren Absichten für das Wohl der Menschheit wissen lassen. Sie wählten nicht als Weise die Mittelstraße, sondern griffen in ihrer jugendlichen Hitze nach dem Extrem. Der eine wollte alle Weisen mit seiner Weisheit verdunkeln, der andere alle Vergnügungen erschöpfen.« Doch nun müssen noch die beiden Frauen belehrt werden, die ebenso zu Trofonio kommen. Auch sie werden verzaubert, wodurch bei der Wiederbegegnung mit ihren Männern neue Verwirrung entsteht. Nun geht Aristone zu Trofonio, der ihm seinen Zauber erklärt. Die Mädchen kehren noch einmal zur Grotte zurück, um wieder entzaubert zu werden. Alle sind nun versöhnt. In einem Nachspiel will

Trofonio auch Aristone die Zaubertüren zeigen, doch dieser lehnt ab. Trofonio möchte nun wenigstens allen noch ihre Zukunft weissagen, aber sie wollen von dem Zauberer nichts mehr wissen. Aristone drängt weg von diesem Ort, und Trofonio kehrt in seine Höhle zurück.

Die Wiederholung des Verzauberungsspiels war natürlich kein sehr kunstvoller dramaturgischer Kunstgriff, doch Salieri war es gelungen, diese Schwäche durch musikalischen Einfallsreichtum geschickt zu kaschieren. Seine Musik lebt ganz aus den Kontrasten der Charaktere, unterstützt von einem sehr farbigen Orchester mit reizvollen Bläserstimmen. Selbst äußerst buffoneske Effekte werden nicht ausgespart, stehen gegen die eher schauerliche, mit großer Stimmkraft vorgetragene Anrufung der Höhlengeister durch Trofonio. Diese Stilvermischungen, unter Einbeziehung begleiteter Rezitative und ariosen Parlandos, waren Salieri in glücklichster Weise gelungen und ließen dies Stück zu einem grandiosen Erfolg werden, bei dem stets viele Nummern wiederholt werden mußten. So lassen sich in zehn Jahren fast dreißig Inszenierungen in ganz Europa, oftmals übersetzt, nachweisen. Zugleich war es die erste komische Oper, die in Partitur gestochen (bei Artaria in Wien) herauskam, ein Beweis dafür, wie sehr die differenzierte Orchesterbehandlung gewürdigt wurde. Salieri hatte die Scharte, die ihm mit *Il ricco d'un giorno* geschlagen worden war, gründlich wieder ausgewetzt.

Im Dezember desselben Jahres – er arbeitete noch immer an *Figaro* – bekam Mozart Gelegenheit, wieder einmal in einem der Adventskonzerte der Tonkünstlersozietät zu spielen. Nach Florian Leopold Gaßmanns Tod war die Leitung dieser Konzerte formell an den Hofkapellmeister Giuseppe Bonno gegangen, der jedoch alt war und kränkelte, so daß meist Salieri an seiner Stelle diese Aufgabe wahrnahm. Auf die Programmgestaltung hatte Salieri sicher einen gewichtigen Einfluß. Wie meist wurde ein Oratorium gegeben, diesmal *Esther* von Karl Ditters von Dittersdorf, wobei zwischen den beiden Teilen ein Konzert eingefügt wurde. Mozart hat bei dieser Gelegenheit sein neues *Klavierkonzert Es-Dur* KV 482 aufgeführt und sicher vom Klavier aus dirigiert, wie es üblich war. Ausgerechnet den langsamen Satz, ein Andante, mußte er des großen Beifalls wegen wiederholen, vor allem eine Anerkennung des Komponisten, nicht nur des Klaviervirtuosen.

Mozart, der aus einer Art eigener Schlamperei selbst nie Mitglied dieses Pensionsvereins geworden ist, hat dennoch oft genug in dessen Konzerten mitgewirkt, was nicht nur seine eigene Bereitschaft dazu voraussetzt, sondern auch die Aufforderung an ihn. Salieri hatte dabei ein entscheidendes Wort mitzureden. In den elf Jahren seiner Wiener Zeit war Mozart immerhin in fünf Jahren mit eigenen Werken dabei, so oft wie sonst nur noch Haydn und Dittersdorf. Darin drückt sich ein beachtliches Maß an Wertschätzung aus, denn diese Konzerte dienten in erster Linie dazu, die Vereinskasse aufzubessern, und mußten von daher auf ein besonders zugkräftiges Programm achten. Und Mozart blieb bis in sein letztes Lebensjahr eine Zugnummer, obschon immer wieder behauptet wird, er sei bei den Wienern nicht mehr angenommen, nicht mehr aufgeführt worden, schließlich in Vergessenheit geraten. Noch 1791 eröffnete die Tonkünstlersozietät ihr Fastenkonzert mit einer Mozart-Symphonie, wahrscheinlich der berühmt gewordenen *Symphonie g-Moll* KV 550, für die Mozart eigens eine neue Fassung mit Klarinetten ausgearbeitet hatte. Wieder dirigierte Salieri das riesige Orchester von mehr als hundertachtzig Musikern. Anderthalb Jahre zuvor war an gleicher Stelle das *Klarinettenquintett A-Dur* KV 581 uraufgeführt worden. Mit Mozart als Instrumentalkomponist hatte Salieri nun wirklich nie Probleme: Er konnte ihn nur bewundern, wie alle anderen Zeitgenossen auch, selbst Joseph Haydn. Als Konkurrenten konnten sie sich darin zu keinem Zeitpunkt verstehen, denn Salieri hat fast keine Instrumentalmusik geschrieben.

Wie sah es aber auf dem Felde der Oper aus? Mozart galt zwar nicht als eigentlicher Opernkomponist, von seinen Wiener Opern lag auch erst die *Entführung aus dem Serail* vor, aber er war doch seit seiner Ankunft in Wien ganz offensichtlich bestrebt, für die Oper schreiben zu dürfen, also Aufträge zu bekommen. Solange es um das deutsche Nationalsingspiel ging, gab es nicht die geringste Interessenkollision. Salieri fühlte sich hier nicht zuständig, und als Kapellmeister war er es auch nicht. Seit es nur noch das italienische Ensemble gab, bewarb sich Mozart auch um Aufträge für italienische Libretti, erhielt im Herbst 1785 auch tatsächlich die Zustimmung zu *Le nozze di Figaro*. Offenbar hatte der Kaiser selbst sein Plazet gegeben, möglicherweise gegen den Willen des Grafen Rosenberg, der allein Casti begünstigte, während Mozart mit Da Ponte zusammenarbeitete. Salieri selbst war nach seinem Reinfall mit einer Da-Ponte-Oper vorläufig an der weiteren Zusammenarbeit mit diesem Librettisten nicht mehr interessiert. Das war seine persönliche Konsequenz, bedeutete aber nicht, daß er Da Ponte, der im Kaiser seine Stütze hatte, schaden wollte, der schließlich auch für andere Komponisten arbeitete und offizieller Theatraldichter mit einem jährlichen Gehalt war. Salieri mißtraute seinem Können, sollten andere es ruhig weiter mit ihm probieren. Seine eigene Entscheidung für Casti, die ihm gerade einen triumphalen Erfolg beschert hatte, bedeutete schließlich nicht, daß Salieri nun einseitig für ihn Partei ergriffen hätte. Dafür findet sich auch nirgends der geringste Hinweis.

Und noch etwas kam hinzu, das eine Konkurrenz zu Mozart nahezu ausschloß. Salieri war mit einem gänzlich anderen Operntypus bekannt geworden, konnte sich als der einzige Nachfolger Christoph Willibald Glucks ansehen, der es sogar gewagt hatte, sich in Paris mit *Les Danaïdes* an der Seite dieses überragenden Opernreformers vorzustellen. Und er wurde in ganz Europa gespielt. Mozart hingegen war ein vollkommener Außenseiter, der in jungen Jahren zwar schon einige Opern geschrieben hatte, aber als erwachsener Mann erst mit zwei Opern hervorgetreten war: einerseits mit *Idomeneo,* einem Werk, das bisher allein in München gegeben worden war, zum anderen mit der *Entführung,* die man jetzt überall nachzuspielen begann, ganz zweifellos ein großartiges Stück, das seinem Komponisten die größten Fähigkeiten bescheinigte – aber mehr lag nicht vor, und ganz augenscheinlich schrieb dieser geniale Komponist in erster Linie Instrumentalwerke. Seit Mozart vor fünf Jahren nach Wien gekommen war, hatte er schon zwölf Klavierkonzerte geschrieben und selbst aufgeführt, von anderen Werken, vor allem auch Kammermusik, ganz zu schweigen.

Einzig als Kapellmeister hatte es zwischen Salieri und Mozart einmal eine kleine Differenz gegeben. Da ging es um Einlagearien, die Mozart zu einer Aufführung von Pasquale Anfossis Oper *Il curioso indiscreto* geschrieben hatte (Juli 1783). Es war durchaus üblich, daß bei Neuinszenierungen älterer Opern einzelne Nummern ausgetauscht wurden. Schließlich wurde jede neue Opernproduktion auf die Stimm- und Ausdrucksfähigkeiten der Gesangssolisten hin geschrieben, auf ihr jeweils besonderes Timbre, die vorteilhaftesten Bravourmöglichkeiten. Bei einem anderen Ensemble konnte sich leicht die effektvollste Arie an dem ganz anderen Stimmcharakter eines neuen Solisten sehr ungünstig auswirken, vielleicht sogar scheitern. Andererseits konnte es sein, daß die besonderen Fähigkeiten von Sängerinnen oder Sängern sich mit dem vorhandenen Notenmaterial gar nicht voll entfalten konnten. Man ging schließlich – schon damals – vor allem der großen Stars wegen in die Oper, wollte ihr ganzes Können vorgeführt bekommen. Also ließ man (vor allem Bravournummern) neu schreiben von mit den Protagonisten besonders vertrauten Komponisten. Ein für solche Praxis hinderliches Urheberrecht gab es noch nicht, und es handelte sich dabei schließlich um die Verbesserung der Erfolgschancen. Alle Opernkomponisten haben in dieser Weise Einlagen für Werke ihrer Kollegen geschrieben.

Nicht anders bei dieser Anfossi-Aufführung. So hatte es Mozart übernommen, für Aloysia Lange zwei neue Arien zu schreiben und für den Tenor Valentin Adamberger ein Rondeau. Es gab allerdings die kleine Pikanterie dabei, daß Adamberger der einzige Sänger war, der vom deutschen Nationalsingspiel in das italienische Opernensemble übernommen war; bei den Sängerinnen gab es zwar mehrere Übernahmen, aber Aloysia Lange galt als höchst kapriziöse Sängerin, die sich schon öfter unbeliebt gemacht hatte. Nun stand sie in Konkurrenz zu Nancy Storace, der neu engagierten Primadonna, und wollte sich mit einer neuen Bravourarie gegen sie auch im italienischen Fach behaupten. Eifersüchteleien also, die sich nicht nur deswegen auch auf Mozart auswirken konnten, weil Aloysia Lange inzwischen seine Schwägerin geworden war, sondern auch, weil diese Mozart-Einlagen die einzigen Erfolgsnummern der Oper wurden:

»es war die Langin bey uns um die 2 arien zu Probiren, und wir hielten Rath um feiner zu seyn als unsere feinde – denn Ich habe ihrer genug, und die Langin hat wegen der storaci der *Neuen Sängerin* auch nun genug. [...] die opera il curiosi indiscreto vom Anfoßi worinn die Lange und Adamberger zum erstenmale aufgetretten, ist vorgestern Montags zum erstenmale gegeben worden. – es gefiel gar nichts als die 2 arien von mir. – und die 2:te, welche eine Bravour arie ist, musste wiederhollet werden. – Nun müssen sie wissen daß Meine feinde so boshaft waren schon vorhinein auszusprengen; *Mozart will die opera des anfoßi Corrigiren* – ich hörte es. – ich liess also dem graf Rosenberg sagen, daß ich die arien nicht hergebe, ausgenommen es wird folgendes so wohl teutsch als wälsch den bücheln beygedruckt« (Mozart an seinen Vater, 2. Juli 1783)[5].

Daraus geht hervor, daß offensichtlich vor allem Graf Rosenberg als Oberdirektor des Hoftheaters Mozarts Einlagen kritisierte und ihm vielleicht Arroganz gegenüber Anfossi vorwarf. Tatsächlich wurde in das Textbüchlein folgender (von Mozart formulierter?) Vermerk in beiden Sprachen eingefügt:

»*Erinnerung*. Weil die 2 Arien, nemlich Seite 36 und 102 die Musik des Herrn Anfosi für jemand andern geschrieben, und solche den erhabenen Fähigkeiten der Madame Lange nicht angemessen war; so hat der Herr Mozztzrt gedachter Madame Lange zu gefallen, eine neue Musik dazu geliefert. Dieses wird hiemit jedem bekannt gemacht, auf dass die Ehre davon demjenigen bleibe, dem sie soll, ohne dass der Ruhm des schon genug bekannten Neapolitaners auf was immer für eine Art verletzet werde.«

Das war nun ein ganz ungewöhnliches Vorgehen und konnte die Gemüter kaum beruhigen. Es machte ja diese Theaterintrige für jedermann erst öffentlich und verfehlte seine Wirkung nicht. Selbst in einer Rezension dieser Aufführung im fernen Berlin *(Litteratur- und Theater-Zeitung)* fand sich folgender Nachhall: »Mad. Lange sang heute zum erstenmale in der italiänischen Oper, und das Publikum bewies, trotz aller Cabale, wie sehr es ihr Talent schäzt ...«[6] Man versteht nachgerade, was Kelly meinte, wenn er Mozart »auffahrend wie Schießpulver« nannte. In der Theaterdirektion wird man jedenfalls gewaltig verärgert gewesen sein, zumal man vielleicht auch dort ahnte, daß diese Oper ansonsten kein großer Erfolg werden würde, man andererseits gerade deswegen aber auch kaum auf Mozarts Einlagen verzichten konnte.

Was aber hatte Salieri mit dieser kaum sehr ernstzunehmenden Geschichte zu tun? Er schlug sich eindeutig auf die Seite des Grafen

Rosenberg und der empfindlichen italienischen Sänger, versuchte sogar in einer Art Übereifer den Theaterdirektor noch zu übertreffen. Darüber berichtet Mozart im selben Brief:

»[. . .] ich gab die arien her, welche so wohl mir als meiner schwägerin unaussprechliche Ehre Machten. – und die Hr: feinde sind ganz betroffen! – Nun kömmt eine tour des H: Salieri, welche nicht so viel mir als den armen Adamberger schaden thut. – ich glaube ich habe ihnen geschrieben daß ich auch für dem Adamberger ein Rondeau gemacht habe. – bey einer kleinen Probe |: da das Rondeau noch gar nicht abgeschrieben war :| rufte Salieri den adamberger auf die Seite, und sagte ihm, daß der graf Rosenberg nicht gerne sähe daß er eine arie hinein sezte, und er ihm folglich als ein guter freund rathe, es nicht zu thun. – Adamberger – aufgebracht über den Rosenberg und – dermalen zur *unzeit Stolz* – wusste nicht sich anderst zu rächen, begieng die dummheit und sagt – Nu Ja – *um zu zeigen das Adamberg schon seinen Ruhm in Wienn hat, und nicht nöthig hat sich erst durch für ihn geschriebne Musique Ehre zu machen, so wird er singen was darinn steht, und sein lebtage keine arie mehr einlegen*. – was war der erfolg davon? – das, daß er gar nicht gefiel, wie es auch nicht anderst möglich war! – Nun reuet es ihn, aber zu spätt. – denn wenn er mich heute ersuchte ihm das Rondeau zu geben, so würde ich es nicht mehr hergeben. – ich kann es sehr gut in eine Meinige opera brauchen. – das ärgste aber dabey ist, daß die Prophezeyhung *seiner frau* und *von mir* wahr geworden ist, nemlich, daß der graf Rosenberg sammt der Direction *gar kein wort davon weis,* und das es nur so ein Pfiff des Salieri war« (2. Juli 1783)[7].

Obschon es sich – wie ersichtlich – um eine in der Substanz und ihren Folgen höchst unbedeutende kleine Intrige handelt, sieht man Mozart mächtig aufbrausen. Gleich dreimal benutzt er in diesem Brief den Ausdruck »meine Feinde«, der in solchem Zusammenhang sich freilich etwas übertrieben ausnimmt. Von wirklichen Feinden Mozarts weiß man nämlich gar nichts, und wo immer Mozart in seinen Briefen zu solchen Formulierungen greift – sie kommen ja durchaus öfter vor –, handelt es sich um zornige Übertreibungen einer etwas vagen Substanz. So auch hier. Salieri, der bei diesem Theaterkonflikt mit seiner Kapellmeisterautorität gegenüber einem debütierenden Sänger noch eins drauf gesattelt hatte, muß sich solch einer Briefstelle wegen gefallen lassen, von der Musikgeschichtsschreibung als ein erklärter Gegner Mozarts bezeichnet zu werden. Gerechtigkeit kann in einem solchen Falle nur heißen, möglichst die einschlägigen Briefpassagen, die ja die einzigen überlieferten Dokumente davon sind, vollständig wiederzugeben und dem Leser ein eigenes Urteil zu ermöglichen.

Diese ganze Geschichte war nun zweieinhalb Jahre her, als sich plötzlich eine Konstellation ergab, die wie ein kleiner Wettkampf zwischen den beiden Komponisten angesehen werden konnte – vielleicht sogar bewußt als solcher geplant war. Initiator war Kaiser Joseph II., der zu beiden ein sehr freundschaftliches Verhältnis hatte. Salieri gehörte noch immer dem kleinen Kreis der Kammermusikrunde an, der sich regelmäßig zu privatem Musizieren beim Kaiser traf, und konnte sich als sein persönlicher Schützling sehen; Mozart hingegen, der keinerlei offizielle Hofstelle hatte, erfreute sich einer persönlichen Wertschätzung Josephs, der sehr wohl seinen musikalischen Rang zu würdigen wußte. Die Gelegenheit ergab sich, als eines der seltenen Hoffeste stattfinden sollte, diesmal zu Ehren der Generalgouverneure der Niederlande. Für dieses »Frühlingsfest an einem Wintertag« hatte man die Orangerie des Schönbrunner Schlosses, das ansonsten unbewohnt war, hergerichtet, zumal dieser Raum der hier aufgestellten exotischen Pflanzen wegen ständig beheizt wurde. (Im übrigen hatte man Glück, denn dies wurde einer der wärmsten Tage des ohnehin sehr milden Winters.) Das Hofprotokollbuch beschreibt den Ablauf dieses Festes in aller umständlichen Genauigkeit:

»Dienstag den 7.ᵗ Hornung. Da seine Majestät der Kaiser wegen Anwesenheit der durchläuchtigsten General Gouverneurs der Österreichischen Niederlanden der Erzherzogin Maria-Christine, und des Herzogs Albert zu Sachsen-Teschen königl: Hoheiten in dem Orangerie Hause zu Schönbrunn ein Fest nach dem Beyspiel des vorigen Jahres, auf dem heutigen Tage zu geben entschlossen hatte, und hierzu eine von 41. Cavaliers und so vielen Dames zu bestimmen, und solche darzu eigends einladen zu lassen geruheten;

So hatten sich diese nach 2.Uhr Nachmittags, theils mit ihren Pierutschen, theils mit 4, und 6spänigen Wägen auf dem Burgplatze nächst der schwarzen Adler Seite eingefunden, und bis zur Abfahrt in denen Zimmern im ersten Stocke des Amalischen Hofes versammelt, alwo die Ziehung zur Ordnung der Ausfahrt geschahe, welche um ½4. Uhr in folgender Ordnung von der Burg nach Schönbrunn vor sich gienge, nämlich in Pierutsch, vor jedem deren zwey Reitknechte ritten [...]

Gleich bey der um 4.Uhr erfolgten Ankunft in dem Orangerie Hause wurde die in dessen Mitte auf 82. Couverts zubereitete Tafel serviret, wobey die kais: königl: Leiblackey bedienten.

Während der Tafel liesse Sich in dessen Nähe die kais: königl: Kammermusik mit blasenden Instrumenten hören.

Nach geendigter Tafel, und Mittlerweile, als Seine Majestät mit den sämmtlichen Gästen Sich zu einem der Seitwärts am Ende des Orangerie Hauses errichteten Theatre begaben, wurde die ganze Tafel aufgehoben, und aus dem Hause hinweggebracht, und sogleich die ganze Länge des Parterre beederseits herrlich beleuchtet, worauf Seine Majestät mit den Gästen zu dem an dem Anderen Ende dieses Orangerie Hauses errichteten Theater sich erhuben, alwo ein teutsches Schauspiel mit untermengten Arien aufgeführet wurde.

Nach dessen Ende begab sich die ganze Gesellschaft hinab zu dem an dem anderen Ende angebrachten Theater, alwo sofort ein Italienisches Singspiel aufgeführet wurde.

Wonach um 9.Uhr die sämtliche Herrschaften in der Ordnung, wie sie angekommen in Pierutsch, und Wägen, jeder unter Vorreittung zweyer Reitknechten mit Windlichtern nach der Stadt zurückfuhren.«[8]

Beide hier aufgeführten Stücke reflektierten die Bedingungen des herrschenden Theaterbetriebs, karikierten bestimmte Auswüchse und Mißbräuche im alltäglichen Betrieb. Das spricht dafür, daß der Kaiser selbst eine solche Vorgabe an die beiden Ensembles des Hoftheaters gemacht hatte, das deutsche Schauspiel und die italienische Oper. Casti, der das Textbuch für Salieris Opernbeitrag geschrieben hatte, zeigt deutlich, daß italienische Oper (zumindest diesseits der Alpen) immer Hofoper oder Adelstheater bedeutete: Ein Graf Opizio hat den Auftrag gegeben, in vier Tagen eine neue Oper aufzuführen, ein Prinz will hundert Zechinen beisteuern, wenn eine bestimmte Sängerin auftritt... In dem anderen Stück, *Der*

Schauspieldirektor, das Gottlieb Stephanie, den Textdichter von Mozarts *Entführung aus dem Serail,* zum Verfasser hat, wird deutlich, daß das Schauspiel meist von freien Theaterunternehmungen auf eigene Rechnung betrieben wird, in extremem Maße vom Geld abhängig ist beziehungsweise nur durch künstlerisch nicht verantwortbare Improvisation sich am Leben halten kann. In beiden Formen trägt das Publikum einen gut Teil der Schuld selbst, weil es künstlerische Qualität geringer achtet als Schaueffekte, Spektakel und Starwesen. Muß die Oper es ertragen, daß das Libretto nichts gilt gegenüber der Musik, dennoch der Komponist vom Primadonnenwesen abhängig ist, so treffen auf das Schauspiel noch andere Erwartungen: Hier werden Lustspiele, Tragödien, Ballette und komische Opern von ein und demselben Ensemble erwartet, im *Schauspieldirektor* werden diese verschiedenen Sparten (mit Ausnahme des Balletts) denn auch alle nacheinander vorgeführt.

Mozarts Mitwirkung an diesem Stück beschränkt sich streng genommen allein auf eine Sparte, das deutsche Singspiel, das zumeist von singenden Schauspielern mit übernommen wurde. Sein Anteil am *Schauspieldirektor* umfaßt deshalb außer der Ouvertüre auch nur vier Musiksätze aus dem letzten Sechstel des Textbuches. Salieri hingegen hatte die ganze fast einstündige Oper *Prima la musica e poi le parole* zu komponieren – vom Umfang her also ein sehr ungleicher Wettkampf, was auch die unterschiedliche Bezahlung rechtfertigt: Salieri erhielt vom Kaiser 100 Dukaten (den normalen Preis für eine Oper), Mozart hingegen nur die Hälfte. Wer beide Stücke in ihrem Gesamtzusammenhang kennt, wird darin allerdings keinen Affront gegen Mozart sehen können, wie er immer wieder beklagt wird. (Für ein umfangreiches Werk hätte Mozart auch kaum die Zeit gehabt, denn dieses kleine Zwischenspiel mußte die gewaltige Arbeit an *Le nozze di Figaro* unterbrechen, die drei Monate später ihre Premiere erlebte.) Musikalisch ist *Der Schauspieldirektor* jedoch keineswegs ein unbedeutendes Nebenwerk, sondern zeigt Mozarts ganzes Können in der komischen Konfrontation zweier streitender Sängerinnen, läßt ihn aber zugleich den ganzen quirligen Farbenreichtum seines entfesselten Orchesters vorführen, wobei immer auch Raum bleibt für Stimmungsbrüche, plötzliche Nuancen – ein beachtenswerter Vorausklang zu *Figaro.*

Salieris Festbeitrag schildert die Vorbereitung einer neuen Oper in parodistischer Überzeichnung, das schlechte Zusammenwirken von Komponist und Textdichter, das Engagieren der Sängerinnen, erste Proben. Die Oper soll in vier Tagen geschrieben, geprobt und aufgeführt werden, was der Textdichter für schlechterdings unmöglich hält. Doch Musik ist schon da, muß nur mit einem neuen Text unterlegt werden. Der Komponist meint, daß sich ohnehin niemand für das Libretto interessiert. Der Dichter besteht darauf, daß die Musik den Ausdruck der Worte wiedergeben müsse, der Komponist hingegen meint, seine Musik sei für jeden Gefühlsausdruck geeignet. Dann erscheint eine Primadonna, die sich vorstellt mit einer Aufzählung europäischer Theater und der Rollen, die sie dort gesungen hat. Schließlich bietet sie sich sogar an, eine berühmte Kastratenrolle (Giulio Sabino aus der gleichnamigen Oper von Giuseppe Sarti) perfekt zu imitieren. Dichter und Komponist müssen dabei als stumme Rollen den Part von Kindern spielen und dazu (der Größe wegen) auf den Knien herumrutschen, während die Primadonna die berühmte Arie singt. In der nächsten Szene geht es darum, auf die vorhandene Musik aus einem vorhandenen Drama rhythmisch passende Verse zu finden. Nun taucht das Problem auf, für einen weiteren Sopran eine Rolle zu schreiben; denn ein reicher Prinz will hundert Zechinen zahlen für das Auftreten einer bestimmten Sängerin, und das Geld will man sich nicht entgehen lassen (wobei der Komponist seinen Anteil mit neun Zehnteln ansetzt). Gemeinsam arbeiten sie nun am Cembalo, wobei schließlich ein Libretto herauskommt, das sowohl eine Rolle für die Primadonna wie für einen zweiten Buffosopran enthält. In der nächsten Szene erscheint diese zweite Sängerin und wartet mit dem Dichter auf den Komponisten. Die Noten auf dem Cembalo gefallen ihr gar nicht, und sie wirft sie nacheinander auf den Boden. Wenn der Komponist endlich kommt, ist die Sängerin höchst verärgert, weil er sie so lange hat warten lassen. Sie stellt sich damit vor, daß sie alles könne; als Beispiel singt sie zuerst eine Wahnsinnsarie, dann ein Stotterlied. Die Schlußszene zeigt eine Probe mit beiden Sängerinnen, die wütend aufeinander sind und zu gleicher Zeit jede ihre eigene Partie singen, zum vierstimmigen komischen Durcheinander durch die Kommentare von Librettist und Komponist vermischt, das sich erst am Schluß der Oper in einem gemeinsamen Tutti an das umworbene Publikum harmonisiert.

Eine Parodie wirkt vor allem durch ihre Nähe zur verspotteten Wirklichkeit, nicht durch die Entfernung von ihr, und in dieser Hinsicht muß man das Textbuch von Casti als durchaus brauchbar bezeichnen, gewiß nicht schlechter als das zum *Schauspieldirektor*. Vor allem aber war darin Gelegenheit geschaffen für außerordentlich komische Effekte, die ihre Wirkung nicht verfehlen konnten. Diese Oper über die Oper zeigte nämlich auch die festgefahrenen Gattungsschemata der Opera seria und der Opera buffa, die die beiden Sängerinnen repräsentierten, und erlaubte Salieri somit, Elemente beider Gattungen aufs engste zu verschränken. Die Musik ist dadurch voller Kontraste, Überraschungen, die wirkungsvoll durch eine sehr abwechslungsreiche Instrumentation begleitet werden. Darüber hinaus war auch Gelegenheit zum ausgedehnten Zitat, denn die Primadonna sang tatsächlich eine Arie aus Sartis Oper (wenn auch verkürzt), zugleich aber als Karikatur ihrer selbst. Denn es handelte sich um eine ausgeprägte Bravourarie für einen Soprankastraten, einen Part, den erst ein halbes Jahr zuvor der berühmte Luigi Marchesi in Wien gesungen hatte. Und Nancy Storace, die die Primadonna sang, hatte sich dieses Vorbild genauestens angeschaut und angehört, so daß sie in der Lage war, Marchesi nicht nur mit der Stimme, sondern auch mit seinen sehr weiblichen Gesten grandios zu parodieren. Jeder im Publikum erkannte sofort Marchesi mit all seinen Eigentümlichkeiten wieder, seine Gesangsmanieren, seine typischen Bewegungen – und über das Kastratentum wurde, unabhängig von den bedeutenden Gesangsleistungen, ohnehin in drastischer Weise gespottet. Freilich mußte Salieris kleine Oper damit auch ein Gelegenheitswerk bleiben, denn es lebte von der Verständlichkeit solcher Anspielungen, von dieser geradezu einmaligen Besetzung, ließ sich von dem historischen Kontext nicht lösen[9].

Weder von Mozart noch von Salieri ist über diesen gemeinsamen Opernabend eine Äußerung überliefert. Zu irgendwelchen Eifersüchteleien, Konkurrentenärgernissen, Rivalitäten bestand hier keinerlei Anlaß. Nicht einmal bei der Besetzung ihrer beiden Produktionen konnte Mißgunst entstehen, denn jeder hatte genau die Sängerinnen und Sänger bekommen, die er brauchte. Mozart hatte sogar neben Aloysia Lange noch Catarina Cavalieri zur Verfügung, eine Schülerin Salieris, die oft genug umstandslos auch zu dessen Vertrauter und Geliebter erklärt wird. Allseits ein respektierlicher Umgang miteinander, aber diese Doppelaufführung scheint auch keine große Belastungsprobe gewesen zu sein.

Etwas anderes war es mit *Le nozze di Figaro,* einer Oper, die schon ihrer Länge wegen sowohl vom Publikum wie von den Mitwirkenden das Äußerste an Aufmerksamkeit verlangte. Darüber hinaus beanspruchte sie die beste verfügbare Besetzung und die Rücksicht des ganzen übrigen Spielplans auf diese Produktion. Das konnte nicht ohne erhebliche Reibereien abgehen – von der Theaterleitung bis zur kleinsten Rolle und aus den unterschiedlichsten Gründen. Abgesehen von den wenig detaillierten Hinweisen auf Theaterintrigen um diese Oper sind die Berichte Da Pontes und anderer hierzu ungenau und nicht zuverlässig, reichen zu einer Rekonstruktion nicht aus. Aber es muß in unserem Zusammenhang allein um die Frage gehen, ob und wieweit Salieri in diese Intrigen verwickelt war, welches sein Verhältnis zu Mozart dabei war.

Kelly spricht von einer »nicht leicht zu besiegenden Cabale von dreien der Hauptsänger« mit Salieri im Hintergrund. Worum es dabei ging, bleibt unklar. Später, als es um des Kaisers Verbot von Dacapos ging, nennt er immerhin drei Namen:

»Eines Morgens, als wir im grossen Saal des Palastes Probe hatten, trat Sr. Majestät, begleitet vom Grafen Rosenberg, ein und sich an die Storace, Mandini und Benuci wendend, sagte er: ›Ich denke mir, es ist Ihnen Allen lieb, dass ich den Wunsch ausgedrückt habe, keine da Capos mehr zu bewilligen; es muss für Sie sehr ermüdend und unangenehm sein, die Arien so oft zu wiederholen.‹ Die Storace erwiderte: ›Es ist in der That uns höchst fatal, Sire‹; die anderen Beiden verbeugten sich, als ob auch sie derselben Meinung wären. Ich befand mich in unmittelbarer Nähe Sr. Majestät und sagte kühnlich zu ihm: ›Glauben Sie ihnen nicht, Sire, sie mögen Alle gern, wenn da Capo verlangt wird, wenigstens geht es mir so.‹ Se. Majestät lachte und ich glaube, er hielt meine Versicherung für aufrichtiger, als die der Anderen. Jedenfalls war sie es.«[10]

In der Tat hatten die drei genannten Sänger Hauptrollen, aber warum sollten sie unzufrieden gewesen sein? Gab diese Oper ihnen zuwenig Gelegenheit zu Brillanz und Bravour? Glaubten sie, eine übermäßige Anstrengung für ein erfolgloses Werk aufbringen zu müssen? Hatten Sie während der Proben Auseinandersetzungen mit Mozart bekommen? Wir wissen nichts Genaueres. Und von Salieris Anteil an diesen Kabalen? Da Ponte etwa berichtet hauptsächlich von Intrigen des Grafen Rosenberg, die vielleicht nicht allein Mozart galten, sondern auch seinem Librettisten Da Ponte. Selbst in den Briefen der Mozart-Familie wird man nicht recht fündig. Zwar schreibt Leopold Mozart an seine Tochter Maria Anna über die bevorstehende Premiere:

»Es wird viel seyn, wenn er reußiert, denn ich weis, daß er erstaunliche starke Cabalen wider sich hat. *Salieri* mit seinem ganzen Anhang wird wieder Himmel und Erden in Bewegung zu bringen sich alle Mühe geben. H: und M:^{dme} Duscheck sagten mir es schon, daß dein Bruder eben desswegen so sehr viele Cabalen gegen sich habe, weil er wegen seinem besonderen Talent und Geschicklichkeit in so grossem Ansehen stehe« (28. April 1786)[11].

Aber dieses »Wissen« Leopold Mozarts beruht nicht auf Mitteilungen seines Sohnes, denn der letzte gesicherte Brief stammt von Ende Februar/Anfang März, sondern wohl eher aus Erzählungen Josepha und Franz Xaver Dusseks, die allerdings auch schon seit mehr als zwei Wochen in Salzburg sich aufhielten. Gerade das, was Leopold Mozart aber über Salieri sagt, ist bei näherem Hinsehen nur Vermutung. »Salieri wird *wieder* Himmel und Erden in Bewegung bringen« soll nach Wiederholung klingen, jedoch ist von einer früheren Intrige nichts bekannt. Diese Briefbemerkung fließt also als Quelle zu dünn.

Es bleibt allerdings jene Stelle aus der Mozart-Literatur, die vor allem ihre Giftwirkung gegen Salieri ausgeübt hat und in unkritischer Weise immer wieder ausgebeutet wurde. Auch sie sei nicht verschwiegen. Franz Niemetschek schreibt nämlich in seinem 1798 erschienenen *Leben des K. K. Kapellmeisters Wolfgang Gottlieb Mozart* anläßlich von *Le nozze di Figaro*:

»wie sehr die ganze Faktion der italienischen Sänger und Komponisten die Ueberlegenheit des Genies in Mozart fürchtete, und wie wahr es sey, was ich kurz vorher bey Gelegenheit der *Entführung aus dem Serail* bemerkt habe«. (Dort hieß es: »die schlauen Italiener sahen bald ein, daß ein solcher Kopf für ihr welsches Geklingel bald gefährlich werden dürfte. Der Neid erwachte nun mit der ganzen Schärfe des italienischen Giftes!«) Und er fährt fort: »Dieser feige Bund verdienstloser Menschen blieb bis an das frühe Ende des unsterblichen Künstlers in voller Thätigkeit ihn zu hassen, zu verläumden, und seine Kunst herabzusetzen.«[12]

Obschon auch hier der Name Salieri nicht genannt wurde, mußte ihn jeder Leser bei den italienischen Komponisten assoziieren, denn er war der einzige, der fest an Wien gebunden war – wer anders hätte gemeint sein sollen? Niemetschek hat hier wirklich nicht den Rang einer authentischen Quelle, zumal er von seinem antiitalienischen Affekt geradezu geblendet ist. Und diese Äußerung Niemetscheks wurde wörtlich in die Mozart-Biographie Georg Nikolaus von Nissens, des zweiten Ehemannes von Konstanze Mozart, übernommen und damit für die Mozart-Forschung geadelt.

Was bleibt eigentlich von den angeblichen Kabalen Salieris bei der Einstudierung von *Figaro*? Einigermaßen sicher ist, daß es Konflikte mit dem Grafen Rosenberg gegeben hat, von denen nicht nur Da Ponte und Kelly berichten, sondern sich auch Erwähnungen in den zeitgenössischen Zeitungen fanden. Daß Salieri selbst dabei einen aktiven Part gespielt hätte, wird durch keine Quelle erwiesen. Zweifellos wurde er aber schon von Zeitgenossen umstandslos einer »italienischen Faktion« zugewiesen, die ihr Haupt in Graf Rosenberg hatte. Vermutlich hat sich Salieri jedoch weitgehend aus solchen Streitereien herausgehalten, schon um nicht seine Position bei Joseph II. zu gefährden, der die Aufführungen von Mozarts Opern bei Graf Rosenberg erst durchgesetzt hat.

In dieser Zeit arbeitete Salieri selbst an zwei neuen Opern, für die er Aufträge aus Paris erhalten hatte, wie er selbst schrieb, »mit dem größten Vergnügen, weil die räsonirte Musik-Gattung *(die einzige wahrhaft achtungswerthe)* zu Paris, im Allgemeinen, besser aufgeführt, und mehr genossen wird, als irgend wo anders«[13]. Die eine dieser Opern, *Tarare,* hatte Pierre Augustin Caron de Beaumarchais zum Verfasser, dessen *Folle journée ou Le Mariage de Figaro* eben die ganze Welt verrückt machte ... Wenn es wirklich so etwas wie Konkurrenz zwischen Mozart und Salieri gab, dann war es die um ihre Textdichter.

6. Kapitel

Mit Beaumarchais zum Triumph: »Tarare«

1786–1787

Seit wann sich Pierre Augustin Beaumarchais mit dem Stoff zu einer Oper *Tarare* beschäftigte, ist nicht genau feststellbar. Schon 1775 erwähnt er dieses Projekt, das aber wohl erst um 1784 konkrete Gestalt annahm. Vielleicht dachte er tatsächlich daran, ein Libretto für Christoph Willibald Gluck zu schreiben, dessen Pariser Erfolge mit *Iphigénie en Aulide* und *Orphée et Euridice* solch hochgespannte Ideen beflügeln konnten. Daß er aber Gluck dieses Textbuch angeboten habe und von diesem an seiner Stelle auf Salieri verwiesen worden wäre, ist durch nichts zu belegen (ist darüber hinaus auch nur eine Verdoppelung der *Danaïdes*-Geschichte). Jedenfalls war das Buch im Sommer 1784 soweit fertig, daß Beaumarchais es kurze Zeit nach den denkwürdigen Uraufführungen von *La Folle journée ou Le Mariage de Figaro* und *Les Danaïdes* einem erlauchten Kreise vorlesen konnte, übrigens mit dem Bemerken, es käme nun darauf an, einen Komponisten zu finden, der würdig sei, ein so großes Unternehmen zu beginnen.

Salieri und Beaumarchais müssen sich spätestens in diesem Sommer persönlich kennengelernt haben. Der außerordentliche Lärm um *Les Danaïdes,* Salieris deutliches Anknüpfen an der Gluckschen Operndramaturgie, vielleicht auch die Kenntnis anderer Werke Salieris müssen Beaumarchais schnell zur Überzeugung gebracht haben, mit ihm sei die Zusammenarbeit bei diesem außergewöhnlichen Stück möglich, einer Oper, die erklärtermaßen Geschichte machen sollte – und deren Titel *Tarare* soviel wie Larifari, Unfug bedeutete. Der kleine Probelauf in vornehmer Gesellschaft sollte wohl nur die Neugierde anstacheln, Gerede erzeugen – wahrscheinlich hat Beaumarchais deshalb auch nur Ausschnitte zum Besten gegeben. Salieri jedoch bekam das Textbuch mit nach Wien und arbeitete in den nächsten beiden Jahren daran, zwar nicht mit Volldampf, da immer wieder andere Verpflichtungen dazwischen kamen, aber doch mit großer Ernsthaftigkeit.

Ignaz Franz von Mosel berichtet von Änderungswünschen Salieris am Textbuch, über die ihm François Gand-Leblanc du Roullet zurückschrieb:

»Ich war gestern bei *Beaumarchais*; er hat Ihre zwei Briefe erhalten, ist davon bezaubert, findet sie voll Geist und Verstand, und ist fest entschlossen, sich Ihren Wünschen zu fügen. Er sagte mir, daß diese Ihre Briefe die Achtung, welche er für Sie empfindet, sehr vermehrt und die Meinung noch gesteigert haben, die er von Ihren Verdiensten und Ihrem Genie gehegt hat.«[1] Die Änderungen schickte Beaumarchais gleich zurück nach Wien.

Wußte eigentlich Mozart, als er im Februar 1785 das Textbuch zu *Le nozze di Figaro* zum erstenmal in Händen hatte, daß Salieri auch eine Beaumarchais-Oper komponierte? Daß jener sogar mit diesem skandalumwitterten Autor selbst zusammenarbeitete? Mozart war gewiß kein enger Vertrauter Salieris, aber er konnte sehr wohl davon erfahren haben. Michael Kelly, der viel mit Mozart zusammen war, berichtet in seinen Memoiren folgende Anekdote:

»Eines Abends schlug Salieri mir vor, ihn zum Prater zu begleiten. In dieser Zeit componirte er seine Oper ›Tarare‹ für die Grosse Oper in Paris. An der Rückseite der Schenke, wo wir Erfrischungen zu uns genommen hatten, setzten wir uns an das Ufer der Donau; er zog aus seiner Tasche einen Entwurf jener später populären Arie, welche er an demselben Morgen componirt hatte, ›Ah! povero Calpigi!‹ Während er sie mit grossem Ernst und Gesticulation vorsang, richtete ich meine Augen auf den Fluss und bemerkte einen grossen wilden Eber auf uns zuschwimmen. Ich rannte fort, so schnell ich konnte, und der Componist folgte mir, indem er den ›armen Calpigi‹ und, was noch schlimmer war, eine Flasche ausgezeichneten Rheinweins zurückliess. Diese Geschichte gab Stoff zu vielem Gelächter, als wir ausser Gefahr waren. Salieri konnte übrigens Scherze über Alles machen, denn er war ein sehr unterhaltender Mann und in Wien hoch geachtet; und ich hielt es für ein grosses Glück, von ihm beachtet zu werden.«[2]

Sollte also nicht wenigstens Kelly von Salieris Komposition bei Mozart erzählt haben – und sei es durch solche Anekdoten?

Spätestens als Lorenzo Da Ponte bei Joseph II. *Le nozze di Figaro* durchzusetzen sich bemühte, war dem Kaiser, Salieri und Mozart der besondere Umstand bekannt, daß zu gleicher Zeit in Wien zwei Beaumarchais-Opern geschrieben wurden, und man darf wohl vermuten, daß Joseph, der für dergleichen Sinn hatte, sein doppeltes Plazet für seine beiden Schützlinge mit weisem Gerechtigkeitssinn gab: Mozart durfte in Wien aufführen, und Salieri bekam den erbetenen Urlaub nach Paris. Mozart vertonte freilich kein Opernlibretto, sondern ein Theaterstück, das erst mühsam zu einer Oper umgestaltet werden mußte (ausgerechnet von Da Ponte, von dem Salieri damals nicht viel hielt), während Salieri ein als musikalisches Drama konzipiertes Original komponieren konnte.

Mozart arbeitete in einem geradezu selbstmörderischen Tempo: Während der sieben Monate Arbeit an *Figaro* entstand nicht nur die Musik zum *Schauspieldirektor,* sondern auch noch drei Klavierkonzerte, die *Maurerische Trauermusik* und mindestens acht weitere Werke. Salieri hingegen ließ sich fast drei Jahre Zeit mit *Tarare,* in denen allerdings auch *La grotta di Trofonio* beendet werden mußte, die beiden Opern *Prima la musica e poi le parole* und *Les Horaces* entstanden und Kapellmeisterpflichten in Wien zu erfüllen waren.

Die Premiere von *Le nozze di Figaro* hat Salieri sicherlich abgewartet, vielleicht blieb er sogar noch einige Wochen in Wien, weil seine Frau Theresia am 19. Juni ihr sechstes Kind, Elisabeth Josepha, bekam. Salieri führte ein sehr ausgeprägtes Familienleben und sollte immerhin für ein ganzes Jahr sich von seinem häuslichen Glück trennen. Er wäre dann frühestens Anfang Juli nach Paris aufgebrochen. Denn sieht man sich den Spielplan der Oper in Wien an, so fällt auf, daß am 26. und 28. Juni gleich zweimal Salieri, von da an bis zum Ende der Spielzeit jedoch nur alle Monate einmal *La grotta di Trofonio* gegeben wurde: Es waren wohl seine Abschiedsvorstellungen[3]. (Spielplanpräsenz ist überhaupt ein untrügliches Zeichen von Salieris Anwesenheit in Wien; sein Einfluß setzte sich

Tafel 1
Salieris Geburtshaus in Legnago. Es ist nur dieser Torbogen erhalten, der heute in das »Museo Fioroni« inkorporiert ist.

Tafel 2

Das »Museo Fioroni« in Legnago ist vor allem dem Andenken Antonio Salieris gewidmet.

Tafel 3
Antonio Salieri, Schattenriß von Hieronymus Löschenkohl

Tafel 4
Salieri um 1815

Tafel 5
Salieri mit 71 Jahren

Tafel 6
Christoph Willibald Gluck

Tafel 7
Kaiser Joseph II.

Tafel 8
Giambattista Casti, Librettist Salieris

Tafel 9
Mozart am Klavier, unvollendetes Ölbild von Mozarts Schwager Joseph Lange

Tafel 10
Kaiser Franz II. (als österreichischer Kaiser Franz I.)

Tafel 11
Ignaz Franz Edler von Mosel, Salieris erster Biograph

Tafel 12
Salieris Grabdenkmal auf dem Matzleinsdorfer Friedhof in Wien

stets mühelos durch, nahm jedoch während längerer Abwesenheit sofort rapide ab.)

Im Gepäck nach Paris hatte er von *Tarare* erst Teile, hingegen war *Les Horaces,* seine andere Pariser Oper, bereits vollständig fertig. Gluck, zeit seines Lebens ein zuverlässiger Ratgeber und Freund, hatte ihm schon im Juli 1784, also gleich nach Erteilung der Aufträge durch die Direktion der Pariser Oper, empfohlen, *Les Horaces* zuerst zu schreiben, denn die andere Oper verlange wegen der Eigenartigkeit ihres Themas und seiner Behandlung sehr viel Zeit. Jetzt, drei Jahre später, sagte er zu Salieri beim Abschied aufmunternd (man kann das nur in der unübersetzbaren wörtlichen Form wiedergeben, die Salieri selbst notiert hat):

»Ainsi ... mon cher ami ... lei parte domani per Parigi ... Je Vous souhaite ... di cuore un bon voyage ... Sie gehen in eine Stadt, wo man schätzet ... die fremden Künstler ... e lei si farà onore ... ich zweifle nicht [...] ci seriva, mais bien souvent.«[4]

In der Tat ließ sich alles gut an. Die Proben zu *Les Horaces* kamen gut voran, es gab keine nennenswerten Schwierigkeiten, das Orchester war gutwillig, die Sänger ebenso, und alle sagten ihm einen schönen Erfolg voraus. Wie auch nicht? Salieri hatte mit *Les Danaïdes* einen grandiosen Beweis seines Könnens abgeliefert und war in bester Erinnerung. Diese Oper war in den vergangenen Jahren geradezu zum Kassenschlager geworden. Und nun ein Werk, das auf eines der bekanntesten Stücke des großen Pierre Corneille zurückging, als Libretto von dem bestens ausgewiesenen Nicolas François Guillard bearbeitet, der unter anderem auch Glucks französische Oper *Iphigénie en Tauride* geschrieben hatte.

Das Stück behandelt einen Stoff aus der Gründungsgeschichte Roms, von dem schon Livius sagte, er gehöre zu den bekanntesten Geschichten des Altertums. Römer (Horatier) und Albaner (Curiatier) befinden sich seit langem im Streit um die Vorherrschaft. Camille, die Schwester des Horace, liebt Curiace und befragt deshalb das Orakel, das noch für denselben Tag das Ende des Kampfes verspricht. Der alte Horace verkündet eine Einigung, nach der drei römische und drei albanische Krieger einen Kampf um die Entscheidung ausfechten sollen. Das Volk stimmt begeistert zu. Doch dann werden die drei jungen Horace-Brüder und die drei

Curiace-Brüder als Kämpfer ausgewählt, was von allen als schwerstes Schicksal beklagt wird, vor allem von Camille. Der alte Horace besteht auf der Entscheidung, und Curiace und der junge Horace rüsten sich zum Kampf. Doch eine allgemeine Revolte erzwingt, noch einmal die Götter zu befragen, ob nicht andere Kämpfer ausgewählt werden können. Camille glaubt an eine Rettung ihrer Liebe, als plötzlich nicht nur die Bestätigung der Kämpfer, sondern auch schon die ersten Nachrichten vom Kampfplatz bekannt werden: Die Curiatier hätten zwei Horatier besiegt, der junge Horace habe sich als einziger durch die Flucht retten können. Der alte Horace verflucht darob seinen Sohn. Doch dann erfährt er, daß dieser die Flucht vorgetäuscht und inzwischen die drei Curiatier besiegt habe. Horace wird im Triumphzug hereingeführt, zusammen mit den Leichen der Curiatier. Camille bricht beim Anblick ihres toten Verlobten in Beschimpfungen ihres Bruders Horace aus, der so von Stolz auf sich und sein Vaterland erfüllt ist, daß er Camille ersticht.

Mit diesem Schluß wurde die Oper am 7. Dezember 1786 uraufgeführt – und erregte allgemeinen Unmut. Mosel, gestützt auf einen Bericht Salieris, berichtet von kleinen Mißgeschicken während der Aufführung der ersten beiden Akte und fährt fort:

»Der dritte wurde mit derselben Gleichgültigkeit angehört, und da man noch überdieß die Scene, in welcher der junge Horazius seine Schwester ermordet (obschon aus der Geschichte entlehnt) laut tadelte, schloß die Oper nicht nur ohne Beifall, sondern mit unzweideutigen Zeichen des Mißfallens.«[5]

Bereits für die zweite Vorstellung änderte man schnell den Schluß, so daß Camille sich nun selbst ersticht, aber auch dies nützte nichts. Salieri mußte erfahren, wie schnell man in Paris seinen Kredit verspielen kann, nach nur drei Vorstellungen wurde die Oper abgesetzt.

Fragt man sich nach den Gründen, so liegen sie wohl in erster Linie beim Sujet und beim Textbuch, dann aber auch bei Salieris Komposition. Bei Corneille wurde der Konflikt zwischen Liebe und Staatspflicht deutlich entschieden, indem in seinem vierten und fünften Akt die Folgen des Schwesternmordes von Horace im Mittelpunkt stehen: Soll er mit dem Leben dafür bestraft oder sein

Verbrechen entschuldigt werden, weil er zugleich Retter des Vaterlandes ist? Corneilles Tragödie stellt das Wohl des Staates als absolute Instanz heraus, ihre Methode ist die argumentative Auseinandersetzung. Und das ließ sich nicht auf die Opernbühne übersetzen. Das war der auch von der Kritik sofort herausgestellte Haupteinwand, der dieses Projekt von vornherein zum Scheitern verurteilte. Mit Recht wurde gefragt, warum Corneille eigentlich unbedingt auf die Opernbühne müsse. Jean François de La Harpe sprach sogar von der lächerlichen Manie, die Hauptwerke des französischen Theaters in der Oper zu verstümmeln, und drückte damit keineswegs nur seine Ablehnung der ganzen Gluckschen Richtung aus. Selbst das wohlmeinende *Journal de Paris* fand das Sujet zu kalt und zu monoton. Denn in der Tat war das ganze Stück nun um Camille herumgruppiert, freilich nicht entschieden genug, um aus ihrer Rolle eine der großen tragischen Frauengestalten zu entwickeln. Trotz aller Verkürzung blieb die Handlung viel zu eng an Corneilles Vorlage kleben. Auch musikalisch hatte Salieri nicht jene Akzente gesetzt, die dem Liebesschicksal Camilles zukamen – voller Ahnungen, Hoffnungen, Bangen, schließlich der Fluch über ein Heldentum von Männern, die ihrem Siegerstolz alles zu opfern bereit sind. Statt dessen singt Camille in rezitativischer oder arioser Weise oft genug dem Text entlang, ohne mit nur einer großangelegten Szene die Zuhörer fesseln zu können. So werden auch musikalisch schöne Einzelheiten verschleudert, weil sie in keine dramaturgische Entwicklung eingebettet sind. Im *Mercure de France* hieß es schließlich bündig:

»Wir glauben, daß der Komponist weit Besseres leisten kann; wenn er sich mit einem neuen Werk befaßt, sollte er sich daran erinnern, daß er einen guten Ruf zu verteidigen hat, den der Musik der Danaïdes.«[6]

Es gab für diese Oper nur Verrisse, aber sie waren wohlgegründet. Sogar die Verletzung der Regeln der Prosodie warf man Salieri (mit Recht) vor. Aber selbst wer über solche Kleinigkeiten hinwegsah, mußte musikalische Effekte in jenen Szenen vermissen, die sie herausforderten. Das konnte nicht einmal das *Journal de Paris* verschweigen, das gewiß Salieri freundlich gesinnt war. Beaumarchais drückte sich in aller gebotenen Höflichkeit so aus: »Ein wirklich schönes Werk, aber ein bißchen zu düster [sévère] für Paris.«[7] Das sollte natürlich bereits auf *Tarare* hinlenken und enthielt gewissermaßen das Versprechen, Salieri in dieser Oper von einer gänzlich anderen Seite zu zeigen.

Beaumarchais war freilich nicht ein Textdichter, der geduldig abwartet, was ein Komponist aus seinem Stück macht. Er pflegte nichts dem Zufall zu überlassen, schon gar nicht den Erfolg. Den plante er nicht nur, nein, er erzwang ihn geradezu, und dazu war ihm jedes Mittel recht. Notfalls mußte man Schwierigkeiten und widrige Umstände erfinden, nur um sie überwinden zu können. Er war ein Mann, den nichts so sehr reizte wie das eigentlich Unmögliche. Dabei war er keineswegs der Typ des Hasardeurs, der alles oder nichts erreichen will, weil er in das Risiko verliebt ist, eher ein draufgängerischer Erfolgsmensch, der sich und jedem ständig beweisen will, daß er noch ein bißchen besser seine Ziele geplant hat als seine Gegner, der keine Ausweglosigkeit kennt, der wie eine Schiffsboje immer oben schwimmt, einer, der mit grenzenlosem Selbstbewußtsein immer aufs Ganze geht. Mit *Tarare* hatte er nicht weniger vor als eine vollständige Erneuerung der Oper, weit über Gluck hinaus. Das setzte allerdings eine außerordentlich enge Zusammenarbeit mit dem Komponisten voraus.

Beaumarchais wartete die Premiere von *Les Horaces* ab, dann lud er den von seinem Mißerfolg völlig überraschten Komponisten zu sich in sein Haus, wo Salieri noch im Dezember einzog. Dort verbreitete Beaumarchais jene behagliche Stimmung, die Salieri noch Jahrzehnte später in einem Brief an die Tochter seines Gastgebers rühmte:

»Ich wohnte bei Ihrem berühmten Vater und Ihrer bewundernswerten Mutter, die mich mit so viel Gunst und Liebenswürdigkeit überschüttet haben. Wir zwei, wir saßen nachmittags am Klavier und spielten vierhändige Sonaten. Nach zwei Stunden kam Herr oder Frau Beaumarchais ins Zimmer und sagte zu uns: ›Kommt zum Essen, Kinder.‹ Wir aßen. Danach las ich Zeitungen, ging spazieren oder ins Palais-Royal oder in irgendein Theater. Ich kam früh wieder. Wenn Herr Beaumarchais nicht zu Hause war, ging ich in den zweiten Stock in mein Zimmer; ich legte mich zu Bett. Mein Diener war manchmal betrunken. Ich schlief in einem Zimmer, wo

Pierre Augustin Caron de Beaumarchais

ich jeden Tag das himmlische Vergnügen hatte, bei der Morgenröte zu arbeiten. Gegen zehn Uhr kam Herr Beaumarchais zu mir, und ich sang ihm vor, was ich von unserer großen Oper geschrieben hatte, er applaudierte mir, ermutigte mich, belehrte mich mit väterlicher Art. All das schien so friedlich ...«[8]

Aber was wußte Salieri eigentlich von seinem so überaus freundlichen Gastgeber? Beaumarchais war ja in aller Munde, und man erzählte sich von ihm die abenteuerlichsten Geschichten. Nur waren das zum wenigsten irgendwelche ausgeschmückten Phantastereien aus fernen Ländern, die sich – man weiß nicht wie – um einen geheimnisumwitterten Abenteurer legen, sondern das meiste davon hatte sich in Paris vor aller Augen abgespielt und eine staunende

Öffentlichkeit immer wieder von neuem unterhalten, überrascht, zur Parteinahme herausgefordert.

Von Haus aus war Beaumarchais ein armer Uhrmachersohn aus kleinen, rechtschaffenen Handwerkerverhältnissen, 1732 als Pierre Augustin Caron geboren. Zum erstenmal fiel er öffentlich auf, als er mit einundzwanzig Jahren nicht nur eine bedeutende Erfindung zu einer neuartigen Unruhe in der Uhr machte, sondern diese Erfindung gleich bei der Königlichen Akademie der Wissenschaften gegen einen Plagiator verteidigte. Vor Prozessen hat er sich sein ganzes Leben lang nicht gescheut, und oberste Autoritäten in seine Interessen zu verwickeln gehörte geradezu zu seiner Spezialität.

Natürlich reizte ihn die Sphäre des königlichen Hofes. Ein kleiner Umweg genügte: Er schwätzte sich den Prinzessinnen (Mesdames de France), die in verblödender Isolation zu leben gezwungen waren, als unentgeltlicher Musiklehrer auf, denn er war ein guter Harfenist und spielte außerdem Flöte und Bratsche. Marquise de Pompadour hatte er schon zuvor mit einer Uhr in einem Fingerring, die er selbst konstruiert hatte, zu beeindrucken gewußt. Bei ihrem offiziellen Ehemann verkehrte er bereits in der großen Gesellschaft und knüpfte weitreichende Beziehungen an. Die folgenreichste war wohl die mit dem bedeutenden Finanzmann Pâris Duverney, der ihn bald an seinen finanziellen Plänen beteiligte und später zu einem seiner Erben machte, was zu einem jahrelangen Erbprozeß führte. Beaumarchais war längst ein reicher Mann geworden, vor allem mit Duverneys Hilfe, hatte sich Titel gekauft, die nötig waren, um in der Adelsgesellschaft ein Wörtchen mitreden zu können, und besaß ein schönes Haus in der Rue de Condé. Zweimal war er verheiratet, beide Male war er nach wenigen Monaten Witwer. Daß er diese Frauen umgebracht habe, war bloß ein häßliches Gerücht. Aus der Verwandtschaft seiner ersten Frau blieb ihm immerhin die Möglichkeit, sich nunmehr Caron de Beaumarchais zu nennen ...

In der Öffentlichkeit bekannt wurde er vor allem durch seine zahlreichen Prozesse, die er mit glänzend formulierten Anklage- und Verteidigungsschriften unter bewußter Einschaltung der öffentlichen Meinung zu führen wußte, ein unerschrockener Bürger vor korrupten königlichen Gerichten, die er glänzend zu entlarven wußte. Mit diesen *Mémoires* begründete er gleichzeitig seinen Rang als gefeierter und umworbener Schriftsteller, wobei er es verstand, seine privaten Affären zu gewichtigen Staatsangelegenheiten hochzupuschen. Konnte er in seinen Prozessen auch nicht immer Siege feiern, hatte gelegentlich sogar empfindliche Niederlagen bis zu Gefängnis und Verlust bürgerlicher Rechte einzustecken, so waren seine Prozeßschriften allemal Erfolge, die er in einem Fall innerhalb von drei Tagen in sechstausend Exemplaren verkaufen konnte.

Dazwischen gab es Phasen, in denen Beaumarchais eher im Geheimen agierte, sowohl für Ludwig XV. wie für Ludwig XVI., denen er sich erst aufdrängte, schließlich sich unentbehrlich zu machen versuchte. In einem Fall zog er durch halb Europa, um das angebliche Erscheinen einer Schmähschrift auf Marie Antoinette im Auftrag des Königs zu verhindern, wobei man nicht einmal weiß, ob er selbst nicht der Verfasser dieses Pamphlets war. (In diesem Zusammenhang war er 1774 auch einige Wochen unter falschem Namen in Wien, spielte dort aber eine so unglückliche Rolle, daß er die meiste Zeit in Abschiebehaft saß.) In manche anderen Affären des törichten französischen Königs war er verwickelt – nie zu seinem finanziellen Schaden.

Sicher einer seiner größten Coups war es, daß er der unentschlossenen französischen Politik gegenüber den englischen Kolonien in Amerika und ihrer Unabhängigkeitsbewegung eine entschiedenere Richtung zu geben versuchte, indem er eine Firma (Hortalès & Cie) gründete, die mit staatlichen Geldern den Waffenhandel und die Kriegsausrüstung für die Aufständischen organisierte, eine Unternehmung, die mit einer eigenen Reederei arbeitete. Das Risiko war gering, denn Verluste zahlte der Staat: Beaumarchais war einer der führenden Bourgeois unter dem Ancien régime, der sich zugleich aber öffentlich so darzustellen wußte, als sei er der kleine geschundene Figaro, der sich gegen Übergriffe des Adels selbstbewußt zu wehren beginnt. Beaumarchais arbeitete immer zugleich für und gegen das Ancien régime und wurde darüber unermeßlich reich, denn von Finanzen verstand er offensichtlich etwas.

Mochten auch seine geschäftlichen Unternehmungen die meiste Zeit in Anspruch nehmen, so verstand er es doch, sich in erster Linie als Schriftsteller darzustellen. Vor allem *Le Barbier de Séville* begründete einen Ruhm, der mit der Fortsetzung *La Folle journée ou*

Le Mariage de Figaro nicht nur zu literarischem Triumph führte, sondern zugleich einen moralischen Sieg über durch und durch marode gesellschaftliche Zustände errang, ein Stück, das man mit Recht den »Sturmvogel der Französischen Revolution« genannt hat. Fünf Jahre hat Beaumarchais um die öffentliche Aufführung dieses Stückes gekämpft, immer von neuem das öffentliche Interesse (auch des Adels) darauf gelenkt, bis schließlich nicht nur die rauschende Premiere erzwungen werden konnte, sondern sogar beim Königspaar die Neugier über die politische Klugheit siegte.

Das war nun keine drei Jahre her. Was aber beschäftigte Beaumarchais jetzt, als Salieri bei ihm einzog, um *Tarare* zu beenden? Liest man Salieris Brieferinnerungen an jene Zeit, so könnte man an gemütliche Tage im Hause eines »homme de lettres« denken, eines Schöngeistes, der sich vor allem mit Theater, Literatur und Musik beschäftigte und ein geruhsames Familienleben pflegte. Hauptsächlich kümmerte er sich jedoch um ein ganz neues Unternehmen, das literarische und geschäftliche Interessen glänzend vereinen sollte (allerdings ein ruinöser Fehlschlag wurde): Beaumarchais hatte einen eigenen Verlag gegründet, die »Société littéraire et typographique«, der es sich zur Aufgabe machte, die Werke Voltaires in einer umfassenden Ausgabe von einundsiebzig Bänden herauszugeben. Da die meisten der Schriften in Frankreich verboten waren, stellte dies ein riskantes Unterfangen dar, für das, diplomatisch geschickt, umfangreiche Bürgschaften der Regierung notwendig waren. Natürlich durfte nicht in Frankreich gedruckt werden, aber dies Problem löste er, indem er vom Markgrafen von Baden für zwanzig Jahre die gesamte Festung Kehl einschließlich aller dazu gehörenden Gebäude, Wiesen, Felder, Jagd- und Fischereirechte pachtete, ein Druckprivileg erwarb, das ihm zugleich Zensurfreiheit versprach, englische Schrifttypen kaufte, Druckerei und Papierfabrikation einrichtete und dieses ganze Unternehmen aus eigener Tasche vorfinanzierte. (Die Auflage betrug fünfzehntausend Exemplare, aber nur zweitausend Subskribenten fanden sich ein für ein Werk, das 365 Livres kosten sollte, den Jahreslohn eines Handwerkers.) Als sei dies nicht genug, beteiligte sich Beaumarchais an der »Companie des Eaux de Paris« der Gebrüder Périer, die die Wasserversorgung von Paris organisierte, indem Seinewasser hochgepumpt, filtriert und dann verkauft wurde, ein sehr einträgliches Geschäft. Und schließlich kaufte er gerade am Tag der Premiere von *Tarare* ein großes Grundstück gerade gegenüber der Bastille, auf dem er ein schloßartiges Haus mit allem erdenklichen Prunk und Protz baute: Der Bourgeois ist gerade in dem Moment oben angekommen, als die Französische Revolution ausbricht, und hat dazu einen Logensitz, der ihn allerdings bald den Besitzlosen verdächtig machen mußte...

Ob Salieri von alldem viel mitbekommen hat? Beaumarchais tat so, als sei er einzig und allein mit den Vorbereitungen zu *Tarare* beschäftigt, und inszenierte ein wahres Feuerwerk von Sensationen, Verzögerungen, Überraschungen, die man alle wohl nur als einen einzigen glänzenden Reklametrick verstehen kann. Die kleinen Theaterintrigen, die es am Nationaltheater in Wien gab, waren nichts gegen jene Spielchen, die Beaumarchais sich leistete. Schon um den Komponisten nicht zu verschrecken, sondern zum geduldigen Mitspieler zu machen, war es notwendig, ihn in seiner Nähe zu haben. Salieri selbst hat sich nie darüber geäußert, auch über die Person dieses Librettisten kein kritisches Wort fallen lassen. Ja, er hat sogar willig mitgemischt, wenngleich wohl die Hauptrolle Beaumarchais spielte. So heißt es in einem Brief des Operndirektors Antoine Dauvergne über einige Mißhelligkeiten während der Einstudierung: »Ich habe Grund anzunehmen, daß Herr Salieri auch so ein schlauer Italiener ist und mit Herrn von Beaumarchais im Komplott [...]«[9] Andererseits kann man in einem Probenbericht der *Mémoires secrets* lesen, daß »Herr Salieri ihn [Beaumarchais] ständig begleitet, der Musiker ist dabei aber wie ein Untergebener: er sagt kein Wort; Herr Beaumarchais macht alle Anmerkungen, auch zur Musik«[10].

Zunächst ging Beaumarchais mit Salieri in die Adelssalons und zu seinen reichen bürgerlichen Freunden, um ihnen den Mund wäßrig zu machen mit der Vorführung einzelner Szenen aus der Oper, begleitet von hochtrabenden Kommentaren, es handle sich um etwas nie Dagewesenes und werde ungeheures Aufsehen machen. Dann sickerten die ersten Gerüchte aus dem Theater durch, etwa daß Étienne Lainez sich geweigert habe, die Rolle des Tarare zu singen – ein Konflikt, der bald beigelegt werden konnte. Dann ging es um ein

Requisit: Beaumarchais verlangte eine Glocke, die aus Bordeaux herbeigeschafft werden sollte – für eine Oper mit asiatischem Schauplatz! Die Sänger beschwerten sich, daß die Kostüme nicht fertig wurden. Um die Dekorationen gab es Streit, denn Beaumarchais war nicht bereit, die Bühnenbilder von einer anderen Oper zu übernehmen. Man einigte sich darauf, daß in alten Dekorationen geprobt, für die Aufführung aber neue angeschafft werden sollten – sie kosteten 30000 Livres. Und als die Proben in vollem Gange waren, kündigte Salieri dem Operndirektor plötzlich an, der Premierentermin müsse um ein halbes Jahr verschoben werden, weil Beaumarchais zu einer dringenden Reise nach Deutschland müsse (Salieri war hierbei sicher nur vorgeschickt). Etwa nach Kehl, wo in der Druckerei alles drunter und drüber ging? Beaumarchais hatte noch ganz andere Interessen, den Premierentermin zu verschieben, denn wieder einmal war er in einen Prozeß verwickelt, in den er sich höchst überflüssigerweise eingemischt hatte. Es ging um eine Scheidungsangelegenheit, die berühmte Affäre Kornmann. Diesmal allerdings stand sein Stern nicht günstig, und die Gegenseite holte so mächtig gegen ihn aus, griff ihn als niederträchtigen und unmoralischen Menschen an, als »Abschaum der Nation« gar, daß es dem Wortgewaltigen beinahe die Sprache verschlug. Hatte er vordem fleißig ein Wort des Grafen d'Artois weitergetragen, daß man die Versammlung der Notablen, falls sie gerade tage, für die Premiere unterbrechen sollte, so befürchtete er jetzt, daß der Erfolg durch die neue Prozeßaffäre gefährdet werden könnte. Mit allen Mitteln versuchte er, den Premierentermin zu verzögern, aber er biß bei der Operndirektion und sogar beim Minister auf Granit. Er war zum Gefangenen seiner eigenen Propaganda geworden, es gab kein Zurück mehr. In ganz Paris redete man nur über das bevorstehende Ereignis, das selbst die Diskussion um die Staatsfinanzen verdrängte. Daß der Bruder des Königs und sogar einige Bischöfe das Libretto von *Tarare* gelobt hatten, war eine wichtigere Nachricht.

Aber selbst jetzt hatte Beaumarchais noch immer einige Reklamepfeile im Köcher. So verlangte er, daß das Textbuch erst nach einigen Aufführungen gedruckt werden solle. Nach einigem Hin und Her einigte man sich darauf, daß es nach der Premiere zu haben sei, nur die königliche Familie es unmittelbar zuvor bekommen sollte. Dann verbat er sich Probenzuschauer. Es wurden dennoch dreißig hochstehende Persönlichkeiten, meistens Damen des Adels, eingeschleust. Bei der öffentlichen Generalprobe am 4. Juni wurde der fünfte Akt ausgepfiffen, worauf Beaumarchais von seiner Loge aus »in Römerpose« (wie berichtet wird) eine kleine Ansprache hielt und Änderungen versprach (die aber wohl nicht vorgenommen wurden). Bei der zweiten Generalprobe verbat er sich jeden Zuhörer, so daß die bereits verkauften Karten dazu wieder zurückgegeben werden mußten.

Die Spannung blieb bis zum letzten Augenblick. Königin Marie Antoinette kam freilich nicht. Man hatte ihr abgeraten, weil man nicht vorhersehen könne, ob es keine Verstöße gegen die Etikette gebe. Allerdings hatte man sich auf einen solchen Auflauf auf den Straßen eingestellt, daß vorsorglich – und zum erstenmal – Holzgatter als Absperrung aufgestellt wurden und vierhundert Gardisten zur Sicherung in den Straßen um das Opernhaus postiert waren. Beaumarchais konnte zufrieden sein.

Die Sensation dieses Stückes war perfekt: Sie bestand zunächst im Trara drumherum, einer Hinlenkung des Publikums auf etwas ganz Außergewöhnliches, wobei Beaumarchais als geschickter Reklamechef es wohl vermied, allzu früh einen Gesamteindruck des bevorstehenden Ereignisses entstehen zu lassen. Alle Informationen darüber waren nur Mosaiksteine, selbst die in Gesellschaft vorgelesenen Szenen waren nur Ausschnitte, die keinen Überblick gewährten, der Titel *Tarare* tat ein übriges. Einerseits war er der Name der Hauptperson, andererseits wies er auf etwas Unernstes. Aber eine Bagatelle konnte es wiederum nicht sein, denn das Stück spielte in Ormus, also am Rande von Persien, und jeder einigermaßen Gebildete assoziierte damit nicht irgendein asiatisches Königreich, sondern – ausgehend von Charles de Montesquieus *Lettres persanes* – den Blick zurück auf Frankreich, die Spiegelung durch das Exotische, und damit war klar, daß es sich um eine politisch brisante Oper handeln mußte, die der Verlegung des Schauplatzes in die Ferne bedurfte. Das Stück selbst löste aber diese Erwartung des Sensationellen, Unerhörten, gleich in zweifacher Weise ein, sowohl durch das Textbuch als auch durch die Musik[11].

Dem fünfaktigen Werk war ein ausgedehnter szenischer Prolog

vorangestellt, der selbst aus drei Szenen bestand. »Die Ouvertüre läßt einen gewaltigen Lärm der Winde hören, eine schreckliche Erschütterung aller Elemente. Wenn der Vorhang sich hebt, sieht man nur sich wälzende und zerreißende Wolken, die entfesselte Winde zeigen; sie formen wirbelnd einen Tanz von heftigster Bewegung.« Die Natur tritt auf und »sagt gebieterisch«:

> Genug Verwirrung des Universums; wütende Winde,
> hört auf, Luft und Welle zu beunruhigen.
> Genug, nehmt wieder eure Ketten:
> Daß Zephyr herrsche allein auf der Welt.«

In dieser Eröffnung ist schon der Gang des Ganzen zusammengefaßt, nicht zufällig durch das Eingreifen der Natur. Zusammen mit einer Genie des Feuers schafft die Natur aus kalten, leblosen Schattenfiguren in einem ironischen Wechselspiel das Personal, dessen Verhalten in der Welt nach vierzig Jahren diese Oper schildert.

Der erste Akt beginnt mit einem Dialog Atars, des Königs von Ormus, eines finsteren Wüterichs und grausamen Despoten, mit Calpigi, dem obersten Eunuchen, der eine gewisse Vertrauensstellung genießt, obschon er ein europäischer Sklave ist. Calpigi legt ein gutes Wort für Tarare ein, einen hohen Militär, der wegen seiner Tugendhaftigkeit überall beliebt ist. Doch Atar ist eifersüchtig auf Tarare, weil dieser glücklich ist und der König nicht. Zwar hat Tarare einst den König selbst vor dem Tod gerettet (und auch Calpigi verdankt ihm sein Leben), aber vor einer königlichen Laune zählen Verdienste nichts. Tarare soll partout leiden, und deshalb befiehlt der König, in Tarares Abwesenheit sein Haus anzuzünden und seine geliebte Frau Astasie zu entführen und in das königliche Serail zu verschleppen. Altamort, der Sohn des Oberpriesters und ungestümer General der Armee, hat als Rivale Tarares diesen Auftrag ausgeführt. Er erhält dafür den Rang eines Wesirs. Atar besucht die halb ohnmächtige Astasie, die den König vor dem ganzen Personal des Serails seiner Verbrechen anklagt. Atar läßt ihr einen neuen Namen, Irza, geben und beauftragt Spinette, eine europäische Sklavin, »intrigante et coquette« (und ungeliebte Frau Calpigis),

Astasie für den König gefügig zu machen – alles von Drohungen begleitet. Hat sich Atar so von seiner ungehemmten und rachsüchtigen Seite gezeigt, so fügt die nächste Szene eine weitere Seite seiner Perfidie und Gemeinheit hinzu: Tarare erscheint nämlich vor dem König und klagt, daß man mitten im Frieden ihn mit den Schrecken des Krieges überzogen habe, die Gärten verwüstet, die Sklaven ermordet, das Haus angezündet... Schon bietet Atar ihm seinen Palast an, dazu Sklaven und hundert zirkassische Schönheiten, die nur auf seine Befehle warten (der dabeistehende Altamort ist schon ganz unruhig). Tarare klagt nun über die Entführung von Astasie und singt eine gefühlvolle Arie (»Astasie est une déesse« / Astasie ist eine Göttin). Doch Atar antwortet ganz ungerührt: »Wie? Ein Soldat beweint eine Frau? Dein König erkennt dich nicht wieder. Wenn du das Objekt deiner Flamme verloren hast, öffnet ein ganzer Serail seine Arme.« Aber Tarare erbittet vom König die Erlaubnis, Astasie suchen und rächen zu dürfen. Eine gewisse Blauäugigkeit ist ihm nicht abzusprechen.

Zu Beginn des zweiten Aktes meldet der Oberpriester, daß das Reich durch einen Einfall von Wilden bedroht sei. Es seien Christen, und damit sei nicht nur der Thron, sondern auch der Tempeldienst gefährdet. Es sei zweckmäßig, das Volk denken zu lassen, daß der Himmel selbst den Kampf leite. Den Heereschef solle man von einem kindlichen Auguren ausrufen lassen, den man vorher entsprechend beeinflussen könne. Der König schlägt Altamort vor. Der Oberpriester warnt davor, Tarare zu übergehen, da er das Idol seiner Soldaten sei. Aber der König will Tarare auf seiner Suche nach Astasie umbringen lassen. Die Priester sollten nun eine große Feierlichkeit vorbereiten, dann werde das Volk sich schon betrügen lassen. Der Oberpriester stimmt zu, da er seinen Sohn bereits als Oberbefehlshaber sieht. »Wenn die Könige sich fürchten, herrschen die Priester; die Tiara vergrößert ihre Rechte, und wer weiß, vielleicht wird mein Sohn eines Tages Herr der Welt!« Calpigi verrät Tarare, daß Astasie im Serail des Königs gefangengehalten wird. Er beschließt, sie dort tot oder lebendig herauszuholen. Dann beginnt das große Opferfest der Priester. Die Soldaten und das Volk schwören, demjenigen Gehorsam zu leisten, den Gott Brahma auswählen und durch den kindlichen Auguren Elamir zum Oberbefehlshaber ausrufen lasse. Doch im entscheidenden Augenblick ruft der Knabe »Tarare«, und Soldaten und Volk sind begeistert. Der Oberpriester stellt Elamir zur Rede und bekommt zur Antwort: »Der Himmel gab mir Altamort ein, aber Tarare kam aus meinem Mund.« (Die Bedeutung des Wortes »Tarare«, Unsinn, hat hierbei einen eigentümlichen Witz.) Altamort ist empört und gerät mit Tarare in einen heftigen Streit. Tarare fordert ihn für den Abend außerhalb des Tempels zum Duell heraus.

Im dritten Akt fordert Atar Calpigi auf, sofort ein großes Fest im Serail vorzubereiten. Calpigi versucht vergeblich, dieses Fest zu verzögern, um Tarare noch davon benachrichtigen zu können. Dem König wird berichtet, wie Altamort im Duell umgekommen ist. Calpigi hat das Fest im europäischen Stil vorbereitet, bei dem ein Zwischenspiel aufgeführt wird, das die europäische Monogamie und die Vorzüge des Serails vergleicht. Atar läßt Irza (Astasie) zur Sultanin krönen und ihr huldigen, doch sie denkt nur an Tarare. Der König dankt Calpigi für das gelungene Fest und fordert ihn auf zu singen. Er beschreibt in einer Barkarole sein Leben: geboren in Ferrara, Ausbildung zum Sänger, eine Ehe aus Übermut, Gefangennahme durch Korsaren, als Sklave verkauft, schließlich von Tarare gerettet. Bei diesem Namen schreien alle auf, Atar ist wütend, Astasie fällt in Ohnmacht und wird weggebracht. Der König folgt ihr, indem er vor ihrer Tür seinen Mantel und seine Stiefel liegenläßt. Die anderen flüchten. Da erscheint Tarare, nur von Calpigi bemerkt, der ihn schnell als stummen Neger verkleidet. Der König kommt zurück und sieht den Neger. Da er von Astasie abgewiesen wurde, bekommt er wieder seine unberechenbare Wut, will zuerst dem Neger den Kopf abschlagen lassen, besinnt sich dann aber auf eine noch abgefeimtere Idee: Er will Astasie strafen, indem er sie gewaltsam dem Neger als Frau überlassen will, er berauscht sich geradezu an dieser teuflischen Vorstellung. Calpigi ist erschrocken und heuchelt zugleich Zustimmung.

Der vierte Akt zeigt die hoffnungslose Astasie (»O mort! termine mes douleurs« / O Tod, laß meine Leiden enden), die sich auch von Spinette nicht trösten läßt. Da kündigt Calpigi ihr den stummen Neger als Ehemann an. Sie ist so verzweifelt, daß sie, wieder allein, Spinette bittet, mit ihr die Rolle zu tauschen. Dadurch kommt aber

Tarare (als Neger) wieder nicht mit Astasie zusammen, während Spinette in der Rolle der Irza Gefallen an ihm findet. Aber König Atar wartet mit einer weiteren mörderischen Laune auf und will den Neger nun ins Meer und den Krokodilen zum Fraß vorwerfen lassen. Calpigi versucht, ihn zu schützen, indem er den Soldaten, die ihn gefangennehmen sollen, den Zutritt zum Serail verweigert, gibt aber dann die Identität des Negers preis: Es ist Tarare, der nun verhaftet wird. Calpigi ist jetzt auch in größter Gefahr und muß aufs Ganze gehen: »Es sei! Der Mißbrauch höchster Macht bringt schließlich alles zum Wanken: Der Böse, der alle ängstlich beben macht, fängt schließlich selbst zu zittern an.«

Der fünfte Akt zeigt den Scheiterhaufen für Tarare, der vom König inspiziert wird. Er fordert den Oberpriester auf, selbst das Todesurteil für den Eindringling ins Serail auszusprechen. Tarare wird hereingeführt und warnt Atar: Indem er ihn sterben lasse, strafe er nur sich selbst. Und er warnt ihn vor dem Volkszorn, den er mit seinen vielen Verbrechen eines Tages entfesseln werde. Auch Astasie soll sterben: Jetzt auf dem Scheiterhaufen können sie und Tarare sich endlich finden und noch einmal umarmen. Atar gerät wieder in Zorn und verlangt nun, daß Astasie zusehen soll, wie Tarare stirbt. Da stürmen die Soldaten herbei und verlangen Tarare als ihren General. Wenn er hingerichtet werde, würden sie den barbarischen König bestrafen. Das ist offener Aufruhr. Tarare greift ein und ruft den Soldaten Mäßigung zu: »Eine aufwiegelnde Rebellenmeute ist für den Staat nur verhängnisvoll. Ist es an euch, eure Herren zu richten? Werden sie von Verrätern bezahlt? Habt ihr, Soldaten, indem ihr die Macht euch anmaßt, vergessen, daß der Respekt vor den Königen [in späteren republikanischen Varianten wurde aus »Rois« nun »Lois«: Respekt vor den Gesetzen!] das oberste Gebot ist? Die Waffen nieder, ihr Rasenden! Euer König setzt euch ab. (Sie werfen sich auf die Knie; Tarare ebenso, der sagt zum König:) Herr, sie sind unterwürfig; ich bitte um Gnade für sie.« Tarare bleibt also noch auf dem Scheiterhaufen dem König ergeben, obschon dieser ein grausamer und unmenschlicher Despot ist, er benutzt sogar seinen Einfluß auf die Soldaten unter Berufung auf ein höherstehendes Staatsgesetz. König Atar jedoch ist außer sich. Schon wieder sieht er sich abhängig von Tarare. Sein Selbstgefühl ist so verletzt, daß er die Umstehenden fragt, ob er noch ihr König sei. Die meisten schreien: nein, Calpigi zeigt auf Tarare, Volk und Soldaten stimmen voller Freude zu. Atar gerät in Verzweiflung und schreit Tarare an: »Ungeheuer... Sie sind alle gekauft... Herrsche du doch an meiner Stelle.« Und während er sich erdolcht: »Der Tod ist in meinen Augen weniger hart ... als nur über dich zu regieren ... über dieses verhaßte Volk.« Calpigi nutzt die Situation zu einer Rede ans Volk: »Alles Unrecht seiner Herrschaft kann ein einziges Wort wiedergutmachen: Er überläßt Tarare den Thron.« Alle stimmen begeistert zu, doch Tarare will die Königswürde nicht annehmen, sondern lieber mit Astasie ein zurückgezogenes, friedliches Leben führen. Ein Soldat sagt schließlich, wenn du nicht annimmst, werden wir deine Ketten mißbrauchen (die Tarare noch immer vor dem Scheiterhaufen trägt) und dich gegen deinen Willen krönen. Schließlich gibt Tarare nach, will aber seine Ketten behalten als Zeichen seines Strebens nach dem Wohl des Staates. – Wolken breiten sich über die Szene aus. Wie im Prolog kommen eine Genie des Feuers und die Natur zusammen und geben dem Werk die Quintessenz: »Natur! welch Beispiel, ehrfurchtgebietend und unheilvoll! Der Soldat besteigt den Thron, und der Tyrann ist tot!« Darauf antwortet die Natur: »Die Götter gaben ihnen nur das erste Schicksalslos, ihr Charakter machte alles weitere.« Und gemeinsam singen sie die Schlußverse: »Sterblicher, wer du auch seist, Prinz, Priester, oder Soldat, / *Mensch!* Deine Größe auf dieser Erde / wächst dir nicht zu aus deinem Stand, / sondern allein aus deinem Charakter.«

Beaumarchais schrieb noch eine Schlußvariante – »für Zeiten und Länder, wo man es als einen Fehler ansehen würde, wenn eine Oper nicht mit einem Fest abschließt« –, bei der die Oper mit einer Huldigung Tarares und Aspasies endet, wobei der Chor singt: »König, wir legen die Freiheit / zu Füßen deiner höchsten Tugend; / herrsche über ein Volk, das dich liebt, / durch die Gesetze und Gerechtigkeit.« Beaumarchais fügte aber die Bemerkung hinzu: »Ich aber bevorzuge die erste Version, die philosophischer ist und dem Sujet besser entspricht. Wählt; meine Aufgabe ist beendet.« Salieri hat letztendlich beide Schlußvarianten komponiert, der »philosophischere« erste Schluß wurde bei der Premiere gespielt.

Das war in der Tat ein außerordentliches und ungewöhnliches Werk, voller greller Situationen, üppiger Bilder, krasser Figurenkonstellationen. Hier war kein Stoff aus der Mythologie oder der Geschichte gewählt, sondern Beaumarchais hatte ein Stück geschrieben wie eine Versuchsanordnung: ein König, dessen ganze Bestimmung Willkür, Unmenschlichkeit und Machtmißbrauch ist, der vor keinem Verbrechen zurückschreckt, sei es Mord, barbarische Gewalt oder Mißbrauch der Religion, ein Maßloser bis zum Tod durch eigene Hand. Ihm gegenüber Tarare als mutiger Soldat, zärtlich Liebender, zur Tugend und Gesetzlichkeit bis zur Unmöglichkeit Entschlossener, der seine Sittlichkeit lebt, ihr aber nicht zur politischen Macht verhilft, weil er sich gegen den König auflehnen müßte, so unheilvoll dieser auch regiert. Ein Volk schließlich, dessen Botmäßigkeit bis zum Äußersten geht, das sich erst vor die Wahl gestellt entscheidet. Dazwischen so seltsame Figuren wie Calpigi mit seinem absonderlichen Schicksal vom Kastratensänger in Neapel bis zum obersten Eunuchen des Serails, ein Christ in Diensten eines asiatischen Despoten, oder seine Frau Spinette, in einer unmöglichen Ehe mit ihm verbunden, die sich mit den Gegebenheiten des Serails offensichtlich ganz gut arrangiert, beides komische Figuren, die jedoch nicht allein dem Gelächter preisgegeben werden, sondern zugleich im widrigen Los eine achtenswerte Menschlichkeit bewahrt haben.

Und Beaumarchais, der gewiß ein Gespür dafür hatte, was auf der Tagesordnung stand, der seismographisch das Beben in den vorrevolutionären Zuständen des Ancien régime registrierte und zum Thema seiner auf Sensation bauenden Stücke machte, hatte nicht nur das Scheitern eines Tyrannen gezeigt, sondern zugleich – ohne die Monarchie insgesamt in Frage zu stellen – die Wahl des Besten zum König proklamiert, hatte das Unmögliche als etwas Plausibles, Konsequentes, vielleicht das einzig Zuträgliche zur Diskussion gestellt (wenigstens wie er es sah, der sich für sein Stück sein Volk schließlich wählen konnte . . .) Freilich enthielt das Stück auch Rückversicherung, konnte revolutionär verstanden werden, als Warnung oder auch in einem geradezu komischen Ausmaß loyal für das Königtum. Ein schillerndes Werk, das jeder nach seinem Verständnis politisch ausbeuten konnte, und immer konnte der pfiffige Beaumarchais dabei seine Hände in Unschuld waschen. Gerade dies wurde von der längst sensibilisierten Pariser Gesellschaft ihm auch zum Vorwurf gemacht: Den einen war es zu revolutionär, den anderen zu abwiegelnd (doch vielen war es gerade wegen seiner Mehrdeutigkeit immer wieder interessant, und so wurde es später von den wechselnden Richtungen der Revolutionszeit, der napoleonischen Herrschaft und der bourbonischen Restauration immer wieder mit wechselnder Tendenz und entsprechenden Eingriffen in die Handlung mit großem Erfolg aufgeführt).

Aber es war nicht allein die Handlung dieser Oper das provozierend Neue, sondern ebenso die zugrundeliegende Vorstellung vom Wesentlichen des Musikdramas und Salieris Umsetzung in eine musikalische Sprache. Beaumarchais hat sich in einem Vorwort »An die Abonnenten der Oper, die die Oper lieben möchten«[12] ausführlich zu einer Weiterentwicklung der Gluckschen Opernreformen bekannt. Er war gewiß nicht einer, der sich mit den entwickelten Formen der Tragédie-lyrique zufrieden geben konnte, der sich an Regeln, Konventionen, Schicklichkeit (bienséance) gehalten hätte. Darüber hinaus schrieb er als Dramatiker, nicht als Musiker, und damit war die Tendenz seiner Auffassungen klar vorgegeben. Für ihn stellt sich die Frage, was Oper vor dem Hintergrund der Aufklärung eigentlich bedeuten kann:

»Man bezeichnet das vorige Jahrhundert als ein literarisches; aber was ist die Literatur unter der Menge nützlicher Dinge? Ein edler Zeitvertreib des Geistes. Man nennt unser Jahrhundert eines der Wissenschaft, der Philosophie, reich an Entdeckungen, voller Kraft und Vernunft. Der Geist der Nation scheint in einer glücklichen Krise zu sein; ein lebhaftes und ausgebreitetes Licht läßt jeden fühlen, daß alles besser sein könnte. Man beunruhigt sich, bewegt sich, erfindet, reformiert; und von gründlicher Wissenschaft, die die Regierung beherrscht, bis zum leichtfertigen Talent zu einem Chanson, von der Höhe des Genies, die uns Voltaire und Buffon bewundern läßt, bis zu dem leichten und einträglichen Geschäft des Kritisierens, was man selbst nicht zustande bringt, sehe ich in allen Klassen den Wunsch, etwas zu gelten, sich durchzusetzen, seine Ideen, seine Kenntnisse, seinen Genuß zu verbreiten, der sich nur zum allgemeinen Vorteil wenden kann; und von daher vermehrt sich alles, gedeiht und verbessert sich. Versuchen wir, wenn es möglich ist, ein großes Schauspiel zu verbessern.«

Für ihn ist der Text das Wichtigste, die Musik ist nur »eine neue Kunst, die Worte zu verschönern«, ist nur »eine kräftigere Art, Empfindungen oder Gedanken zu zeigen«, aber – wie er gleich hinzufügt – »hüten wir uns, diese Mittel nicht zu mißbrauchen, zu großen Luxus zu treiben bei dieser Art des Ausmalens«. Jedes Wort muß verständlich, jeder Satz in seinem natürlichen Tempo zu hören sein. Immer wieder warnt er vor »zuviel« Musik, sei es ein zu dicker Orchestersatz, ein ausgedehnter Gesang, nur musikalisch bedingte Wortwiederholungen und so fort. Vermutlich mißtraute er der Fähigkeit der Musik, Empfindungen, Gefühle, Leidenschaften unmißverständlich auszudrücken. Andererseits ging es ihm darum, die Oper in ein realistisches Musiktheater zu transformieren – auch wenn er das nicht so nennt. Und das beinhaltete auch Forderungen an eine neue Art von Libretto.

Seine Vorstellung von einem Textbuch lief auf ein allgemein interessierendes Zeitstück hinaus, weg von historischen oder mythologischen Stoffen, hin zu aktuellen Sujets, deren vielfältige Aspekte politischer, gesellschaftlicher, philosophischer Art entfaltet werden sollten, ein Theater, das Tragödie, Komödie und andere Gattungen integriert. Auch sprachlich kehrt sich sein Theater ab vom üblichen »hohen Ton«, sondern öffnet sich zu einer Vielfältigkeit im Ausdruck, die selbst umgangssprachliche Formulierungen nicht scheut, direkt ist, schnell, allein der Angemessenheit der Situation verpflichtet. Natürlichkeit des Ausdrucks ist wichtiger als Schicklichkeit. Lange Monologe kommen kaum vor, Dialog in allen seinen Facetten beherrscht die Szene.

Beaumarchais hatte im Vorwort zu *Tarare* keine neue Opernästhetik entworfen, sondern nur eine Einführung in die Besonderheiten dieses Werkes gegeben, seine zugrundeliegenden Erfahrungen und Gedanken mitgeteilt, letztlich eine Verteidigung geschrieben, mit der er die Gesamtverantwortung über dieses Werk übernahm. Denn für die musikalische Transposition des Librettos waren durch das Übergewichtige des Textes außergewöhnliche Einschränkungen gegeben. So wird auch verständlich, daß für Beaumarchais die enge Zusammenarbeit von Textdichter und Komponist zum obersten

Gebot wird. Aber er hatte auch Glück, weil – wie er sich ausdrückt – »Salieri ein geborener Poet ist und ich ein bißchen Musiker«. Und er rühmt an ihm, daß er »die Kraft hat, mir zu Gefallen auf eine Menge musikalischer Schönheiten zu verzichten, wovon seine Oper leuchtete, einzig und allein weil sie die Szene ausdehnen würden, die Handlung abschlaffen ließen; aber die kräftige Farbe, der schnelle und stolze Ton des Werkes entschädigen ihn wieder für dieses Opfer.«

Salieri war zu dieser engen Kooperation mit einem Textdichter bereit, der ständig davon redete, »zuviel Musik ist der größte Fehler unserer großen Opern«, der in seinem Libretto kaum einmal Gelegenheit gab zu großen Arien oder Ensembles, der sich in der herkömmlichen französischen Oper immer gelangweilt hatte und mit dem Anspruch auftrat, eine Oper völlig neuen Typs zu schaffen. Salieri, der in Wien groß gewordene Italiener, war bereit, der musikalische Partner eines beispiellosen Erneuerungsversuches der französischen Oper zu werden. Das setzte voraus, daß er eine Musik schrieb, die der Verständlichkeit des Textes nie in die Quere kam, daß er Übereinstimmung von musikalischem Ausdruck und dramatischem Gehalt des Werkes erzielte, daß er sich Beaumarchais' Ansprüchen nicht unterordnete, sondern sie zu seinen eigenen machte, sich als Koautor eines »Gesamtkunstwerks« verstand. Als Schüler Glucks, der zum erstenmal in diese Richtung gegangen war, war er dazu bestens geeignet, darüber hinaus hatte er den Vorteil, sich in seiner ersten Beschäftigung mit der neuen Oper mit diesem Altmeister ausführlich beraten zu können, man kann sogar sagen, daß zwar nicht die ganze Komposition, doch immerhin die Grundlagen dazu unter den Augen Glucks entstanden sind.

Die Oper ist vollständig durchkomponiert, ein riesiges, fast dreieinhalb Stunden dauerndes Rezitativ von größter Lebhaftigkeit, Farbigkeit und Mannigfaltigkeit, von großer musikalischer Dichte und Ausdruckskraft, die freilich immer Textausdeutung bleibt, nie ein aus dem Gesamten zu lösendes Eigenleben gewinnt. Die ganze Oper wird deklamiert, kein Wort nur gesprochen, aber diese Deklamation reicht von einfachstem Parlando bis zu dramatischem Gesang, mit allen nur denkbaren Übergängen und Nuancierungen, die die Partitur genauestens bezeichnet. Kantable Teile wachsen gleichsam aus der rezitativischen Umgebung heraus, sind nur in seltenen Fällen länger als etwa zwanzig Takte, gleich wieder durch Einwürfe unterbrochen, abgeschnitten. Den meisten Anteil an solchen ganz einfachen lyrischen Gesängen, liedhaft und ohne Verzierungen, haben Astasie und Tarare, kaum Gelegenheit zu ariosen Teilen findet König Atar mit seiner aufbrausenden Wut, der sich streckenweise wie ein ständig zum verderblichen Sprung bereites Tier aufführt. Aber er wird meist dem überaus wendigen und witzigen Calpigi gegenübergestellt, einem höchst komödiantischen Individuum, aber alles andere als eine Buffofigur. (Typenfiguren haben in *Tarare* keinen Platz, es sind alles individuelle Persönlichkeiten, und ebenso ist die Musik weit entfernt von derber Typencharakterisierung, sondern reflektiert Bühnenvorgänge, persönliche Empfindungen, komplexe Situationen.) Da sich Tarare und Astasie erst auf dem Scheiterhaufen des letzten Aktes zum erstenmal in dieser Oper begegnen, gibt es auch keine große Liebesszene. Es ist, wie wenn Beaumarchais möglichst viel von dem vermeiden wollte, was das Publikum wie selbstverständlich erwartete. Andererseits hat aber Salieri aus der Szene zwischen Spinette (in der Rolle der Irza und an Stelle von Astasie) und Tarare (in der Rolle des stummen Negers, der dann doch plötzlich sprechen kann), in der Spinette Gefallen an dem Neger findet, ein »Duo dialogué« überschriebenes Kabinettstück gemacht, das sich fast wie ein Liebesduett anhört. Über die ganze Oper ist ein Schleier der Ironie gezogen, den Salieri mit musikalischen Mitteln webt: Auch hieran kann man das Maß der Übereinstimmung mit Beaumarchais erkennen. Pathos hat hier nirgends Platz; um es zu vermeiden, greift Beaumarchais sogar zum Mittel bewußt schlecht gesuchter Reime und »unpassender« Ausdrücke, und Salieri hält sein Rezitativ so nervig gespannt, so schnell und jederzeit offen für musikalischen Kommentar und Markierungen, daß auch er jede deplazierte Erhabenheit vermeiden kann.

Die Chöre spielen eine große Rolle in allen Akten, sie sind oft sehr einfache, aber äußerst wirkungsvolle Sätze. Das Ballett ist ganz aus der Handlung entwickelt, bedeutet hier also keine Konzession an ein ballettverwöhntes Publikum, sondern ist integraler Bestandteil jenes Festes, das Calpigi für Atar ausrichten soll. Aber in dem Ballett wird bei diesem Fest auch jenes kleine Zwischenspiel aufgeführt, das als Pastorale verschiedene Formen des Umgangs mit der Liebe diskutiert, singen »europäische« Chöre. Das Ballett verliert dadurch seine Dominanz, obschon die Ballettmusik sehr ausgedehnt ist: Sie besteht aus mehreren Tanzsätzen, die reizvoll instrumentiert sind. Und das Ende des Festes (mit Schrecken – bei der plötzlichen Nennung des Namens »Tarare«) bildet die balladeske Barkarole Calpigis, ein Strophengesang, dessen Refrain (»Ahi, povero Calpigi«) der Chor aufnimmt. So bekommt in diesem dritten Akt, der fast doppelt so lang ist wie die anderen, die Musik einen sehr viel eigenständigeren Anteil, und auch der vierte Akt, der im Serail spielt, hat sehr viel mehr lyrische Teile, die die Deklamation in Ariosos überleiten läßt; am Ende darf Calpigi sogar eine Arie mit ausgedehntem Dacapo singen, die allerdings auch den Wendepunkt der Oper nennt: »Der Mißbrauch höchster Macht bringt schließlich alles zum Wanken: Der Böse, der alle ängstlich beben macht, fängt schließlich selbst zu zittern an.«

Salieri hatte also durchaus Platz für Musik gefunden. Es ging ja nur darum, jenes Zuviel an Musik zu vermeiden, von dem schon Gluck gesprochen hatte, weil es das Interesse von der Oper als musikalischem Theater abziehe. Keineswegs sollte die Oper nach Beaumarchais musikalisch verarmen, ausgedünnt werden. Und gerade diesen Unterschied hatte Salieri sehr genau verstanden. Er schrieb sogar gleich zwei Ouvertüren, eine vor dem Prolog, die auf das amorphe Universum hinführt, in der die Gestalten dieser Oper erst geschaffen werden, eine weitere vor dem ersten Akt »von gänzlich verschiedener Art als die erste«, wie er sie überschreibt, die schon ganz der Welt von Ormus angehört. Insgesamt hatte er aber dem »Zuviel an Musik« durch eine abwechslungsreiche Farbigkeit entgegengewirkt, die den Gang des Dramas stützt und verdeutlicht, ohne ein selbständiges Eigengewicht zu bekommen. Das Orchester ist »normal« besetzt mit je zwei Flöten, Oboen, Klarinetten, vier Fagotten, zwei Hörnern, zwei Clarini (oder Trompeten) und drei Posaunen. Hinzu kommen die Streicher und ein Schlagwerk, das mit Becken und großer Trommel auch orientalisches Kolorit zeichnet. Atar sind eher die Blechbläser zugeordnet, Tarare und Astasie die Holzbläser, aber das geschieht ohne jeden Schematismus, unaufdringlich. Oboen werden oft solistisch eingesetzt, die Klarinetten geben an manchen Stellen eine außerordentlich reizvolle Dunkelfärbung, der Streichersatz zeigt Salieris ganze Kunstfertigkeit in wirkungsvoller Instrumentalbehandlung.

Beaumarchais und Salieri hatten sich nicht verrechnet: Die Wirkung dieser Oper auf das Publikum war ungeheuer groß – und sicher nicht allein wegen des alle Opernkonventionen verletzenden Textbuches, einer ungewohnt lebhaften und aufregenden Bühnenaktion, sondern auch wegen einer Musik, die das Tempo des Geschehens eindeutig bestimmt, es sowohl forciert als auch retardiert, immer aus einer genauen Beobachtung der dramatischen Abläufe inspiriert, einer Musik, die ihre Schönheiten nicht in eingängigen Kantilenen entfaltet, sondern ausschließlich als dramatische Steigerung – eine Musik, die von der Kritik, verständnislos, kaum gewürdigt wurde, als sei sie eine vernachlässigbare Zutat zu Beaumarchais und nicht integraler Bestandteil dieser Novität.

Das Premierenpublikum blieb während der Aufführung sehr aufmerksam und ruhig. Zwar gab es gelegentliches mißfälliges Murmeln über allzu grobes und gewalttätiges Benehmen Atars, zwar gab es demonstrative Parteiung bei Tarares Aufforderung zum Respekt vor dem Königtum als oberstem Gebot, aber die ganze Aufführung lief ohne wirkliche Störung ab. Einzelne Musikstücke wurden heftig beklatscht, natürlich die Barkarole Calpigis, das Duett des vierten Aktes, vor allem aber die Chöre, die überall große Wirkung machten. Am Ende jedoch gab es ungeheuren Beifall und Rufe nach den Autoren. Doch Beaumarchais ließ sich nicht blicken und wurde auch hinter der Bühne nirgends gefunden. So ließen dic Akteure Salieri allein die Ovationen entgegennehmen für ein Werk, das nichts Vergleichbares kannte.

Tarare wurde zu einem der größten Kassenerfolge der Pariser Oper – über Jahrzehnte. Allein in den ersten neun Monaten konnte das Werk in dreiunddreißig Aufführungen mehr als ein Viertel der Jahreseinnahmen einspielen. Sicher drückt sich in diesem ungewöhnlichen Zulauf nicht nur Begeisterung aus, sondern er gilt dem überall diskutierten – und bald auch in zahlreichen kleinen Pariser Theatern parodierten – Neuartigen des Werkes, der Sensation. Die Kritik war insgesamt eher abfällig, nannte das Werk ein »dramatisches Monstrum, wie man es noch nie gesehen hat und vielleicht auch nicht wieder sehen wird«[13]. Einzig der *Mercure de France* versuchte in einer umfangreichen Besprechung, die sich über drei Nummern und fast vierzig Seiten erstreckte, dem Werk gerecht zu werden. Es ist die einzige Kritik, die auch die Musik eingehender würdigt, weil es »wichtig ist für junge Leute, die diese Vorlage studieren, das unterscheiden zu lernen an seiner Manier, was man befolgen sollte und was man besser vermeidet«. Letztendlich versucht diese Kritik aber Salieri gegen Beaumarchais auszuspielen, wobei sie dem Komponisten ins Stammbuch schreibt: »er darf überzeugt sein, daß der schöne Gesang für das Gefühl der Zuhörer immer seine unwiderstehliche Herrschaft behält; daß er für alle Leidenschaften, auch die heftigsten, immer das Angemessenste ist; und daß eine schöne Melodie niemals der Aktion schaden kann, wenn sie an der richtigen Stelle erscheint«[14]. Salieris musikalische Verdienste, die durchaus hervorgehoben werden, müssen sich so gegen die operndramatischen Intentionen Beaumarchais' behaupten.

7. Kapitel

Stürme aus wechselnden Richtungen

1787–1790

Salieri kam im Juli 1787 nach Wien zurück, blieb also gerade so lange in Paris, daß er den ersten ungeheuren Erfolg von *Tarare* auskosten konnte. (Im Juni und Juli wurde die Oper je sechsmal gegeben, danach zwei- bis dreimal pro Monat. Schon am Ende des Jahres bekam er Tantiemen von 4500 Livres, also ungefähr 1500 Gulden, denn Paris war das einzige Opernhaus, wo nicht nur ein Werkhonorar, sondern darüber hinaus auch noch Tantiemen aus den Aufführungen gezahlt wurden; außerdem wurden die Partituren gedruckt.) Natürlich rissen sich die französischen Textdichter um diesen so erfolgreichen Komponisten und trugen ihm die verschiedenartigsten Libretti an, bis hin zu einer Oper über William Shakespeares *Tempest,* letztlich ist aber nichts von alldem zustande gekommen – einerseits wohl zunächst aus Zeitmangel, dann aber auch als Folge der politischen Ereignisse um die Französische Revolution. Lediglich eine Kantate *Le Jugement dernier,* mit der er in Paris beauftragt wurde, wollte Salieri nicht ausschlagen. Vielleicht auch deshalb, weil hier noch einmal Christoph Willibald Gluck im Hintergrund stand, der dieses Werk schon 1779 (bei seinem letzten Parisaufenthalt) zu schreiben angenommen hatte, aber nicht mehr ausführen konnte. Auftraggeber war die »Société des Enfants d'Apollon«, eine der zahlreichen Konzertvereinigungen, die jetzt bei Salieri anfragte, der sich auch sogleich in Wien ans Werk machte.

Mit Gluck war Salieri noch öfter zusammen, nicht zuletzt, um sich über die Komposition der Kantate zu beraten. Iganz Franz von

Mosel berichtet, daß er eben »an die Stelle gekommen [war], wo Christus redend sollte eingeführt werden«, und Gluck fragte, »ob er seine Absicht billige, diesen Gesangpart im hohen Tenore (Tenore acuto) zu schreiben, indem das Werk für Frankreich bestimmt sey, wo diese Gesanglage, mit dem Schlüssel und unter der Benennung des Contralto, sehr gewöhnlich, überdieß auch durchdringender sey als jede andere. *Gluck* stimmte seiner Meinung bei, und fügte, halb ernsthaft, halb im Scherze, hinzu: ›In kurzer Zeit werde ich Ihnen aber aus der andern Welt mit Sicherheit melden können, in welchem Schlüssel der Heiland spricht.‹ – Vier Tage darauf (am 15. Nov. 1787) war dieser große Mann der Welt entrissen! –«[1]

Salieri war über diesen Tod sehr betroffen. Er hatte in der Tat Gluck sehr viel zu verdanken, war er es doch, der neben Florian Leopold Gaßmann und vor allem nach dessen frühem Tod die entscheidenden musikalischen Anregungen und Ratschläge gegeben hatte, und darüber hinaus hatte neben Kaiser Joseph II. niemand so nachhaltig seine musikalische Karriere unterstützt und befördert wie Gluck, der immer wieder eigene Aufträge an Salieri abtrat und ihm damit Tore öffnete, die sonst schwerlich aufzustoßen gewesen wären. Dabei war es keineswegs Anpassung an die Erwartungen, die sich mit dem Namen Glucks verbanden, wenn seine eigenen Werke schon frühzeitig etwas vom Stil dieses bewunderten Meisters erkennen ließen, denn Salieri entwickelte immer deutlicher eine eigenständige musikdramatische Sprache, die die Gluckschen Anregungen in ganz andere Richtungen weiterführte. Gluck hatte für seine Reformwerke vor allem klassische Tragödien ausgesucht, für die er eine erhaben-pathetische, dabei hochdramatische Musiksprache fand, einen einheitlichen und geschlossenen Stil, während Salieri zunehmend sich mit einem Musiktheater beschäftigte, das tragische und komische Aspekte zugleich aufwies, Satirisches einschloß und alles vermischte, und dafür mehr und mehr eine musikalische Sprache gefunden, die ebenso verschiedenartigste Stilmittel zu vermischen trachtete.

Salieri wußte, daß er in Gluck einen wahren Freund verloren hatte, und sah es als seine Aufgabe an, für die musikalische Ehrung dieses großen Meisters zu sorgen. Die Tonkünstlersozietät, in der doch fast alle Musiker Wiens zusammengeschlossen waren, lehnte es allerdings ab, ein Gedächtniskonzert zu geben, weil Gluck weder ihr Mitglied gewesen sei noch sich sonst um deren Belange gekümmert habe. Kleinliches Vereinswesen ließ diese Würdigung scheitern, mit der sich die Wiener Musiker selbst hätten ehren können. So dirigierte Salieri für Gluck ein Requiem von Niccolò Jommelli in der Pfarrkirche am Hof und führte bei dieser Gelegenheit auch ein letztes nachgelassenes Werk Glucks, ein *De Profundis,* auf.

Natürlich hatte der *Tarare*-Erfolg auch in Wien neugierig gemacht. Kaiser Joseph selbst gab die Anregung, eine italienische Übersetzung dieses Werkes herauszubringen, wofür Lorenzo Da Ponte als Theaterdichter zur Verfügung stand. Früherer Ärger war längst verflogen, außerdem sollte er ja kein neues Stück schreiben, sondern nur eine Bearbeitung vornehmen.

Nach Mosels Bericht kamen Salieri und Da Ponte »durch drei oder vier Tage alle Morgen zusammen, und arbeiteten an dieser Aufgabe gemeinschaftlich, obschon mit wenig Lust, da sie sich von dem guten Erfolge ihrer Bemühung nicht überzeugen konnten. ›Die Musik,‹ sagt *Salieri,* ›*für französische singende Schauspieler* geschrieben, fällt für *italienische schauspielende Sänger* immer zu mager an Gesang aus. Ueberdieß, wenn der Dichter mit seinen Versen zufrieden war, schmeckte die Musik – um mit *Gluck* zu reden – allzusehr nach Uebersetzung, und wenn, um mein Gehör zu befriedigen, die Worte der vorhandenen Musik angepaßt wurden, war *Da Ponte* mit seinem Gedichte mißvergnügt. Aus Besorgniß daher, daß wir Beide vergebens arbeiten möchten, entschloß ich mich, lieber eine neue Musik auf den gegebenen Stoff zu componiren. Ich ersuchte sonach den Dichter, auf der Grundlage des franz. Originals einen neuen, der ital. Operngesellschaft angemessenen Plan des Gedichtes zu entwerfen, darin die Gesangstücke, im Einverständnisse mit mir, zu vertheilen, sonst aber die Verse nach seinem Gefallen zu schreiben; für das Uebrige würde ich sorgen.‹

So geschah es denn auch. Die Arbeit wurde von Neuem angefangen, Dichter und Tonsetzer gingen den nun gewählten Pfad Hand in Hand. Wo der Letztere irgend eine musikalische Idee aus dem französischen Werke benützen konnte, that er es; wo nicht, componirte er eine ganz neue Musik.«[2]

Das hört sich sehr viel einfacher an, als es war. Und sieht man sich das Ergebnis an, so muß man feststellen, daß nichts vom französischen Original völlig unverändert gelassen und mehr als die Hälfte vollkommen neu war. In der Tat läßt sich der französische Deklamationsstil nicht einfach ins Italienische übertragen, schon gar nicht, wenn man die Operngegebenheiten hinzurechnet, die Salieri mit »singenden Schauspielern« und »schauspielernden Sängern« charakterisiert. Das bedingt nicht nur eine musikalische Umgestaltung, sondern auch einen anderen Text, der den deutlicher unterschiedenen rezitativischen und ariosen Teilen Rechnung trägt. Das Handlungsgerüst ist – unter Verzicht auf den Prolog – gleich geblieben. Allerdings sind die Namen verändert worden: Aus Atar, dem König von Ormus, wurde nun Axur, während die Figur des Tarare nun in Atar umbenannt wurde. Calpigi, der Aufseher über das Serail, hieß nun Biscroma. Auch der Titel der italienischen Oper wurde in *Axur, re d'Ormus* geändert und damit der Akzent auf das Schicksal des asiatischen Despoten verlagert statt auf seine Ablösung durch einen vom Volk ausgerufenen König Atar (Tarare), ohne daß aber dieser Schluß geändert worden wäre. Freilich ist die neue Version wesentlich geraffter, um argumentative Dialoge gekürzt – eine Bearbeitungsform, die sich sehr gut mit der vergleichen läßt, die Da Ponte an *La Folle journée* zu *Le nozze di Figaro* vornahm.

Und wieder – wie schon bei Mozarts *Figaro* – war es Joseph II., der auch diese Beaumarchais-Oper in Wien zu sehen wünschte. Er wußte sicher sehr genau, wovon *Tarare* handelte, und hat wohl auch die Partitur gesehen, bevor er Salieri zu einer italienischen Übersetzung aufforderte[3]. Von ihm ging nicht der Wunsch aus, das Werk zu verändern, gar »Anstößiges« zu eliminieren. Er dachte nur an eine Übersetzung, keine Bearbeitung oder Neufassung. Bezeichnend dafür ist eine Anekdote, die Mosel, gestützt auf Salieris Bericht, in aller Umständlichkeit erzählt:

»Der Kaiser [. . .] wollte, was fertig war, in seinen gewöhnlichen Nachmittags-Concerten hören. Er ließ demnach die Originalien vom Copisten holen, und die gewöhnlichen Tonkünstler bestellen. [. . .] Der Kaiser, am Pianoforte sitzend, fing an zu lesen: ›Erster Act, erste Scene, Duett.‹ – Die Andern antworteten: ›Die französische Oper fängt mit einem Prolog an.‹ – ›Den werden sie in der Uebersetzung weggelassen haben,‹ erwiederte Se. Majestät, ›suchen Sie die erste Scene.‹ – ›Hier,‹ sagten die Tonkünstler, ›fängt sie mit einem dialogirten Recitative an.‹ – ›Bei mir,‹ entgegnete der Monarch, ›beginnt die Oper mit einem Duett, welches zur Einleitung dient, worauf eine Arie und dann wieder ein kleineres Duett folgen.‹ – ›Bei uns ist von alle dem nichts zu finden,‹ war die Antwort. Beinahe zwei Stunden vergingen mit Suchen und Vergleichen, ohne daß sich etwas völlig Uebereinstimmendes fand, [...] Da rief der Monarch lachend: ›das ist um toll zu werden! Was in aller Welt haben die Beiden denn gemacht? Gehen Sie doch zu *Salieri,*‹ befahl Er dem Orchesterdirector *Kreibich,* der bei diesen Concerten allezeit zugegen war, ›und erzählen Sie ihm die schöne Comödie, die wir da gespielt haben.‹« Als Salieri einige Tage später mit Joseph II. zusammentraf, sagte dieser: »[...] ›Vorgestern haben Sie uns mit Ihrer Musik fast zur Verzweiflung gebracht. Sagen Sie mir doch, warum Sie Ihre schöne französische Musik so ganz verändert haben?‹ – Als nun *Salieri* die Gründe, welche ihn dazu bewogen, und die wir bereits kennen, auseinander gesetzt hatte, billigte sie der Kaiser nicht nur vollkommen, sondern ertheilte auch, nachdem Er die italienische Oper gehört und gelobt hatte, dem Tonsetzer eine kaiserliche Belohnung für seine darauf verwendete Mühe.«[4]

Die Motive Josephs II., diese Oper in Wien aufführen zu lassen, werden kaum allein darin gelegen haben, ein französisches Erfolgswerk seines Schützlings auch den Wienern vorzuführen, sondern waren ähnliche wie schon bei Mozarts *Figaro*. Die italienische Oper am Nationaltheater hatte – anders als die deutsche Sprechbühne – ein vorwiegend adliges Publikum. Dieser Adel war in seiner Mehrzahl nicht gerade ein Anhänger der josephinischen Reformpolitik, zumal der Kaiser mit großem Ernst und durchaus konsequent seinen Plan verfolgte, die Adelsprivilegien abzubauen. Das von dieser Seite am stärksten angefochtene Projekt war der Versuch, auch adligen Besitz zur Steuer heranzuziehen; zu diesem Zweck wurde bereits ein umfangreicher Kataster aller Ländereien angelegt. Aber auch die völlige Gleichbehandlung des Adels mit jedem anderen Bürger durch die josephinischen Gesetzbücher war Teil dieses Plans. Bei jedem anderen Herrscher wären wohl allein die Konzentration der Macht und die Ausschaltung lästiger Privilegierter der Grund für so ehrgeizige Pläne gewesen. Aber Joseph II. war kein Sonnenkönig, dem es allein um den Absolutheitsanspruch gegangen wäre, sondern verstand sich als aufgeklärter Volkskaiser, dessen geradezu missionarischer Eifer allein darauf zielte, das vernünftig Beste zu tun (wie er es sah) und seine Legitimation nicht allein aus der ererbten Herrschaft zu ziehen, sondern aus der Nützlichkeit und Unbedingtheit für das Wohl des ganzen Volkes. Den Vorwurf, ein aufgeklärter Despot zu sein, ein despotischer Aufklärer, hätte er aus Überzeugung mit Freude ertragen.

Willkürherrschaft aus reiner Laune, Despotismus aus Übermut, Machtmißbrauch für eigene Vorteile – und dafür gab es unter den europäischen Herrschern wahrlich viele Beispiele – waren ihm ein Greuel. Und handelte *Tarare* nicht gerade davon? Stellte diese Oper nicht gerade die Frage nach der Legitimation von Herrschaft? Griff sie nicht den Mißbrauch der Kirche auf, die ihre eigentlichen Aufgaben vergißt und sich nicht einmal vor dem Priesterbetrug scheut, in einer unheiligen Allianz mit der weltlichen Macht? War diese Oper nicht ein Beispiel dafür, wohin die durch und durch verderbte und gesetzlose Willkürherrschaft führt? Und wurde hier nicht gezeigt, wie man sich Legitimation erwirbt? Dies in der italienischen Oper vorzuführen, dem Adel gewissermaßen als Lehrstück vorzuspielen, paßte nur allzu gut in seine eigenen Reformbestrebungen; darin konnte für diesen Kaiser nichts Anstößiges liegen.

Da Ponte arbeitete in diesem Herbst an drei Opern gleichzeitig: für Vicente Martín y Soler an *L'arbore di Diana,* am 1. Oktober uraufgeführt, für Mozart an *Don Giovanni,* der am 29. Oktober in Prag seine Premiere hatte, und schließlich an *Axur.* Allerdings war die Librettoarbeit für Mozart außerhalb von Da Pontes Dienst als Theatraldichter des Wiener Nationaltheaters. Es war schon eine ungewöhnliche Leistung, drei so verschiedenartige Werke gleichzeitig zu bearbeiten. Da Ponte berichtet, daß er einzig dem Kaiser von dieser Dreifachbelastung erzählt und auf dessen Bedenken geantwortet habe:

»Nachts werde ich für Mozart schreiben und werde mir denken, ich lese die ›Hölle‹ von Dante, am Morgen für Martin, und meinen, ich studiere den ›Petrarca‹, am Abend für Salieri, und mich meines ›Tasso‹ erinnern.«[5]

Dennoch waren damit Unzuträglichkeiten vorprogrammiert. Als Da Ponte gleich nach der Premiere von *L'arbore di Diana* nach Prag reiste, um bei der Einstudierung von *Don Giovanni* und eventuellen letzten Änderungen zugegen zu sein, erhielt er bereits nach wenigen Tagen ein dringendes Schreiben Salieris, daß er nach Wien zurückkommen müsse wegen der Arbeit an *Axur*. Das war gewissermaßen eine dienstliche Anweisung. Die *Don-Giovanni*-Premiere, die sich ohnehin noch um einige Tage verzögerte, hat Da Ponte deshalb nicht miterleben können. Eine besondere Schikane Salieris braucht man allerdings in diesem Brief nicht zu sehen. Denn mittlerweile war das Datum der *Axur*-Premiere so festgelegt worden, daß diese Oper als Festaufführung zur Hochzeit des Erzherzogs Franz mit der Prinzessin Elisabeth Wilhelmine von Württemberg herauskommen sollte, ein besonderes Ereignis, weil dieser Erzherzog dazu bestimmt war, einmal Nachfolger Josephs II. auf dem kaiserlichen Thron zu werden. Angesichts der immer umfangreicher werdenden Umarbeitung zu einer fast neuen italienischen Oper war nun Eile geboten und Da Ponte unentbehrlich.

Die Entscheidung, gerade diese Oper als Festaufführung zu wählen, kam sicher von Joseph II. selbst. Jeder andere Verantwortliche, wie etwa der für die Hoftheater zuständige Franz Xaver Wolf Graf Rosenberg-Orsini, hätte ein feierliches, dekoratives, aber politisch unproblematisches Stück bevorzugt. Dies war ganz die Handschrift des kaiserlichen Oheims, der seinem Neffen und Nachfolger ein Stück Erziehung zur Herrschaft mit auf den Weg geben wollte. Das war ein Stammbucheintrag und zugleich dem Adel gegenüber, der jetzt und in Zukunft wichtige politische Positionen einnahm, eine unfreiwillige Lehrstunde, mochten viele von ihnen bei der ersten Aufführung davon auch nicht alles mitbekommen[6].

Die Oper wurde sorgfältig vorbereitet, wie es dem gewichtigen Anlaß zukam. An neuen Dekorationen war nicht gespart worden, und insbesondere das Gartenbild des vierten Aktes war mit Wasserspielen und üppigster Beleuchtung ausstaffiert. Zwar sind uns keine Aufführungskritiken überliefert, aber daß innerhalb von vier Wochen bereits sieben Aufführungen stattfanden, spricht für den großen Erfolg – bis zum Jahresende wurde die Oper achtundzwanzigmal gegeben. Und diese neue Version (und nicht *Tarare*) war es, die

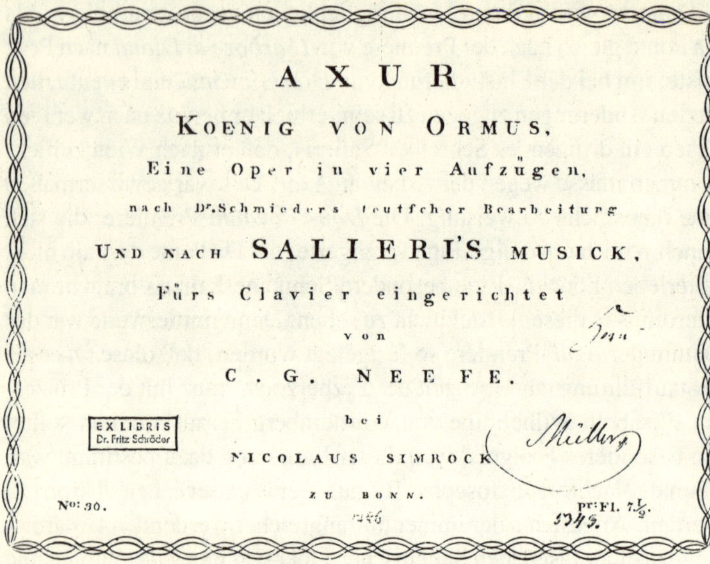
AXUR
KOENIG VON ORMUS,
Eine Oper in vier Aufzügen,
nach Dr. Schmieders teutscher Bearbeitung
UND NACH SALIERI'S MUSICK,
Fürs Clavier eingerichtet
von
C. G. NEEFE.
bei
NICOLAUS SIMROCK
ZU BONN.
No: 30. Pr: Fl. 7½.

»Axur, König von Ormus«, Klavierauszug einer deutschen Bearbeitung von Christian Gottlob Neefe

sich sofort in ganz Europa verbreitete, wobei auch zahlreiche Übersetzungen vorgenommen wurden, mehrere in Deutsch, je eine in Russisch und Polnisch (1814 kam in Rio de Janeiro sogar eine portugiesische Aufführung zustande): Da Ponte hatte es genial verstanden, ein Werk, das ganz auf der spezifischen französischen Operntradition fußte und sie zugleich avantgardistisch zu erneuern suchte, aber letztlich außerhalb Frankreichs kaum rezipierbar war, in eine Form zu kleiden, die ihm weltweite Verbreitung sicherte. Und Salieri hatte eine Musik von ganz außergewöhnlichem Rang geschrieben, ein Meisterwerk einer ganz neuen Art, wie sie die italienisch gesungene Oper bisher nicht kannte.

Da Ponte, der inzwischen ein höchst versierter Librettist war und sicher vor allem durch die Zusammenarbeit mit Mozart viel davon gelernt hatte, was ein gutes Textbuch für die Musik ermöglichen muß, hatte vor allem die vielen Erzählungen, die in *Tarare* deklamiert wurden, in Handlung aufzulösen versucht. Gleich zu Beginn zeigt Da Ponte eine Liebesszene zwischen Atar (Tarare) und Aspasia, die plötzlich unterbrochen wird durch einen Brand von Atars nahe gelegenem Haus; während der entstehenden Verwirrung wird Aspasia entführt. Bei Beaumarchais gibt es statt dessen nur einen Dialog zwischen dem König und Calpigi (Biscroma bei Da Ponte), in dem der König dieses Liebesglück neidet und den Raub Astasies befiehlt. Ähnliche Beispiele ließen sich noch mehr anführen. Das größere Gewicht von Bühnenaktion bei Da Ponte gibt dennoch auch mehr Raum für Gesänge, sogar Dacapoarien, Duette, Quartette, wobei Salieri traditionelle Formen mit ganz freien, allein dem dramatischen Moment verpflichteten Formen mischt, häufig auch Einwürfe und Unterbrechungen vornimmt. Der übliche Wechsel von Rezitativen und Gesängen wird aber weitgehend aufgehoben, indem das Werk fast völlig durchkomponiert ist und relativ wenige Seccorezitative vorkommen. Die begleiteten Rezitative sind so komponiert, daß sich ganz organische Übergänge zu den Gesangsformen ergeben. Salieri hatte alle Möglichkeiten des rezitativischen Parlandos bis zu hochdramatischen Ausbrüchen ausprobiert, zweifellos spezifische Erfahrungen der französischen Deklamation, die er der italienischen Oper zuführte.

An Stelle des in Paris unverzichtbaren Balletts, das dort einen großen Raum eingenommen hatte, brachte Da Ponte bei dem großen Fest des Königs ein Harlekin-Zwischenspiel unter, das sich glücklich in das ständige Changieren von tragischen, heroischen und komischen Elementen fügte. Diese Mischung verschiedener Stilebenen war bei *Axur* überhaupt sehr viel ausgeprägter als bei *Tarare*, wo sich eher aus dem schnellen Dialog der schillernde Charakter des Werkes ergab. Durch Da Ponte bekam Salieri sehr viel mehr Gelegenheit zu kontrastierenden Sätzen, die die musikalische Charakterzeichnung, das Gegenüberstellen verschiedener Situationen, den musikalisch-dramatischen Effekt erleichterte. Andererseits hatte Da Ponte auf die ausgedehnten argumentativen und diskursiven Elemente bei Beaumarchais verzichten müssen, wollte er die Bühnenhandlung intensivieren. Wer *Axur* jedoch nur als Versuch der Popularisierung von *Tarare* durch Anpassung an italienische Operntradition sehen wollte (um den Preis des Verzichtes auf die philosophische Einbettung und die Nuancierung des Dialogs), würde den außerordentlichen Rang dieses Werkes für die Operngeschichte nicht erkennen. Sie war ein Meilenstein in der Überwindung der italienischen Gattungsoper zu einem vielschichtigen Musiktheater, sie war vor dem Hintergrund der sich anbahnenden Französischen Revolution auch in ihrer italienischen Fassung ein hintergründiger politischer Kommentar über die Zustände des Ancien régime und sein mögliches Ende, über Herrschaft und Legitimität.

Die Wiener Fassung eliminierte zwar vieles aus *Tarare,* das einen allzu engen Bezug zu den französischen Verhältnissen und den dortigen Diskussionen hatte, aber sie gab nichts Substantielles auf, nicht einmal das perfide Verhalten der Priesterschaft oder die Ablösung des Königs durch Atar (Tarare), die wörtlich aus Beaumarchais' Vorlage übersetzt wurde. Insofern kann von einer entpolitisierten italienischen Fassung auch nicht gesprochen werden, sie ist es genausowenig, wie *Le nozze di Figaro* eine Verharmlosung des *Folle journée* ist. (Wer dies behauptet, gar von einer Oper über Allgemeinmenschliches oder Variationen über die Liebe redet, hat weder Da Pontes Text genau gelesen noch der Musik, vom ersten Takt der Ouvertüre an, genau zugehört.) Oper ist heute, mehr noch als damals, etwas so Kulinarisches geworden, daß sie es schwer hat, mit noch so beredter Musik und eindeutigen Worten ihren gemeinten Sinn nicht nur beim Publikum, sondern auch bei den Berufsmusikern, Musikologen und Kritikern nicht zu verfehlen. Im Falle Salieris fügt das Vergessenwerden weitere Narben hinzu. Dabei besteht kein Zweifel: Wenn Mozart, der diese Oper sicherlich kannte (auch wenn dies nicht belegbar ist), sich nur mit drei oder vier Sätzen über sie geäußert hätte, wäre dies Werk nicht in eine so tiefe Vergessenheit geraten.

In die Zeit von *Tarare* und *Axur* fällt auch ein anderes Werk, das ebenso tragikomisch angelegt war, allerdings ein drastisches satirisches Element hinzufügte, wie es die Opernbühne bis dahin nicht kannte. Schon in Paris 1786 begonnen und 1788, also nach der *Axur*-Premiere, vorläufig abgeschlossen, wurde diese Oper jedoch nie aufgeführt. Es handelte sich um *Cublai, gran kan de Tartari* auf ein Libretto von Giambattista Casti. Ausgangspunkt war eine Episode aus dem elften Gesang von Castis *Poema tartaro,* das kaum verhüllt die empörenden Zustände am russischen Hof schilderte. Die Handlung ist denkbar einfach und verfolgt eine einzige Intrige, die konsequent dargestellt wird:

Cublai hat seinen geistesschwachen Sohn Lipi dem Hohenpriester Posega zur Erziehung überlassen, um aus ihm einen würdigen Thronfolger zu machen. Als Braut des Thronfolgers ist Alzima, die Tochter des Königs von Indien, vorgesehen, die Timur, Cublais Neffe, eben hergeführt hat. Allerdings haben Timur und Alzima sich auf der Reise ineinander verliebt. Die erste Begegnung von Alzima mit ihrem schwachsinnigen Verlobten verläuft reichlich konfus. Posega verspricht sich von dem Thronfolger, den er durch seine Erziehung fest in der Hand hat, eine Festigung der Macht des Klerus. Allerdings stößt er auf den Widerstand von Memma, der Favoritin Cublais, einer Europäerin, die großen Einfluß auf den Herrscher hat und sich ziemlich alles erlauben kann. Sie begünstigt Timur und schlägt ihn als Thronfolger vor – mit Alzima zur Frau. Posega, der seine ganzen Pläne schwinden sieht, versucht zwar Alzima einzureden, Memma habe ein Verhältnis mit ihrem Geliebten Timur, aber Memmas Einfluß auf Cublai ist größer. Dieser entscheidet sich für Timur als Thronerben und läßt ihm Alzima als Gemahlin, während er seinen einfältigen Sohn und den intriganten Priester Posega in eine Pagode schickt und damit aus seinem Reich verbannt.

Castis Libretto verläßt sich nicht auf das Garn der Handlung, sondern lebt aus schnellen Dialogen, in die sich lyrische Teile (Arien) ganz zwanglos hineinweben, für den Komponisten eine glänzende Gelegenheit, so durchzukomponieren, daß das oftmals harte Auseinanderfallen von Dialogen, Rezitativen und Arien vermieden werden kann zugunsten dramatischer Szeneneinheiten. Und da lieferte Casti glänzende Einfälle, die freilich an satirischer Kraft alles in den Schatten stellten, was man von der Bühne des Musiktheaters kannte. Da sind keine Buffoalbernheiten zu sehen, keine harmlosen Witzigkeiten, keine Verwechslungsspielchen oder forcierten Situationsspäße, sondern alle Komik hat zugleich ihren blutigen Ernst. Denn Cublai ist stets der unberechenbare barbarische Gewaltherrscher, hart und roh, jedoch wachsweich und willensschwach unter dem Einfluß seiner europäischen Mätresse Memma.

Das Ganze ist ein drastisch gezeichnetes Sittengemälde, das zugleich aber jede moralische Befriedigung – etwa durch Bestrafung oder Untergang dieses Wüstlings – vermeidet. Zweifellos wären Alzima und der natürliche Thronerbe Lipi ein unwahrscheinliches Paar – Alzima singt in kapriziösen Koloraturen, Lipi stammelt kindlich daher –, aber Lipis Verbannung bleibt ein reiner Willkürakt, auch wenn sich der einfältige Lipi kindisch auf die Pagode freut. Das endliche Thronfolgerpaar der schönen Alzima und des schönen Timur verspricht kaum bessere Verhältnisse, und wenn am Ende (unter Einschluß eines Chores) die Liebe besungen wird, so kann der fröhliche Augenblick doch über nichts hinwegtäuschen.

Diese Oper schilderte – kaum verhüllt – den russischen Zaren Peter I. Casti hat zwar später (1794) in einem umfangreichen »argomento«[7] versucht, diesen Zusammenhang zu verwischen, indem er die zugrundeliegenden Ereignisse als solche der chinesischen Geschichte darstellt, die er aus verschiedenen asiatischen Geschichtsbüchern gezogen habe, aber das war wohl nur ein Nebelwurf, um vielleicht doch noch eine Aufführung möglich zu machen. Jetzt, im Jahre 1788, war daran nicht zu denken. Der Zusammenhang mit dem *Poema tartaro* war allzu offensichtlich, jenes satirischen Epos über die russischen Zustände. Und gerade in diesem Jahr wurde die Habsburgermonarchie mit ihren Bündnisverpflichtungen gegen Kaiserin Katharina II. in jenen gefährlichen Krieg gegen die Türkei verwickelt. Eine solche Oper konnte bei dem ohnehin unpopulären Krieg die Stimmung gegen dieses Bündnis durchaus negativ beeinflussen. Salieri scheint es erst gar nicht versucht zu haben, die Oper wirklich herauszubringen. Jedenfalls ist nichts darüber bekannt. Andererseits ist kaum anzunehmen, daß ein so vielbeschäftigter Mann, der zugleich Kapellmeisterdienste zu versehen hatte, von vornherein ein solches Werk für die Schublade begann, sogar vollständig ausarbeitete, denn nur einige wenige Stellen mußten vielleicht noch überarbeitet werden. Aber kann man ernstlich annehmen, daß ein Komponist, der auf so vertrautem Fuße mit Joseph II. stand, seinem Gönner verschwieg, woran er nebenbei arbeitete? Ist es nicht wahrscheinlich, daß Joseph, ebenso wie Casti mit dem *Poema tartaro,* auch Salieri aus politischen Rücksichten nahegelegt hat, einstweilen von einer Veröffentlichung abzusehen?

Jedenfalls stand Salieri nach wie vor in der persönlichen Gunst des Monarchen. Denn im Februar 1788, wenige Wochen nach der glücklichen *Axur*-Premiere, erhielt er die Stelle eines k. k. Hofkapellmeisters, die bisher Giuseppe Bonno innegehabt hatte, der aber seit langem durch Alter und Krankheit gehindert war, seine Tätigkeit voll auszuüben. (Bonno starb am 15. April 1788.) Im Grunde war diese Beförderung schon seit langem vorgezeichnet und konnte für niemanden überraschend sein. Sie war verbunden mit einem Gehalt von 1 200 Gulden, unbeschadet der Vergütung für die Tätigkeit an der Oper, für die Salieri 200 Dukaten (900 Gulden) erhielt. (Mozart, der keine Anwartschaft auf eine offizielle Stelle begründen konnte, erhielt bereits im Dezember 1787 den Titel eines k. k. Kammerkompositeurs und 800 Gulden jährlich als Ehrensold; mit seinem Titel waren keine zu leistenden Dienste verbunden, es wurden lediglich Tänze zu den jährlichen Faschingsfesten in der Redoute von ihm erwartet.) Salieri war jetzt auf dem Höhepunkt seiner künstlerischen Laufbahn angelangt, hatte mit *Tarare* und *Axur* zweifellos seine bedeutendsten Werke komponiert und im Wiener Musikleben eine zentrale Stellung errungen, indem er nicht nur die Hofkapelle und damit auch die Konzerte der Tonkünstlersozietät leitete, sondern zugleich der Oper und der kaiserlichen Kammermusik vorstand.

Ein geruhsames Leben war das nicht. Gleich zu Beginn der neuen Opernspielzeit gab es reichlich viel Ärger. Die berühmte Sängerin Celeste Coltellini war mit ihrer Schwester Anna engagiert worden, kam aber erst mit zwei Wochen Verspätung nach Wien, so daß der ganze Spielplan umgeworfen werden mußte, vor allem die ersten Premieren verschoben werden mußten. Man kannte Celeste Coltellini schon, da sie 1785 bereits in Wien gewesen war (und gleich in drei Salieri-Opern gesungen hatte). Es war aber wohl nicht von ungefähr, daß sie in *Prima la musica e poi le parole* die Rolle der Tonina erhalten hatte, jener kapriziösen Soubrette, die unter anderem dem Komponisten die Noten auf den Boden schmeißt und anschließend noch mit der Primadonna in Streit gerät. Casti hatte als geschickter Theaterdichter ihr darin eine Rolle geschrieben, in der sie sich selbst spielen konnte, wenn auch als Karikatur – aber darin sind Bühnenmenschen nicht empfindlich. Mit den Rivalitäten von

Sängerinnen fertig zu werden gehört zum Alltag eines Opernchefs. Mit der verspäteten Ankunft in Wien lag allerdings ein glatter Vertragsbruch vor, der nicht zu beschwichtigen war. Graf Rosenberg trug dies gleich schriftlich dem Kaiser vor, der bereits im Kriegshauptquartier in Semlin war, jedoch in Theatralangelegenheiten sich über alles unterrichten ließ und weiter mitentschied. Celeste Coltellini, die wohl Folgen ahnte, versuchte nun in die Offensive zu gehen, indem sie sich einerseits über Salieri beschwerte, der sie nicht angemessen auftreten lasse und die ihr zustehenden Rollen verweigere, andererseits aber darauf bestand, nur der Kaiser selbst habe über sie zu entscheiden. Vielleicht erinnerte sie sich daran, daß Joseph II. sie selbst einmal für Wien ausgesucht hatte, und glaubte daher, daß sie andere ausstechen könne. Sie schrieb sogar einen anscheinend recht unverschämten Brief an den Kaiser, der sich jedoch nicht beirren ließ.

»Indem ich Ihnen den Brief der Coltellini zurücksende«, schrieb Joseph II. an Graf Rosenberg, »glaube ich, daß man die Gelegenheit wahrnehmen sollte, sich ihrer zu entledigen und infolgedessen unwiderruflich darauf bestehen, was man ihr angedeutet hat, indem man sich des Vorwandes bedient, daß sie selbst die erste gewesen ist, die den Kontrakt nicht eingehalten hat, da sie erst nach Eröffnung des Theaters eingetroffen ist zum Nachteil der Einnahme.«[8]

Tatsächlich mußte sie zum 31. Juli gehen, nachdem man sie vorher allerdings noch recht häufig auftreten ließ. Es blieb auch gar nichts anderes übrig, da es an großen Sängerinnen mangelte.

Neue Engagements abzuschließen war nicht so einfach. Denn der Kaiser, ohnehin ein Sparsamkeitsapostel, war nun in Kriegszeiten erst recht nicht zu Supergagen bereit und hatte als oberste Grenze für die ersten Sängerinnen 1000 Dukaten (4500 Gulden) festgelegt. Wien war zwar ein begehrter Ort für Sänger, aber anderswo wurde noch wesentlich mehr gezahlt. Für die Oper war überhaupt eine schwierige Zeit angebrochen, denn vom Adel waren viele beim Militär, während die Familien sich auf die Landgüter zurückzogen, die man jetzt nicht schutzlos und leer lassen wollte. Das öffentliche Musikleben reduzierte sich auf ein Minimum. Konzerte fanden kaum noch statt, und auch im privaten Salon war schwerlich das große Gesellschaftsleben angesagt. (Mozart hat bekanntlich unter diesen Kriegsfolgen sehr gelitten, brach doch ein großer Teil seiner Verdienstmöglichkeiten plötzlich zusammen.) Auch an der Oper gingen die Einnahmen zurück. Die Sänger waren nicht gerade zu Höchstleistungen angespornt, die Stimmung sehr gedrückt. Die Abwesenheit des Kaisers machte sich bemerkbar.

Als dann Mitte Juli Joseph II. auch noch einen Finanzbericht bekam, aus dem hervorging, daß das Nationaltheater insgesamt 80000 Gulden Schulden gemacht hatte (sicher teilweise durch die genannten Umstände verursacht), schrieb er in seiner Art, manchmal etwas vorschnell Konsequenzen ziehend, um ein Problem vom Hals zu haben:

»Ich glaube, daß dies der Moment ist, für das kommende Jahr vollständig auf die Oper zu verzichten und infolgedessen jedes weitere Engagement der Mitglieder der Truppe, die in Wien sind, aufzulösen und niemanden mehr von auswärts kommen zu lassen. Man wird zusehn müssen, wie das deutsche Schauspiel allein sich halten wird und abwarten, bis die Zeit kommt, in einem oder zwei Jahren eine neue Opern-Truppe zusammenzustellen.«[9]

Tatsächlich wurde Anfang August sämtlichen Mitgliedern der Oper zum Ende der Spielzeit gekündigt.

Zum zweitenmal mußte es Salieri erleben, daß die italienische Oper, deren Kapellmeister er war, geschlossen werden sollte, doch diesmal nicht eines mutigen Experiments für ein nationales Singspiel wegen, sondern aus finanziellen Gründen und wegen der Dominanz der politischen Situation für den Kaiser: Dessen sonst durchaus förderliche Einmischung in Theaterangelegenheiten, fast eine Art Oberintendanz, mußte sich hier negativ auswirken, er war einfach zu beansprucht von den Kriegsgeschehnissen, wurde krank und müde, desinteressiert und resignativ. Er selbst und ein großer Teil seiner Truppen wurden vom Fieber geschüttelt, ohne entscheidende Schlachten schlagen zu können, und auch die übrige politische Bilanz dieses Herrschers sah genaugenommen katastrophal aus. Sich auch noch mit den Problemen der Oper auseinanderzusetzen – dafür reichte seine Energie nicht mehr aus. Wie aber sah es für die Operisten aus? Bis zum Ende der Spielzeit mußten sie ohnehin weitermachen, und das war noch mehr als ein halbes Jahr. Und in dieser Zeit mußten neue Premieren vorbereitet, der Spielplan aufrechterhalten, allabendlich das Publikum bestens unterhalten werden...

Salieri beteiligte sich mit einer neuen Produktion, die wohl eher ein Verlegenheitswerk war. Vor neun Jahren hatte er zur Eröffnung des »Teatro della Canobbiana« in Mailand den ersten Akt von Carlo Goldonis Komödie *Il talismano* geschrieben, nun ließ er das Textbuch von Da Ponte zu einer dreiaktigen Fassung umändern und bearbeitete und ergänzte die Musik zu einem vollständig eigenen Werk. Es ist eine Buffooper der konventionellen Art mit einfachen Liedformen, und selten einmal verrät etwas den Komponisten eines neuartigen Musiktheaters wie *Axur*. Dazu bot allerdings auch das Libretto kaum Gelegenheit, das viel von der alten Verwechslungskomödie enthält und nur gelegentlich von dem Zauber des Talismans Gebrauch macht, mit dem sein Träger seine Person (und Stimme!) beliebig vertauschen kann. Das Stück konnte dennoch eine Zeitlang gefallen und ist auch häufig nachgespielt worden, geriet nach 1800 allerdings schnell in Vergessenheit.

Gleichzeitig versuchten Salieri und andere, die drohende Schließung der Oper abzuwenden, indem sie das Publikum – insbesondere den Adel – zu mobilisieren suchten. Da Ponte berichtet sogar in seinen Memoiren von einem Projekt, das darauf hinauslief, die Oper in eigene Regie zu nehmen und durch Bürgschaften und Vorausabonnements zu finanzieren. Er will einen fertig ausgearbeiteten Plan dazu dem Kaiser vorgelegt haben, der, von so viel Initiative gerührt, schließlich die Weiterführung der Oper entschieden habe.

Als der Monarch Anfang Dezember vom Kriegsschauplatz nach Wien zurückkehrte, war er schwerkrank, litt unter Bluthusten und Atemnot. Salieri hatte zur glücklichen Rückkehr des Kaisers eine Messe und ein Tedeum geschrieben, die angesichts dieser schweren Krankheit nicht aufgeführt werden konnten. Zu Lobgesang bestand kein Anlaß, der Zustand Josephs II. war besorgniserregend, obschon er sich sowenig wie möglich anmerken ließ. Mitte Dezember konnte der Kaiser endlich auch *Don Giovanni* anhören, wurde aber vom Publikum sehr frostig empfangen und verließ die Oper vorzeitig. Die allgemeine Stimmung war miserabel. Vielleicht war dies der Grund, daß er sich nun doch entschloß, die Oper weiterzuführen, um den allgemeinen Unmut zu bremsen, der durch die gesamtpolitische Situation hervorgerufen wurde.

Die Unsicherheit der vergangenen Monate hatte auf den Spielplan verheerend durchgeschlagen. Wie konnte man auch neue Inszenierungen herausbringen, wenn niemand wußte, wie es weitergehen sollte. Nach Salieris *Il talismano* (10. September) war nur noch eine Erstlingsoper von Joseph Weigl herausgekommen, ansonsten mußte man auf ältere Produktionen zurückgreifen – früher war in dieser Zeit der Hauptsaison monatlich eine neue Inszenierung herausgekommen. Noch einmal sprang Salieri ein, um wenigstens im Februar 1789, also fast am Ende der Spielzeit, dem Publikum Neues zu bieten. Keine andere Oper bot sich an, also schrieb er in kürzester Zeit ein neues Werk, offensichtlich mehr aus Verantwortungsbewußtsein für »sein« Haus als aus künstlerischer Überzeugung.

Da Ponte, als der offizielle Theaterdichter, mußte das Libretto schreiben und wählte den berühmten *Pastor fido* zum Thema, der schon unzählige Male vertont worden war und immer wieder das Publikum begeistert hatte. Aber Eile ist ein schlechter Ratgeber. Da Ponte hatte Giovanni Battista Guarinis kompliziertes Schäferspiel zu vereinfachen gesucht und ein vieraktiges »dramma tragicomico« geschrieben. Natürlich mußte von vornherein die Besetzung mitbedacht werden. Wie groß die Nöte waren, mag man schon daraus ersehen, daß der treue Schäfer Mirtillo mit einem (weiblichen) Sopran besetzt werden mußte, der zudem eine höhere Stimmlage hatte als die Schäferin Amarilli, die er zum Schluß heiratet. Auch sonst wimmelt es in dieser Oper von Ungereimtheiten, drastischen Überraschungen, die komisch sein sollen, und Ungeschicklichkeiten, die auch den Komponisten kaum besonders animieren konnten. Gerade für die komisch gedachten Teile entwickelt die Musik kaum Sinn; Textdichter und Komponist scheinen in der Eile sich nicht zu einer von beiden gemeinsam getragenen Konzeption verständigt zu haben. Man darf dies natürlich nicht allein Da Ponte anlasten – wie es Mosel tut –, denn schließlich hat Salieri den Text immerhin so weit gebilligt, daß er ihn komponiert hat. Den augenblicklichen Problemen des Nationaltheaters konnte dieses Werk kaum aufhelfen: Es wurde nach drei Aufführungen abgesetzt und ist nirgendwo nachgespielt worden[10]. Da Ponte jedoch ließ diese so vollkommen verunglückte Spielzeit mit einem improvisierten Scherz ausklingen, indem er in einer sketchartigen Rahmenhandlung die besten Sängerinnen und Sänger des Hauses mit Erfolgsnummern aus Opern von Cimarosa, Gaßmann, Martín y Soler, Mozart, Paisiello, Piccinni, Salieri und anderen auftreten ließ, gewissermaßen ein Galaabend der Sänger, zudem an jedem Abend in anderer Zusammenstellung dargeboten. Die Oper zeigte ihr wahrlich bedeutendes Personal vor – wenn schon keine neue Oper...

Salieri muß den Kräfteverschleiß deutlich gespürt haben. In der vergangenen Spielzeit hatte er neben der künstlerischen Leitung der Oper, die immer wieder mit den größten Problemen zu kämpfen hatte, wohl die meisten Abende dirigiert, denn allein mehr als ein Viertel aller Aufführungen waren Salieri-Opern – vor allem immer wieder *Axur* –, und hatte geholfen, das Haus durch seine Existenzkrise zu steuern. In der neuen Spielzeit, die wegen der immer bedrohlicheren Krankheit des Kaisers mit Verspätung erst am 20. April begann, beschränkte er sich zunächst ganz auf die Kapellmeistertätigkeit; denn die Probleme des Nationaltheaters waren nicht allein dadurch aufgehoben, daß wenigstens der Bestand der Oper garantiert war. Aber immerhin hatte man für diese Spielzeit so etwas wie eine Konzeption: Einerseits bildeten drei Werke von Domenico Cimarosa einen Schwerpunkt (vermutlich weil man Cimarosa stärker an Wien binden wollte, da er eben Sankt Petersburg verließ) und machten fast ein Viertel der Aufführungen aus, andererseits wurden in der zweiten Hälfte der Spielzeit Werke von Mozart (*Le nozze di Figaro* und *Così fan tutte,* Uraufführung am 26. Januar 1790) und Salieri (*Axur* und *La cifra,* Uraufführung am 11. Dezember 1789) gegenübergestellt. Zugleich waren damit die beiden Da-Ponte-Versionen von Beaumarchais-Texten zu vergleichen. Die Cimarosa-, Mozart- und Salieri-Aufführungen machten insgesamt mehr als die Hälfte aller Aufführungen aus.

Auch *La cifra* war eine Neubearbeitung einer älteren Oper, die Salieri unter dem Titel *La dama pastorella* 1780 für Rom geschrieben hatte, ein damals schnell vergessenes Werk. Wiederum hatte der unentbehrliche Da Ponte das Textbuch umzuarbeiten, genauer gesagt: von einem kleinen Intermezzo zu einer großen Oper auszudehnen. Sie handelt von Eurilla, eigentlich Olympia, der Tochter eines

Grafen, die als Kind zu einem Bauern gegeben wurde. Ein schottischer Lord soll das verlorengegangene Mädchen wiederfinden und darf sie dann heiraten. Die Oper beginnt mit einer Jagdgesellschaft des Lords, die in das Dorf führt, in dem Eurilla lebt. Die Wiederentdeckung der Grafentochter wird einerseits erschwert durch das Mißtrauen des angenommenen Vaters, andererseits durch eine leibliche Tochter dieses Bauern, die sich nichts sehnlicher wünscht, als in der Stadt und in vornehmen Häusern zu leben. Sie drängelt sich immer wieder vor in der Hoffnung, als Tochter des Grafen entdeckt zu werden. Doch Eurillas vornehme und ganz unbäurische Art bestärken den Lord, auf der richtigen Spur zu sein, bis plötzlich beim Bauern ein verschlossenes Kästchen entdeckt wird, das er seinerzeit zusammen mit Eurilla erhalten hat. Neben Schmuck und Edelsteinen enthält es Dokumente über die wahre Abstammung Eurillas. Ein Schlußchor singt den Ruhm des Adels.

Die Ähnlichkeit mit dem Libretto von *Il talismano* ist evident, wenn auch die Zauberkunststückchen hier fehlen. Statt des Zigeunerkolorits, das dort die Umgebung der verlorenen Tochter umspielt, wird hier das bäurische Milieu dem vornehmen Adel gegenübergestellt, wobei Eurillas wahre Zugehörigkeit musikalisch sofort faßbar ist. Zusätzliche dramatische Momente ergeben sich, wenn im ersten Akt die Jagdgesellschaft mitten im Wald in einen Sturm gerät und dabei auch noch ein wilder Eber auftaucht, der von der beherzten und charakterstarken Eurilla auf offener Bühne mit vier Schüssen erlegt wird, während alle anderen fliehen. Selbstverständlich hat Salieri es sich nicht entgehen lassen, eine solche Szene mit allen musikalischen Mitteln auszumalen. Die Rolle der Eurilla war der Sängerin Adriana Francesca Del Bene (genannt »la Ferrarese«), die neu engagiert war, auf den Leib geschrieben, einer Sängerin, die »bei einer unglaublichen Höhe eine frappierende Tiefe«[11] hatte und zu den größten Bravourarien und schwierigsten Koloraturen in der Lage war.

Der unbezweifelbare Erfolg dieser Oper (nicht nur in Wien, sondern bis um 1800 in ganz Europa) war sicher nicht allein in dieser Starrolle begründet, sondern auch in dem naiven romantischen Sujet, das in ähnlicher Form vom Mittelalter bis zum heutigen Trivialroman immer wieder die Gefühle des Publikums anspricht.

In der augenblicklichen Situation der Wiener Oper kam aber etwas ganz anderes hinzu. Trotz des freien Zugangs aller Schichten zum Nationaltheater (sofern sie die teuren Eintrittspreise zahlen konnten), trotz aller Verbürgerlichung des öffentlichen Musiklebens, die gerade in dieser josephinischen Zeit begann, war die italienische Oper am Nationaltheater doch im wesentlichen noch immer vom Adel getragen, sei es der konservativen, standesbewußten Fraktion oder der liberalen, die sich dem Bürgertum mehr und mehr öffnete. Und nun schrieb ausgerechnet im aufregenden Herbst 1789, wo in Frankreich eine in ihren Konsequenzen nicht im mindesten absehbare Revolution begonnen hatte, wo es auch in der Habsburgermonarchie überall gärte (wenn auch eher aus nationalistisch-separatistischen Gründen, aber gewiß in der Entschlossenheit von den französischen Ereignissen ermutigt), jemand eine Oper, die nur als ein einziger Hymnus auf den Adel zu verstehen war, auf seine höhere Kultur und größere Gesittung, auf eine schon durch Geburt errungene höhere Menschenwürde – denn anders war die Wiederauffindung Eurillas als Olympia Comtesse Clerval nicht zu verstehen. Und diese Oper hatte ausgerechnet den Komponisten von *Tarare* beziehungsweise *Axur* zum Komponisten, ein Sujet, das doch die Vorrechte des Adels gerade bestritt und die Legitimation zur Herrschaft von einer durch das Verhalten bestimmten Würde zur Macht abhängig macht, Stücke, die sogar mit der Absetzung eines seine Macht mißbrauchenden Despoten und seiner Ersetzung durch einen vom Volkswillen getragenen aufrichtigen Soldaten enden. Wohl hatte Salieri nichts anderes im Sinn, als dem Publikum seiner Oper, deren Existenz eben noch bedroht war, zu huldigen und damit einen so dringend nötigen Erfolg zu erzwingen, und er dürfte kaum daran gedacht haben, daß die politischen Implikationen wie eine Reversion von *Tarare* wirken konnten. Aber dieses gerade nicht bedacht zu haben, zeigt auch, daß Salieri – trotz seiner politisch hochbedeutsamen Opern (auch *Cublai, gran kan de Tartari* ist hier zu nennen) – im Grunde kein sehr weit denkender politischer Kopf war. Bei einem anderen Komponisten wäre dies nicht besonders bemerkenswert, bei dem von *Tarare* allerdings um so mehr. Salieri hatte sich zweifellos ziemlich weit zum Fenster hinaus gelehnt.

Um die Zeit der Premiere von *La cifra* gab es auch noch einmal

Konflikte mit Mozart, der selbst gerade mit den Proben zur Uraufführung von *Così fan tutte* begonnen hatte. In einem Brief an Michael Puchberg schreibt Mozart:

»Donnerstag aber lade ich Sie (aber nur Sie allein) um 10 Uhr Vormittag zu mir ein, zu einer kleinen Oper-Probe; – nur Sie und *Haydn* lade ich dazu. – Mündlich werde ich Ihnen Cabalen von Salieri erzählen, die aber alle schon zu Wasser geworden sind« (Dezember 1789)[12].

Dabei muß es sich durchaus nicht um »eingebildete Cabalen«[13] gehandelt haben, wenngleich man seine Bemerkung auch nicht überinterpretieren sollte. Einerseits kann es um den Termin der Mozart-Premiere gegangen sein, denn Salieri mußte ein Interesse haben, sie nicht zu dicht auf *La cifra* folgen zu lassen, um seiner Oper genügend Spielzeit zu sichern. Andererseits kann es (mit größerer Wahrscheinlichkeit) um Adriana Francesca Del Bene gegangen sein, die nicht nur Eurilla zu singen hatte, sondern auch die erste Fiordiligi singen sollte. (Mozart hat in Anspielung auf ihren Künstlernamen »la Ferrarese« im Personenverzeichnis seiner Oper zu Fiordiligi und Dorabella, diese von Luisa Villeneufe, einer Schwester Frau Del Benes, gesungen, hinzugefügt: »Die Damen sind von Ferrara und wohnen in Neapel.«) Beide Partien waren höchst anspruchsvoll, beide bemühten sich, den besonderen Stimmcharakter der Ferrarese mit ähnlichen Mitteln besonders wirkungsvoll zur Geltung kommen zu lassen. Und im Spielplan mußte solch gewichtiger Einsatz einer Sängerin natürlich berücksichtigt werden, konnten sich also Aufführungen von *La cifra* und *Così fan tutte* gegenseitig behindern. Aber ein tiefer greifender Streit zwischen Mozart und Salieri ist natürlich aus diesem ganz normalen Theaterkonflikt nicht abzulesen.

Così fan tutte erreichte in schneller Folge fünf Aufführungen – als auch schon die Spielzeit am 11. Februar zu Ende ging. Wenige Tage später, am 20. Februar, starb Joseph II. Man wußte schon lange, daß der Kaiser todkrank war, darüber hatte selbst eine kurzzeitige Verbesserung seines Zustandes im Herbst 1789 nicht täuschen können. Das Erbe, das er hinterließ, das riesige Habsburgerreich, das von den Niederlanden bis Siebenbürgen, von Vorderösterreich (Freiburg im Breisgau) bis Böhmen und Mähren reichte, dem ebenso die Krone Ungarns zugehörte, war in einem desolaten Zustand. Einerseits ein unentschiedener Krieg mit der Türkei, der nicht einmal eigenen Interessen diente, sondern nur Bündnisverpflichtung gegenüber Rußland war, andererseits offener Aufstand in den Niederlanden, in Ungarn Bestrebungen zu einem eigenen Königreich, ein Großteil der inneren Reformen nicht zu Ende geführt oder gescheitert, wie nicht zuletzt die Besteuerung des Adels, die wirtschaftliche Lage katastrophal, der Unwille der Bevölkerung auf einem Punkt, daß man sich nicht einmal scheute, dem sterbenden Kaiser Spottverse zuzurufen . . .

Und doch starb mit ihm auch der große Förderer Salieris (und auch Mozarts), ein Monarch, der für das kulturelle Leben eine außerordentliche Bedeutung gehabt hatte, dem Kunst zum wenigsten höfische Repräsentation war, der sich selbst für schwierige Werke noch persönlich einsetzte. Zugleich hatte er mit einer Vielzahl innerer Reformen ein Künsten und Wissenschaften förderliches Klima der Liberalität geschaffen, ohne den Anspruch des absoluten Monarchen aufzugeben (der gleichwohl ein hohes Maß an Gesetzlichkeit und Vermeidung aller Willkürlichkeit in der Verwaltung sich zum Ziel gesetzt hatte).

Die Folgen für die Wiener Opernbühne waren einstweilen nicht abzusehen. Natürlich war damit zu rechnen, daß eine neue Intendanz eingerichtet würde, zumal von Leopold II. als dem Nachfolger des Kaisers nicht zu erwarten war, daß er in ähnlicher Weise wie sein Bruder die Theatergeschäfte selbst dirigieren werde. Freilich hatte dieser auch erst einmal ganz andere Sorgen als die Oper, in der er sich zum erstenmal erst am 20. September *(Axur)* sehen ließ. Alles wartete ab. Das kann man auch daran sehen, daß die Zahl der Premieren und Neuinszenierungen drastisch zurückging. Immerhin waren aber in der neuen Spielzeit Salieri und Mozart oft zu hören, wobei auf *Le nozze di Figaro* sechzehn und auf *Così fan tutte* fünf Aufführungen fielen, während Salieri mit *La cifra, Axur* und *Il talismano* je achtmal vertreten war. (Daß Mozart von seinem Publikum vergessen worden sei, kann also kaum ernsthaft behauptet werden, zumal *Figaro* schon in der vorigen Spielzeit dreizehn Vorstellungen erlebte.)

Salieri hatte seine Kontakte nach Paris nie abreißen lassen. Nicht nur erhielt er von dort zahlreiche neue Librettovorschläge, er selbst war auch an einer weiteren Zusammenarbeit äußerst interessiert, und zwar wiederum mit einer französischen Oper, denn von den italienischen Buffonisten glaubte er nicht, daß sie sich in Paris würden halten können. Im März 1789 schreibt er an Franz Kruthoffer sogar:

»Ich zweifle nicht, bald zum drittenmal mit einem neuen Werk, das ich für das Théâtre de l'opéra schon begonnen habe, nach Paris zu kommen.«[14]

Tatsächlich hatte er sich für einen der ihm angebotenen Stoffe begeistern können, *La Princesse de Babylone* von Désiré Martin. Das Libretto war ihm bereits im Spätherbst 1787 (zunächst anonym) zugesandt worden. Vorläufig waren allerdings die Wiener Opernprobleme dringender. Dann war ihm von der »Académie Royale de musique« bedeutet worden, daß dieses Projekt kaum so ohne weiteres sich werde realisieren lassen wegen der enorm hohen Kosten, die es beanspruche. Gleichwohl hatte er sich immer wieder mit dem Plan beschäftigt, fast den ganzen ersten Akt schon komponiert. Im August 1789 schienen die Aussichten angesichts der politischen Ereignisse einer so teuren Ausstattungsoper, denn nichts weniger beinhaltete der Stoff, kaum mehr günstig. In einem Brief an den Librettisten schrieb Salieri:

»Die schrecklichen Neuigkeiten, die auf uns einherfallen, Paris in das größte Unglück gestürzt, sie haben mir den Mut genommen und die Lust, an so unterhaltsame Dinge zu denken. Wie die Dinge jetzt liegen und wo, wie man uns glauben macht, alles eine weniger schlimme Wendung nimmt und die Nachrichten uns die Hoffnung auf ein glückliches Ende geben, kann man auch wieder von Libretti und Musik zu reden beginnen.«[15]

In Wien war man über die Ereignisse in Frankreich bestens unterrichtet. Die *Wiener Zeitung* brachte täglich die neuesten Ereignisse (wenn auch mit einer nachrichtentechnischen Verzögerung von zehn bis vierzehn Tagen). Wenn Salieri also von den ersten schrecklichen Neuigkeiten redet, so meint er offensichtlich jene ersten Gewaltereignisse um den 14. Juli, den Bastillesturm, die auch durch persönliche Übergriffe und Rachemorde gekennzeichnet waren. Die neuen Hoffnungen bezogen sich offensichtlich auf die

Arbeit der Nationalversammlung und die in verhältnismäßig geordneter Form vollzogene Abschaffung der Feudalordnung. Über die Sitzungen der Nationalversammlung wurde ausführlich, mit Darstellung der wichtigsten Redebeiträge, berichtet, so auch über die Beratungen zur Erklärung der Menschenrechte, die am 26. August beschlossen wurde. Salieri gehörte offensichtlich zu jenen Beobachtern der Französischen Revolution, die ihr mit verhaltener Freude zustimmten, zugleich aber aufs äußerste erschrocken waren über die Akte roher Gewalt und die größte Furcht vor der Entfesselung der Volksmassen hatten.

Dem Librettisten Martin stelle er frei, günstigere Verhältnisse abzuwarten, oder wofern er einen anderen Komponisten vorziehe, mit dem er dies Werk realisieren könne, so überlasse er ihm die Entscheidung. Tatsächlich wurde das Projekt einstweilen zurückgestellt.

Aber da war ja noch Beaumarchais. Trotz aller Zweideutigkeit seiner politischen Haltung mischte er noch immer kräftig mit, wenngleich bereits argwöhnisch beobachtet. Gelegenheiten zu großem öffentlichen Spektakel ließ er sich so leicht nicht entgehen. Für den ersten Jahrestag des Bastillesturmes wurden umfangreiche Feste geplant, beste Gelegenheit für Beaumarchais, an diesen Tagen mit einer neuen Inszenierung von *Tarare* dabei zu sein. Allerdings sollte das ohnehin schon überlange Werk noch mit einem Epilog nach neuestem Geschmack gekrönt werden, dem »Couronnement de Tarare«. Die Musik hierzu sollte Jean-Baptiste Lemoyne oder André Ernest Modeste Grétry schreiben, doch beide lehnten diesen Auftrag ab, der ihnen politisch höchst fragwürdig vorkommen mußte. Daraufhin wurde Salieri gebeten, diese ergänzende Komposition selbst vorzunehmen. Und er nahm an. Ihm schien vielleicht in diesem Epilog das von der Revolution bis dahin Erreichte, eine konstitutionelle Monarchie, unter der ein umfangreiches Reformwerk beginnt, angemessen ausgedrückt und für die Festlichkeit geeignet. Daß bis dahin freilich erst ein erster Akt der Revolutionsgeschichte sich abgespielt hatte, daß die Gärung im Volk, die Forderungen der verschiedenen Gruppen und Clubs noch sehr viel weiter gehen würden, daß längst noch nicht entschieden war, wohin die Macht einmal fallen werde, konnte er im fernen Wien nicht übersehen. Und schon gar nicht einzuschätzen war, daß der immer ein bißchen zu großsprecherisch auftretende Beaumarchais sich unter den Revolutionären auf immer dünnerem Eis bewegte. Als Salieris Noten in Paris ankamen, schrieb ihm Beaumarchais überschwenglich:

»Weder Sie noch sonst einer, lieber Freund, kann sich diesen Enthusiasmus vorstellen, den das große Fest am 14. [Juli] hervorruft. 15000 Arbeiter sind damit beschäftigt, am Turm des Marsfeldes die Erde zu einer Böschung aufzuschütten, wo das Ereignis sich abspielen wird, man fürchtet schon, daß wegen ihrer Nachlässigkeit ihre Arbeit nicht fertig wird; alle Bürger von Paris begeben sich an die Arbeitsstelle; und auch die Mont Morencis, schließlich die Kohlenhändler unserer Häfen; Männer, Frauen, Priester, Militärs, alle hacken die Erde auf und ziehen die Schubkarren. Ich hörte, daß der König heute abend mit der Nationalversammlung kommen will, um die Arbeiten anzufeuern; das ist Freude, Gesang, Tanz! Man hat in keinem Land eine ähnliche Begeisterung gesehen. 400000 Menschen werden zu ihrem Vergnügen am 14. das prächtigste Schauspiel sehen, das jemals die Erde dem Himmel geboten hat. Guten Tag, lieber Freund, ich vermisse nur Ihre Anwesenheit; aber Ihres Erfolges können Sie sicher sein.«[16]

Unterschrieben war dieser Brief mit »Beaumarchais«; dem Bürgermeister von Paris jedoch, dem er ein Prachtexemplar des Textes zum »Couronnement de Tarare« widmete, unterzeichnete er wenig später mit »Caron, vormals Beaumarchais« – Adel, wem Adel gebührt?

Die erste Aufführung von *Tarare* mit dem neuen Schluß sollte am 18. Juli sein, also gleich im Anschluß an das dreitägige Fest. Allerdings verzögerte sich die Premiere doch bis zum 3. August. Über die Aufführung schrieb Beaumarchais am 15. August an Salieri:

»Jetzt, mein lieber Salieri, muß ich Ihnen die Rechnung Ihres großen Erfolges machen. *Tarare* ist bisher dreimal gespielt worden. Die Oper wurde mit wunderbarer Sorgfalt gegeben. Das Publikum hat sie als ein erhabenes Werk der Musik aufgenommen. Sie stehen bei uns jetzt an der Spitze. Die Oper, die seit einem Jahr ungefähr 500 bis 600 Livres einnimmt, machte am ersten Abend von *Tarare* eine Kasse von 6540 Livres, am zweiten von 5400 Livres. Die

Darsteller haben sich streng an mein Prinzip gehalten, den Gesang als eine Zugabe des Spiels zu beachten, und wurden zum erstenmal den größten Talenten des Theaters für ebenbürtig gehalten; und das Publikum schrie: *Solche Musik! nicht eine überflüssige Note; alles zielt auf den großen Effekt der dramatischen Aktion!* Welches Vergnügen für mich, mein Freund, zu sehen, daß man Ihnen endlich diese große Gerechtigkeit zukommen läßt und daß man Sie im Chor *den würdigen Nachfolger Glucks* nennt.«[17]

Für Beaumarchais war die Rechnung wieder einmal aufgegangen – ganz in Livres ausgedrückt. Was er Salieri allerdings verschwieg, war die höchst zwiespältige Reaktion des Publikums auf diese »Krönung«. Denn der Aristokratie, die vornehmlich in den Logen saß, ging diese Darstellung zu weit, anderen war sie nicht entschieden genug. Und auch davon hatte Beaumarchais nichts gesagt, daß das »Comité de l'Opéra« ihn aufgefordert hatte, dem Publikum durch die Zeitungen seine Intentionen mit diesem Epilog zu erläutern, weil der Lärm wohl auf Mißverständnisse zurückzuführen sei. Und Beaumarchais hatte sich tatsächlich aus seiner Reserve herauslocken lassen und sich öffentlich unmißverständlich zum Respekt vor dem König bekannt... Für einen Autor, der während des Ancien régime in *La Folle journée* den Adel mit scharfen Worten angegriffen hatte und mit *Tarare* nicht weniger deutlich die Kirche und das Königtum, war eine solche politische Erklärung zwar kein förmlicher Widerruf, aber doch ein opportunistisches Zurückweichen vor den Konsequenzen der eigenen politischen Wirkung. Es war die Haltung eines Bourgeois, der kurze Zeit später nur noch durch die Flucht ins Ausland seine Haut retten konnte.

Das »Couronnement de Tarare« zeigt in einer für die Zeit nach 1795 und für den Aufstieg Napoleons I. fast prognostischen Weise die bei allen Erfolgen auch engen Grenzen der Revolution: Zunächst findet eine feierliche Handlung statt, zu der ein »Altar des Vaterlandes« hereingetragen wird und ein Gesetzbuch, das mit einer goldenen Krone geschmückt ist; dann erhält Tarare den Purpurmantel und das Zepter und nimmt mit Aspasie auf dem Thron Platz. Erste Amtshandlungen sind die Aufhebung der Klostergelübde und des Zölibats (Fragen, die gerade auf der Tagesordnung der Nationalversammlung standen), die Ehescheidung (von Spinette und Calpigi), die Aufhebung der Sklaverei (bei den Negern von Sansibar, die darauf einen ausgelassenen Freudentanz veranstalten). Doch dann erscheint ein ungeordneter, zügelloser Volkshaufen und schreit durcheinander: Alles ist anders geworden, wir brauchen niemandem mehr zu gehorchen. Dieser Volksmasse treten nacheinander der Magistrat, das Militär, die friedlichen Bürger, Bäuerinnen und Bauern und schließlich die Priester des Todes entgegen, wobei sich Tarare unter die Bürger reiht (!), worauf sich das Volk allmählich beruhigt. Mit einem allegorischen Bild von Thron, Altar und Gesetzbuch und darüber dem Sonnenwagen und den Genien der Natur und des Feuers (aus dem Prolog) schließt dieses Nachspiel.

Salieri selbst, obschon von Beaumarchais dazu eingeladen, hatte keine Zeit, zur Aufführung nach Paris zu fahren. Denn als Hofkapellmeister hatte er offizielle Verpflichtungen bei dem Krönungsreigen, der im Herbst 1790 für Leopold II. begann. Denn da war einerseits die Krönung zum Römischen Kaiser (9. Oktober 1790 in Frankfurt am Main), der noch die habsburgisch-bourbonische Doppelhochzeit voranging[18], andererseits die Krönung zum König von Ungarn (15. November in Preßburg) und schließlich zum König von Böhmen (6. September 1791 in Prag). Salieri hatte zwar keine neuen Opern zu diesen gewichtigen Anlässen zu schreiben, jedoch ein Krönungs-Tedeum komponiert, hatte aber auch mit der Hofkapelle bei den Feierlichkeiten Dienst zu versehen.

Unter neuen Herrschern dreht sich das Personalkarussell. Graf Rosenberg wurde als Oberdirektor der Hoftheater durch Johann Wenzel Graf Ugarte abgelöst, und auch Salieri bat, ihn von seinem Amt als Hofkapellmeister zu entbinden. Mit dem neuen Kaiser taten sich alle schwer, denn niemand wußte ihn recht einzuschätzen. Er wirkte verschlossen, seine politischen Pläne waren undeutlich, sein Interesse an der Musik schien nicht sehr ausgeprägt zu sein, und von seiner Frau Maria Ludovica nahm man an, sie werde ohnehin nur die gewohnte melodienselige neapolitanische Oper goutieren. Zum Kennenlernen bestand auch kaum Gelegenheit, denn Leopold II. war zunächst die meiste Zeit unterwegs und hatte angesichts der angespannten politischen Situation auch keine Zeit für gesellschaftliches Leben. Mochte vieles, was über Leopold gesagt wurde, Vorurteil sein, so hatte andererseits der neue Kaiser auch ein tiefes

Mißtrauen gegenüber der engeren Umgebung Josephs II., teils weil er sie als mitschuldig ansah an dem politischen Scherbenhaufen, den er vorfand, teils weil er in ihnen unaufrichtige Schmeichler vermutete.

Salieri hat ebensowenig wie Mozart Zugang zum neuen Kaiser gefunden. Wenn es stimmt, daß Leopold II. über Salieri sagte, ein so bedeutender Komponist solle Opern schreiben, aber nicht abends in der Oper am Piano sitzen, so spricht daraus zwar Respekt, aber keine wirkliche Vorstellung von dem, was Salieri für die Oper am Nationaltheater geleistet hatte. Und wenn er Weigl, den jungen Schüler und Assistenten Salieris, zu seinem Nachfolger ernannte, ohne dessen bisheriges spärliches Gehalt von 600 Gulden anzuheben, darüber hinaus erst nach einem Jahr die Ernennungsurkunde ausstellte, so spricht daraus auch eine Mißachtung der Oper und ihrer Leistungen. Salieri wurde als Opernkapellmeister mit der Bedingung entlassen, jährlich eine neue Oper zu schreiben, ein Verhältnis, das ihm die aufreibende Verantwortung in der Operndirektion nahm und ihn zugleich in freier Form dem Nationaltheater weiterverpflichtete. Seine Stellung als Hofkapellmeister mit allen damit verbundenen Aufgaben behielt er bei.

Salieri war jetzt gerade vierzig Jahre alt. Vor zwanzig Jahren war er zum erstenmal als Opernkomponist in Erscheinung getreten, hatte seitdem fast dreißig Opern mit unterschiedlichstem Erfolg geschrieben; einige unter ihnen gehörten zu den herausragendsten und spektakulärsten Werken seiner Zeit, wie *Les Danaïdes, Tarare* und *Axur,* einige wurden in ganz Europa nachgespielt. Seit sechzehn Jahren war er als Kapellmeister der italienischen Oper in Wien tätig gewesen. Er hatte eine der einflußreichsten Stellungen im Musikleben – aber den Höhepunkt seines Opernschaffens hatte er mit den Pariser Opern erreicht. Sechs Jahre älter als Mozart, hatte er den Zenit seiner Laufbahn zu dem Zeitpunkt, als Mozart starb, bereits überschritten. Unter den noch folgenden elf Opernwerken sind kaum zwei oder drei, die den Rang seiner früheren Werke erreichen. Großartige Alterskarrieren, ungebremste Schaffenskraft im hohen Alter, verbunden mit einer Meisterschaft durch lebenslange Erfahrung, Wachheit und Konzentration waren in dieser Zeit etwas höchst Seltenes – von den Älteren wären hier einzig Gluck und Haydn zu nennen, unter den Jüngeren Luigi Cherubini. Vielleicht war dieses frühe Erlahmen der kompositorischen Kräfte (in einem Alter, wo mancher Stern heute erst aufzusteigen beginnt) der Preis für einen außerordentlich frühen Beginn selbständiger künstlerischer Tätigkeit (wie man ihn übrigens in anderen Künsten seltener beobachten konnte) und einen zweifellos damit einhergehenden Raubbau an Kräften durch eine fast pausenlose überproduktive Anstrengung.

Salieri jedoch hat frühzeitig ein anderes Tätigkeitsfeld gefunden, das ihn bis ins hohe Alter beschäftigen sollte: als Kompositionslehrer und Gesangspädagoge, als wichtiger Organisator des Wiener Musiklebens und schließlich als Komponist kirchlicher Gebrauchswerke. Das Ende seiner Operndirektion war dennoch ein tieferer Einschnitt seines Lebens, als ihm bewußt war, mochte er sich auch fürs erste freudig entlastet fühlen.

8. Kapitel

Niedergang in der Restaurationszeit

1791–1802

Seit der Wiedereinrichtung der italienischen Oper (1783) hatte Lorenzo Da Ponte einen gewichtigen Anteil an den neuen Produktionen des Nationaltheaters gehabt. Er war nicht nur ein eminent fleißiger Theaterdichter, der sich allen Aufgaben bereitwillig stellte, sondern er war mit seinen Libretti auch an den größten Erfolgen beteiligt. Die Zeitgenossen dachten bei Da Ponte nicht nur an die Mozart-Opern, sondern auch an *Una cosa rara* und *L'arbore di Diana* von Vicente Martín y Soler, an *Axur* oder vielleicht auch an *Gli equivoci* von Stephen Storace, eine Bearbeitung von William Shakespeares *Comedy of Errors*. Mochte man Da Ponte auch vorwerfen, er sei eigentlich kein origineller Theaterdichter gewesen, habe kaum eigene Opernstoffe zu entwickeln gewußt, so steht dem gegenüber, daß er als Bearbeiter fremder Sujets durch seinen eminenten musikdramatischen Instinkt Hervorragendes geleistet hat, nicht nur für sehr verschiedenartige Komponisten, sondern auch in vielerlei Gattungen und unterschiedlichstem Kolorit. Mythologisches stand neben dem aktuellen Zeitstück, Pastorale neben konventionellen Verwechslungskomödien, Zigeunertum neben asiatischem Hofprunk, und immer wieder das Bauernleben (noch ganz ohne romantische Verklärung). Vor allem aber war Da Ponte ein Dichter, der bereit war, die engen Vorgaben von Gattungskonventionen zu brechen und dem Musiktheater gänzlich neue Ausdrucksformen zu erschließen, die jeden Traditionsrahmen sprengten. Mozart hätte ohne Da Ponte weder *Le nozze di Figaro* noch *Don Giovanni* schreiben können, Salieri nicht *Axur,* weil ihnen kein anderer

Textdichter das Libretto so nach ihren Wünschen und Bedürfnissen und zugleich mit so viel Theaterverstand hätte bearbeiten können. (In Wien jedenfalls gab es – trotz Giambattista Casti – keinen, der Da Ponte auch nur annähernd ersetzen konnte, und wo sonst wäre einer unter den vielen Dichtern für diese Aufgaben vorstellbar?)

Aber Kränze, die die Nachwelt flicht, sind das eine, ein anderes ist der Opernalltag, in dem Da Ponte mit seinem reizbaren Temperament arbeiten mußte. Ganz offensichtlich war er einer von denen, die öfter im Mittelpunkt von Theaterintrigen standen. Sein Liebesverhältnis mit Adriana Francesca Del Bene mag dabei eine Rolle gespielt haben – daß es auch außerhalb des Theaters öffentlichen Anstoß erregt habe, gar deshalb, weil die Sängerin eine verheiratete Frau war und Da Ponte ein Abbate, läßt sich aus den Dokumenten schwerlich erweisen (wird aber heutzutage so oft wiederholt, daß man den Eindruck hat, hierbei mehr auf die prüden Vorstellungen seiner Erzähler zu treffen). Sicher ist, daß er ein Gutachten schrieb, um die Direktion davon zu überzeugen, daß sie das Engagement der Sängerin verlängern müsse. Kurze Zeit darauf fragte Martín y Soler aus Sankt Petersburg an, ob er nicht dort Hofdichter werden wolle. Da Ponte, der wohl spürte, daß das Engagement seiner Geliebten nicht verlängert würde, fragte bei einem Subalternbeamten nach einer vorzeitigen Kündigung und erhielt die Auskunft, er sei bis März 1792 vertraglich an Wien gebunden. Etwa zur gleichen Zeit wurden am Theater Verleumdungen über ihn verbreitet, die ihn in Rage brachten. Er verlangte eine Audienz beim Kaiser, die vereitelt wurde, und schrieb darauf einen impertinenten Brief, der die Verstimmung über ihn vergrößerte. Schließlich teilte man ihm mit, man wolle auf seine Dienste verzichten und zahle ihm eine Entschädigung, aber er solle Wien baldigst verlassen. Diese De-facto-Ausweisung zu Ostern 1791 wiederum kränkte Da Ponte so sehr, daß er nun alles daransetzt, sich persönlich vor dem Kaiser zu verteidigen und sich zu rehabilitieren. Tatsächlich kommt es zu einer allerdings ergebnislosen Audienz bei Leopold II. in Triest, worauf Da Ponte den Kaiser mit mehreren Briefen zu einer Entscheidung drängt. Schließlich kehrt er noch einmal nach Wien zurück, nun alles auf eine Karte setzend, trifft aber an dem Tage dort ein, als Kaiser Leopold II. völlig überraschend stirbt. (Dessen Sohn und Nachfolger Franz II. verfügt die endgültige Abschiebung – mit einem Reisekostenzuschuß aus dem Polizeifonds.)

Dieser unrühmliche Abgang beendete Da Pontes außerordentlich bedeutsame Theaterarbeit in Wien, sein Zusammenwirken mit Mozart und Salieri, dem die größten Opernwerke zu verdanken sind. Von Mozart sind keinerlei Äußerungen über seinen Librettisten überliefert, während Da Ponte in seinen Memoiren Mozart zu seinem Abgott erklärt. (Noch am Ende seines langen Lebens war es ihm vergönnt, die erste *Don-Giovanni*-Aufführung 1825 in New York zustande zu bringen.) Das Verhältnis zu Salieri, für den er immerhin fünf Libretti geschrieben oder bearbeitet hatte, war geschäftsmäßig und sachbezogen. Da Ponte spricht von ihm mit großer Anerkennung und Respekt, aber ohne freundschaftliche Wärme.

Unter der neuen Direktion wurde Da Ponte nicht mehr gebraucht. Daß jetzt ganz andere Interessen die Oper bestimmten, geht aus manchen Entscheidungen der Spielzeit 1791 hervor. Um wieder richtige Opere serie aufführen zu können, wurde mit Angelo Testori ein Kastrat in das Ensemble aufgenommen, was es während der ganzen josephinischen Zeit nicht mehr gegeben hatte. Sodann wurde wieder ein Ballett zusammengestellt, das unter Joseph II. dem Sparsamkeitsregime zum Opfer gefallen war. Und schließlich kamen Neuerungen vor, die eine ziemliche Gleichgültigkeit gegenüber dem Kunstwerk, statt dessen aber kunstfremde Repräsentationsinteressen erkennen ließen: Opernakte wurden einzeln aufgeführt und durch Ballette ergänzt. Das Nationaltheater hatte in kürzester Zeit seinen Charakter vollständig gewandelt, und man versteht nachgerade, warum ein Komponist wie Mozart sich neue Bühnen suchte und mit der *Zauberflöte* in Emanuel Schikaneders »Freihaustheater auf der Wieden« auch bestens aufgehoben war. Salieri hingegen, der doch eigentlich jährlich neue Opern abliefern sollte, zog sich zurück – und schwieg. Nicht daß er zu komponieren aufgehört hätte, er schrieb bis 1802 noch elf Opern, aber die erste von ihnen wurde erst 1795 aufgeführt, als das Nationaltheater verpachtet und in private Hände übergegangen war.

Mit Mozart hatte Salieri, befreit von allem Theaterstreit, zuletzt ein völlig entspanntes Verhältnis. Denn wie anders sollte man den Brief lesen, den Mozart, der doch oft genug über »Cabalen« Salieris geklagt hatte, an seine Frau Konstanze über eine Aufführung der *Zauberflöte* schrieb, zu der er seinen Sohn Karl Thomas aus dem Internat zusammen mit seinem Schwager Franz Hofer abgeholt und Salieri und die Sängerin Catarina Cavalieri eingeladen hatte:

»Gestern Donnerstag den 13:ten ist Hofer mit mir hinaus zum Carl, wir speisten daraus, dann fuhren wir herein, um 6 Uhr hohlte ich Salieri und den [ein später gestrichenes Wort] Cavalieri mit den Wagen ab, und führte sie in die Loge – dann gieng ich geschwind die Mama und den Carl abzuhohlen, welche unterdessen bey Hofer gelassen habe. Du kannst nicht glauben, wie artig beide waren, – wie sehr ihnen nicht nur meine Musick, sondern das Buch und alles zusammen gefiel. – Sie sagten beide ein *Opera,* – würdig bey der größten festivität vor dem größten Monarchen aufzuführen, – und Sie würden sie gewis sehr oft sehen, den sie haben noch kein schöneres und angenehmeres Spectacel gesehen. – Er hörte und sah mit aller Aufmerksamkeit und von der Sinfonie bis zum letzten Chor, war kein Stück, welches ihm nicht ein bravo oder bello entlockte, und sie konnten fast nicht fertig werden, sich über diese Gefälligkeit bei mir zu bedanken Sie waren allzeit gesinnt gestern in die Oper zu gehen. Sie hatten aber um 4 Uhr schon hinein sitzen müssen – da sahen und hörten Sie aber mit Ruhe. – Nach dem Theater ließ ich sie nach Hause führen, und ich supirte mit Carl bei Hofer« (14. Oktober 1791)[1].

Diese spontan und offen geäußerte Anerkennung, vielleicht sogar Begeisterung war zu echt, als daß man aus ihr verkniffenen Neid, Haßliebe gar herauslesen könnte. Und Mozart war zu sensibel, um nicht Zwischentöne, Schmeichelei, unterdrückte andere Gefühle herauszuhören – gerade bei Salieri, den er so lange schon kannte. Sie beide waren in je verschiedenster Weise die spektakulären Opernkomponisten in Wien, wobei Salieris Opernerfolge außerhalb von Wien bis jetzt zweifellos die größeren waren. Nur daß Salieri sich auf das Musiktheater beschränkte, während Mozart vor allem als Pianist und als Komponist der verschiedenartigsten Gattungen gefeiert war. Schon die Tatsache dieser Einladung in *Die Zauberflöte* spricht für einen freundschaftlich-kollegialen Umgang, denn Salieri war jetzt nicht mehr der gefürchtete Kapellmeister, mit dem man sich gutstellen mußte, sondern befand sich dem neuen Kaiser gegenüber in einer Mozart nicht unähnlichen Situation. Und andererseits hatte der Komponist von *Axur* nicht den geringsten Grund, vor Mozart zu erblassen.

Nicht einmal acht Wochen später war Mozart tot, nach einer kurzen, bis heute nicht näher definierbaren Infektionskrankheit plötzlich gestorben. Daß Salieri ihn noch auf dem Krankenbett besucht habe, ist durch nichts erwiesen. Er soll an der Einsegnung von Mozarts Leiche im Stefansdom teilgenommen haben, auch dies ist nicht zuverlässig verbürgt, indes wahrscheinlich. Was mag in ihm vorgegangen sein, während die Totengebete gesungen wurden? Er schwieg – und mußte es sich später gefallen lassen, daß dieses Schweigen den absurden Verdacht begünstigen konnte, er selbst habe Mozart vergiftet. Hat er denn wenigstens wie seinerzeit bei Christoph Willibald Gluck die Tonkünstlersozietät zu einem Gedenkkonzert zu bewegen versucht, zumal Mozarts Familie, wie allgemein bekannt war, mittellos und unversorgt war? Auch darüber hat sich kein Hinweis erhalten. Immerhin gehörte Mozart, obschon er so viel für diese Pensionskasse getan hatte, ihr nicht an, und Präzedenzfälle zu vermeiden gehörte offenbar zu den strikt eingehaltenen Prinzipien dieser Gesellschaft. Hat Salieri deshalb vielleicht gar keinen Versuch unternommen? Oder ist sein Antrag abgeschmettert worden? Jedenfalls kann man es ihm nicht anlasten, daß hier nichts geschah. Immerhin hat Salieri später Mozarts jüngsten Sohn, Franz Xaver Wolfgang, unterrichtet – unentgeltlich wie fast alle seine Schüler.

Nicht einmal vier Monate später starb völlig überraschend Leopold II., der seinem Bruder so unwillig auf den Thron gefolgt war, so daß nun Leopolds vierundzwanzigjähriger Sohn Franz die schwere Bürde des Habsburgerreiches allzu früh übernehmen mußte. Und schließlich starb sechs Wochen nach dem Kaiser auch seine Frau Maria Ludovica. All diese Begräbnisse erfolgten nach dem pompösen Habsburger Zeremoniell, ein strenges und unpersönliches Ritual nach komplizierten Regeln, deren hohen Symbolgehalt vermutlich kaum noch einer verstand. Und anschließend begann noch einmal der Reigen der Kaiser- und Königskrönungen in Frankfurt am Main, Preßburg und Prag – zum letztenmal in der Geschichte des Heiligen Römischen Reiches. Salieri hatte als Hofkapellmeister bei all diesen Gelegenheiten seine Dienstpflichten, aber eigens Neues komponiert wurde nicht, sondern man wiederholte bei der Krönung in Frankfurt die *Missa solemnis* von Vincenzo Righini, die man auch schon zwei Jahre zuvor aufgeführt hatte.

Seit Sommer 1791 war Casti wieder in Wien, der sich noch immer Hoffnungen machte, kaiserlicher Hofdichter zu werden. Ungeachtet der völlig veränderten Situation und der Tatsache, daß *Cublai, gran kan de Tartari* noch nicht aufgeführt worden war, schrieb er gleich ein neues Libretto für Salieri, mindestens ebenso problematisch wie das vorige. Aber Salieri kümmerte sich nicht lange um Aufführungschancen, sondern komponierte ohne weitere Rücksichten als ein freier Mann und notfalls für die Schublade zu seinem eigenen Vergnügen *Catilina,* eine »opera tragicomica«.

Die Oper beinhaltet jene bekannte zweite catilinarische Verschwörung, die Anlaß für Ciceros berühmte Rede »Quousque tandem« (wie lange eigentlich noch?) gewesen ist, jedem Lateinschüler seit unvordenklichen Zeiten bestens vertraut. Wie leicht vorstellbar, enthielt dieser Stoff einer großangelegten Staatsverschwörung eigentlich nichts Komisches, und auch Casti hat keinerlei komische Figuren hinzugefügt. Das Komische in dieser Oper entsteht allein dadurch, daß hier nicht Schwarz in Weiß gezeichnet, sondern »farbiges« Grau mit allen Zwischentönen, Farbbeimischungen und Beleuchtungszugaben gemalt wird.

Catilina gilt in der ganzen Überlieferung als der Prototyp eines finsteren und zügellosen Wüstlings, der sich nicht scheut, den Staat ins Verderben zu stürzen, indem er sein ausschweifendes Leben auf der politischen Bühne fortsetzt und so zugleich abzusichern sucht durch eine gefährlich große Anhängerschaft, die mit entsprechenden Versprechungen geködert wurde. Ihm gegenüber stehen Cicero und Cato, Inbegriffe der Sittenstrenge, politischer und moralischer Tugend sowie der altrömischen Tradition. Das Sujet entspricht ganz den pathetischen Römerdramen, wie sie zur Genüge bekannt waren. Aber gerade sie erfahren hier ihre parodistische Umformung. Nur geschieht dies nicht dadurch, daß in plumper Weise Cicero einfach als lächerliche Figur dasteht, wohl aber als jemand, der bei aller Sympathie, die ihm auch der Komponist erweist, menschliche Schwächen zeigt und selbst in großen Auftritten keineswegs der große Held ist, sondern zwiespältige Wirkungen hervorruft. So wird deutlich seine Ängstlichkeit gezeigt, die im Gegensatz zur Pose des großen Redners steht. Seine »quousque tandem«-Rede, vom Senat auf das Forum Romanum verlegt, gerät vor den Menschenmassen, die zum Teil auch Anhänger Catilinas sind, ins Stocken, wird immer wieder unterbrochen, und Cicero gibt unfreiwillig eine komische Figur ab, ohne daß er damit von Casti/Salieri vollständig der Lächerlichkeit preisgegeben wird. Er muß gewissermaßen durch solche ambivalenten Szenen hindurchgehen, um am Ende Sieger über die Verschwörer sein zu können, ein Moment schonungslosen Realismus einer insgesamt dem historischen Stoff angepaßten ernsthaften Handlung. Ähnlich ergeht es Fulvia, der Tochter Ciceros, die mit Curio, einem schwankenden Anhänger Catilinas, verlobt ist und einerseits durch einen höchst komischen Ritus in den Kreis der Verschwörer aufgenommen wird, andererseits dadurch den entscheidenden Verrat zur Ausschaltung Catilinas begehen kann.

Salieri war sich wohl bewußt, daß *Catilina* eine Gratwanderung darstellte. Seine erst im Alter einigen Opern eingeschriebenen kritischen Bemerkungen empfehlen, diese Oper eher zu lesen als aufzuführen. Das heißt aber auch, daß Salieri sich des Wertes seines Werkes wohl bewußt war. Aber er machte auch immer wieder darauf aufmerksam, daß es guter Schauspieler bedürfe, die sehr viel Feingefühl besäßen[2]. Die Oper enthält lange rezitativische Teile, denen große Ensembleszenen gegenüberstehen. In den Volksszenen stellt der Chor teilweise erregte Parteiungen dar und ist so selbst zu einem wesentlichen Handlungsträger geworden.

Mit diesem Werk schwammen Casti und Salieri zweifellos gegen den Strom. Einen so pathosgeladenen Stoff in so reflektierender Weise und dadurch das Komische im Ernsten und Schicksalsschweren darzustellen hatte kein Vorbild und war auch angesichts des Fortschreitens der Französischen Revolution, die mit immer neuen verwirrenden Meldungen in Wien verfolgt wurde, nicht aufführbar, erst recht nicht, als nach der Hinrichtung König Ludwigs XVI. die Jakobiner an die Macht kamen. So blieb *Catilina* in Salieris Schublade und ist bis heute nie aufgeführt worden.

Während Salieri mit der Komposition von *Catilina* beschäftigt war, saß sein Schüler Franz Xaver Süßmayr über Mozarts *Requiem*, das er im Auftrage Konstanze Mozarts vollenden sollte, damit es als fertige Komposition (Mozarts) seinem Besteller übergeben werden konnte. Süßmayr, der erst 1791 Schüler und Assistent Mozarts geworden war, war wohl zuvor schon Schüler Salieris gewesen und wurde es wieder gleich nach Mozarts Tod. Man wird annehmen dürfen, daß Salieri über die besonderen Bewandtnisse des *Requiems* informiert war, wenngleich er Süßmayr natürlich kaum beraten haben wird; schließlich wußte der genauer über Mozarts kompositorische Wünsche und Eigenarten Bescheid. Doch war Salieri bei den Proben für die erste Aufführung dieses Werkes am 4. Januar 1793 dabei, wie Konstanze sich noch Jahrzehnte später erinnerte.

Wohl ziemlich bald nach *Catilina* schrieb Salieri eine neue Oper auf einen Text von Caterino Mazzolà, *Il mondo alla rovescia*. Das Sujet ging auf Carlo Goldoni (1750) zurück und war seinerzeit von Baldassare Galuppi vertont worden. Aber der Stoff findet sich auch anderswo, selbst Marivaux war schon auf ihn verfallen.

Es geht um eine Insel, auf der das gesellschaftliche Verhältnis von Männern und Frauen umgekehrt ist, die Frauen herrschen (im privaten, im politischen, sogar im militärischen Sinne), während die Männer eher die traditionelle Frauenrolle spielen, passiv selbst im Liebeswerben und verweichlicht dargestellt werden. Jedoch empfinden die Frauen diese umgedrehten Verhältnisse problematisch und haben Schwierigkeiten, ihre Konflikte zu lösen. Da landet ein Schiff mit Europäern (natürlich Männern), denen es zunehmend gelingt, Einfluß zu gewinnen, in die bestehenden Konflikte einzugreifen und die »natürliche« Ordnung wiederherzustellen, die zum Schluß von allen gefeiert wird.

Die Grundidee einer »verkehrten Welt« ist ein sehr anziehender Stoff, aber ihn zu bearbeiten bedurfte es eines philosophischen Kopfes. Jedoch Mazzolà hatte sich nicht genügend von Goldonis Burleske gelöst, und so mußte ein schales Theaterereignis daraus werden. Und Salieri hatte dem auch keinen Widerstand entgegengesetzt. So wurde die Figur einer schon älteren Generalin (la Generala di età avanzata) einer Baßpartie anvertraut, das heißt von einem verkleideten Mann gesungen ... Man hätte dies natürlich zu einem politischen Stoff umformen können, aber Mazzolà war nicht Casti. Denn der hätte es sich kaum entgehen lassen, aus der Generalin eine satirische Figur mit Zügen Kaiserin Katharinas II. zu machen (die allerdings noch lebte). Wie so oft schon wurde Salieri wieder einmal das Opfer seiner unzureichenden Libretti – oder seiner Kritiklosigkeit ihnen gegenüber.

Auch Salieris Biograph Ignaz Franz von Mosel kritisiert dies Stück mit aller Deutlichkeit:

»So komisch der Stoff Anfangs erscheint, da Männer und Frauen nicht nur in ihren Beschäftigungen, sondern auch in ihren Gefühlen und ihrem Betragen die Rollen tauschen; so liegt doch hierin die Ursache, daß diese Oper nirgends ansprechen kann, wo zarte Empfindung nicht ganz erloschen ist: Denn, wenn es auch Lachen erregt, daß Männer, mit weiblichen Arbeiten beschäftigt, die Sittsamkeit und Schüchternheit der Mädchen annehmen, so ist es dagegen widerlich, ja empörend, Frauen und Mädchen die Männer mit ihren Liebesanträgen und Liebkosungen verfolgen und bestürmen zu sehen. Es gehört diese Idee unter diejenigen, die nur ergetzlich bleiben, so lange sich blos die Phantasie damit zu schaffen macht, die aber, dem Zuschauer vor die Augen gestellt, nicht nur alles Ergetzliche verlieren, sondern unerträglich werden. Ueberdieß kann man auch die Entwickelung des Stückes nicht anders als elend nennen.«[3]

Dieses Urteil, mit aller Befangenheit der Biedermeierzeit geschrieben, macht nur um so deutlicher, wie hier eine Idee durch mangelnde Entschiedenheit, sich als konsequenter Gegenentwurf zu unserer Welt zu verstehen, vertan wurde. Selbst die Schärfe zur Satire fehlt dem Stück, auf dessen Komposition Salieri sehr viel Mühe verwandt hat. Die Oper zeichnet sich durch viele Ensemblestücke und sehr ausgedehnte Finale aus, folgt also einer Tendenz zu immer durchkomponierteren Arbeiten, die kaum noch etwas gemein haben mit den Nummernopern, die zehn oder zwanzig Jahre früher gang und gäbe waren. Aber selbst die beste Musik kann eine verfehlte Bühnenaktion nicht retten, weil Oper immer ein unteilbares Ganzes ist, in dem sich nicht allein eine musikalische Idee, sondern zugleich Musiktheater verwirklicht. Ein Opernkomponist muß es sich immer gefallen lassen, daß er als mitverantwortlich für sein Textbuch erklärt wird.

Salieri hatte jetzt Zeit und stand unter keinerlei Zwängen des

Spielplans, der Besetzungspläne und Rollenverteilung, mußte nicht mehr in Eile schnell noch eine Lücke füllen. Er hatte volle künstlerische Freiheit und war vielleicht nicht einmal an den offiziellen Theatraldichter gebunden, obschon andernfalls das Libretto extra bezahlt werden mußte. Casti hatte jetzt endlich sein Ziel erreicht und wurde von Franz II. als kaiserlicher Hofdichter angestellt, und damit wurde die Stelle, die einst Pietro Metastasio über fünfzig Jahre lang innegehabt hatte, endlich wieder besetzt.

Als Theaterdichter hatte Leopold II. Giovanni Bertati aus Venedig nach Wien geholt, der aber nach zwei Jahren durch Giovanni De Gamerra ersetzt wurde. Damit war ein alter Bekannter Salieris nach Wien gekommen, dessen allerdings eher zweifelhafte Qualitäten als Librettist er schon zweimal zu spüren bekommen hatte (*La finta scema* und *Delmita e Daliso*). Er hatte es bisher nie zu einer festen Anstellung gebracht, war unstet herumgezogen, hatte aber – wie Marcus Landau charakterisiert – »ein satirisch-komisches Epos von nicht weniger als 11654 Oktaven, also über 93000 Versen, gedichtet, das er seit 1772 nach und nach auf seine eigenen Kosten drucken ließ. Und wer weiß, welchen Umfang das Werk noch erreicht hätte, wenn die Mitgift seiner Frau größer gewesen wäre; denn, wie er selbst gestand, hat er sie nur geheiratet, um die Druckkosten des Epos bestreiten zu können, in welchem er die Untreue der Frauen schilderte. Damit erklärt sich auch der Titel (La Corneide) des unsaubern Werkes, in das er manches aus seiner eigenen Lebensgeschichte und einige Novellen, zu denen er den Stoff teilweise aus dem Dekameron nahm, eingeschaltet hat. Was ihm an Witz fehlte, ersetzte er durch Obscönität. Und dazu hatte er noch die Keckheit, dem Werke, dessen er im Alter sich selbst schämte, verhunzte Verse Dante's als Motto vorzusetzen.«[4] Es dürfte wohl auch nicht dies Werk gewesen sein, das zu seiner Anstellung führte, sondern seine Fähigkeit als windiger Schmeichler, und dafür war Kaiser Franz wohl empfänglich.

Mit ihm also arbeitete Salieri sogleich wieder zusammen bei einem Werk, das in buffonesker Weise im alten Griechenland spielt und den Titel *Eraclito e Democrito* trägt. Obgleich diese beiden Philosophen völlig verschiedenen Zeiten angehören, eigneten sie sich doch für eine Gegenüberstellung durch die Verschiedenartigkeit ihres Wesens, denn schon im Altertum wurde Demokrit der Lachende und Heraklit wegen seiner dunklen Gemütsart der Weinende genannt. Indes trug man der Historie wenigstens insoweit Rechnung, als Demokrit in der ganzen Oper nirgends auftritt, immer nur angekündigt wird. Und auch die Philosophie ist nicht ihr Gegenstand, sondern – wie so oft – nur das eitle und wirklichkeitsfremde Gehabe von Menschen, die sich mit Philosophen zu ihrem Schmuck umgeben. Und natürlich zwei Liebende, die erst nach kleinen Umwegen sich finden dürfen: Pulcheria liebt Arcon, einen Schüler Demokrits, erhält allerdings seit einiger Zeit keine Briefe ihres Geliebten mehr. Heraklit ist gerade zu Besuch im Hause ihres Vaters, der sie mit ihm verheiraten möchte. Aus diesem Grunde soll sie Unterricht bei Heraklit nehmen (»Lehrstunden des Weinens? Oh, ich lache gerne«). Die Diener halten ihren Vater für einen Narren mit Philosophentick, und das ist er wohl auch. Doch da wird Demokrit angekündigt, und Pulcheria hofft auf Gelegenheit, Nachforschungen nach Arcon anstellen zu können. Als er erscheint, wechselt ihr Vater die Position, da Heraklit ohnehin wenig ehegeneigt ist, und wünscht nun die Ehe mit Demokrit, wenn nicht aus Neigung, so wenigstens aus Ruhmsucht. Doch seine Tochter will lieber ledig bleiben, allerdings insgeheim fliehen und ihren Arcon suchen. Da wird sie dem vermeintlichen Demokrit vorgestellt, in dem sie schnell den verkleideten Arcon erkennt. Jetzt kündigt sich ein weiteres Mal Demokrit brieflich an, was den Argwohn des Vaters hervorruft, bis sich Arcon auch ihm zu erkennen gibt. Der reagiert mit solchem Zorn, daß er ihn und seine Tochter samt allen Bedienten aus dem Hause jagen möchte, doch Heraklit rät ihm, das Paar zu verheiraten: »Wer Verliebte strafen will, braucht sie nur zu verbinden, und wie unglückliche Sklaven sind sie dann auf ewig zu Zank und Klagen verdammt.«

Das war nun zweifellos kein starkes Stück, sondern mehr oder weniger nur eine halbwegs geschickte Verknüpfung altbewährter Buffocharaktere und Buffosituationen, nicht sonderlich geistvoll und witzig, gelegentlich sogar langatmig. Salieri hatte sich schon in der Ouvertüre bemüht, »dem Publikum eine Idee der Wesensart der zwei Philosophen, des lachenden Demokrit und des weinenden Heraklit, zu geben«, aber die stehen sich recht unvermittelt gegenüber. Ansonsten rühmt er sich, den Text musikalisch gut ausgedrückt zu haben, einige Stellen seien »buonissimo«. Aber er gibt in seinem späteren Kommentar auch zu, daß es (beim zweiten Finale) zwar »gute Stellen der Harmonie und der Aktion« gebe, es »aber insgesamt vielleicht für das Theater viel zu weitschweifig und in der Konsequenz ein bißchen langweilig«[5] sei. Daß dies ein Werk des Komponisten der *Grotta di Trofonio,* der *Scuola de' gelosi* (von *Axur* als einer anderen Gattung ganz zu schweigen) gewesen sein soll, war an keiner Stelle zu hören. Dementsprechend schnell war das Werk vergessen – nur, warum komponierte er es erst? Warum arbeitete Salieri nicht weiter mit Casti zusammen, der nicht nur der um einiges bessere und erfolgreichere Textdichter war, sondern offenbar Salieri um vieles mehr zu inspirieren vermochte?

Der Grund mag einfach gewesen sein. Casti hatte Salieri zwar zwei großartige Werke zur Komposition gegeben (*Cublai, gran kan de Tartari* und *Catilina*), aber sie waren wegen ihrer politischen Implikationen nicht aufführbar. Casti, der bei seinen früheren Aufenthalten in Wien wohl bei Graf Rosenberg gewohnt hatte, lebte jetzt in einem Palais des Fürsten Liechtenstein in der Herrengasse, verkehrte einerseits in der großen Gesellschaft, unterhielt andererseits aber enge Beziehungen zu politisch verdächtigen Leuten, was vom Hof mit großem Mißtrauen beobachtet wurde. Er beschäftigte sich vor allem mit den Vorarbeiten zu seinem großen Epos über die Französische Revolution, *Gli animali parlanti,* und machte im übrigen aus seinen politischen Ansichten keinen Hehl. Franz II., der von einer zunehmenden Jakobinerfurcht befallen war, ließ den Polizeiapparat gehörig arbeiten, Casti selbst spricht von einem »Ort der argwöhnischsten und gefährlichsten Inquisition« und sagt:

»Als Jakobiner gelten doch alle, die nicht vollständig die tausende und abertausende [Schweinereien] billigen, die von der Koalition von Anfang an bis jetzt gemacht wurden ... Unter diesen Umständen wäre es unbegreifbar, wenn nicht mindestens neun Zehntel der Bevölkerung Jakobiner wären, ich meine die, die noch einen Rest von Verstand behalten haben, von Menschlichkeit und Rechtlichkeit.«[6]

Daß Casti selbst sich in Wien nicht lange halten konnte, nimmt nicht wunder, doch erst im Sommer 1796 bekam er eine »diplomatische Krankheit« und zog es vor, seinen Husten in Italien auszukurieren – aber die politischen Gründe seiner Abreise waren unverkennbar. Wir wissen nicht, welchen Kontakt Salieri bis dahin zu dem kaiserlichen Hofdichter gehalten hat, wie überhaupt die persönlichen Lebensumstände des Komponisten weithin unbekannt sind. Zu einer weiteren Zusammenarbeit ist es nicht mehr gekommen – und konnte es wohl auch nicht.

So hielt sich Salieri auch weiterhin an Gamerra, der zumindest in politischer Hinsicht das krasse Gegenteil von Casti war. (Da Ponte berichtet in seinen Memoiren, daß Gamerra selbst es gewesen sei, der Casti als Jakobiner angezeigt habe, worauf der einen nächtlichen Besuch der Geheimpolizei bekommen habe, die einige Papiere beschlagnahmt und im übrigen die Ausweisung verfügt habe. Aus den Akten läßt sich dies zwar nicht belegen, dem Charakter Gamerras ist diese Geschichte jedoch nicht völlig widersprechend.) Die Wahl Gamerras entsprach aber auch deutlich der neuesten politischen Kultur, die überall in Wien ein eilfertiges Abrücken von den aufgeklärten und liberalen Grundsätzen der josephinischen Ära zeitigte. Es gab nur wenige, die ihre bis dahin oftmals sehr lautstark vorgetragenen politischen Ansichten in der Zeit zwischen 1792 und 1797 nicht in ihr gerades Gegenteil verkehrten, bei kaum einem aus wirklicher Überzeugung, einer echten Erleuchtung über fatale frühere Ansichten, sondern meist aus Opportunismus und Charakterschwäche[7]. Unter den Wiener Dichtern, Journalisten, Broschürenschreibern der josephinischen Zeit waren es nur wenige, die jetzt nicht offen in das Lager der franziszeischen Reaktion übergingen (wie etwa Johann Baptist von Alxinger und Aloys Blumauer, die mehr oder weniger verstummten). Die angebliche Jakobinerverschwörung, die 1794 in Wien aufgedeckt wurde und mit drastischen Todesurteilen und Kerkerstrafen endete, war wohl ein zusätzliches furchterregendes Abschreckungsinstrument.

Casti war wohl nicht ein unbedingter Anhänger der Jakobiner, wurde aber durch die Koalition der europäischen verbündeten Mächte gegen Frankreich zu einem Parteigänger jener Nation, die ihre Geschicke zum erstenmal selbst in die Hand genommen hatte, mochte auch vieles am Verlauf der Revolution von ihm unter keinen Umständen zu billigen sein. Casti entschied sich als Kosmopolit für ein bedrängtes Volk. Gamerra hingegen ist wohl einer jener Opportunisten gewesen, die immer das Lied singen, das am meisten einbringt, und da solche Menschen im allgemeinen nicht sehr weitblickend sind, konnte das nur der Kurs des jungen Kaisers sein, dem mit Denunziantentum und Spitzeldiensten so mancher Renegat jetzt diente.

Salieri hatte mit solchen Schwenks nichts zu tun. Er brauchte nichts zurückzunehmen oder zu widerrufen. In Tagesfragen hatte er sich ohnehin nie exponiert, in der josephinischen Zeit – selbst als das chic war – nicht einmal der Freimaurerei angehört, hatte nie in jetzt gefährdeten Kreisen verkehrt, die beiden vielleicht anstößigen Casti-Opern waren bisher weder aufgeführt worden, noch standen sie überhaupt zur Diskussion. Einzig *Tarare* (einschließlich des »Courronnement«) entsprach wohl kaum den Vorstellungen Franz' II., aber diese Fassung war in Wien ohnehin nicht bekannt. Salieri ignorierte einfach die Änderungen, die stattgefunden hatten, und sah nicht weiter hin. Gamerra war der offizielle Theaterdichter, und also ließ er sich auch von ihm weiterhin die Texte schreiben, wie auch immer dieser sich sonst verhielt. Salieri hielt sich an die Zuständigkeit und hatte damit, vielleicht ohne es zu ahnen, den ersten Schritt getan, der auch ihn innerhalb weniger Jahre zu einem begeisterten österreichischen Patrioten machen sollte, allerdings nicht auf dem Wege des Renegatentums, sondern über den Quietismus.

War es Verlegenheit um neue Texte oder Überzeugung für den Stoff, der Salieri veranlaßte, Gamerra *La Princesse de Babylone* zu einer italienischen Bearbeitung zu geben? Oder war es wieder einmal sein Hang, einmal begonnene, aber nicht abgeschlossene Werke nicht aufzugeben? Das französische Libretto von Désiré Martin war seinerzeit abgelehnt worden, weil der inszenatorische Aufwand in keinem Verhältnis zu seiner einsträngigen, letztlich dürftigen Fabel stand. Aber immerhin hatte Salieri fast den ganzen ersten Akt bereits geschrieben. Als er nun Gamerra zu einer neuen italienischen Version veranlaßte, wurde ihm schnell klar, daß das bereits Komponierte nicht mehr verwendbar war – aus ähnlichen Gründen, wie sie sich bei der Umformung von *Tarare* zu *Axur* ergaben. Vielleicht faszinierten ihn die märchenhaften Züge des Sujets mit ihrem ganzen Bühnenprunk, der sich auch musikalisch umsetzen ließ, vor allem aber die kontrastreiche Gegenüberstellung der drei »Helden«, die das Heroisch-Komische des Librettos ausmachten.

Die Oper spielt in »Tauris, dem antiken Ecbatana« – wie das Textbuch angibt. Gemeint war damit Täbris, das man damals noch als identisch mit Ekbatana ansah. Wichtig war nur die Verlegung des Schauplatzes, damit aus der *Princesse de Babylone* nun *Palmira, regina di Persia* werden konnte. Sie ist die Tochter des Königs Dario, dessen Land immer wieder von einem Ungeheuer verwüstet wird. Wer dieses Untier besiegt, soll Palmiras Hand bekommen. Drei Prinzen treten in den Wettkampf, der ängstliche Alderano aus Ägypten, der sich selbst überschätzende Oronte, ein skythischer Fürst, und Alcidoro aus Indien, der den Kampf schließlich gewinnt, um den Palmira zittert. Sonst gibt es noch einen Oberpriester und Rosmino, den General der persischen Armee. Sieht man sich jedoch das Verzeichnis der Statisterie an, wird einem gleich klar, daß dieses Werk nicht von einer handlungsreichen Bühnenaktion bestimmt wird, sondern von asiatisch-höfischem Prunk und dem Aufmarsch fremder Gefolge. Es treten auf: »Offiziere, Satrapen, Granden, Priester, Damen, Pagen, indische Jungfrauen, Magier, königliche Garde, persische Soldaten, indische Soldaten, skythische Soldaten, ägyptische Soldaten, Reitknechte« und, nicht erwähnt, jede Menge Tiere wie Pferde, Kamele, Elefanten und so weiter. Für Ausstattungskünstler war dieses Werk ein gefundenes Fressen, und es verdankte wohl auch nur ihnen seinen langdauernden Erfolg. Ein Theater, das dies aufführen wollte, mußte von vornherein bereit sein, keine Kosten zu scheuen, und in der Tat haben sich die bedeutendsten Dekorateure seiner angenommen. Daß Johann Wolfgang von Goethe zum Beispiel immer wieder begeistert auf *Palmira* zu sprechen kommt, ist – wenn man sich die entsprechenden Stellen genauer ansieht – allein den Dekorationen geschuldet, ja er meint Friedrich von Schiller gegenüber sogar: »Die Dekorationen zu Palmira geben Beispiele, woraus man die Lehre der Theatermalerei abstrahieren könnte« (14. August 1797).

Salieris Musik enthält viele effektvolle Stellen – wie ein kurzes Vokalquartett ohne Orchester, das immer wieder Beifallsstürme hervorrief –, aber schon die Zeitgenossen waren sich darüber im klaren, daß sie nie an *Axur* heranreicht. Es waren eben nur Einzelheiten, die überaus kontrastierenden Auftrittsmärsche und -arien der drei Helden, eine Verhöhnungsarie des prahlerischen Oronte, der als einziger im Kampf stirbt (während Alderano schon vor dem Gebrüll des Ungeheuers flieht), eine dramatische Arie Palmiras voller Zweifel und Gefühlsschwankungen, obschon diese Figur sonst eher blaß bleibt, Stellen mit einem melodischen Parlando, wie es sonst nur in Salieris französischen Opern vorkommt – Einzelheiten, die jedoch kein überzeugendes geschlossenes Werk ausmachen. Es überwog einfach das Spektakelhafte des Bühnengeschehens, das zugleich allzu durchsichtig bleibt. Nur war Gamerra eben kein Schikaneder...

Das war nun schon die dritte Oper, die innerhalb eines Jahres ihre Premiere hatte: *Il mondo alla rovescia* am 13. Januar, *Eraclito e Democrito* am 13. August und *Palmira* am 14. Oktober 1795. Selbst wenn man berücksichtigt, daß auf ältere Vorarbeiten zurückgegriffen werden konnte – *Il mondo alla rovescia* fußte auf einem Plan zu einer Oper *L'isola capricciosa,* der schon bis 1779 (Venedig) zurückreicht –, so war dies eine aberwitzige Kompositionsleistung, die neben allen anderen Aufgaben bewältigt wurde. Schon einmal, als Salieri von *Tarare* aus Paris zurückkam, hatte er in zwei Jahren vier Opern herausgebracht, aber damals war das dem Versuch geopfert, mit der Stagnation am Nationaltheater fertig zu werden, den Spielplan wieder in Gang zu bekommen. Jetzt hatte Salieri jedoch weder eine Verantwortung dem Haus gegenüber, das nun an Peter von Braun verpachtet war, noch gab es sonst einen äußeren Druck. Nach den damaligen Krisenzeiten, die in der Niederlegung der Kapellmeistertätigkeit und damit auch der Direktionsaufgaben endeten, hatte Salieri sich eine lange Pause gegönnt, mehr als fünf Jahre. Jetzt war es, wie wenn sich Salieri wieder in Erinnerung bringen wollte – und zwar mit Quantität, ohne die große Qualität früherer Werke wieder erreichen zu können. Darüber konnte auch der große Erfolg von *Palmira* nicht hinwegtäuschen.

Noch einmal ließ er sich von Gamerra ein Libretto schreiben und machte sich gleich wieder an die Arbeit. Es war die Oper *Il moro,* die – wie Mosel lapidar sagte, »wenig Glück machte«. Sie handelt von einem Mohren, der als Pirat sich große Reichtümer angesammelt hat und sich nun – gewissermaßen bieder geworden – in Italien niederlassen möchte. Da er unbedingt eine weiße Frau heiraten will, gibt er zwar keine Annonce auf, veranstaltet aber, ganz ähnlich, eine Schönheitskonkurrenz, die regen Zulauf findet. Der habgierige Orgone wittert das Geld und möchte seine Tochter Stella mit dem Mohren verheiraten; die aber hat ein Liebesverhältnis mit dem Sekretär des Mohren, Ramiro, und brennt mit ihm durch . . . Die Oper endet mit dem unvermuteten Erscheinen der Frau des Mohren, die er in Afrika zurückgelassen hatte, mit ihren elf Kindern – ein Anblick, der den Mohren zur reumütigen Rückkehr in die Familie bewegt und das Publikum staunen macht; schließlich darf auch noch sein Sekretär seine geliebte Stella heiraten.

Daß Salieri sich überhaupt dazu hergab, ein solches Textbuch zu komponieren, ist kaum zu verstehen; daß dies schwerlich zu einer sehr bemerkenswerten Musik inspirieren konnte, schon eher. Selbst Mosel, der ein großer, wenn auch nicht unkritischer Bewunderer seiner Kunst war, schrieb:

»In der That bietet dieses Werk, im Vergleich dessen, was man von *Salieri* zu erwarten gewohnt ist, wenig Ausgezeichnetes.«[8]

Als sei ihm dieser künstlerische Abstieg der letzten Jahre selbst bewußt geworden, hielt Salieri inne und gönnte sich noch einmal eine Pause von zweieinhalb Jahren, genauer gesagt: eine Opernpause. Denn untätig war er nicht. Im März 1796 wurde die Tonkünstlersozietät 25 Jahre alt, und Salieri, der seit Jahren ihre Konzerte leitete, steuerte eine Kantate *La riconoscenza (Die Dankbarkeit)* bei, deren Sopransolo seine Schülerin Therese Gaßmann sang, die Tochter seines Entdeckers und Mentors, der zugleich Gründer dieser Gesellschaft war. Der Partitur stellte er die Bemerkung hintan: »Gruß und Frieden bietet der Autor dieser Cantate aus dem Schosse der Ewigkeit jenem Tonsetzer, welcher die Danksagungs-Cantate zur Feyer des halben Jahrhunderts schreiben wird, und allen denen, die sie ausführen werden.« (Als 1821 tatsächlich jene Fünfzigjahrfeier stattfand, war Salieri allerdings noch quicklebendig und gestaltete selbst das Programm der Veranstaltung.)

Diese Jahre waren geprägt vom ersten Koalitionskrieg gegen Frankreich, dessen eigentlicher Motor die Habsburgermonarchie war. Kurioserweise kam die Kriegserklärung eigentlich aus Frankreich, und zwar von König Ludwig XVI. an seinen Schwager Franz, König von Ungarn und Böhmen, der erst einige Wochen später und ausgerechnet am Jahrestag des Bastillesturms zum Kaiser des Heiligen Römischen Reichs gekrönt wurde. Frankreich war zwar völlig isoliert, führte diesen Krieg aber, allen Revolutionswirren zum Trotz, als eine nationale Aufgabe und bezog daraus eine Stärke, die es befähigte, den Gedanken der Republik zu exportieren – insbesondere nach Italien. Die Koalition hingegen war ein höchst labiles und wechselvolles Bündnis, geprägt von eigensüchtigen Sonderinteressen nach Gebietserweiterungen, die auch unbeteiligte Staaten, wie etwa Polen, zum Opfer von Großmachtgelüsten machten. Da zeigte sich plötzlich auf dem Feldzug in Oberitalien (1796/97) ein als »kleiner Korporal« verspotteter Oberbefehlshaber, der großes militärisches Geschick mit weitreichenden politischen Plänen zu verbinden wußte, Napoleon. Ganz Oberitalien, vor allem die Lombardei, unterwarf er sich in einem Blitzkrieg, fast nebenbei wurde in Venedig die alte Dogenherrschaft beseitigt, ein Vorstoß ging sogar weit nach Kärnten hinein. Aus Mailand, Mantua, Modena und Teilen von Parma wird die Zisalpinische Republik, aus Genua die Ligurische Republik.

Am 10. Juni 1797 wird in der Mailänder Scala *Axur* gegeben, »per celebrare la festa federativa della Repubblica Cisalpina«. Man hätte kaum ein geeigneteres Stück auswählen können (es sei denn *Tarare*, einschließlich des »Couronnement de Tarare« – aber es stand ja eine italienische Fassung zur Verfügung). Und pikanterweise wurde gerade hier die Aufhebung der habsburgischen Herrschaft durch die Republik gefeiert (auch wenn diese eigentlich eine Art französischer Satellitenstaat war). Salieri schwieg zu dieser Adaptation.

Daß *Axur* mit seiner Verlagerung des Titelhelden keineswegs zu einer entpolitisierten Fassung geworden war, hatten schon die Aufführungen in Warschau (1792 und 1793) gezeigt, wo man dieses Werk als Befreiungsoper verstand. In Wien freilich, wo man eher mit dem Problem ständig neuer Soldatenrekrutierungen gegen die überaus wendigen Franzosen beschäftigt war, spielte die politische Aktualität dieser Oper eine geringe Rolle. Ein halbes Jahr nach Mailand kam auch hier eine Neuinszenierung heraus, diesmal sogar in einer deutschen Übersetzung gesungen. Die Oper war inzwischen so populär geworden, daß sie auf beiden Seiten der Front gespielt wurde...

In diesem Jahr war der Kelch des Kriegsschauplatzes und feindlicher Einquartierung noch einmal an Wien vorübergegangen, aber man war bereits völlig darauf eingestellt gewesen und hatte nicht nur alle militärischen und zivilen Vorkehrungen getroffen, sondern ein großer Teil der Einwohner, die das Geld dazu hatten, war bereits aus der Stadt geflohen und erst auf die Nachricht von Friedenspräliminarien (Frieden von Campo Formio) zurückgekehrt. Doch entstand auch eine ungeahnte patriotische Begeisterung, wie sie sich vor allem bei der Aufstellung eines Freiwilligenaufgebots und den Kriegsspenden zeigte. Auch die Künstler trugen das Ihrige bei. Zwar bildeten die Musiker kein akademisches Korps (wie die bildenden Künstler), aber sie begleiteten mit propagandistischen Liedern das Aufgebot. Selbst Ludwig van Beethoven war sich hierfür nicht zu schade, und Joseph Haydn komponierte in diesem Zusammenhang jene berühmte Kaiserhymne »Gott erhalte«, die sogleich überall bekannt gemacht wurde: Im Theater mußte sie das Publikum sogar vor der Vorstellung einüben, um sie dann beim Erscheinen von Franz II. einigermaßen sicher intonieren zu können. Salieri hielt sich fürs erste noch zurück. Als aber auf Grund des Friedensschlusses Österreich Belgien verlor und dafür unter anderem Venedig mit seiner »terra ferma« von Napoleon zugesprochen bekam, schrieb auch er einen patriotischen Gesang, *Il genio degli state veneti all'entrata delle truppe austriache in Venezia l'anne 1798,* auf ein Sonett von Melchiorre Cesarotti. Natürlich erschien dieser Gesang des »Genius des venezianischen Staates beim Einmarsch der österreichischen Truppen« gleich im Druck (bei Artaria) – Propaganda meint immer Verbreitung.

Der Frieden hielt nicht lange, und der Krieg brach 1799 wieder offen aus, vor allem in Süddeutschland. Und diesmal schrieb Salieri ein umfangreiches Werk, *Der Tyroler Landsturm,* eine Kantate für Solistenquartett, Chor und Orchester, »der tapferen Tyroler und Vorarlberger Nation gewidmet« und im Mai und November 1799 »zum Vortheil der durch feindliche Verheerungen verunglückten Tyroler und Vorarlberger Landeseinwohner« aufgeführt. Das war zwar kein bedeutendes Werk, aber doch eine echte Gesinnungstat. Die Ouvertüre läßt fast einen Film der Ereignisse ablaufen, den Salieri so beschreibt:

»Die Symphonie, durch welche die *Kantate* eröffnet wird, beginnt mit dem Eindringen der Franzosen in *Tyrol,* durch Verrätherey begünstigt, bemächtigen sie sich zweyer Gebirgspässe, indem sie von den steilsten, mit Schnee und Eis bedeckten Felsenwänden hinabglitschen. Man vernimmt nebst dem Französischen Feldmarsch das Glockengeläute des *Tyrolischen* Landsturms. Die Landesverteidiger *Tyrols* rücken, vereinigt mit den K. K. Truppen, dem Feinde entgegen. Dieser erringt in dem ersten Handgemenge einige Vortheile, welche das Orchester durch die Wiederholung des feindlichen Feldmarsches ausdrückt. Die Landsturmsmannschaft erhält indessen Verstärkung, und der Kampf erneuert sich. Die Franzosen ziehen nun das Kürzere. Lästerungen von ihrer Seite und Gebete von Seite der *Tyrolischen* Landesvertheidiger ertönen zum Himmel. In der Hitze des Streitgetümmels rächen sich die Feinde, ergrimmt über ihren Verlust, durch grausame Verwüstungen.«[9] So geht das noch weiter – bis zum Sieg, als die Landesverteidiger »das Österreichische Nationallied anstimmen: Gott erhalte Franz den Kaiser!« (Als französischer Feldmarsch wurde die *Marseillaise* zitiert.) Diese Ouvertüre gibt durchaus einen Vorgeschmack auf Beethovens Schlachtensymphonie *Wellingtons Sieg*.

Wenig später folgte eine weitere Kantate der Dankbarkeit für die Tiroler Heldentaten, *La riconoscenza dei Tirolesi*. Natürlich sind dies Gelegenheitskompositionen, Gebrauchsmusik für patriotische Einstimmung, aber sie sind zugleich Bekenntnisse und sollen sagen, der Komponist von *Tarare* ruft euch zur Vaterlandsverteidigung auf, empfindet Österreich als seine Nation, stellt sich hinter Franz II. Völlig ungerührt sah er jedoch die fast tausendjährige stolze Dogenrepublik Venedig zugrunde gehen, der er selbst entstammte, bedenkenlos stellte er die Franzosen als grausame, lästernde und ausschweifende Aggressoren dar, während die Tiroler ihre Gebete zum Himmel senden. Wohlgemerkt handelt es sich hierbei nicht um Auftragskompositionen, auch nicht um Pflichtübungen des Hofkapellmeisters, sondern um persönliche Beiträge seiner ureigenen Überzeugung. Als im Sommer 1799 die neue Koalition gegen

Frankreich einige militärische Erfolge erringen konnte, schrieb Salieri eine Messe und ein Tedeum – gewissermaßen vorsorglich, denn sie waren als Kompositionen für eine Friedensfeier gedacht. Aber damit stand es noch hin, denn Napoleon, eben aus Ägypten zurückgekehrt, konnte schnell die militärische Lage wieder herumreißen, und am Ende kam in Lunéville im wesentlichen nur eine Bestätigung des Friedens von Campo Formio heraus, einzig für Österreich mit weiteren Verschlechterungen verbunden. So blieben Messe und Tedeum einstweilen unaufgeführt.

Die Kriegsschauplätze dieser Koalitionskriege waren weit über Europa verteilt, zweimal entstanden auch für Wien Befürchtungen, jeweils nur für kurze Zeit. Ansonsten ging das Leben in der Metropole des Habsburgerreichs seinen gewohnten Gang. Von Einschränkungen war kaum etwas zu spüren, das ganze gesellschaftliche Leben behielt seinen vertrauten Glanz, auch wenn bei den unteren Schichten eine größere Reizbarkeit vorhanden war, die sicher auch mit der sozialen Lage durch Teuerungen zu tun hatte. Aber der Adel feierte seine Feste wie eh und je, Vergnügungen aller Art, an denen Wien immer schon reich war, fanden statt, als gäbe es keinen Krieg, der doch schon seit 1792 andauerte, und allabendlich spielten die Oper und die Theater ohne jede Einschränkung.

Salieri hatte zwei Jahre pausiert, jetzt fand er einen neuen Opernstoff und einen jungen Librettisten dazu. Außer seinem Namen, Carlo Prospero Defranceschi, wissen wir kaum etwas von ihm, ebensowenig, wer auf diesen Stoff gekommen war, denn es handelte sich um nichts weniger als Shakespeares *Merry Wives of Windsor*. In Wien waren schon mehrere Verballhornungen dieses Stückes gegeben worden – mit Titeln wie *Die lustigen Abentheuer an der Wien* oder *Hannibal von Donnersberg oder Der geitzige Soldat* –, aber es hatte nicht zum Repertoire der seriösen Shakespeare-Aufführungen Friedrich Ludwig Schröders gehört.

So reizvoll die Figur des Falstaff für jeden Komponisten sein mußte, alles hing von der Bearbeitung ab. Denn das Theaterstück hat zu viele Personen, zu verwirrende Nebenhandlungen, läßt sich so musikalisch nicht darstellen. Das Problem war (auch für spätere Komponisten dieses Stoffes wie Otto Nicolai oder Giuseppe Verdi) nicht nur, den Hauptfaden der Handlung in geeigneter Weise herauszuschälen, sondern auch einen äußerst schnellen und spritzigen Dialog zu erhalten, durch den die Figuren sich charakterisieren, und sich nicht allein auf die burleske Bühnenhandlung zu verlassen. Und gerade dies ist Defranceschi bestens gelungen. Die Konzentration auf zwei Akte veranlaßte ihn, die ganze Nebenhandlung um Anna (Tochter von Mrs. Page, in der Oper: Mrs. Slender) und ihre drei Freier fallenzulassen, so daß die Geschichte sich auf Falstaff und die beiden Paare Ford und Slender beschränkt. Mr. Ford wird dabei sehr aufgewertet, indem er nicht nur als eifersüchtiger Ehemann erscheint, sondern in der Versöhnung mit seiner Frau am Ende eine wunderschöne Liebesszene bekommt. Falstaff selbst ist – ganz shakespearisch – keiner, der vor allem auf erotische Abenteuer aus ist, sondern er hat erklärtermaßen nur finanzielle Absichten dabei, die in unmittelbarem Zusammenhang mit seiner grenzenlosen Völlerei stehen. Schon die erste Szene zeigt ihn als uneingeladenen Schmarotzer auf einem Fest, bei dem er Mrs. Ford schöne Augen macht, da Mr. Ford noch verreist ist.

Die Musik dieser Oper gehört zu Salieris besten Werken. Aber ganz offensichtlich haben Librettist und Komponist auch eng zusammengearbeitet. Denn der umfangreiche Text wurde mit äußerstem Geschick gebändigt, indem die schematische Abfolge von Rezitativen und musikalischen Nummern aufgehoben wurde zugunsten größerer Komplexe, wenn etwa der großen Arie Falstaffs (»Nell'impero di Cupido«) unmittelbar darauf eine Soloszene von Mr. Ford mit einem ausgedehnten, dramatisch gesteigerten Accompagnato und einer großen Zornarie folgt. Oder wenn ein schneller Dialog an der Tür zwischen Mrs. Ford und Mrs. Slender ganz leicht in ein Quartett mit ihren seitwärts stehenden Männern übergeht, das zunächst weiter dialogisiert und erst am Ende dieser ausgedehnten Partie zum großen Gesang zu viert anschwillt. Einem ganz kurzen Rezitativ der nächsten Szene folgt gleich eine weitere große Arie Slenders, in der er versucht, sich einen Dialog zwischen seiner Frau und Falstaff vorzustellen, wobei er karikierend mit verteilten Rollen singt. Dieses Zusammendrängen zu größeren musikalischen Blökken führt natürlich dazu, daß auch die rezitativisch gesungenen Abschnitte ebenso zu größeren und längeren Partien werden. Ihnen hilft wiederum die Schnelligkeit des Dialogs, sein ausnehmend leichter, nie plumper Witz, der lebhafte, immer überraschende Wortwechsel, wobei Salieri auf die Seccoeinwürfe des Cembalos, ihren harmonischen Wechsel sehr viel mehr Aufmerksamkeit verwandt hat als in anderen Opern. Freilich hatte auch da der Librettist viel Komisches eingebaut, etwa in der Szene zwischen Falstaff und Mrs. Ford, die sich als »Fräulein« verkleidet mit dem radebrechenden Falstaff auf deutsch unterhält. Ihrer Glaubwürdigkeit hilft sie mit einer kapriziösen Arie »Oh! Die Männer kenn' ich schon!« nach, die erst in ihrem Schlußteil wieder ins Italienische verfällt.

Salieri hatte in dieser Oper manche kleine Bravourstückchen untergebracht, die ganz auf Publikumswirkung abgestellt waren. Auch die Instrumentation enthält überraschende Effekte, ausdrucksvolle Soli (einmal sogar für Violoncello, was ganz selten in der Musik dieser Zeit vorkommt), ist oftmals ein eher kommentierender Begleitpartner des Gesanges. Am überraschendsten ist aber eine von Anfang bis Ende durchgehaltene Leichtigkeit der Musik, die gleichwohl niemals belanglos wird, sondern hintergründig und nuancenreich den Text ausdeutet, eine Musik von abgeklärter Weisheit[10].

In der Tat war dies eine der letzten Opern Salieris, aber dennoch kein Alterswerk. Gewiß summiert Salieri alle seine Erfahrungen als Komponist und als Bühnenpraktiker, der oftmals – und mit Lust – seine Opern selbst einstudierte. Aber um so schreiben zu können, bedurfte es auch einer ruhigen, unangestrengten Vorbereitung, die oft genug bei anderen Werken nicht vorhanden war. Freilich war dies auch ein Textbuch, dem mit keinerlei schematischen Lösungen beizukommen war, das Sorgfalt geradezu provozierte, das nur gelingen konnte, wenn man sich nicht auf die zahlreichen drastischen und manchmal derben Bühnenspäße dieses Stückes verließ, sondern seine Personen als je ganz eigenständige Charaktere ernst nahm, darauf das musikalische Hauptaugenmerk richtete und sich von der theatralischen Aktion gewissermaßen nicht ablenken ließ.

Salieri war durchaus stolz auf *Falstaff,* wie man seiner späteren Kommentierung dieser Oper deutlich anmerkt. Er wußte, was ihm hier gelungen war. Es lag deshalb nahe, an diesem Textdichter festzuhalten und gleich ein neues Werk zu planen. Diesmal wagte sich Defranceschi an einen Stoff ohne literarisches Vorbild, der einerseits der kriegspolitischen Situation Rechnung tragen, andererseits komische Oper ermöglichen sollte, der einen gänzlich seriösen, unbezweifelbaren Helden haben sollte inmitten einer rechtslosen und wilden Umgebung von Feinden, wo dennoch komische Figuren ebenso unterzubringen wären wie heiteres Intrigenspiel.

Er nahm als Ausgangspunkt jene von Plutarch überlieferte Geschichte des fünfundzwanzigjährigen Cäsar, der »bey der Insel Pharmakusa von Seeräubern gefangen [wurde], die schon damahls beträchtliche Flotten hatten, und mit einer großen Menge Fahrzeuge das Meer bedeckten.

Anfänglich lachte er die Seeräuber, da sie nicht mehr als zwanzig Talente zum Lösegeld forderten, höhnisch aus, als wenn sie nicht wüßten, wen sie gefangen hätten, und erbot sich freywillig ihnen funfzig zu bezahlen. Er schickte also seine Begleiter nach verschiedenen Städten herum, um das Geld herbey zu schaffen, und blieb indeß mit Einem Freunde und zwey Bedienten unter diesen mordsüchtigen Kilikiern zurück. Deß ungeachtet behandelte er sie so verächtlich, daß er, so oft er sich schlafen legte, ihnen befehlen ließ, stille zu seyn. Acht und dreyßig Tage lebte er unter ihnen auf eine solche Art, daß sie eher seine Leibwache als er ihr Gefangener zu seyn schienen, und trieb mit ihnen Scherz und Spiel ohne die geringste Furcht. Er setzte zuweilen Gedichte und Reden auf, und las sie ihnen vor; diejenigen nun, die sie nicht bewunderten, nannte er gerade zu Tölpel und Barbaren, drohte ihnen auch oft mit Lachen, daß er sie wollte aufhängen lassen. Die Räuber hatten darüber eine große Freude, und betrachteten diese freymüthigen Reden bloß als unschuldige, lustige Schwänke.

Allein sobald das Lösegeld aus Miletus angekommen, und er nach geleisteter Bezahlung in Freyheit gesetzt war, bemannte er in dem Hafen der Milesier einige Fahrzeuge, und lief gegen die Seeräuber aus. Er fand sie auch noch an der Insel vor Anker liegen, und bekam die meisten in seine Gewalt.«[11]

Soweit Plutarch. Und Defranceschi hat sich bis in Einzelheiten an diese Erzählung gehalten, die ja auch launigen Stoff enthielt. Allerdings war dies eine reine Männergeschichte, so daß einige Frauengestalten hinzuerfunden werden mußten: eine richtige Seeräuberbraut und Gigi, eine Sklavin in Cäsars Begleitung, die von

Cäsars Sklaven Tullus eifersüchtig geliebt wird. Tullus ist in seinem Verhalten die komische Ausgabe von Cäsars Herrscherarroganz und eine richtige Buffofigur. Er schreibt auch die Gedichte und Lieder, die bei Plutarch von Cäsar belegt sind. Natürlich entsteht um Gigi, die von zwei Seeräuberanführern begehrt wird, heftiger Streit, zusätzlich angestachelt durch die eifersüchtige Piratenbraut, und dies macht den Hauptteil der Handlung aus, während Cäsar in sieggewohnter Pose eigentlich nur abwartet, wann das Lösegeld kommt. Er vertreibt sich die Zeit mit Lesen und ist durch nichts aus der Ruhe zu bringen. Die Seeräuber sind insgesamt eher törichte und einfältige Vertreter ihres Faches, gelegentlich auch ein bißchen brutal. Der Schluß ist gegenüber Plutarch etwas verändert, indem römische Schiffe die Insel angreifen, Cäsar selbst durch einen kühnen Sprung ins Meer sich zu den Römern rettet und den Angriff bis zur Einnahme der Insel leitet, die anschließend in Brand gesetzt wird.

Cesare in Farmacusa war als »Dramma eroicomico per musica« so recht etwas nach dem Geschmack der (anti)napoleonischen Zeit: In Wien gab es 1800/01 insgesamt zwanzig Aufführungen, bis 1808 gab es mindestens zehn weitere Inszenierungen, darunter eine in Berlin anläßlich des Geburtstages der Königinmutter Friederike. (*Falstaff* hingegen erlebte nur vier Inszenierungen.) Aber das Textbuch ist im Vergleich zum hervorragenden Shakespeare-Libretto von großer Banalität, sprachlich wenig ausgefeilt und allzusehr auf die durchsichtigen Intrigen und Eifersüchteleien um Gigi angelegt. Trotzdem hat Salieri auf die Musik viel Aufmerksamkeit verwandt, das weitgehend durchkomponierte Stück reizvoll instrumentiert (mit manchen Bläsersoli), doch fällt auf, daß nur wenige große Arien vorkommen, dafür einige hübsche Parodienummern. Zeitgenossen kritisierten allerdings, daß man »zuweilen zu bestimmt an Axur erinnert wird«, milderten aber, das sei »doch eine zu angenehme Erinnerung, als dass man sie dem Komponisten zu hoch anrechnen möchte, besonders da die Oper auch meisterhafte, ihr ganz eigne Sätze hat«[12]. Anläßlich der Leipziger Aufführung nennt ein Rezensent die Oper »übrigens aber etwas kalt und nicht frey von Reminiscenzen aus seinen frühern Werken«[13]. Da der Text im zweiten Akt immer flacher wird, auch musikalisch wenig stimulieren kann, fällt das ganze Stück immer mehr ab, wenngleich die Bühnenaktionen einer Seeschlacht und schließlich des Flächenbrandes wenigstens für die Augen immer ihre Wirkungen haben mochten.

Salieri hatte wieder einmal den theatralischen und musikdramatischen Ablauf nicht genügend mit dem Librettisten abgestimmt. Hätte die politische Grundstimmung dieser Zeit nicht entgegengearbeitet, wäre die Oper wohl sehr viel schneller vergessen worden, so aber mochte manch einer in den ruchlosen Piraten die Franzosen sehen, denen man mit cäsareischer Standfestigkeit und Entschiedenheit, aber auch mit der Geduld zum Kriegsglück begegnen müsse.

Doch Salieri trieb rastlos weiter und hatte schon viereinhalb Monate nach *Cesare in Farmacusa* eine weitere Oper fertig – auch diese mit einem Textbuch von Defranceschi, zumindest »zum großen Teil«, wie das Innenblatt etwas ominös formuliert. Demnach gab es also noch einen anderen, ungenannten Mitautor. Der Titel hieß *L'Angiolina ossia Il matrimonio per sussurro (Angiolina oder Die Flüsterhochzeit)* und weist damit ziemlich deutlich auf seine Vorlage: Ben Jonsons *Epicœne or The Silent Woman*. Wie man sieht, kannte sich Defranceschi, obschon eigentlich ein angehender Jurist, in der elisabethanischen Literatur ganz gut aus. Er hatte sich allerdings damit ein Stück ausgesucht, das fast nur aus Bühnenklamauk besteht und jedem schrillen Spaß immer noch einen draufsetzt. Es geht um einen reichen alten Mann, der nicht den geringsten Lärm vertragen kann und mit der ganzen Welt verquer lebt. Er möchte seinen Neffen enterben und entscheidet sich für eine Ehe mit einem stillen jungen Wesen, das jedoch gleich nach der Hochzeit mit größtem Krach beginnt und das Haus einer immer größer werdenden lautstarken Gästeschar öffnet, die sich wie eine Lore Affen benimmt. Schließlich versprechen drei besonders üble Intriganten dem verzweifelten alten Mann Abhilfe, wenn er seinen Neffen wieder entsprechend bedenke. Nachdem der alte Mann den Neffen wieder als Erben eingesetzt hat, wird seiner stillen Frau die Perücke vom Kopf gerissen, und es stellt sich heraus, daß sie ein Knabe ist, der seine Rolle – einschließlich der Hochzeit – nur bestens geschauspielert hat.

Angiolina hat sich von Jonson weit entfernt. Jetzt ist nämlich Angiolina selbst Anstifterin der Intrige, da sie den Neffen des alten

Baron Valer liebt und für eine Heirat mit ihm die Enterbung rückgängig machen möchte. Freilich bedarf sie des Witzes von Cicola, einem Friseur, der zwischen dem Baron und seinem Neffen vermitteln will. Auch gibt es keine Heirat von Angiolina mit dem alten Mann, sondern nur eine Verlobung. Der Lärm zieht auch so ins Haus. Nach einer Notarszene für den Ehevertrag entledigen die Intriganten sich so nachlässig ihrer Verkleidung, daß der alte Baron alles entdeckt, sich betrogen sieht und keineswegs mehr bereit ist, die Hälfte seines Vermögens herauszurücken. Erst auf die Drohung Angiolinas, andernfalls die Verlobung nicht wieder aufzulösen, womit der Lärm im Haus weiterginge, gibt der alte Mann entnervt klein bei, und Angiolina kann seinen Neffen (einschließlich des Erbes) heiraten.

Die deutschen Bearbeitungen dieses Stückes, die bald in mehreren Städten herauskamen, hatten dann auch Untertitel wie *Die durch Lärm gestiftete Ehe* oder *Die Heirat durch Getöse*. Das Ganze war ein ziemlich geistloser Buffospaß mit allerhand Figuren- und Situationsklischees, wie sie in zahlreichen Buffoopern vorkommen – allerdings zwanzig bis dreißig Jahre früher. Salieri war damit gewissermaßen wieder zu seinen Anfängen zurückgekehrt, und bezeichnenderweise ist dies seine einzige Oper (abgesehen von den für Italien geschriebenen), die es auf wenigstens drei italienische Inszenierungen brachte, während alle sonstigen (für Wien geschriebenen) italienischen Opern so gut wie nie in Italien nachgespielt wurden. In Wien war dieses Stück nach zehn Aufführungen abgespielt. Salieri meinte selbst, das zweite Finale habe den Fehler, daß viele delikate Stellen ihren Effekt verlören wegen mangelnder Ruhe; denn das Publikum wisse schon, wie alles ende, und fange an zu gehen, sich mit anderen zu verabreden und störe so den Schluß[14]. Man wird wohl nicht allein das Publikum dafür kritisieren dürfen, sondern auch eine Komposition, die nicht bis zum Schlußakkord zu fesseln versteht. Der Rezensent einer Prager Aufführung nennt das Stück »eine niedrige Posse mit einer unbedeutenden Musik von *Salieri* – gewiss der alltäglichsten, die er je geschrieben«[15] habe.

Rückkehr zu den Anfängen – das meint allein den Operntypus, drastische Buffoschwänke mit allerlei dramaturgischen Versatzstücken, die immer wiederkehren, anspruchslose Unterhaltung, die ohne besondere Aufmerksamkeit konsumiert wird. Musikalisch hatte Salieri jedoch schon bei seinen Anfängen sogleich deutlich werden lassen, in welche Richtung er sich emanzipieren werde. Von dem, was er bei Gluck gelernt hatte und bewunderte, war schon manche Andeutung auch in den ersten Buffoopern Salieris zu spüren gewesen. Jetzt, bei *Angiolina,* bewegte er sich zwar auf einem ganz anderen künstlerischen Niveau, hatte gewiß auch eine große Routine gewonnen, aber hier war nichts Zukunftsweisendes mehr zu spüren, die Musik, so ausgefeilt manche Details auch sein mochten, war in ihrer Bedeutung nur eine billige Reminiszenz. Salieri hatte sich nicht nur ausgeschrieben, sondern offensichtlich auch keine Verbindung mehr zu aktuellen Entwicklungen der Oper. Gerade wenn man die letzten Werke ansieht, wird einem die singuläre Rolle der *Falstaff*-Oper klar, aber sie war auch kein für irgendeine Operngattung typisches Stück, sondern ein Compositum mixtum, in dem musikalische Ideen verschiedenartigster Herkunft und Tradition in glücklichster Weise verschmolzen. Und gerade diese Mischformen lagen Salieri offenbar besonders, wie sich schon an anderen frühen Opern zeigen ließ. (Allerdings brauchte es dafür auch geeignete Texte!)

Die nachlassenden künstlerischen Kräfte korrespondierten mit der Bereitschaft, sich allzu umstandslos den einschränkenden Bedingungen des Opernbetriebs zu fügen und Kompromisse einzugehen, die weder nötig noch befriedigend waren. So erklärte sich Salieri bereit, zur Eröffnung des Theaters in Triest im Mai 1801 die Festoper zu schreiben, *Annibale in Capua,* dessen Titelheld mit einem Kastraten besetzt werden sollte. Dafür war Luigi Marchesi vorgesehen, den einst Nancy Storace als Primadonna in *Prima la musica e poi le parole* so perfekt nachgeahmt hatte. Mosel schreibt von diesem Werk:

»Man merkt es dem Ganzen an, daß der Componist durch die Macht der Verhältnisse, durch das vorhandene Sänger-Personale und dessen Forderungen an die Musik, gefesselt war, und seinen Genius nicht frei konnte walten lassen. In jenen Tonstücken, in welchen er seinen Grundsätzen und seiner Beurtheilung folgen konnte, findet sich seiner Würdiges; größtentheils aber war er gezwungen, gegen seine bessere, so oft und ruhmvoll bewährte

Ueberzeugung zu arbeiten, und dann ist er auch nicht mehr er selbst.«[16]

Aber warum ließ sich dann Salieri überhaupt auf diesen Auftrag ein? Zwar hatte er anschließend eine Einladung nach Venedig, aber es schloß sich keineswegs ein längerer Italienaufenthalt an, sondern Salieri kehrte, der politischen Lage wegen, von Triest gleich wieder nach Wien zurück. Hatte es der so berühmte Komponist denn nötig, so wenig ergiebige Angebote anzunehmen? Dabei war er offensichtlich noch zweite Wahl. Denn ursprünglich sollte Domenico Cimarosa die Eröffnungsoper schreiben – der aber starb wenige Monate zuvor. Ein Werk, das so sehr auf eine vorgeschriebene Besetzung zugeschnitten werden mußte, hatte darüber hinaus auch kaum Chancen, je anderswo aufgeführt zu werden, brachte also außer dem Honorar (das Salieri nicht unbedingt nötig hatte) nur lokalen Ruhm ein. In der Tat bekam das Werk in Triest gewaltigen Beifall – wie sollte es auch anders sein, da diese Stadt, die immer wieder an den Rand gedrängt worden war, sich inzwischen so weit erholt hatte, daß sie sich ein neues Theater leistete, das ihr ganzer Stolz war. Als Komponisten den Wiener Hofkapellmeister zu haben drückte auch die enge politische Verbindung nach Wien aus, während als Textdichter Antonio Simone Sografi ausgewählt worden war, ein venezianischer Anwalt, der in letzter Zeit mit republikanischen Stücken aufgefallen war – auch dies also eine Entscheidung, die das politische Kräftespiel der Freihafenstadt klug symbolisierte. Im übrigen kam es, wie es kommen mußte: Nie hat sich ein anderes Haus für dieses problematische Werk entschieden.

Der Weg nach unten war für Salieri damit aber nicht beendet, denn noch einmal ließ er sich bereden, diesmal zu einem Singspiel *Die Neger* für das Theater an der Wien. Sein Autor war Georg Friedrich Treitschke, vor allem als Textdichter von Beethovens *Fidelio* bekannt: einerseits ein berühmter Schmetterlingssammler, der ein Standardwerk der Entomologie schrieb, andererseits Hausregisseur am Theater an der Wien und später am Hofburgtheater, dessen Verwaltungsleiter er bis zu seinem Tode wurde. Daneben war er aber noch einer der größten Vielschreiber, der in einem Jahr allein zehn Singspielbearbeitungen seiner Feder herausbringen konnte. Ein Wiener Schmäh beschreibt ihn als »grauhaariger, wohlgenährter Corpus, weinglühender Oekonom des Hofburgtheaters, nur dann nicht, wenn seine Stücke gegeben werden«[17].

Die Neger war offenbar eines seiner ersten Stücke, dennoch kein Zeugnis von frischer Qualität. Es spielt in einer englischen Besitzung in Amerika. Wer freilich glaubt, Neger, gar im scharfen Kontrast zu englischen Plantagenbesitzern, machten die Handlung aus, sieht sich schnell eines Besseren belehrt. Es dreht sich alles um einen durch Intrigen entmachteten und verschollenen Lord Falkland und seinen bösartigen und vor nichts zurückschreckenden Gegner, Lord Bedford. Dieser hat es jetzt auf den Gouverneur abgesehen, den er zu vergiften sucht. Das Ganze ist eine Kriminalgroteske, bei der am Ende der Neger Jack, Aufseher über Bedfords Negersklaven und rechte Hand des Bösewichts, sich als der verschollene (und nicht einmal im Personenverzeichnis genannte) Lord Falkland herausstellt, der wohlgeschminkt seine Negerrolle im Zusammenspiel mit John, einem Neger in Diensten des Gouverneurs, zur Aufklärung der Verbrechen des Lord Bedford benutzt.

Der Rezensent der *Allgemeinen musikalischen Zeitung* schreibt dazu:

»Sie sehen, wie gemein und abgenuzt der Plan dieser Oper ist; [. . .] Um einen Charakter zu schildern ist es nicht genug, dass der eine z. B. immer tugendhaft, der andere immer lasterhaft spreche – denn niemand in der Welt trägt immer so sichtbar sein eigenthümliches Gepräge zur Schau, am wenigsten der Lasterhafte, welcher durch Schleichwege emporzukommen sucht. Dadurch, dass die Handlung so wenig Interesse hat, und dass die Charaktere zwar in einen moralischen, aber nicht in motivirte psychologische Kontraste gesetzt sind, erhält das Ganze etwas Mattes und Gedehntes, welches bey der Aufführung besonders missfallen musste.«

Aber nicht allein das Textbuch ist elend, sondern auch der Komponist hat seinen Anteil am vollständigen Mißlingen dieses Singspiels:

»Von dem Tonsetzer des Axur, der Grotte des Trofonio und so vieler anderer gelungener Opern konnte man mit Recht etwas Vorzügliches erwarten: aber auch in dieser Rücksicht fand man sich nicht befriedigt. Zwar giebt es besonders im ersten Akte mehrere sehr artige Stellen, und ein Marsch der Neger [. . .] verdient eine ehrenvolle Erwähnung: aber im Ganzen vermisste man jene Kraft und Charakteristik, die man hier an den Mozartschen und Cherubinischen Werken immer mehr schätzen lernt.«[18]

Salieri mußte sich sagen lassen, daß er sich selbst überlebt hatte, daß sein eigentliches und bedeutsames Werk mit *Axur* im wesentlichen abgeschlossen war, daß andere, nur unwesentlich jüngere Komponisten wie etwa Cherubini (auch er ein Italiener außerhalb Italiens) zum Leitstern am Opernhimmel geworden waren, vor allem aber, daß Mozarts Siegeszug erst jetzt richtig begann. *Die Neger* waren Salieris letzte Oper, ein überflüssiges und trauriges Nachspiel einer wechselhaften, aber doch mit glänzenden Leuchtpunkten und ungewöhnlichen Meisterwerken gekrönten Bühnenlaufbahn.

9. *Kapitel*

Nach dem Abschied von der Oper

1802–1825

In all den Jahren der immensen Opernproduktion von mehr als vierzig Werken war Salieris Familie immer größer geworden, sieben Töchter und ein Sohn waren zwischen 1777 und 1790 geboren. Nur das letzte dieser Kinder starb innerhalb des ersten Jahres. Das war ungewöhnlich angesichts einer Säuglingssterblichkeit, bei der im Durchschnitt nur jedes dritte Kind das dritte Lebensjahr erreichte. Aber auch Salieris Familie blieb von Todesfällen nicht verschont: Eine Tochter, Elisabeth Josepha, starb 1794 mit sieben Jahren an Scharlach, eine andere, Francisca Antonia, mit vierzehn Jahren (1796) an einer Lungenentzündung. Und nur vier Töchter haben den Vater überlebt. Die ganze Familie wohnte im väterlichen Hause von Salieris Frau Theresia, das sie zusammen mit zwei ledigen Brüdern geerbt hatte, in der Seilergasse, neben dem Göttweiher Hof. Das Familienleben spielte eine große Rolle, leider ist jedoch kein einziger Familienbrief überliefert, der uns Einblick gäbe in die private Häuslichkeit. Lediglich eine spätere Aufzeichnung Salieris, die er Ignaz Franz von Mosel übergeben hat, ist erhalten und schildert uns die Situation anläßlich eines kurzen Krankenlagers, als Salieri sich 1788 eine Beinverletzung zugezogen hatte (allerdings irrt er sich, wenn er dabei von seinen sieben Töchtern redet, denn zwei von ihnen waren noch gar nicht geboren):

»Gewöhnlich saß meine Frau, mit zweien von meinen Töchtern, bei einem Tischchen arbeitend, an meinem Bette; mein Sohn war an meinem Schreibepulte mit seinen Studien beschäftigt; zwei jüngere Töchter befanden sich in der nächsten Stube mit ihrem Strickzeug, und hatten auf die drei jüngsten Mädchen Acht, die mit ihren Puppen spielten; ich selbst lag im Bette, und freute mich, zwischen Lesen und Denken, dieses für mich köstlichen Anblicks. Um sieben Uhr verrichteten Gattinn und Kinder laut ihr Abendgebet, und setzten dann ihre vorigen Beschäftigungen wieder fort. Später setzte sich mein Sohn an das Pianoforte, und, wenn dann eine der Schwestern ihn bat, einen Walzer zu spielen, tanzten die Mädchen in frohen Kreisen. Um neun Uhr kam meine Frau mit einer Magd, mein krankes Bein mit Rauchwerk und den sonst vom Arzte vorgeschriebenen Mitteln zu versorgen; eine der älteren Töchter brachte mir dann meine Suppe, und eine halbe Stunde nachher kamen meine Gattinn, mein Sohn, und meine sieben Töchter, diese mir die Hand küssend, jene, mit einem Kusse, mir eine gute Nacht zu wünschen. Wie angenehm verflossen mir so die Abende! Wie labend ist solch ein Genuß für das Herz eines liebenden Gatten und Vaters!«[1]

Die Erinnerung des alten Salieri zeichnet ein Familienidyll, bei dem nichts darauf hindeutet, daß man sich im Hause des gefeierten Komponisten befindet. Der Walzer, den es 1788 noch kaum gab, steht wohl synonym für einen der Modetänze, wie sie gerade aktuell waren. Und auch das Pianoforte war längst in jedem besseren bürgerlichen Haushalt anzutreffen, häusliche Musik war das Zentrum jeder Geselligkeit.

Salieri muß sehr viel gelesen haben, denn in allen Erinnerungen von Zeitgenossen ist die Rede von einem hochgebildeten Manne. Allerdings war er alles andere als ein in sein Studier- und Arbeitszimmer vergrabener Mensch. Vielmehr nutzte er jede Gelegenheit zu Spaziergängen im Augarten oder weiteren Ausflügen in die Umgebung von Wien, wobei er offenbar die Gesellschaft anderer liebte. Diese Geselligkeit war ein Wesenszug von ihm, wobei es ihm weniger um tiefsinnige Gespräche ging als um heitere Ausgelassenheit. Auf solchen Ausflügen entstanden eine Unmenge von kleinen, anspruchslosen Kanons, Duetten, Terzetten oder Quartetten, wie es die Situation gerade ergab, die gleich gesungen wurden. Die Texte dazu waren meist scherzhafte Gelegenheitsverse, die er selbst dichtete, aber auch Sprichwörter, Sentenzen, Verszitate, die alle in kleinen Heftchen als Kompositionen festgehalten wurden, zum Teil auch als »Divertimenti vocale« oder »Scherzi armonici vocale«

veröffentlicht wurden. Insgesamt überwiegen italienische Texte, doch kommen auch deutsche, lateinische oder französische Texte vor. Die Behauptung, daß Salieri zeit seines Lebens kaum Deutsch gesprochen habe, läßt sich wohl nicht halten, doch sprach er kein völlig fehlerfreies Deutsch und hatte die Angewohnheit (die auch von Christoph Willibald Gluck erzählt wird), im schnellen Gespräch verschiedene Sprachfetzen durcheinander zu sprechen.

Vielleicht hängt dies mit dem heftigen und sprudelnden Temperament zusammen, das durchaus auch zu cholerischen Ausfällen neigte. Andererseits gehörte Salieri zu jenen, die eine harmonische und friedliche Umgebung brauchen und immer wieder auf Ausgleich und freundschaftliche Verhältnisse aus und für Dauerfehden kaum geeignet sind. Konfliktfähigkeit und Rechthaberei hatten so durchaus ihre Grenzen. Von einem innerlich zerquälten Finsterling, wie man ihn sich auf Grund der späteren Legendendarstellungen über seinen bis zum angeblichen Tötungshaß gesteigerten Neid auf Konkurrenten (insbesondere Mozart) vorstellen könnte, war er weit entfernt, wenngleich er im Alter gelegentlich von einer Altersmelancholie überfallen wurde, die er selbst als quälend empfand. Gewiß also kein immer sehr ausgeglichener Charakter, eher impulsiv und spontan als beherrscht und gelassen, aber insgesamt eine heitere, in Gesellschaft aufblühende und witzige Gestalt von einnehmendem Wesen. Offenbar mangelte es ihm nicht an genügendem Selbstbewußtsein zur Durchsetzung seiner Ziele, dabei blieb er selbstkritisch und war wenig empfänglich für Schmeichelei.

Seinem eigenen Werk gegenüber war er zumindest in der zeitlichen Distanz des Alters ein ehrlicher Kritiker, der Schwächen und Stärken genau zu benennen wußte, wenngleich sein Räsonnement sich oft zu sehr an die handwerkliche Seite einer Komposition hält und nicht zu einer künstlerischen Gesamteinschätzung fortschreitet. Auffallend ist dabei, daß Salieri immer das Gelingen der einzelnen Nummern oder formalen Einheiten einer Oper überprüft, auch ihre Funktion an der ihr zugewiesenen Stelle im musikdramatischen Ablauf diskutiert, aber weder die Textvorlage insgesamt noch seine eigenen Werkintentionen charakterisiert. So sind die Nachbemerkungen zu seinen Opern vor allem eine Addition von Einzelbeobachtungen, bekommen ein Werk als künstlerisches Ganzes jedoch nie zu fassen. Und man ist manchmal versucht sich zu fragen, ob dies vielleicht nicht nur Eigenart der kritischen Nachlese ist, sondern auch der Kompositionsweise entspricht.

In den neunziger Jahren kann man bereits eine Tendenz zu kleinen und kleinsten Formen beobachten, insbesondere auch bei den Kanons und diversen »Scherzi armonici«, die vielleicht nicht nur eine musikalische Interessenverlagerung andeuten, sondern auch ein Nachlassen der Konzentration für groß gebaute Werke. Die letzten Opern nehmen sich aus wie trotzige Versuche, diese Schwäche zu überwinden. Ihr Scheitern – einzig ausgenommen *Falstaff* – ist nämlich keineswegs allein den schlechten Libretti geschuldet, sondern auch einer immer weniger überzeugenden kompositorischen Gesamtleistung, deren Brüchigkeit durch noch so gelungene oder interessante Einzelheiten nicht mehr überdeckt werden konnte.

Natürlich hat Salieri nicht einfach aufgehört zu komponieren, aber es überwiegen nach 1800 die Gelegenheitswerke, und selbst bei der Kirchenmusik, der er sich immer deutlicher zuwendet, bevorzugt er Graduales, Offertorien und Psalmen. Es fehlt ihm offensichtlich der Mut zu größeren Kompositionen – in allen Gattungen. In der Beschränkung wird man zugleich eine selbstkritische Einsicht in die nachlassenden künstlerischen Kräfte sehen müssen. Ob der um 1800 eingetretene Stilwandel dabei auch eine Rolle gespielt hat, erscheint eher fraglich. Denn Salieri muß zumindest bis zu *Axur* als einer der avancierten Komponisten angesehen werden, der sich in seinen besten Werken sehr unabhängig gezeigt hatte von Traditionen, Schulen, Stileigentümlichkeiten, indem er alles aufgriff, ausprobierte, adaptierte, was ihm brauchbar schien, und in seine musikdramatischen Vorstellungen zu integrieren suchte. Einflüsse Glucks sind ebenso unüberhörbar wie Annäherungen an neapolitanischen Stil, französische Erfahrungen werden ebenso aufgegriffen wie das Wiener Singspiel, Seriaelemente werden freien Buffaformen gegenübergestellt (wie es häufig vorkommt in dieser Übergangszeit), und zweifellos hat Salieri auch Mozarts Opern mit größter Aufmerksamkeit gehört. Gerade diese Mischungen bei Libretti, die sich ebenso einer genauen Gattungszuordnung entziehen, waren für ihn charakteristisch. Aber einige der späten Opern zeigten nur allzu deutlich einen Rückschritt in der musikalischen Sprache, in der dramaturgischen Fähigkeit zu überzeugenden musikdramatischen Lösungen.

Salieris Kirchenmusik, zum allergrößten Teil erst nach 1800 entstanden, ist ihrem ganzen Anspruch nach sehr viel bescheidener, auch konservativer. Nicht das Werk soll durch seinen künstlerischen Anspruch dem Lob Gottes dienen, sondern es soll im Zuhörer die Bereitschaft zum Gottesdienst fördern. Kirchenmusik ist für Salieri in erster Linie liturgische Musik und soll diesen Gebrauch bestens fördern. Die Anekdote, daß Salieri als Hofkapellmeister nie Joseph Haydns Messen habe aufführen lassen, weil sie ihm zu weltlich, zuwenig kirchendienlich gewesen seien, ist hierfür typisch (auch wenn sie nicht verbürgt ist). Die Kirchenmusik Salieris ist im besten Sinne kirchliche Gebrauchsmusik, die sich nie von ihrer religiösen Aufgabe entfernt. Sie mutet dem Hörer keine gesuchte Originalität zu, ist übersichtlich gegliedert, von einfacher und eingängiger Melodik, wenig motivischer Arbeit und klarer Harmonik. Salieri neigt weder zu einem süßlichen Stil noch zu hochdramatischer Expressivität, seine Fugen sind eher schlicht als hochwölbende und ausladende Sätze. Die Instrumentation ist nicht ohne Reiz, vermeidet aber alle übertriebenen Effekte. Als Kirchenmusiker hatte er nicht den geringsten Hang, sich großartig in Szene zu setzen, orientierte sich durchaus an konventionellen Lösungen, scheute sich auch nicht vor häufigeren Unisonostellen. Einzig in den Messen und im *Requiem,* das er 1804 für sich selbst schrieb, findet sich neben dem Chor ein Solistenquartett, das teils dem Chor gegenübergestellt wird, teils geradezu mit ihm konzertiert. Sologesänge kommen kaum vor, meist sehr kurz oder im Wechsel mit dem Chor. Die ganze Kirchenmusik ist eher Ausdruck einer persönlichen Gläubigkeit und Frömmigkeit als eines selbständigen Kunstwollens. Dabei fehlen aber alle monumentalen, bekenntnishaften Züge, eher ist eine Neigung zur Innerlichkeit zu spüren – auch im *Requiem* –, in der letzten *Messe,* die ganz ohne Fuge auskommt, sogar ein heiterer, fast populärer Grundzug.

Salieris Kirchenmusik ist fast ausschließlich für den eigenen Hofdienst bestimmt, den er über all die Jahre gewissenhaft versah. Dabei zeigte sich, daß Salieri immer deutlicher zum glühenden Anhänger des Hauses Habsburg wurde. Bei ihm war es jedoch nicht der oftmals völlig bedenkenlose Opportunismus, der so manche ehemals überzeugte Josephiner nun mit nicht einmal wundem Herzen zu übereifrigen Apologeten der Reaktion machte – dafür war er viel zu unbeteiligt an Tagespolitik, vor allem aber zu charakterfest. Sondern seine Wende wurde durch den Patriotismus bedingt, den die französische Herausforderung an die europäischen Staaten überall beförderte. Dieser Umweg über den Patriotismus ersparte ihm das Renegatentum und ließ ihn dennoch objektiv im Lager der franziszeischen Reaktion landen, wo jene »Heilige Allianz« geschmiedet wurde, die noch einmal die alten Zustände – gewissermaßen in einer überlebensfähigeren Variante – wiederherzustellen versuchte. Die Verbindung von Thron und Altar sollte geradezu konstitutiv werden für diese Politik. Den Komponisten von *Tarare* hätte dies hellhörig machen müssen, aber Salieri war so eingesponnen und hatte so wenig Kontakt zu kritischen Geistern – wie es zu seiner Zeit sein Textdichter Pierre Augustin Caron de Beaumarchais zweifellos gewesen war –, daß er keinen Bruch spürte. Vielleicht ging diese mangelnde Sensibilität für die gesellschaftlichen und historischen Prozesse vor seinen Augen nicht zufällig zeitgleich einher mit dem Verlust künstlerischer Potenz. Und so diente Salieri hinfort vor allem dem Hause Habsburg und der Kirche. In der Tat verdanken sich die meisten kirchenmusikalischen Kompositionen zugleich Anlässen der Habsburgermonarchie, sind Gelegenheitswerke, die einzig den Augenblick ihrer vorbestimmten Aufführung stimulieren sollen. Ob Salieri dabei immer Initiator oder eher ein bereitwillig Aufgeforderter war, bleibe dahingestellt. Jedenfalls konnte der Zweiundsiebzigjährige mit Recht rückblickend zu Friedrich Rochlitz äußern: »Diese geistlichen Stücke [sind] für Gott und meinen Kaiser.«

Unter die patriotischen Arbeiten gehört auch die Musik zu August von Kotzebues Schauspiel *Die Hussiten von Naumburg,* ein ganz und gar unerträgliches vaterländisches Rührstück, eines von zweihundertelf Bühnenwerken dieses Autors, das allerdings den weitverbreiteten Gefühlen der Ohnmacht gegen Napoleon bestens Rechnung trug.

»Die Hussiten, welche laut Zeugnis der Geschichte, von dem grausamsten Fanatismus, mit Mord und Raubsucht gepaart, entflammt, den größten Theil Böhmens verwüstet, die schönsten Städte und Kirchen in einen Aschenhaufen verwandelt, und alle Einwohner, die einen Widerstand gegen sie versuchten, ohne Schonung des Alters und Geschlechts martervoll ermordet haben, machten unter Anführung ihres schrecklichen Anführers, des berüchtigten Prokops, einen Einfall in das benachbarte Sachsen.«[2]

Die Naumburger Bürger sind gerade mit der Ernte beschäftigt und veranstalten ein Schnitterfest, als die Schreckensnachricht eintrifft. In der Stadt verschanzt, versuchen sie nach mißglückten Ausfällen Verhandlungen zu beginnen, jedoch werden die Abgesandten brutal ermordet. Da schlägt ein Greis vor, man solle wehrlose Kinder in das Lager der Feinde schicken, um sie zu erweichen – und dies gelingt endlich: Prokop will die Stadt nun friedlich passieren. Das Stück endet mit einem Dankpreis der erlösten Naumburger an Gott.

Kotzebue hatte von einigen bekannten Komponisten die Zusage erhalten, jeweils einen Chor hierzu zu vertonen und damit aus dem Stück eine politische Gemeinschaftsaufgabe zu machen – auch bei Haydn hatte er angefragt, aber eine höfliche Absage erhalten. Als das Stück im März 1803 auch in Wien (Hoftheater) herauskam, übernahm man nicht die schon vorhandenen Kompositionen, sondern beauftragte Salieri mit der Ouvertüre, den Chören und Zwischenspielen. Daß dieses Stück bis zum Einzug Napoleons in Wien (1805) allein siebzehnmal gegeben werden konnte, zeigt deutlich genug, wie geeignet es war, die Emotionen zu wecken. Salieri hatte daran nicht wenigen Anteil. Mosel schreibt:

»Die Ouvertüre gehört unter seine besten Compositionen dieser Gattung; sie drückt den Frohsinn der Landbewohner aus. Die Zwischenmusik vom ersten zum zweiten Acte malt den Schrecken und die Verwirrung der vom Feinde unerwartet bedrohten Naumburger, und ist ebenfalls eines der vorzüglichsten Instrumentalstücke unsers Meisters. Die Einleitung zum dritten Acte ist nicht minder ausgezeichnet, und liefert, wie die vorhergehenden zwei Tonstücke, die Ueberzeugung, daß *Salieri* allerdings auch in der Instrumentalmusik Vortreffliches zu leisten im Stande war, wenn er Mühe darauf verwenden wollte. Die Zwischenmusik vom dritten zum vierten Aufzuge, die wilde Siegerfreude der Hussiten darstellend, ist energisch, doch steht sie, wie die Einleitung zum fünften Acte, welche die Angst der Mütter um ihre Kinder ausdrückt, der ersteren nach.«[3]

Die Chöre sind von großer Einfachheit und Schmucklosigkeit und – wie Mosel sagt – der rührenden Handlung angemessen.

Die Orchestermusik zu den *Hussiten vor Naumburg* waren kurze Charakterstücke, die von den wechselnden Stimmungen der Bühnenakte, zu denen sie hinleiten sollten, ihren Ausgang nahmen, aber sie erzählten keine Geschehensabläufe. Anders bei der Kantate *Gesù al limbo,* wo die Ouvertüre die ganze Lebensgeschichte Jesu in Detailmalerei darzustellen unternimmt.

»Wenn diese Aufgabe« – schreibt Mosel – »schon überhaupt außer den Gränzen der Instrumentalmusik zu liegen scheint, so war sie gewiß noch weniger auf die vorliegende Weise zu lösen, wo der Darstellung einer Begebenheit oft nur acht, vier, ja zwei Takte gewidmet sind, und unter den darzustellenden Gegenständen mehrere sich befinden, die durch Töne auszudrücken, rein unmöglich ist; z. B. Jesus in Mitte der Schriftgelehrten – Gefangennehmung Jesu – Er wird verhört, – u. d. gl. Die Ouvertüre ist daher eine Zusammensetzung von kurzen, ganz verschiedenen, und unter einander nicht verbundenen Instrumentalsätzen, deren Bedeutung zu errathen, ohne die Ueberschriften gelesen zu haben, wohl Niemand im Stande seyn dürfte.«[4]

Diese übergroße Genauigkeit im Detail, die sich dennoch nicht in einen großen Zusammenhang fügt, hat etwas Dilettantisches und Kleinliches, um so mehr, als die Lebensgeschichte Jesu gar nicht erzählt zu werden braucht und auch im Zusammenhang mit dieser Kantate überflüssig erscheint. Denn *Gesù al limbo* meint Jesus in der Vorhölle und behandelt ein schwieriges theologisches Problem, das nicht die Bibel, sondern erst die Kirchenväter aufgeworfen haben: Die Vorhölle bezeichnet nämlich jene Orte, wo die ungetauften Kinder und diejenigen Tugendhaften, die vor Christus auf Erden gelebt haben, die Erlösung durch Christus abwarten sollen. So treten Eva, Adam, auch Abraham auf, später sogar Jesus selbst, womit Mosel übrigens nicht recht einverstanden ist, vor allem nicht, daß es zu einem Terzett zwischen Jesus, dem Glauben und Abraham kommt, denn »wenn der Heiland spricht, muß Alles schweigen, und keine Stimme ist würdig, sich mit der Seinigen zu vermischen«[5]. Mit solcher Entrücktheit wußte der Musikdramatiker Salieri jedoch nichts anzufangen, vielmehr mischt er Jesus ganz bewußt unter die Menschen.

Jetzt findet Salieri auch endlich Gelegenheit, seine große doppelchörige *Messe* und das *Tedeum* aufzuführen, die er schon fünf Jahre zuvor für ein Friedensfest komponiert hatte. Frieden gab es zwar noch lange nicht, aber in Wien galt es ein Ereignis zu feiern, das Salieri jetzt dieser Musik würdig schien. Im Mai 1804 hatte Napoleon, bis dahin erster Konsul, den Titel eines Kaisers der Franzosen angenommen und damit einen Anspruch angemeldet, der für die alte Habsburgermonarchie geradezu unerträglich sein mußte. Franz II., bis 1806 noch Kaiser des Römischen Reiches, erklärte daraufhin »das Pragmatikalgesetz, worin sich der Monarch, *Franz I. Erbkaiser von Österreich* nannte, um als Regent des *Hauses* und der *Monarchie,* selbe in vollkommener Gleichheit des Titels und der erblichen Würde mit den ersten Mächten zu erhalten, – eine Gleichheit die Österreichs Herrschern durch völkerrechtliche Übung und Tractaten gesichert sey und dem uralten Glanz des Erzhauses, wie dem Umfang und der Bevölkerung ihres, so große Königreiche und unabhängige Fürstenthümer umfassenden Reiches gezieme.«[6] Im Dezember fand ein großes Dankfest statt, bei dem Salieri zum erstenmal diese *Messe* und das *Tedeum* im Stephansdom dirigierte. Joseph von Hormayr hat die äußeren Umstände beschrieben:

Am 8. Dezember »geschah der feyerliche Einzug zum Te Deum nach St. Stephan aus der Burg über den Michaelerplatz durch die Herrngasse, über die Freyung, den Hof, den Graben und Stock im Eisen. Voraus in sechsspännigen, prächtigen Gallawägen, jeder von 2 Laufern und 6 Bedienten in großer Galla begleitet, die k. k. Kämmerer, die geheimen Räthe, der innere und äußere Hofstaat von allen vier Hofstäben in großer Galla, darauf die Wägen der kaiserlichen Familie, der Erzherzog Ferdinand mit seinen Herren Söhnen, den Erzherzogen Franz, Ferdinand und Maximilian, die Erzherzoge Johann, Ludwig, Reiner und Rudolph, von ihren Obersthofmeistern und Kämmerern zu Pferde begleitet, darauf im Imperialprachtwagen *Franz I. römisch deutscher* und *Erb-Kaiser von Österreich* und die Kaiserinn Maria Theresia, umgeben von den obersten Hofämtern und Gardecapitänen, die Trabantengarde zu beyden Seiten, die deutsche und ungarische Garde hinter dem Wagen, darauf die Obersthofmeisterinn, die Dames de Palais; ein Reiterregiment und ein Grenadierbataillon, die den Zug schlossen. – In den Straßen machte das Militär Spaliere; auf den Plätzen paradirte die Bürgerschaft. Im Stephansdom harrten des Monarchen die Ordensritter, die übrigen geheimen Räthe, Kämmerer und Truchseße, die Regierung, die Stände, die Hochschule, der Magistrat.«[7]

Natürlich hatte der Hofkapellmeister an solchen Tagen seine Dienstpflichten, wahrscheinlich wurde von ihm auch eine dazu geeignete Komposition erwartet. Salieri war längst dem Hause Habsburg und seinem Monarchen bedingungslos ergeben. Für ihn ging es einzig um den Frieden des Habsburgerreiches, und dieses Fest mochte ihm wie ein Vorbote dazu erscheinen. Er fühlte sich durch und durch als Österreicher und wollte dies zum Ausdruck bringen durch einen auch persönlich gefühlten Dank an Kaiser Franz.

Dies war nicht Schmeichelei eines Höflings, gar um eigener Vorteile willen. Mit Joseph II. hatte ihn persönlicher Umgang verbunden, in Franz, der in allem so ziemlich das Gegenteil seines Onkels war, würdigte er den Repräsentanten eines Nouveau régime, mit dem er sich zunehmend identifizierte. Dabei geriet er auch an ein Gedicht eines überspannten ungarischen Adligen, Ferdinand von Geramb, der in dieser Zeit einiges Aufsehen erregte: einerseits ein Salonlöwe von zweifelhaftem Ruf, der sich mehrfach schon duelliert hatte, andererseits ein geradezu wildgewordener Patriot, der sogar ein eigenes Freikorps aufstellte, um gegen Napoleon zu kämpfen. (Später in England, wo er sich aufhielt, um neue Streitkräfte zu sammeln, sollte er wegen Schulden verhaftet werden, wobei er sich zwölf Tage lang in seiner Wohnung wie in einer Festung verteidigte. Man schob ihn ab, und er geriet in französische Gefangenschaft, wo er die Zelle mit dem Bischof von Troyes teilte, der ihn zum Klosterleben bekehrte. Tatsächlich wurde Geramb Trappist; er zeigte einen solchen Eifer für die strengen Ordensregeln, daß er es schließlich bis zum Generalabt dieser Mönche brachte.)

In seinem Gedicht *Habsburg,* das 1805 in einer Prachtausgabe auf Imperialfolio und mit vielen Kupfertafeln geschmückt erschien, rühmte er in vierzig Strophen die Heldentaten des Hauses Habsburg von seinen Anfängen an als steten Friedensdienst. Um wenigstens einen kleinen Eindruck von diesem Gedicht zu geben, seien zwei Strophen zitiert:

»Das hohe Werk ist nun vollbracht
Im Welt- und Kriegsgewühl.
Franz ruht, gestützt auf Oestreichs Macht,
Und schaut zurück vom Ziel.
An Deiner Helden Spitze, FRANZ,
Zeuch in Dein Erbtheil ein,
Um Habsburgs Haus muss Kaiserglanz
In ew'ger Heimat seyn.

Franz, zweiter Rudolph Deinem Stamm,
Du bot'st den Fehden Ruh,
Und schlosst, wo Blut in Strömen schwamm,
Des Krieges Schauplatz zu.
Von neu'm beginnt der Künste Tanz,
Von neuem geht der Pflug,
Der Friede trägt den Erntekranz
Vor Deinem Krönungszug.«[8]

Auch für den gewandtesten und gewitztesten Komponisten mußte es eine schiere Unmöglichkeit sein, auf vierzig solcher Strophen eine Musik zu schreiben, die genügend Varietät, Abwechslung, innere Spannung besaß, um nicht entsetzlich zu langweilen. Aber gerade das, was Salieri früher ausgezeichnet hatte, ein Sinn für dramatische Abläufe, eine weniger tonmalerische als reflektierende instrumentale Begleitung, wurde einem Text aufgeopfert, an dem nichts mehr durch noch so viel musikalischen Witz zu veredeln war. Man kann es auf die einfache Formel bringen, daß Salieri als Komponist nach dem Ende seines Opernschaffens nur noch Thron und Altar gedient und darüber jeden musikalischen Ehrgeiz verloren hat.

Salieri hat sich um 1805 auch gewissermaßen vor sich selbst vom aktiven Komponistenleben verabschiedet. Das *Requiem* von 1804, sein kirchenmusikalisches Hauptwerk, hat durchaus auch Züge eines resignativen Abschlusses. Er selbst dachte daran, bald sterben zu müssen, daher auch die Zweckbestimmung für sich selbst. Vielleicht ist hier schon die erste Spur von Salieris Altersdepressionen zu finden, die seine letzten Jahre verdüsterten. Gerade in diese Zeit fallen zwei Todesfälle seiner Familie, die ihn schwer erschütterten. Im September 1805 starb sein einziger Sohn, Alois Engelbert, im Alter von dreiundzwanzig Jahren. Anderthalb Jahre später (30. Mai 1807) starb seine Frau Theresia. Salieri lebte von nun an mit zwei unverheirateten Töchtern, die ihm den Haushalt führen mußten, in einem sicher nicht immer sehr harmonischen Verhältnis, denn er bestand auf diesen Töchterpflichten. Man kann sich gut vorstellen, wie sich aus der Familienidylle allmählich die Herrschaft eines strengen Hauspatriarchen entwickelte.

Als Musiker blieb Salieri jedoch weiterhin aktiv mit einer Fülle von Aufgaben, ja es wurden im Laufe der Zeit immer mehr. Bis ins hohe Alter dirigierte er die Konzerte der Tonkünstlersozietät, in deren Präsidium er eine führende Stelle hatte. Seit 1807 wurden meist alternierend *Die Schöpfung* und *Die Jahreszeiten* von Haydn gegeben, jene Werke, von denen man sich das meiste Geld versprechen konnte. Denn diese Einnahmen machten den Hauptbestandteil für die Unterstützungskasse der Musikerwitwen und -waisen aus. Salieri nahm diese Aufgabe sehr ernst, nicht allein aus musikalischen Gründen, sondern weil er selbst eine ausgesprochen soziale Ader hatte. So konnte er auch sehr giftig werden, wenn es jemand wagen sollte, an einem solchen Abend ein Konkurrenzkonzert zu veranstalten und womöglich Musiker dafür abzuwerben. Ludwig van Beethoven bekam das deutlich zu spüren, als er ausgerechnet auf einen 22. Dezember, seit Jahren ein Konzerttag der Tonkünstlersozietät, seine berühmt gewordene Akademie von 1808 legte, bei der zum erstenmal die *Symphonien Nr. 5* und *6*, das *Klavierkonzert Nr. 4* und die *Chorfantasie* zur Aufführung kamen. (Auch Beethoven spricht in diesem Zusammenhang empört von seinen »Feinden« und dem »Haß« Salieris, obschon dieser so ganz im Unrecht nicht war[9].)

Vor allem aber hat sich Salieri mit großem Eifer seiner Tätigkeit als Hofkapellmeister gewidmet. Es war dies ja nicht allein eine Dirigentenstelle, bei der er die gesamte Hofmusik zu leiten hatte, sondern in seinen Verantwortungsbereich fielen auch alle Verwaltungsaufgaben, die mit dieser Institution verbunden waren, vergleichbar einer Intendanz. Mochte es früher üblich gewesen sein, daß der Hofkapellmeister vor allem eigene Kompositionen beisteuerte, einstudierte und aufführte, so nahm Salieri gerade die Organisationsseite besonders ernst, zumal er selbst nur höchst gelegentlich als Komponist von Kirchenmusik für diese Zwecke hervortrat. Sein Ehrgeiz lief auf ein mustergültig arbeitendes Orchester hinaus. Einerseits versuchte er, die besten Kräfte für die Hofmusikkapelle zu gewinnen, wobei er selbst nach einem Probespiel die Auswahl traf, andererseits legte er für dieses Orchester eine ungewöhnliche Fürsorglichkeit an den Tag. Bei ihm lag schließlich die Regelung von Urlaub und Aushilfen, wobei er bewährte Ersatzkräfte auf Dauer zu integrieren sich bemühte. Als künstlerischer Leiter hatte er zwar keine Finanzhoheit, sondern mußte sich in allen Fragen an den zuständigen Hofmusikgrafen wenden, aber er betätigte sich als ein höchst wirkungsvoller Vermittler der Ansprüche des Orchesters und konnte sich fast immer durchsetzen. Das Orchester besaß eigene Instrumente, die regelmäßig repariert beziehungsweise ersetzt werden mußten, wobei er streng auf die Qualität der Instrumentenbauer achtete.

Auch alle Besoldungsfragen und Pensionsbewilligungen gingen zunächst gewissermaßen über seinen Schreibtisch. Auch hierbei setzte er sich sehr nachhaltig für seine Musiker ein und war ein beredter Anwalt aller sozialen Belange. Neben dem Orchester oblag ihm auch die Auswahl der Kapellknaben, deren gesangliche und musikalische Fähigkeiten zu entwickeln und auszubilden ihm besonders wichtig war, denn seine Gesangsschule wurde ganz besonders gerühmt. Überhaupt hatte Salieri schon frühzeitig pädagogische Interessen gezeigt, die hier ihre Wirksamkeit fanden. Aber auch das Archiv der Hofmusikkapelle, in dem wertvolle Musikalien gesammelt waren, lag ihm am Herzen, wobei er sehr strenge Bestimmungen traf, um diese Schätze sorgsam gehütet beieinanderzuhalten.

Die Strenge seiner Amtsführung zum einen, andererseits sein unbedingtes Eintreten für alle Belange der Musiker machten ihn zu einer allseits anerkannten obersten Instanz. Da er selbst kaum noch komponierte, konnte auch keinerlei Mißgunst wegen Bevorzugung eigener Werke aufkommen. Andererseits war er sich nicht zu schade, im Musikleben auch höchst sekundäre Aufgaben wahrzunehmen. Bei der denkwürdigen Premiere von Haydns *Schöpfung* zum Beispiel saß Salieri am Klavier. Und bei dem großen Wohltätigkeitskonzert (8. Dezember 1813), bei dem Beethovens Schlachtensymphonie *(Wellingtons Sieg)* uraufgeführt wurde, leitete Salieri die Trommeln und Kanonen. Er war ein jederzeit ansprechbarer und hilfsbereiter Kollege, eine Persönlichkeit, die aus dem Wiener Musikleben nicht wegzudenken war.

So ist es auch kaum verwunderlich, daß Salieri sogleich mit führenden Aufgaben betraut wurde, als man 1814/15 die »Gesellschaft der Musikfreunde« in Wien vorbereitete. Er wurde in den leitenden Ausschuß berufen, der unter anderem auch Statut und Satzungen zu formulieren hatte, und übernahm bereits 1814 die Chorübungsanstalt, der nicht weniger als 272 Mitglieder angehörten. Später wirkte er im Konzertkomitee und im Bauausschuß mit, der erste Unterhandlungen über ein eigenes Haus führte. Denn eine zentrale Aufgabe des Musikvereins sollte die Gründung eines Konservatoriums sein. Gewissermaßen als erster Schritt dazu wurde 1817 eine Singschule gegründet, deren oberste Leitung Salieri übernahm (der Instrumentalunterricht kam erst 1819 hinzu).

Salieri hatte schon gleich nach Abschluß seiner Studien bei Florian Leopold Gaßmann zu unterrichten begonnen; für einen angehenden Musiker war dies fast die einzige Einnahmequelle. Wahrscheinlich gab er zunächst Klavierunterricht, doch schon bald kam Gesangsunterricht hinzu, wobei eine seiner ersten Schülerinnen Catarina Cavalieri war, die als junges Mädchen schon seinen Unterricht genoß, denn ihr Debüt hatte sie bereits mit fünfzehn Jahren. (Sie war später die erste Constanze in Mozarts *Entführung aus dem Serail.*) Insgesamt ist Salieri mindestens fünfzig Jahre Musiklehrer gewesen, wobei Gesang und Theorie die Hauptzentren waren. Der Theorieunterricht umfaßte sowohl die Satzkunst und Grundlagen des Kontrapunktes als auch musikalische Analyse, Partiturspiel und Kompositionsanleitungen, hauptsächlich für Gesangskompositionen. Und gerade darin galt Salieri als eine oberste Autorität. Wohl kaum wäre es sonst zu verstehen, daß Beethoven zwischen 1793 und 1809 immer wieder zu Salieri ging, den er durchaus als einen seiner Lehrer empfand, um mit ihm gesangstechnische Fragen zu studieren. Das war vielleicht kein geregelter Unterricht und später eher eine Art Beratung, deren intensivste Zeit bis 1802 reichte, aber doch eine wichtige Ergänzung der kontrapunktischen Übungen bei Johann Georg Albrechtsberger.

Die meisten seiner Schüler unterrichtete Salieri unentgeltlich. Er selbst empfand dies als einen Beitrag zur Abstattung der Dankesschuld an seinen Lehrer Gaßmann, der ihn einst nach Wien geholt, in seinem Haus jahrelang aufgenommen und ihm eine gründliche musikalische Ausbildung mitgegeben hatte. Salieri hat dies zeitlebens als eine Verpflichtung empfunden. Von adligen oder aus dem reichen Bürgertum stammenden Schülern nahm er zwar Honorare, jedoch ist die überwiegende Zahl seiner fast achtzig namentlich bekannten Schüler kaum darunter zu zählen. Insgesamt dürften es auch weit mehr Schüler gewesen sein. Dabei fällt auf, daß sowohl unter den Theorie- und Kompositionsschülern wie auch unter den angehenden Sängerinnen und Sängern viele illustre Namen aus den Generationen der zwischen 1760 und 1810 Geborenen zu finden sind. Allein die Liste der Komponisten verzeichnet neben Beethoven Namen wie Ignaz Umlauff, Peter von Winter, Anselm Hüttenbrenner, Joseph Eybler, Joseph Weigl, Franz Xaver Süßmayr, Giovanni Liverati, Simon Sechter, Ignaz Assmayer, Carl Czerny, Giacomo Meyerbeer, Franz Xaver Wolfgang Mozart, Ignaz Moschelcs, Franz Schubert, Karl Gottlieb Reissiger, Benedikt Randhartinger und Franz Liszt. Manchmal waren es nur wenige Lektionen – wie bei Czerny oder Meyerbeer –, manchmal war es eine jahrelange Arbeit – wie bei Schubert. Im Mittelpunkt stand wohl meist – neben den Grundlagen des Kontrapunktes – die Vokalkomposition.

Aus dem Freundeskreis um Schubert sind manche Erinnerungen überliefert, in denen auch der Unterricht bei Salieri erwähnt wird, teils in bezug auf Schubert, teils auch aus eigener Erfahrung, denn einige der Schubert-Freunde hatten selbst bei Salieri studiert. So berichtet Hüttenbrenner: »Schubert galt sehr viel bei Salieri, bei dem er Generalbaß und Komposition studierte.«[10] An anderer Stelle berichtet er: »Unserem Salieri waren die liebsten Musiker die *Treffer,* oder *vom Blatt Leser*; er selbst war ein Partiturspieler, wie mir noch keiner vorgekommen ist; der Halbsopran, der Barytonschlüssel waren ihm so geläufig, wie die übrigen bekannten Schlüssel.«[11] Partiturspiel als das A und O jedes künftigen Kapellmeisters scheint in Salieris Unterricht eine große Rolle gespielt zu haben.

Der eigentliche Kompositionsunterricht bestand wohl hauptsächlich in Aufgaben für Gesang auf italienische Texte (meist von Pietro Metastasio, bei dem Salieri ja selbst noch Deklamation gelernt hatte), die dann gemeinsam durchgegangen und verbessert wurden. Joseph von Spaun berichtet über den Schubert-Unterricht, »daß Salieri gerade jene Komposition, zu welcher es seinen Schüler unwiderstehlich hinriß, nämlich das deutsche Lied, durchaus mißbilligte. Die Gedichte von Goethe, Schiller und andern [. . .] waren für den Italiener ungenießbar [. . .]. Salieri begehrte mit Ernst von Schubert, daß er nicht ferner mit dergleichen Kompositionen sich abgebe, sondern daß er vielmehr mit seinen Melodien haushalte [. . .]«[12] Das hat Schubert aber nicht abhalten können, vielleicht sogar im Sinne einer versuchten Gegenüberzeugung angeregt, fünf Goethe-Lieder (op. 5) mit einer Widmung an Salieri (1821) erscheinen zu lassen.

Auch unter Salieris Gesangsschülern sind viele, die eine bedeutende Rolle im Konzertsaal und in der Oper gespielt haben. Neben Cavalieri wären hier Julius Cornet, Fortunata Franchetti-Walzel, Anton Haitzinger, Josefine Killitschgy, Katharina Kraus-Wranizky, Anna Milder-Hauptmann, Karoline Seidler, Katharina Wallbach-Canzi und Karoline Unger zu nennen. Die lebenslange Beschäftigung mit Gesangskunst ließ Salieri auch eine bis heute nicht veröffentlichte eigene Gesangsschule schreiben. Ihr besonderer Witz ist, daß sie durchgehend in Versen abgefaßt ist, mit vierstimmigen Sätzen zu den Versen, gedacht als ein Regelwerk zur Grundlagenschulung der Dilettantengesellschaft. Ob er allerdings nach diesem Werk an der Singschule des Konservatoriums unterrichten ließ, ist zweifelhaft. Immerhin wurden Prüfungsaufgaben daraus benutzt.

Das allseitige Ansehen, das Salieri genoß, nutzte er auch, um sich in aufführungspraktische Fragen einzuschalten. So war er einer der ersten, der die Erfindung von Johann Nepomuk Mälzels Metronom öffentlich würdigte und seine Verwendung propagierte. Vor allem war es ihm wichtig, die authentischen Vorstellungen, die sich mit verbalen Tempobezeichnungen nur unzureichend wiedergeben lassen, der Nachwelt zu überliefern. So metronomisierte er nicht nur seine *Danaïdes*-Partitur, sondern gab auch die Metronomzahlen von Gluck-Opern weiter, wie er sie aus den Aufführungen in Erinnerung hatte, ebenso von den Haydn-Oratorien, die er unter Anwesenheit des Komponisten aufgeführt hatte, wobei oftmals – wie bei Beethovens Metronomangaben – das schnelle Tempo überrascht. Ein anderer Aufsatz[13] streitet gegen die Schmachtfetzen-Manier (»maniera languida, smorfiosa«), die bei den Streichinstrumentalisten einzureißen begann und auch bei Sängern vorkam, ein Verschleifen der Intervalle, das er eine »äußerst geschmacklose Manier« nannte.

Ehrungen blieben nicht aus. So wurde er Mitglied der Schwedischen Akademie, auswärtiges Mitglied des französischen Nationalinstituts (durch Napoleon), Ehrenmitglied des Mailänder Konservatoriums. Als er 1815 zum Ritter der Ehrenlegion ernannt wurde und bei Kaiser Franz anfragte, ob er diesen Orden tragen dürfe, wollte jener zunächst einmal wissen, welche Verdienste dazu geführt hätten. Franz II. hatte es eben schwer mit Napoleon, dem er einst sogar seine eigene Tochter zur Frau gegeben hatte, die nun längst wieder als Marie Louise, Herzogin von Parma, in Wien lebte – aber die Ehrenlegion erhielt Salieri bereits von den Bourbonen. Zu seinem fünfzigsten Dienstjubiläum am habsburgischen Hof bekam Salieri die Goldene Zivil-Ehrenmedaille an der goldenen Kette verliehen, aber anläßlich dieser Gelegenheit fand auch ein Fest seiner Schüler zu seinen Ehren statt, bei dem von jedem ein eigens komponiertes Gesangsstück vorgetragen wurde.

Schubert trug am selben Tage (16. Juni 1816) in sein Tagebuch ein: »Schön u. erquickend muß es dem Künstler seyn, seine Schüler alle um sich her versam̄elt zu sehen, wie jeder sich strebt, zu seiner Jubelfeyer das Beste zu liefern, in allen diesen Compositionen bloße Natur mit ihrem Ausdruck, frey aller Bizarrerie zu hören, welche bey den meisten Tonsetzern jetzt zu herrschen pflegt, u. einem unserer größten deutschen Künstler beynahe allein zu verdanken ist, von dieser Bizzarrerie, welche das Tragische mit dem Komischen, das Angenehme mit dem Widrigen, das Heroische mit Heulerey, das Heiligste mit dem Harlequin vereint, verwechselt, nicht unterscheidet den Menschen in Raserey versetzt statt in Liebe auflöst zum Lachen reitzt, anstatt zum Gott erhebt, diese Bizzarrerie aus dem Cirkel seiner Schüler verbannt, u. dafür die reine, heilige Natur zu blicken, muß das höchste Vergnügen dem Künstler seyn, der von einem Gluck geleitet, die Natur keñen lernt, u. sie trotz der unnatürlichsten Umgebungen unserer Zeit erhalten hat.«[14] Ein merkwürdiges Bekenntnis zu Salieri. Beethoven war bei dieser Schülerehrung nicht dabei, obschon er in Wien war.

Von den äußeren Lebensumständen des alternden Salieri wissen wir nur wenig. Er lebte in äußerster Gleichförmigkeit in Wien, nur unterbrochen von kleinen Ausflügen und zwei kurzen Reisen nach Dresden und Böhmen, in unangestrengter Tätigkeit und gerne genossener Geselligkeit. Mosel, der in diesen Jahren engen Kontakt mit ihm hatte, erzählt zusammenfassend:

»Seit mehreren Jahren hatte *Salieri* drei Mal in jeder Woche die Vormittags-Stunden von neun bis ein Uhr dem unentgeltlichen Unterrichte junger Talente beiderlei Geschlechtes gewidmet; die Gegenstände des Unterrichtes waren: Gesang, Generalbaß, und Composition. Die Frühstunden der übrigen Tage nahmen sein Dienst bei der Hofkapelle und seine Geschäfte als Vice-Präses des Witwen-Pensions-Institutes der Tonkünstler in Anspruch. Die Abende brachte er wechselweise bei einigen kunstsinnigen Freunden zu, um Musik zu machen oder zu hören. *Gluck's* unsterbliche Werke, Compositionen von älteren italienischen Meistern, und jene von den seinigen, die hier entweder noch gar nicht, oder schon lange nicht gehört wurden, lieferten dann die Gegenstände der genußreichen Unterhaltung. Das Theater besuchte er äußerst selten, und in dem Grade immer seltener, je mehr die wahre dramatische Musik durch nichtssagende Solfeggien und läppische Seiltänzerstückchen verdrängt wurde. Was ihm an Zeit noch übrig blieb, war der Lectüre, und den Spaziergängen gewidmet, die er, ein Freund der schönen Natur, vorzüglich liebte.«[15]

In dieser Zeit wurde Salieri auch Mitglied der »Ludlams-Höhle«[16], eines Geselligkeitsvereins, in dem die Pflege des Nonsenses und das Bechern hochgehalten wurden (im Gegensatz zum Kannegießen, das oftmals mit politischen Unterhaltungen einherging). Salieri hatte in dieser Gesellschaft den Namen »Don Tarar di Palmira«. Am bemerkenswertesten bei diesem völlig unpolitischen Verein war sein grotesk-komisches Ende, als er in einer riesig angelegten nächtlichen Polizeiaktion, als verschwörerischer Geheimbund verdächtigt, ausgehoben wurde. Salieri hat dies freilich nicht mehr miterlebt. Die Mitglieder des Vereins, insgesamt über hundert, waren vor allem Leute, die in verschiedenster Weise mit dem Theater zu tun hatten, als Schauspieler, Dichter, Musiker, oder ihr häufiges Publikum ausmachten. Auch Carl Maria Weber wurde aufgefordert, dieser Gesellschaft beizutreten, soll es aber abgelehnt haben, solange Salieri ihr Mitglied sei[17], ein Hinweis auf die schon zu seinen Lebzeiten gelegentlich auftauchenden Gerüchte von einer Mitschuld an Mozarts Tod.

Im Dezember 1815 gelang noch einmal ein Werk, das Salieri keineswegs nur als einen Komponisten des 18. Jahrhunderts, sondern als einen Instrumentationskünstler der neuesten, nachklassischen Richtung zeigte, ein originelles, vorbildloses Variationenwerk, das man gleichsam als Orchesterschule bezeichnen könnte: *Vierundzwanzig Variationen für das Orchester über das Thema La folia di Spagnia genannt*. Hervorzuheben sind vor allem zwei große Harfensoli und mehrere solistische Violinsätze, aber auch eine höchst wirkungsvolle Behandlung der Holzbläser mit allen denkbaren Klangfarbentönungen, dunkel gefärbte Blechbläser (ganz ohne Geschmetter), wobei die Variationen sich sehr eng an das Thema halten. Diese Arbeit ist ein würdiger Vorläufer zu neueren Werken dieser Art wie etwa Benjamin Brittens *Young Person's Guide to the Orchestra*. Nur wissen wir nichts über Anlaß und Zweck dieser bedeutenden Schöpfung.

Leider blieben diese Variationen eine Ausnahme von der kompositorischen Enthaltsamkeit. Statt dessen fand Salieri die Muße, ältere Werke noch einmal vorzunehmen. Wie sehr sich seine Vorstellungen vom Musiktheater seit seiner besten Zeit zur biedermeierlichen Harmlosigkeit zurückentwickelt hatten, zu einem Theater schnöder Versöhnlichkeit, zeigt die Umarbeitung von *Les Danaïdes* zu *Danaus*, einer Oper in vier Akten, die in dieser Version gleichwohl nie gespielt worden ist. Leitende Idee war dabei, wie er selbst sagt, »daß grausame Spectakel das Volk mit grausamen Ideen befreunden, so wie gemeine es immer mehr in Gemeinheit versenken«[18]. Einerseits sollte also das fürchterliche Blutbad der Danaiden an den fünfzig Söhnen des Aigyptos herausgenommen werden – obschon es doch den Kernpunkt der Handlung bildet! –, andererseits wollte Salieri aber gerade die ergreifende Musik des Höllenschlusses mit ihren Chören retten, weil sie zum Wirkungsvollsten der ganzen Oper gehört. Da fand sich in Franz Xaver Huber ein

Librettist, der die Verkehrung dieses klassischen Stoffes in ein Rührstück ohne Anstand unternahm. Jetzt beschließt Hypermnestra, Danaus von seinem Mordplan abzubringen, und läßt sich dazu einiges einfallen:

Danaus erlebt nun im Traum – bühnenpräsent – jene Höllenszene, die einst den Schluß bildete, und ist so erschrocken, daß er den Massenmord seiner Töchter verhindern will, den er kurz zuvor noch angeordnet hat. Allein, in diesem Moment hört man hinter der Bühne schon die Todesschreie. Danaus ist verzweifelt, zumal nun auch die Danaiden mit blutigen Dolchen zurückkehren. Doch da erscheint Linceus und erklärt zusammen mit Hypermnestra, daß man Danaus nur getäuscht habe, um ihn umzustimmen. Der Hochzeit der Danaiden mit den Söhnen des Aigyptos, Hypermnestras mit Linceus steht nichts mehr im Wege. Danaus, wie umgewandelt, bekennt sich nun zu der Einsicht: »Geböte selbst ein Gott uns eine Lastertat, nicht zu gehorchen wäre Pflicht.« Die abschreckende Höllenstrafe, nur recht deutlich vorgestellt, bewirkt die Besserung noch vor der schrecklichen Tat. Von dem alten griechischen Mythos war nichts geblieben, die Tendenz der Oper propagiert billigste Abschreckungstheorien[19].

Mag die *Danaus*-Bearbeitung auch schon einige Zeit zurückgelegen haben (ihr genaues Datum wissen wir nicht), so nahm sich Salieri 1818 auch seinen *Tarare* vor, um ihn für eine Pariser Neuinszenierung zu einer dreiaktigen Fassung umzuarbeiten. Aber ebenso wie bei *Les Danaïdes* wurde auch hier der eigentliche Sinn geradezu ins Gegenteil verkehrt. Handelt die Fassung von 1787 von einem maßlosen Tyrannen, der sich mit der völlig bedenkenlosen und korrupten Priesterschaft zur Vermehrung seines Unheils verbündet, ist dieses Bündnis von Königtum und Religion mit seinem Priesterbetrug geradezu der Hauptgegenstand der Oper, der die eigentliche Handlung erst ermöglicht, so hat Salieri in der Fassung von 1818 alles das gestrichen, was mit Religion und Priestergewalt zusammenhängt. Beaumarchais wurde gewissermaßen um das Herzstück seines Textes betrogen. Eine Besprechung von Georg Ludwig Peter Sievers in der *Allgemeinen musikalischen Zeitung* schildert die Folgen dieses Eingriffs:

»[...] alle und jede Reflexionen, deren kecker, kräftiger, prosaischer Sinn ehemals das eigentliche Glück des Stücks gemacht hat, sind ausgemerzt und endlich Atar am Ende zu einem reuigen Sünder gemacht worden, der sich zu bessern verspricht, dabey aber immer noch den guten Willen heimlich nähren kann, bey günstigern Umständen von neuem und zwar ärger, als das erstemal zu beginnen. So hat sich das kühnste, keckste Produkt Beaumarchais zu einer nichtssagenden, schwächlichen Parodie seiner selbst, so hat sich der Verfasser selbst zu einem entmannten Calpigi umschaffen lassen müssen! In der That scheint es die Aufgabe gewesen zu seyn, das Stück alles dramatischen und moralischen Interesses zu berauben, um daraus, so zu sagen, ein blosses Stacket zu machen, an welchem sich die geruchlosen Blumen der Tanzkunst emporzuschlingen vermöchten. Wirklich scheint das Stück in seiner jetzigen Gestalt nur der Balette wegen da zu seyn: diese übertreffen alles, was die grosse Oper bisher in dieser Gattung geliefert hat.«[20]

Musikalisch hatte Salieri sowohl bei *Danaus* als auch bei der *Tarare*-Bearbeitung möglichst viel von seinen Kompositionen zu erhalten gesucht, ermöglicht durch zahlreiche Umstellungen, aber auch Neutextierungen, entsprechend dem veränderten Libretto. In beiden Fällen ist der Anteil neu komponierter Musik verhältnismäßig gering. Aber Salieri scheute sich auch nicht einmal, den immer bewunderten Gesang des Opferknaben Elamir jetzt mit neuem Text an Spinette, die »intrigante und kokette« Frau Calpigis, zu geben. Musik wurde so zu einer Verfügungsmasse, die sich wie bei den alten Parodieverfahren beliebig verschieben ließ, ihr affektiver Ausdrucksgehalt, ihre »Wahrheit« wurde von Salieri selbst ideologisch umgemodelt, die »schöne Stelle« reproduziert und neu montiert von neuem angeboten.

Der alte Salieri hat sich bis 1822 noch einmal alle seine Opern vorgenommen und »der Reihe nach durchgelesen«, wobei vermutlich jene Nachbemerkungen entstanden, die er in die handschriftlichen Partituren eintrug. Er konnte ein Schaffen übersehen, das die verschiedenartigsten Gattungen umfaßte und sich von Anfang an differierenden Einflüssen gegenüber offengehalten hatte, Anregungen von allen Seiten begierig aufnahm und zu einem spezifischen gemischten Stil verarbeitete, der für Salieri typisch geworden ist. Die Textausdeutung war für ihn der Ausgangspunkt, der auch die musikalischen Lösungen bestimmte. Sie führte zu einer insgesamt reflektierenden und damit eher künstlichen Musik, die sich keineswegs allein auf hübsche Melodien verläßt. Ihr fehlt sogar oftmals etwas von der typischen neapolitanischen Melodienseligkeit, bekommt statt dessen etwas Kurzatmiges. Großartige und wirkungsvolle »Ohrwürmer« zu schreiben, die sogleich auf der Gasse gesungen worden wären, ist Salieri nie recht gelungen.

Bei der formalen Gestaltung der Gesangsnummern herrschen freie Formen vor, Kavatinen, liedartige Stücke, selten sind Textwiederholungen oder gar richtige Dacapoarien zu finden. Selbst in den Buffoopern findet sich eine Tendenz zu durchkomponierten Teilen, sicher auch aus den Erfahrungen mit der Tragédie-lyrique gespeist. Ensemblesätze bekommen einen großen Anteil, wobei auch hier die szenische Gestaltung wichtig ist. Die Finale dehnen sich oftmals zu sehr umfangreichen, aber klar gegliederten Gebilden aus, wobei der häufige Tempowechsel die musikalische Spannung erhöht. Chöre haben in seinen Opern eine große Bedeutung, auch in den musikalischen Komödien; gerade hierin sind Salieri oftmals besonders schöne und eindrucksvolle Sätze gelungen. Seccorezitative sind oft höchst einfach und harmonisch nicht sehr abwechslungsreich, was deshalb besonders auffällt, weil Salieri vom orchesterbegleiteten Rezitativ häufiger Gebrauch macht, selbst in den Buffoopern kommt es vor. Und gerade in *Les Danaïdes* und erst recht in *Tarare* sind die vom Orchester begleiteten Rezitative auch harmonisch sehr reizvoll ausgestaltet. Andererseits kann man auch in den musikalischen Lustspielen die Übernahme parlandoartiger Teile finden, wie sie in *Tarare* in allen Schattierungen und Übergängen bis zu Ariosos ausprobiert werden konnten.

Die Ouvertüren sind meistens sehr einfach, oftmals einsätzig, eigentlich nie mit durchgeführten Teilen. Ein motivischer Bezug zur Oper fehlt meist, sie sind ganz allgemein gehaltene Einführungen. Das muß überraschen angesichts einer Salierischen Spezialität – freilich nur weniger Werke: eine detailliert beschreibende, fast pantomimische Musik, die nicht nur Stimmungsbilder malt (wie etwa die beliebten »Seestücke«), sondern zu erzählen versucht. Frühes Beispiel ist die *Armida*-Ouvertüre, aber noch im Alter hat Salieri in dem Oratorium *Gesù al limbo* auf diese Technik zurückgegriffen. Die Orchestersprache ist sehr farbenreich und differenziert, doch sie ist keineswegs auf grelle Effekte aus. Nicht scharfe Kontraste, sondern feine Nuancierungen sind Salieris Metier. Vor allem die Behandlung der Streichinstrumente ist sehr abwechslungsreich. Die Holzbläser erhalten immer wieder auch solistische Aufgaben, in *La grotta di Trofonio* werden zusätzlich zwei Englischhörner sehr reizvoll eingesetzt. Entsprechend der Wiener Orchesterbesetzung erweitert Salieri seit 1788 sein Orchester um zwei Klarinetten. Ihre ganze Farbigkeit kann seine Orchesterpalette allerdings erst entfalten, wenn sie außermusikalische dramatische Vorgänge schildern, Personen und Situationen charakterisieren soll. Sie bedarf der Inspiration durch Bühnenvorgänge, der Herausforderung durch musikalisch auszudrückende Worte. Salieri war ein Wortkomponist, ein Komponist der theatralischen Aktion. Das weitgehende Fehlen von Instrumentalmusik – nur einige frühe Konzerte und das vermutlich letzte größere Werk, die *Orchestervariationen,* bilden die Ausnahme – ist auf diese Selbsterkenntnis seiner künstlerischen Begabung zurückzuführen.

Von daher ist es naheliegend, daß Salieri in ungewöhnlich sorgfältiger Weise den Textvorlagen folgt. Die Beachtung der natürlichen Wortakzente, der Prosodie hat unbedingten Vorrang vor der melodischen Erfindung. Textverständlichkeit war für ihn der Schlüssel dramatischer Musik. Für ihn war Oper musikalisches Theater; Text, Musiksprache und Bühnenaktion (auch Tanz) sollten zu einer gesteigerten Form des szenischen Effektes zusammenwirken, daher auch seine Tendenz zu durchkomponierten dramatischen Abschnitten. Das bedingte auch kleinere musikalische Formen in den Gesangsstücken, die sich leichter aneinanderfügen ließen. Große fünfteilige Dacapoarien, wie sie in der Opera seria vorherrschend waren, paßten kaum in sein dramaturgisches Konzept: Sie enthielten immer ein retardierendes, innehaltendes Moment, unterbrachen das Bühnengeschehen, während er auf den ungehemmten Fluß der Aktion aus war. Andererseits bedeutete die Dacapoarie aber eine Gelegenheit, die durch das Bühnengeschehen bei den Akteuren ausgelösten Empfindungen, psychischen Zustände, Erregungen in einer eigens hierzu geschaffenen musikalischen Form darstellen zu können, das Geschehen anzuhalten und der Leidenschaft, der Trauer, dem Gefühl unmißverständlichen Ausdruck zu geben (zugleich Selbstdarstellung der Gesangskunst), während die neuere dramatische Technik in der fortlaufenden theatralischen Aktion zugleich die psychischen Veränderungen ihrer Figuren in aller Intensität darzustellen hatte. Damit kam der Musiksprache eine ganz neue Aufgabe psychologischer Durchdringung und Kommentierung zu. Es ist dabei nicht zufällig, daß zur gleichen Zeit, wie die Typologie der Empfindungen überwunden wurde, die alten Buffofiguren, holzschnittartige Typen, zu komplexen, individuellen Charakteren wurden. Die alten Gattungsunterscheidungen von Opera seria und Opera buffa wurden obsolet.

Salieri hat an der Entwicklung eines solchen musikalischen Theaters, das sich gegen die italienische Operntradition durchzusetzen hatte, einen entscheidenden Anteil. Freilich genoß er von seinen ersten Anfängen an die Mentorschaft und tatkräftige Unterstützung des ersten großen Reformators der Oper, Christoph Willibald Gluck. *Armida* und *Les Danaïdes* sind ganz im Geiste Glucks entstandene Werke und beide auf je verschiedene Weise doch völlig eigenständig und alles andere als epigonal. Es ist aber nicht zu verkennen, daß Salieri auch für seine komischen Opern viel von Gluck gelernt hat. Gleichwohl zeigte sich hier fast noch deutlicher die Abhängigkeit von geeigneten Textdichtern, und Salieri, der sich vielleicht zu oft den Hauslibrettisten fügte, schloß manche kaum nachzuvollziehenden Kompromisse. So fällt eine erstaunliche Ungleichgewichtigkeit seiner Produktion auf, ein dichtes Nebeneinander von großen und bedeutsamen Werken neben gänzlich bedeutungslosen und kaum ihren Meister erahnen lassenden.

Salieri war, auch darin bestärkt von Gluck, ein experimentierfreudiger und risikobereiter Komponist, und es spricht ebenso für Glucks Weitsicht wie für Salieris Mut, sich auf ein sowohl vom Text wie von der musikdramatischen Konzeption her so radikales Opernexperiment wie *Tarare* einzulassen, für das es selbst in der französischen Oper kein Vorbild gab. Salieri hat dieses Werk nicht als ein ihm lästiges Pflichtstück absolviert, sondern sich ungewöhnlich engagiert. Was er hier über Textbehandlung und Deklamation gelernt hatte, konnte man selbst in seinen späteren italienischen Opern spüren. Andererseits war ihm das Sujet so wichtig, daß er mit

Axur eine völlig neue italienische Version schuf, die dem Stück nun über Frankreich hinaus einen internationalen Erfolg sicherte.

Salieri hatte sich früher als Mozart mit Beaumarchais eingelassen und vor allem mit Beaumarchais selbst. Mozart ließ sich *La Folle journée* zu *Le nozze di Figaro* von Da Ponte umgestalten wie Salieri *Tarare* zu *Axur, re d'Ormus,* und beides wurden große Erfolge. Aber jetzt, um 1820, zeichnete sich bereits ab, daß Mozarts Stern immer mehr zu steigen und zu leuchten begonnen hatte und er eine Resonanz fand, wie sie noch niemals einem Komponisten nach seinem Tod widerfahren war. Dieser Mozartsche Nachruhm war schon um 1820 gänzlich beispiellos. Währenddessen mußte sich Salieri eingestehen, daß mit dem Ende seiner Opernproduktion auch die Aufführungszahlen nicht mehr stiegen, sondern spätestens um 1810 zu fallen begannen, und dies betraf vor allem die italienischen Opern. Er mußte erleben, wie sein Werk – mit Ausnahme von *Les Danaïdes* und *Tarare,* so schien es – zu veralten begann, durch eine neue Opernentwicklung, die vor allem von Frankreich ausging, verdrängt wurde, während Mozarts Werk völlig unabhängig von allen musikalischen Entwicklungen eine überzeitliche Aktualität behielt. Dies war eine völlig neue Erfahrung und ungemein irritierend. Und hinzu kam, daß er natürlich immer wieder zu Mozart befragt wurde, sein Verhältnis zu ihm, seine Ansichten über sein Werk und so fort. Ganz sicher hat Salieri auch erfahren, daß gelegentlich von einem angeblichen Giftmord an Mozart gesprochen wurde, daß man diesen seinen »italienischen Feinden« an der Oper zusprach, daß sogar sein eigener Name schon genannt worden war. Aber dies war so absurd, selbst den Giftmord glaubte so recht keiner... Ärgerlich war nur, daß immer mal wieder darüber geredet wurde, zu spüren war es an den Dementis, die man sogleich hören konnte.

Wer Salieri kannte, war ohnehin immun gegen solche Verdächtigung. Salieri schwieg zu all diesem und sprach auch über Mozart kaum, jedenfalls nicht in einer Öffentlichkeit, die Aussprüche Salieris über Mozart hätte überliefern können. Es war wohl auch das Klügste, zu schweigen, denn was hätte er sagen können, das ihm nicht zugleich übel ausgelegt worden wäre. Einzig bei seinen Schülern machte er einmal eine Ausnahme. So berichtet Hüttenbrenner in seinen Schubert-Erinnerungen:

Salieri »war dem Mozart, der ihn verdunkelte, eben nicht gram; aber wo er eine schwache Seite an Mozart erspähen konnte, machte er seine Schüler darauf aufmerksam. So hat mir Salieri eines Tages, da ich allein mit ihm war, dargethan, daß Mozart die Schlußszene des ersten Acktes im *›Titus‹* ganz falsch aufgefaßt habe. Rom brennt; die ganze Bevölkerung ist in Aufruhr; da solle die Musik auch toben und brausen; aber Mozart wählt ein langsames feierliches Tempo und drückt mehr ein Grauen, Entsetzen aus. – Ich ließ mich durch Salieri nicht irre machen, und halte es noch heute mit Mozarts Ansicht. – So viel ich weiß, hat Salieri nur eine Aufführung des ›Don Juan‹ versäumt. Dieses Werk muß ihn absonderlich interessirt haben; ich wüßte aber nicht, daß er sich je darüber enthusiastisch ausgesprochen hätte.« Und dann fügt Hüttenbrenner noch eine ganz apokryphe Bemerkung hinzu: »Eines Tages ließ er abrupto zu mir die Worte fallen: *›Er muß wachsen, ich muß abnehmen.‹* Ich wagte es aus Pietät nicht, ihn zu fragen, ob er damit Christum, den Herrn, oder Mozart oder Beethoven gemeint habe.«[21]

Das ist wohl der Stoff, der – falsch verstanden – Gerüchte nährt.

Salieri wurde alt, und damit fingen Altersgebrechen an, die ihn wahrlich nicht geschont haben. Im Herbst 1820 wurde er krank mit Anzeichen von Podagra. Man nennt dies manchmal auch Zipperlein und verniedlicht damit nur einen Verlauf, der oft mit äußersten Schmerzen verbunden ist und das Dasein in jeder noch so schonenden Stellung unerträglich macht. Es handelt sich um Gicht, und schlimmstenfalls führt diese Gelenkentzündung bis zur Versteifung der Glieder. Gerade in diesem ersten Winter scheinen die Anfälle besonders böse gewesen zu sein. Im nächsten Frühjahr war es eine langwierige Augenentzündung, die ihn plagte. Doch Salieri setzte seine gewohnten Tätigkeiten fort, unterrichtete, konnte auch spazierengehen. Im Juni des folgenden Jahres (1822) traf er mit Friedrich Rochlitz zusammen, dem bedeutenden Musikkritiker der Leipziger *Allgemeinen musikalischen Zeitung*. Rochlitz hat Jahre später in einem Aufsatz diese Begegnung geschildert, insbesondere die Unterhaltung über Mozart:

»Hernach kamen wir [. . .] auf Haydn und Mozart. Er sprach von ihren Werken mit der huldigenden Würdigung des Greises und der fröhlichen Liebe des Jünglings. [. . .] Unter Mozart's Werken liebt er von allen, gleichfalls die Quartette, und von den Opern, *Figaro*. ›Aber die Concerte – ?‹ Er gestand mir zu, dass sie an Reichthum köstlicher, ganz eigenthümlicher Gedanken, so wie an kunst- und seelenvoller Ausführung, vielleicht allen Instrumentalstücken Mozart's an die Spitze zu stellen wären: aber auch sie, meynte er, gingen, und gerade im Letztern, in der köstlichen Ausarbeitung, über die Gattung hinaus, und erfülleten sie, als Concerte eben für das tonarme Pianoforte, für den Virtuosen nicht hinlänglich. ›Und das Requiem – ?‹ Ah, sagte er mit Feyerlichkeit: das geht über die Regel. Da hat den Mozart, nach sehr zertreuetem Leben, im Angesichte des Todes, ein Geist für die Ewigkeit ergriffen, ein heiliger Geist. – Ich gebe Dir in diesem Allem nicht seine Worte, aber deren Sinn.«

Natürlich hatte Rochlitz auch den Auftrag seines Verlegers Gottfried Christoph Härtel, nach Kompositionen für den Verlag zu fragen. Hierzu berichtet er:

»Für Sie, lieber H., setze ich nur noch hinzu: Solch ein freundlicher, heiter eingänglicher, höchstgefälliger Mann ist also Salieri; und Ihnen erzähle ich's, damit Sie, wenn er doch in Ihr Verlangen nicht eingeht, diess nicht missdeuten und ihm nicht Unrecht thun. Er will überhaupt nichts mehr drucken lassen. ›Seit ich mich von der Oper zurückgezogen habe‹, sagte er, ›habe ich nichts geschrieben, als kleine Gesellschafts-Gesänge, Canons und dergleichen, besonders im Freyen zu singen; (auch die Gedichte sind zum Theil von ihm;) und Kirchenmusik. Was von meinen Arbeiten für die Welt ist, das hat sie. Jene Kleinigkeiten sind für Freunde: diese geistlichen Stücke, für Gott und meinen Kaiser.‹ Daß muß man nun mit Ehren anerkennen und, dünkt mich, nicht zu stören versuchen.«[22]

Salieri war neben dem Unterricht noch immer ganz damit beschäftigt, seine alten Sachen vorzunehmen, er pflegte, wie Mosel berichtet, »Abends aber bis zehn oder eilf Uhr mit größtem Fleiße und immer neuem Vergnügen« zu studieren, »als ob er Alles, was er componirt hatte, auf's Neue componiren müßte«[23]. Aber im Frühjahr 1823 setzten die alten Beschwerden mit unverminderter Heftigkeit wieder ein. Er versuchte es mit Donaubädern, im Sommer mit Schwefelbädern in Baden, aber der Erfolg war gering. Seine ganze Konstitution war nun so geschwächt, daß er einmal sogar stürzte und sich erheblich am Kopf verletzte. Seit dieser Zeit war Salieri oftmals verwirrt, sein körperlicher Zustand immer schlechter, die Beine wurden gelähmt. Der Verfall setzte so vehement ein, daß an eine Pflege zu Hause durch seine Tochter nicht mehr zu denken war. Im Oktober 1823 wurde er in das Wiener Allgemeine Krankenhaus eingeliefert. Als sein Schüler Ignaz Moscheles ihn noch im selben Monat dort aufsuchen wollte, brauchte er bereits eine Erlaubnis der Behörden dazu. Salieri war offenbar in einem Zustand, der die amtliche Aufsicht über ihn nötig machte.

Zu rekonstruieren, was sich im einzelnen zugetragen hat, ist unmöglich, da es keinen Augenzeugenbericht gibt. Man kann sich den schrecklichen Ereignissen um einen gebrechlichen, von Altersstarrsinn und gelegentlicher völliger Geistesverwirrung geplagten Mann, der offensichtlich unfreiwillig in ein furchteinflößendes Krankenhaus eingeliefert wird, nur soweit nähern, wie die Zeitgenossen gerüchteweise darüber berichtet haben. So erzählte Anton Schindler (mit Hilfe der Konversationshefte) Beethoven:

»er mußte mit Gewalt ins | Spital gebracht werden, | weil er die Kosten nicht | selbst tragen wollte. | Nun den 2ten Tag während | die Wächter zu Mittag speiste | fing er an mit dem Speis|messer an zu säbeln, | wurde aber erwischt dabey –

er wollte durchaus zu | Hause keine *Medicin* | nehmen, u bringen | lassen. –

seine Töchter sind itzt | schon 30 Jahre alt, | u er will sie noch nicht | heyrathen lassen, um | ihnen nichts mitgeben | zu müssen.

[...] sein *Axur* trägt ihm | auch alle Jahre noch | gute *Procente*.«[24]

Das ist Wiener Klatsch und Tratsch, an dem vielleicht nur so viel stimmt, daß Salieri einen Suizidversuch unternommen hat. Auch Beethovens Neffe Karl berichtet: »*Salieri* hat sich | den Hals abge|schnitten, lebt aber noch.«[25] Auch hier ist jene drastische Übertreibung zu hören, die sich selbst ad absurdum bringt. Aber von Altersdepressionen hatte auch schon Mosel aus den letzten Jahren berichtet. In dem Revuepassierenlassen seines Lebens kam Salieri offensichtlich die Beschuldigung wieder hoch, der Giftmörder Mozarts gewesen zu sein. Moscheles, der Salieri in einem lichten Moment sprechen konnte, berichtet über seinen Besuch:

»Das Wiedersehen [...] war ein trauriges; denn sein Anblick schon entsetzte mich, und er sprach mir in abgebrochenen Sätzen von seinem nahebevorstehenden Tode; zuletzt aber mit den Worten: ›Obgleich dies meine letzte Krankheit ist, so kann ich doch auf Treu und Glauben versichern, dass nichts Wahres an dem absurden Gerücht ist; Sie wissen ja, – Mozart, ich soll ihn vergiftet haben. Aber nein, Bosheit, lauter Bosheit, sagen Sie es der Welt, lieber Moscheles; der alte Salieri, der bald stirbt, hat es Ihnen gesagt.‹ Ich war tief erschüttert, und als der Greis nun noch unter Thränen den Dank für meinen Besuch wiederholte, mit dem er mich schon beim Eintreten überhäuft, da war es Zeit, dass ich forteilte, um mich nicht überwältigen zu lassen. Was das Gerücht betrifft, auf das der Sterbende anspielte, so hatte es allerdings circulirt, ohne dass es mich jemals berührt hätte. Moralisch hatte [er] ihm [Mozart] freilich durch Intriguen geschadet und ihm dadurch manche Stunde vergiftet.«[26]

Moscheles berichtet nichts von Verletzungen durch einen Suizidversuch, die er ja gesehen haben müßte, wenn Salieri sich am zweiten Tage seines Krankenhausaufenthaltes »den Hals abgeschnitten« hatte. Vielleicht war er auch zu taktvoll, darüber zu reden, und sagte deshalb: »sein Anblick schon entsetzte mich« – aber das kann sich auch auf die Allgemeinkonstitution bezogen haben. Soviel ist jedoch sicher: In Wien kursierte das Gerücht, Salieri habe sich selbst beschuldigt, der Mörder Mozarts zu sein; sogar Schindler und Beethoven haben sich darüber unterhalten, wie die Konversationshefte belegen. Dort heißt es am 25. Januar 1824 von Schindlers Hand: »mit *Salieri* geht es wieder sehr schlecht. | Er ist ganz zerüttet. Er phantasirt | stets, daß er an dem Tode *Mozarts* schuld sey, u ihm mit Gift vergeben | habe.« Offensichtlich hat Beethoven daraufhin Zweifel geäußert, denn Schindler fährt fort: »dieß ist Wahrheit – denn er | will dieß als solche beichten. – so ist es wahr wieder, daß alles | seinen Lohn erhält.«[27] Demnach bestätigt Schindler an Beethoven noch einmal diese Selbstbeschuldigung, an deren Wahrheitsgehalt jedoch beide nicht glauben.

Beethoven ging Salieris Zustand offenbar sehr nahe, denn auch mit anderen Gesprächspartnern kommt er wieder darauf zurück. Als der Redakteur Josef Kilian Schickh Beethoven darauf ansprach, er solle doch für sich selbst ein Requiem schreiben, fällt diesem sogleich wieder das Schicksal Salieris ein, worauf Schickh notiert:

»Kinder und Narren | sagen die Wahrheit, | es sind 100 auf | 1 zu wetten, daß | die Gewissens Äus|serung *Salieri's* | wahr ist!« Beethoven weist dies zurück, denn Schickh notiert als nächstes: »Die Todesart | Mozarts be|stättiget diese Äußerung.«[28]

Das nächste Gespräch mit Schindler ist vielleicht noch am selben Tage (um den 8. Februar 1824) geführt worden. Er notiert: »Sie sind wieder so düster erhabner | Meister – wo fehlt es denn – | wo ist denn die heitere Laune | seit einiger Zeit? –« Beethoven bringt daraufhin das Gespräch sofort wieder auf Salieri, denn Schindler antwortet: »lassen Sie sichs nicht so zu Herzen | gehen, es ist größtentheils | das Schicksal großer Mäñer!« Offenbar hat Beethoven die Beschuldigungen als Verleumdungen bezeichnet, denn Schindler versucht, über die Todesursache Mozarts zu beruhigen: »es leben ja Viele, die bezeugen | können, wie er gestorben, ob | *Symptome* sich zeigten.« Dann kam man wohl allgemein auf Salieris Verhältnis zu Mozart zu sprechen, worauf Schindler repliziert: »er wird aber *Moz.* mehr geschadet | haben durch seinen Tadel, als *Mozart* ihm«[29].

Niemand ist bekannt, der die Selbstbeschuldigung Salieris mit eigenen Ohren gehört hat. Es ist nicht bekannt, durch wen sie in Wien verbreitet worden ist. Offensichtlich war sie aber Tagesgespräch, denn selbst die Leipziger *Allgemeine musikalische Zeitung* berichtet mehrfach in ähnlichen Ausdrücken, ohne allerdings die Gerüchte selbst wiederzugeben:

»Hr. Hofkapellmeister Salieri ist bedeutend krank, so dass man an seinem Aufkommen zweifelt. Das Alter äussert seine zerstöhrenden Wirkungen auf den Körper, wie auf den Geist. Allgemeines Loos der Menschheit. Senectus ipsa est morbus!« (19. November 1823)[30]

Und sicherlich hat ein Teil der Zeitgenossen nach dieser Selbstbezichtigung an einen Giftmord Mozarts durch Salieri geglaubt, denn nur so ist zu erklären, daß immer wieder verschiedene Autoren darauf zurückkamen und versuchten, Salieri von diesem Vorwurf freizusprechen[31]. Auch Beethovens Neffe bestätigt noch einmal (um den 27. Januar 1825) diese Gerüchte: »Man sagt sich jetzt sehr stark, daß Salieri Mozarts Mörder ist.«[32]

Salieri konnte sich schon lange nicht mehr selbst äußern. Das Gespräch mit Moscheles war tatsächlich sein Vermächtnis. Aber noch anderthalb Jahre quälte sich der völlig zerrüttete Greis auf dem Krankenlager. Im Juni 1824 wurde er mit vollem Gehalt pensioniert; ob er allerdings das sehr ehrenvolle und taktvolle Schreiben des Hofmusikgrafen noch aufnehmen konnte, ist sehr fraglich. Darin heißt es nach einer ausführlichen Würdigung seiner Verdienste:

»Körperliche Leiden hemmten nunmehr Ihre Thätigkeit, und dieß war hinreichend, um Sie, dem Diensteifer stets über Alles galt, zu dem Schritte zu bestimmen, welcher Sie der wohlverdienten Ruhe überläßt.

Genießen Sie diese im vollen Maße, waffnen Sie Sich, wie immer, mit jener Seelengröße, welche einem Geiste, wie der Ihrige, zukömmt; gedenken Sie Ihrer edlen, vorwurfsfreien, ruhmvollen Laufbahn, Ihrer zahlreichen Freunde und Bewunderer, und räumen Sie darin einen Platz demjenigen ein, der mit inniger Rührung und mit dem Ausdruck der ausgezeichnetsten Hochachtung von Ihnen scheidet.

Moriz Graf v. Dietrichstein
Hofmusikgraf.«[33]

Fast ein Jahr später erst, am 7. Mai 1825 abends um acht Uhr, durfte Salieri endlich sterben. Lassen wir noch einmal Mosel, seinen ersten Biographen, sprechen, dem wir so vieles über das Leben Salieris verdanken:

»Seinem Leichenzuge folgte das gesammte Personale der kaiserl. Hofmusikkapelle, seinen Vorsteher, den Grafen *Moriz v. Dietrichstein* an seiner Spitze; alle in Wien anwesenden Kapellmeister und Componisten[34], eine Menge ausgezeichneter Tonkünstler, und eine große Zahl angesehener Musikfreunde.

Nicht minder zahlreich war die, einige Tage später in der italienischen Kirche veranstaltete Todtenfeyer besucht, bei welcher, nach des Verklärten Wunsche, sein für sich selbst componirtes großes Requiem von seinen Schülern, Schülerinnen und vielen anderen Tonkünstlern ausgeführt wurde.

Die Trauer war eben so allgemein als aufrichtig, und ein nie verlöschendes ehrenvolles Andenken hat später ihren Platz eingenommen.«[35]

Dies letzte war freilich nur der Wunsch seines ersten Biographen, denn Salieri war bald in eine Vergessenheit geraten, die nur darin ihre Grenze hatte, daß er immer wieder als der angeblich große Widersacher und Neider, sogar Mörder Mozarts in Erinnerung geholt wurde.

Anmerkungen

Einleitung
Wispern und Raunen

1 *Mozart. Die Dokumente* (siehe Literatur), S. 380.
2 Niemetschek (siehe Literatur), S. 34.
3 Ignaz Ferdinand Arnold (siehe Literatur), S. 70–72 (anonym erschienen).
4 So John Warrack (siehe Literatur) ohne genauere Quellenangabe.
5 Edmond Michotte, *La Visite de R. Wagner à Rossini*, abgedruckt bei Angermüller, *Salieri*, 1971–74 (siehe Literatur), Teil III, Anh. S. 35f., und bei Swenson 1974 (siehe Literatur), S. 352f.
6 Vgl. ausführlicher 9. Kapitel: Nach dem Abschied von der Oper.
7 Moscheles (siehe Literatur), Bd. 1, S. 84f.
8 Giuseppe Carpani, »Lettera del sig. G. Carpani in difesa del M.° Salieri calunniato dell'avvelenamento del M.° Mozzard«, in: *Biblioteca italiana o sia Giornale di letteratura, scienze ed arti* 9 (1824), September, S. 262–276. Darin enthalten ist auch das ärztliche Gutachten von Vinzenz Eduard Guldener von Lobes, das bei Bär (siehe Literatur) wiederabgedruckt ist. Siehe hierzu auch Deutsch 1957 (siehe Literatur).
9 *Allgemeine musikalische Zeitung*, Leipzig, 19. August 1824, Spalte 554, und 25. Mai 1825, Spalte 349f.
10 Ebd., 15. Juni 1825, Spalte 408–414: »Nekrolog« von Rochlitz.
11 Zitiert nach Stöckl 1974 (siehe Literatur), S. 125.
12 Vgl. dazu Volkmar Braunbehrens, »Mozart in den Orchesterkonzerten des 19. Jahrhunderts«, 1988 (siehe Literatur).
13 Shaffer (siehe Literatur), S. 126.
14 Mosel (siehe Literatur), S. 199f.
15 Ebd., S. 5.

1. Kapitel
Neapel oder Wien (1750–1772)

1 Sowohl der Stiefbruder (aus der ersten Ehe des Vaters) hieß Francesco Antonio (geboren 1737) als auch der älteste Bruder aus der zweiten Ehe des Vaters (geboren 1741). Das mußte zu einiger Verwirrung führen. Meint Mosel mit dem »ältesten Bruder« den 1737 oder den 1741 geborenen? Beide waren so viel älter als Antonio, daß sie bereits das zweijährige Studium bei Tartini abgeschlossen haben konnten, als Antonio unterrichtet wurde. Der eine war Mönch in Padua. Ist es derselbe, der am 2. Februar 1764 in Legnago Barbara Damichetti geheiratet hat und Organist am dortigen Dom wurde, wie Angermüller meint? Oder hat Swenson recht, der in dem älteren Francesco den Mönch in Padua, im jüngeren den Organisten in Legnago sieht (bei ihm heißt seine Frau Barbara Danieletti; da wird wohl ein Lesefehler vorliegen; für die Kinder aus dieser Ehe gibt er gegenüber Angermüller abweichende Namen und Daten an). Wenn Mosels Aussage stimmt, daß Antonio Salieri 1765 bei dem Mönch Francesco in Padua war, war dieser nicht mit dem Organisten von Legnago identisch. Das ist insofern von Bedeutung, als ein Francesco Salieri als Komponist bekannt geworden ist – welcher ist es?

2 Mosel (siehe Literatur), S. 19.

3 Ebd., S. 20.

4 Ebd., S. 28f.

5 Ebd., S. 34.

6 Ebd., S. 41.

7 *Magazin der Musik*. Herausgegeben von Carl Friedrich Cramer, I. Jahrgang, 1. Hälfte, Hamburg 1783, S. 17f.

8 Angermüller, *Salieri*, 1971–74 (siehe Literatur), Teil III, S. 27 (dort italienisch).

9 Ebd., S. 31 (dort italienisch).

10 Ebd., S. 16–18 (dort italienisch).

11 Brief vom 28. November 1785, in: Mozart, *Briefe* (siehe Literatur), Bd. III, S. 459.

12 Zechmeister (siehe Literatur), S. 347, 349.

13 Swenson (siehe Literatur), S. 49 (dort italienisch).

2. Kapitel
In der Gunst des Kaisers (1773–1777)

1 Mosel (siehe Literatur), S. 47.

2 *Wiener Theater Almanach für das Jahr 1795*, Wien [1795], S. 48f.; auch bei Donath (siehe Literatur), S. 46.

3 Gaßmann und Salieri wohnten mittlerweile auf dem Heidenschuß 361 (= Strauchgasse 21).
4 Mosel (siehe Literatur), S. 51–59.
5 Swenson (siehe Literatur) gibt fälschlicherweise den 21. September 1774 als Todesdatum Carl Jakob von Helferstorfers an. Angermüller (*Salieri*, 1971–74, siehe Literatur) meint (entgegen dem Datum des Heiratskontraktes vom 10. Oktober 1774), die Heirat sei erst ein Jahr später erfolgt, da Salieri (nach Mosels Bericht) seine Oper *La secchia rapita* bereits vertont habe. Ich traue den Wiener Kanzlisten eher ein richtiges Datum zu als der Erinnerung des alternden Salieri über das Datum dieser Oper und Mosels entsprechendem Bericht. – Trauzeugen waren Leopold Hofmann, Kapellmeister an St. Stephan (und eben noch Nebenbuhler Salieris), sowie Leopold Auenbrugger, dessen Töchter Francisca und Marianne Schülerinnen Salieris waren. Er selbst, eigentlich Mediziner, trat später als Librettist von Salieris Singspiel *Der Rauchfangkehrer* hervor.
6 Angermüller, *Salieri*, 1971–74 (siehe Literatur), Teil II/1, S. 41.
7 Mosel (siehe Literatur), S. 59–61.
8 Mozart, *Briefe* (siehe Literatur), Bd. III, S. 99.
9 Mosel (siehe Literatur), S. 62.

3. Kapitel
Italienreisen und ein Nachspiel (1778–1781)

1 *Maria Theresia* (siehe Literatur), Bd. 1, S. 359f. (dort französisch).
2 Mosel (siehe Literatur), S. 63.
3 Ebd., S. 62f.
4 Ebd., S. 66.
5 Ebd., S. 67.
6 Ebd., S. 68.
7 Ebd., S. 69f.
8 Michtner (siehe Literatur), S. 368, Anm. 25.
9 Mosel (siehe Literatur), S. 72.
10 Ebd., S. 73f.
11 Mozart, *Briefe* (siehe Literatur), Bd. III, S. 268.
12 Michtner (siehe Literatur), S. 84.
13 Die Arie »Se pi felice ogetto« singt Publio in der fünften Szene des ersten Aktes von *Attilio Regolo*; »Basta, vincesti, eccoti il foglio« mit der folgenden Arie der Didone in der vierten Szene des zweiten Aktes von *Didone abbandonata*.
14 Mozart, *Briefe* (siehe Literatur), Bd. III, S. 113.
15 Ebd., S. 296.
16 Ebd., S. 179f.

17 Seit dem Herbst liefen die Vorbereitungen für die Wiedereinrichtung einer italienischen Oper am Nationaltheater. Salieri konnte damit sein altes Amt als Vizekapellmeister der italienischen Oper auch wieder ausüben. Die Stelle eines Klavierlehrers der Prinzessin von Württemberg wurde mit Georg Summer neu besetzt. Mozart schreibt darüber in höchst aufschlußreicher Weise: »Nun ist schon der vornehme claviermeister für die Prinzessin benennt; – Ich darf ihnen nur seine besoldung nennen, so werden sie auch leicht daraus die Stärke des Meisters schliessen können; – 400 baare gulden. – er heist Summerer. – wenn es mich verdrüssen könnte, so würde ich das möglichste thun um es mir nicht merken zu lassen, so aber darf ich mich gott lob und dank nicht verstellen, weil – mich nur das gegentheil verdrüssen könnte, und ich – Natürlicher weise eine abschläglige antwort hätte geben müssen, welches immer unangenehm ist, wen man sich in dem trauerigen falle befindet, sie einem grossen Herrn thun zu müssen« (5. Oktober 1782; Mozart, *Briefe*, siehe Literatur, Bd. III, S. 236f.). Mozart fand dieses Gehalt so lächerlich gering, daß er dem Kaiser das Amt ausgeschlagen hätte. Dabei hatte Mozart in Salzburg als Konzertmeister 450 Gulden mit sicher sehr viel mehr Tätigkeit als ein paar Klavierstunden. Sein Vater scheint ihm deshalb auch einige Vorhaltungen gemacht zu haben, denn immerhin handelte es sich um ein selbst für einen Mozart höchst einträgliches Nebenamt. Mozart verteidigt sich daher umfänglich: »Sie schreiben, daß 400 fl: Jährlich *gewisses geld* nicht zu verachten seye; – wenn ich neben bey mich gut hinauf arbeiten kann, und folglich diese 400 fl: als eine beyhülfe ansehe, so ist es ganz gewis; doch ist hier leider dieser fall nicht. hier ist mein bestes Einkommen – 400 fl: – alles was ich sonst verdienen kann, muß ich als eine beyhilfe ansehen, und zwar als eine sehr unsichere – und folglich sehr geringe beyhilfe; weil sie leicht vermuthen können, daß man mit einer solchen schüllerin wie eine Prinzessin ist nicht so verfahren kann, wie mit einer andern Dame – wenn es so einer Prinzessin eben nicht gelegen ist – so hat man die Ehre zu warten. – sie logirt bey den Selesianerinen auf der wieden. – will man nicht zu fusse gehen, so hat man wenigstens die Ehre einen 20^ger^ hin und her zu bezahlen. da bleiben mir von meiner besoldung noch 304 fl: übrig. *NB:* wenn ich die woche nur 3mal lection gebe. – muß ich also warten – so versäume ich unterdessen meine andern scolaren oder andere geschäfte |: womit ich mir leicht mehr als 400 fl: verdienen kann. :| will ich herein – so muß ich dopelt mein geld verfahren, weil ich wieder hinaus muß. – bleib ich daraus – und ist es, wie ohne zweifel, vor-Mittag, kömmt die Mittagszeit – so kann ich auch die Ehre haben in einem Wirths-hause schlecht und theuer zu Essen. – kann durch das versaumen anderer lectionen – sie gar verlieren – da Jeder sein geld für so gut hällt, als der Prinzessin ihres. – und verliere auch dabey die zeit und die laune mir mit der Composition desto mehr zu verdienen. – Einem grossen Herrn zu dienen |: das Amt mag seyn was es für eins wolle :| gehört eine bezahlung dazu – durch welche man im Stande ist seinem herrn

allein zu dienen – und nicht nöthig hat sich vor mangel durch nebenverdienste zu sichern; – vor Mangel muß schon gesorgt seyn; – glauben sie nur nicht daß ich so dumm seyn werde Jemanden das zu sagen, was ich ihnen schreibe; – aber glauben sie auch sicher daß der kaiser seine schmutzigkeit *selbst* fühlt – und *nur* aus dieser ursache mich umgangen hat; – hätte ich angehalten – ich wäre es gewis; aber nicht mit 400 fl: – aber auch nicht mit so viel als es billig wäre. – Ich suche aber keine scolaren – ich kann ihrer genug haben; – und ihrer zwey – ohne mir die geringste ungelegenheit oder verhindernüss zu machen, geben mir so viel als – die Prinzessin ihrem Meister, der dann keine andere aussicht dabey hat, als daß er sein lebtage nicht verhungern wird; sie wissen wohl wie gemeiniglich dienste von grossen herrn belohnt werden« (12. Oktober 1782; ebd., S. 237 f.). Dieser Brief muß freilich etwas zurechtgerückt werden, denn Mozart suchte zu dieser Zeit durchaus Schüler, weil er kaum anderes Einkommen hatte, und von zwei Schülern bekam er auch kaum 400 Gulden im Jahr, weil »Standespersonen« meist für einige Monate im Jahr auf dem Lande waren. Auch wird der Kaiser kaum »seine Schmutzigkeit selbst gefühlt« haben, denn er hatte eine etwas andere Auffassung von Diensten und ihrer Entlohnung als Mozart. Mozart war offenbar sehr enttäuscht, diese Stelle nicht bekommen zu haben, und baute sich mit dieser Argumentation eine psychische Abwehrfront auf, sein durchaus tangiertes Selbstwertgefühl zu schützen. Seine Empfindlichkeit in solchen Dingen war außerordentlich groß, seine hier vorgetragene Gegenposition allerdings völlig unrealistisch.

4. Kapitel
Höhen und Tiefen – Paris und Wien (1782–1783)

1 Swenson (siehe Literatur), S. 88 (dort italienisch).

2 Gluck 1927 (siehe Literatur), S. 49, 50, 53.

3 *Magazin der Musik*. Herausgegeben von Carl Friedrich Cramer, I. Jahrgang, 2. Hälfte, Hamburg 1783, S. 1210 f.

4 Die Pariser Kritiken zu *Les Danaïdes* sind im französischen Originalwortlaut abgedruckt bei Angermüller, *Salieri*, 1971–74 (siehe Literatur), Teil III, S. 249–275. Die wichtigste und umfangreichste Besprechung aus dem *Mercure de France* erschien auch in deutscher Übersetzung in Cramers *Magazin der Musik*, II. Jahrgang, Hamburg 1784, S. 417–457.

5 Übersetzung aus Cramers *Magazin der Musik*, ebd., S. 432 f., 448–453, 456.

6 Bei Angermüller, *Salieri* (siehe Literatur), Teil II,1, S. 92, im französischen Originalwortlaut.

7 Ebd., Teil III, S. 273 (dort französisch).

8 Vgl. hierzu den Exkurs über Da Ponte in Braunbehrens 1986 (siehe Literatur), S. 219–226.
9 Da Ponte (siehe Literatur), Bd. 1, S. 194 ff.
10 Ebd., S. 198 f.
11 Ebd., S. 200–202.
12 Ebd., S. 211–213.

5. Kapitel
Salieri und Mozart (1784–1786)

1 Michtner (siehe Literatur), S. 176. – Daß Casti jedoch aus Wien ausgewiesen worden wäre, eine Abfindung bekommen habe, läßt sich so nicht belegen. Warum auch, da er sich dem Wunsch des Kaisers fügte und sein *Poema tartaro* einstweilen nicht drucken ließ. Seine Reise mit Graf Fries entsprang wohl eigenem Entschluß. Die erwähnten 600 Dukaten können auch als Entschädigung für den Druckverzicht verstanden werden. Vgl. dazu auch Bergh (siehe Literatur).
2 *Mozart. Dokumente* (siehe Literatur), S. 223: »Kein Exemplar dieser Kantate (KV Anh. 11[a] ist bekannt. Auch der Text hat sich nicht erhalten. Die Anspielung auf Ophelia ist deshalb kaum verständlich.« Aus dem Zusammenhang mit dem Spielplan des Wiener Nationaltheaters läßt sich zweifelsfrei die »Anspielung auf Ophelia« rekonstrieren.
3 Kelly (siehe Literatur), 30. Juni 1880, Spalte 405 f.
4 Ebd., 16. Juni 1880, Spalte 371.
5 Mozart, *Briefe* (siehe Literatur), Bd. III, S. 276.
6 *Mozart. Die Dokumente* (siehe Literatur), S. 193.
7 Mozart, *Briefe* (siehe Literatur), Bd. III, S. 276 f.
8 *Mozart. Die Dokumente* (siehe Literatur), S. 522f.
9 Nikolaus Harnoncourt hat eine Schallplatte mit dieser Oper herausgebracht (Teldec) und sie mit Mozarts *Schauspieldirektor* kombiniert. Entgegen seiner sonstigen Sorgfalt, die er auch den Schallplattenfirmen gegenüber durchzusetzen pflegt, konnte er sich hierbei zu einer kompletten Wiedergabe nicht entschließen. In der Textbeilage heißt es zu Salieris Oper, daß die Seccorezitative »hier ebenso wie einige Arien weggelassen [wurden], um die Veröffentlichung auf einer Schallplatte möglich zu machen«. Offensichtlich kam es ihm auf Salieris Werk nicht an, denn knapp die Hälfte von *Prima la musica e poi le parole* ist weggekürzt, während *Der Schauspieldirektor* komplett zu hören ist. Auch die Sorgfalt der Interpretation erreicht nicht annähernd das Niveau von Mozarts Oper. Angesichts dessen vermittelt diese Aufnahme keinen wirklich zureichenden Eindruck von Salieris Oper. Offensichtlich war der Zweck der Aufnahme einerseits, beide Werke jenes denkwürdigen 7. Februar 1786

vorzustellen, andererseits aber zu zeigen, daß Mozart doch der größere Komponist ist. Abgesehen davon, daß dies von niemandem bestritten wird, stellt es auch so etwas wie selbsterfüllte Prophetie dar, wenn man Salieris Musik nicht so bringt, daß ihre – wie auch immer gearteten – Qualitäten und musikalischen Besonderheiten erfahrbar werden. Nicht einmal zu einem vollständigen Abdruck des Textbuches in der Beilage konnte man sich entschließen und bleibt so angewiesen auf Harnoncourts anfechtbare Nacherzählung zu den gekürzten Teilen, um zu verstehen, worum es überhaupt geht.

10 Kelly (siehe Literatur), 30. Juni 1880, Spalte 407.
11 Mozart, *Briefe* (siehe Literatur), Bd. III, S. 536.
12 Niemetschek (siehe Literatur), S. 25 und 22.
13 Mosel (siehe Literatur), S. 93.

6. Kapitel
Mit Beaumarchais zum Triumph: »Tarare« (1786–1787)

1 Mosel (siehe Literatur), S. 92.
2 Kelly (siehe Literatur), 19. Mai 1880, Spalte 311.
3 Salieris Anwesenheit in Paris ist zum erstenmal für den 31. Juli bezeugt durch einen Brief Beaumarchais' an Salieri, der ihn vor seiner Abfahrt nach Versailles noch zu sehen wünscht. Dieser Brief kam später in Goethes Autographensammlung. Vgl. Swenson (siehe Literatur), S. 123.
4 Mosel (siehe Literatur), S. 93.
5 Ebd., S. 96.
6 Angermüller, *Salieri*, 1971–74 (siehe Literatur), Teil III, S. 310 (dort französisch).
7 Beaumarchais (siehe Literatur) in der Widmung des *Tarare*-Librettos an Salieri, S. 368.
8 Angermüller, *Salieri*, 1971–74 (siehe Literatur), Teil III, S. 397 (dort französisch).
9 Ebd., S. 318 (dort französisch).
10 Ebd., S. 325 (dort französisch).
11 Ein Versuch, diese Oper nach mehr als 160 Jahren wieder aufzuführen (Schwetzinger Festspiele 1988), ist gründlich gescheitert. Kritiken dazu waren überschrieben: »Vergebliche Liebesmüh um Salieri« *(Mannheimer Morgen)* oder »Salieri ist doch nicht zu retten« *(Süddeutsche Zeitung)*. Dieser Mißerfolg war jedoch nicht Salieri zuzuschreiben, sondern einer Aufführung, die nicht im entferntesten verständlich machen konnte, was die Kühnheit dieses Werkes ausmacht, das eher auf Richard Wagner *(Oper und Drama)* vorausweist als zurück auf die »Barockoper Lullys«, wie einige Kritiker es wahrnahmen. Die Handlung wurde so wiedergegeben,

daß Monika Lanzendörfer (*Mannheimer Morgen*, 6. Juni 1988) schreiben konnte: »Die Handlung ist in den wesentlichen Zügen mit Mozarts ›Entführung aus dem Serail‹ (aus dem Jahr 1782 wohlgemerkt) vergleichbar.« (Auch andere stellten diesen geradezu blödsinnigen Vergleich an. Atar wird hier als »Mozarts Osmin zum Verwechseln ähnlich« bezeichnet. Diese Aufführung, in vielen Rundfunkstationen übertragen, wird das ihrige zu der Vorstellung beitragen, Salieri sei eben nichts anderes als der uninspirierte und unbedeutende Nebenbuhler Mozarts, der mit Recht vergessen werde. Die Chance zu einer Überprüfung von *Tarare* wurde vertan, die Wiederentdeckung steht noch aus.

12 Beaumarchais (siehe Literatur), S. 369–379.

13 *Mémoires secrets*, 14. Juni 1787, zitiert nach Angermüller, *Salieri*, 1971–74 (siehe Literatur), Teil III, S. 339 (dort französisch).

14 Ebd., S. 354 (dort französisch).

7. Kapitel
Stürme aus wechselnden Richtungen (1787–1790)

1 Mosel (siehe Literatur), S. 121.

2 Ebd., S. 129.

3 Bereits im September 1787 schickte Beaumarchais die eben gedruckte Partitur von *Tarare* an Salieri nach Wien. Vgl. Angermüller, *Salieri*, 1971–74 (siehe Literatur), Teil III, S. 379, wo Beaumarchais' Begleitschreiben abgedruckt ist.

4 Mosel (siehe Literatur), S. 130f.

5 Da Ponte (siehe Literatur), Bd. 1, S. 280.

6 Karl Graf Zinzendorf, eine unerläßliche Quelle für die Wiener Opern, notiert sich nur die Beleuchtung und die Dekorationen. Zum Stück selbst notiert er lakonisch: »La pièce fort platte.« Vgl. Michtner (siehe Literatur), S. 412f., Anm. 56.

7 Castis »argomento« ist in deutscher Übersetzung abgedruckt bei Angermüller 1978 (siehe Literatur), S. 18–21.

8 Payer von Thurn (siehe Literatur), S. 76.

9 Ebd., S. 82. – Interessanterweise äußert Joseph II. schon Mitte Mai 1788 anläßlich des Mißerfolgs der Wiener *Don-Giovanni*-Premiere zum erstenmal, wenn auch noch ganz hypothetisch, Überlegungen zur Schließung der Oper. Graf Rosenberg-Orsini hatte über die Premiere vom 7. Mai berichtet, worauf der Kaiser am 13. Mai antwortet: »Der Mißerfolg der Oper nimmt mich gar nicht Wunder. Es ist nur das Neue, was in Wien Anwert findet, und wenn man sie ein Jahr lang die Oper entbehren ließe, glaube ich, wäre dies das einzige Mittel, sie an einer sehr viel mittelmäßigeren Geschmack finden zu lassen« (ebd., S. 74). Dieser in der Mozart-

Literatur häufig zitierte Brief ist hier irrtümlich vom 3. Mai datiert, wobei es sich aber um einen Druckfehler handeln muß, denn er stellt eine Antwort auf den Premierenbericht dar, ist also wohl postwendend am 13. Mai geschrieben. Die vielen Mißverständnisse über Josephs II. Urteil zu *Don Giovanni* können damit als geklärt angesehen werden. Der Kaiser hat diese Oper erst nach seiner Rückkehr vom Kriegsschauplatz gesehen.

10 Lediglich am 18. und 26. Oktober sowie am 1. November 1789 wurde diese Oper noch einmal auf den Spielplan gesetzt.

11 *Rapport von Wien*, 15. Oktober 1788, zitiert nach Michtner 1970 (siehe Literatur), S. 272.

12 Mozart, *Briefe* (siehe Literatur), Bd. IV, S. 100.

13 So der Kommentar zu diesem Brief; ebd., Bd. VI, S. 389.

14 Angermüller, *Salieri*, 1971–74 (siehe Literatur), Teil III, S. 49 (dort französisch).

15 Ebd., S. 51 (dort französisch).

16 Ebd., S. 386 (dort französisch).

17 Ebd., S. 396 (dort französisch).

18 Anläßlich dieser Hochzeit, bei der der Erzherzog Franz, später Kaiser Franz II., seine zweite Frau, Maria Theresia, heiratete, wurde wiederum, wie schon bei seiner ersten Eheschließung 1788 (mit der im Februar 1790 gestorbenen Prinzessin von Württemberg), die Oper *Axur* als Festaufführung gegeben. Leopold II. war bei dieser Gelegenheit zum erstenmal in der Oper.

8. Kapitel
Niedergang in der Restaurationszeit (1791–1802)

1 Mozart, *Briefe* (siehe Literatur), Bd. IV, S. 161 f.

2 Angermüller, *Salieri*, 1971–74 (siehe Literatur), Teil III, S. 61–63.

3 Mosel (siehe Literatur), S. 145.

4 Landau (siehe Literatur), S. 668 f.

5 Angermüller, *Salieri*, 1971–74 (siehe Literatur), Teil III, S. 79–81 (dort italienisch).

6 Bergh (siehe Literatur), S. 75 (französisch).

7 Vgl. etwa Gugitz 1906 und 1907 (siehe Literatur).

8 Mosel (siehe Literatur), S. 151.

9 Schenk (siehe Literatur), S. 343 f.

10 Die ungarische Schallplattenfirma Hungaroton hat die Oper *Falstaff* in einer vorzüglichen Aufnahme (1985) herausgebracht, die diesem Werk mit seiner Leichtigkeit, Schnelligkeit und musikalischen Delikatesse in jeder Weise gerecht wird (Dirigent: Tamás Pál).

11 Plutarch (siehe Literatur), S. 3f. In einer Anmerkung schreibt Johann

Friedrich Salomon Kaltwasser: »Zwanzig Talente machen nach unserm Gelde 25 625 Thaler, funfzig aber 64 062 Th.« In Gulden umgerechnet ergäbe das Beträge von rund 38 400 beziehungsweise 96 000 Gulden. Nach heutigem Geldwert müßte man mit Beträgen von etwa 1,5 Millionen beziehungsweise 3,8 Millionen DM (1989) rechnen.

12 *Allgemeine musikalische Zeitung*, Leipzig, 24. Februar 1802, Spalte 368, über die Aufführung in Dresden.
13 Ebd., 8. Januar 1806, Spalte 232.
14 Angermüller, *Salieri*, 1971–74 (siehe Literatur), Teil III, S. 112 (dort italienisch).
15 *Allgemeine musikalische Zeitung*, Leipzig, 15. April 1801, Spalte 497.
16 Mosel (siehe Literatur), S. 161.
17 Wurzbach (siehe Literatur), 46. Teil, 1882, S. 105.
18 *Allgemeine musikalische Zeitung*, Leipzig, 12. Dezember 1804, Spalte 174 f.

9. Kapitel
Nach dem Abschied von der Oper (1802–1825)

1 Mosel (siehe Literatur), S. 209 f.
2 Aus einem handschriftlichen Libretto im Besitz von Rudolph Angermüller, zitiert nach Angermüller, *Salieri*, 1971–74 (siehe Literatur), Teil II,1, S. 253.
3 Mosel (siehe Literatur), S. 167.
4 Ebd., S. 168.
5 Ebd., S. 168 f.
6 Hormayr (siehe Literatur), 5. Bd., 1. Heft, S. 146 f.
7 Ebd., S. 147–149.
8 Geramb (siehe Literatur).
9 Beethoven am 7. Januar 1809 an den Verlag Breitkopf & Härtel.
10 *Schubert. Die Erinnerungen* (siehe Literatur), S. 76.
11 Deutsch 1906 (siehe Literatur), S. 145.
12 *Schubert. Die Erinnerungen* (siehe Literatur), S. 26.
13 Angermüller, *Salieri*, 1971–74 (siehe Literatur), Teil III, S. 148 f.
14 *Schubert. Die Dokumente* (siehe Literatur), S. 45.
15 Mosel (siehe Literatur), S. 180.
16 Vgl. Ignaz Franz Castelli (siehe Literatur), S. 1–60 (mit einer ausführlichen Geschichte der »Ludlamshöhle«).
17 Warrack (siehe Literatur), S. 177.
18 Mosel (siehe Literatur), S. 175.
19 Erstaunlich, daß hier Gedankengut der Inquisitionszeit wieder zum Vorschein kommt. Man sieht daran, wie schnell die Ideen der Aufklärung

vergessen waren. Fünfzig Jahre zuvor diskutierte das aufgeklärte Europa über Cesare Beccarias Werk *Über Strafen und Verbrechen*, das in viele Sprachen übersetzt wurde. Darin wurde zum erstenmal der Vergeltungsstrafe der Gedanke der Resozialisierung gegenübergestellt.

20 *Allgemeine musikalische Zeitung*, Leipzig, 24. März 1819, Spalte 190f.

21 Deutsch 1906 (siehe Literatur), S. 142.

22 *Allgemeine musikalische Zeitung*, Leipzig, 2. Januar 1828, Spalte 8–10.

23 Mosel (siehe Literatur), S. 200.

24 Beethoven (siehe Literatur), Bd. 5 (Heft 50), S. 40.

25 Ebd., Bd. 4 (Heft 46), S. 259.

26 Moscheles (siehe Literatur), Bd. 1, S. 84f.

27 Beethoven (siehe Literatur), Bd. 5 (Heft 54), S. 95.

28 Ebd. (Heft 55), S. 136.

29 Ebd., S. 136f.

30 *Allgemeine musikalische Zeitung*, Leipzig, 19. November 1823, Spalte 766.

31 Als Beispiel möge die folgende Meldung aus der *Allgemeinen musikalische Zeitung*, Leipzig, 19. August 1824, Spalte 554 (also etwa ein dreiviertel Jahr vor Salieris Tod), dienen:

»*Societé académique des enfans d'Apollon*. [...]

In der Rede, die Hr. Belle zwischen den beyden Abtheilungen hielt, wurde der Zweck der Societät, Beförderung der Künste, im Allgemeinen besprochen. [...] Sodann die Anzeige der neu eingetretenen Künstler, worunter der junge Liszt, und endlich der Verlust der mit Tode abgegangenen Mitglieder, unter welchen Viotti und Salieri eine besondere Aufmerksamkeit gewidmet ward. Mit grösster Wärme widerlegte der Redner ein Gerücht von Salieri's Hasse gegen Mozart, das sich vor Kurzem hier verbreitet hatte.«

32 Beethoven (siehe Literatur), Bd. 7 (Heft 83), S. 114.

33 Schreiben vom 15. Juni 1824, in: Mosel (siehe Literatur), S. 202.

34 Beethoven war nicht in Wien, sondern in Baden bei Wien. Mosel war es wohl wichtig, eine Formulierung zu finden, die aus Beethovens Abwesenheit keine Mißverständnisse aufkommen läßt.

35 Mosel (siehe Literatur), S. 207.

Literatur

Das Literaturverzeichnis führt alle Titel an, die zitiert wurden, sowie die wichtigste Sekundärliteratur zu Salieri. Der musikalische Nachlaß Salieris (eigenhändige Partituren seiner Opern, Partiturabschriften fremder Hand, Drucke) liegt heute in der Musiksammlung der Österreichischen Nationalbibliothek Wien, ergänzt durch die Bestände der Gesellschaft der Musikfreunde Wien. Im übrigen hat Rudolph Angermüller als I. Teil seiner dreibändigen Salieri-Monographie ein Quellenverzeichnis der weltlichen Werke mit Fundstellennachweis erstellt. Die Kirchenmusik Salieris wird (ergänzungsbedürftig) durch die Dissertation von Rudolf Nützlader erschlossen.

Hermann **Abert**, *W. A. Mozart*. Neubearbeitete und erweiterte Ausgabe von Otto Jahns Mozart, 2 Bände, 9. Auflage, Leipzig **1978**.

Rudolph **Angermüller**, »Salieri als Hofkapellmeister«, in: *Österreichische Musikzeitung* XXV (**1970**), S. 305–311.

Rudolph **Angermüller**, »Antonio Salieri und seine ›Scuola di Canto‹«, in: *Beethoven-Studien*. Herausgegeben von Erich Schenk, Wien **1970**.

Rudolph **Angermüller**, »Aus der Frühgeschichte des Metronoms. Die Beziehungen zwischen Mälzel und Salieri«, in: *Österreichische Musikzeitung* XXVI (**1971**), S. 134–140.

Rudolph **Angermüller**, *Antonio Salieri. Sein Leben und seine weltlichen Werke unter besonderer Berücksichtigung seiner ›großen‹ Opern*, München **1971–74** (Dissertation Salzburg 1970).

Teil I: Werk- und Quellenverzeichnis, München 1971 (Schriften zur Musik Bd. 16).

Teil II,1: Vita und weltliche Werke, München 1974 (Schriften zur Musik Bd. 17).

Teil III: Dokumente, München 1972 (Schriften zur Musik Bd. 19).

Rudolph **Angermüller**, »Zwei Selbstbiographien von Joseph Weigl (1766–1846)«, in: *Deutsches Jahrbuch für Musikwissenschaft* 1971, Bd. 16 (**1974**), S. 46–85.

Volkmar **Braunbehrens**, »Mozart in den Orchesterkonzerten des 19. Jahrhunderts«, in: *Freiburger Universitätsblätter* 101 (**1988**), September, S. 35–46.

Maurice J. E. **Brown**, »Schubert and Salieri«, in: *Monthly Musical Record* 88 (**1958**), S. 211–219.

I. F. **Castelli**, *Memoiren meines Lebens. Gefundenes und Empfundenes, Erlebtes und Erstrebtes*. Mit einer Einleitung und Anmerkungen neu herausgegeben von Josef Bindtner, 2 Bände, München **1914** (Denkwürdigkeiten aus Alt-Österreich Bd. 9/10).

Giovanni Battista **Casti,** *Opere,* Brüssel **1838**.

Adelmo **Damerini** / Gino **Roncaglia**, »Volti musicali di Falstaff«, in: *Chigiana* XVIII (Siena **1961**), S. 23–31.

Denkwürdigkeiten des Venezianers Lorenzo ***da Ponte***. Herausgegeben von Gustav Gugitz, 3 Bände, Dresden **1924**.

Andrea **Della Corte**, *Un italiano all'estero: Antonio Salieri*, Turin/Mailand **1936**.

Otto Erich **Deutsch**, »Anselm Hüttenbrenners Erinnerungen an Schubert«, in: *Jahrbuch der Grillparzer-Gesellschaft*. Herausgegeben von Karl Glossy, 16. Jahrgang, Wien **1906**, S. 99–163.

Otto Erich **Deutsch**, »Von der angeblichen Hinterlist Salieris gegen Schubert«, in: *National-Zeitung*, Basel, 29. Juli **1930**.

Otto Erich **Deutsch**, »Carpanis Verteidigung Salieris. Zur Legende von Mozarts Vergiftung«, in: *Schweizerische Musikzeitung*, 97. Jahrgang (**1957**), Nr. 1, S. 8–16.

Otto Erich Deutsch → Mozart; → Schubert

Max **Dietz**, *Geschichte des musikalischen Dramas in Frankreich während der Revolution bis zum Direktorium (1787–1795)*, Wien **1885**.

Gustav **Donath** (mit Zusätzen von Robert Haas), »Florian Leopold Gassmann als Opernkomponist«, in: *Studien zur Musikwissenschaft. Beihefte der Denkmäler der Tonkunst in Österreich* 2 (**1914**), S. 34–211.

Alfred **Einstein**, *Gluck. Sein Leben, seine Werke*, Zürich/Stuttgart **1954**.

Franz **Farga**, *Salieri und Mozart. Musikgeschichtlicher Roman*, Stuttgart **1937**.

Ferdinand Freiherr von **Geramb**, *Habsburg, ein Gedicht seiner k. k. Majestaet Franz II. bei Annahme der Oesterreichischen erblichen Kaiserwürde allerunterthänigst zugeeignet*, [Wien **1805**].

Glucks *Briefe an Franz Kruthoffer*. Herausgegeben und erläutert von Georg Kinsky, Wien/Prag/Leipzig **1927**.

Glucks *Briefe*. Ausgewählt und übersetzt von W. M. Treichlinger, Zürich **1951**.

Gustav **Gugitz**, »Johann Pezzl«, in: *Jahrbuch der Grillparzer-Gesellschaft*. Herausgegeben von Karl Glossy, 16. Jahrgang, Wien **1906**, S. 164–217.

Gustav **Gugitz**, »Lorenz Leopold Haschka«, in: *Jahrbuch der Grillparzer-Gesellschaft*. Herausgegeben von Karl Glossy, 17. Jahrgang, Wien **1907**, S. 32–127.

Rudolph **Angermüller**, »Aspekte Salierischer Kirchenmusik«, in: *Mitteilungen der Internationalen Stiftung Mozarteum* XXI/1–2 (**1973**), S. 19–21.

Rudolph **Angermüller**, »Salieris Gesellschaftsmusik«, in: *Analecta musicologica* 17 (**1976**), S. 146–193.

Rudolph **Angermüller**, »Reformideen von Du Roullet und Beaumarchais als Opernlibrettisten«, in: *Acta Musicologica* 48 (**1976**), S. 227–253.

Rudolph **Angermüller**, »Salieris Vorbemerkungen zu seinen Opern«, in: *Mitteilungen der Internationalen Stiftung Mozarteum* XXV/3–4 (**1977**), S. 15–33.

Rudolph **Angermüller**, »Bemerkungen zur Familie Salieri«, in: *Wiener Figaro* XLIV (**1977**), 18. Oktober.

Rudolph **Angermüller**, »Die entpolitisierte Oper am Wiener und am Fürstlich Esterházyschen Hof«, in: *Haydn Jahrbuch*, Bd. 10, Eisenstadt/Wien **1978**, S. 5–22.

Rudolph **Angermüller**, Salieris ›Tarare‹ und ›Axur, Rè d'Ormus‹ (1788). Vertonung eines Sujets für Paris und Wien, in: *Hamburger Jahrbuch für Musikwissenschaft* 5 (**1981**), S. 211–217.

Theophil **Antoniček**, *Ignaz von Mosel. Biographie und Beziehungen zu den Zeitgenossen*, Dissertation Wien **1962**.

Max **Arend,** *Gluck. Eine Biographie*, Berlin **1921**.

[Ignaz Ferdinand **Arnold]**, *Mozarts Geist. Seine kurze Biografie und ästhetische Darstellung seiner Werke. Ein Bildungsbuch für junge Tonkünstler*, Erfurt **1803**.

Carl **Bär**, *Mozart. Krankheit – Tod – Begräbnis*, 2., vermehrte Auflage, Salzburg **1972** (Schriftenreihe der Internationalen Stiftung Mozarteum Bd. 1).

Pierre Augustin Caron de **Beaumarchais**, *Théâtre complet. Lettres relatives à son théâtre*. Texte établi et annoté par Maurice Allem et Paul Courant, Paris **1957**.

Ludwig van ***Beethovens*** *Konversationshefte*.
Bd. 4: Herausgegeben im Auftrag der Deutschen Staatsbibliothek Berlin von Karl-Heinz Köhler und Grita Herre unter Mitwirkung von Ignaz Weinmann, Leipzig **1968**.
Bd. 5: Herausgegeben im Auftrag der Deutschen Staatsbibliothek Berlin von Karl-Heinz Köhler und Grita Herre unter Mitwirkung von Peter Pötschner, Leipzig **1970**.

Herman van den **Bergh**, *Giambattista Casti (1724–1803). L'homme et l'œuvre*, Amsterdam **1951**.

Anton **Bettelheim**, *Beaumarchais. Eine Biographie*, Frankfurt a. M. **1886**.

Otto **Biba**, »Geselliges Musizieren rund um Wien. Beispiele aus dem Schaffen Antonio Salieris«, in: *Wiener Figaro* XLIII (**1976**), S. 8–18.

Werner **Bollert**, »Antonio Salieri und die italienische Oper«, in: ders., *Aufsätze zur Musikgeschichte*, Bottrop **1938**, S. 43–128.

Volkmar **Braunbehrens**, *Mozart in Wien*, München/Zürich **1986**, 3. Auflage 1988 (Serie Musik Piper – Schott Bd. 8233).

Gustav Gugitz → Da Ponte

Robert **Haas**, »Antonio Salieris vergessene Familie«, in: *Festschrift Max Schneider zum 80. Geburtstag*, Leipzig **1955**, S. 191–196.

Franz **Hadamowsky**, *Die Wiener Hoftheater 1776–1966. Verzeichnis der aufgeführten Stücke mit Bestandsnachweis und täglichem Spielplan.* Teil 1: 1776–1810, Wien **1966** (Musaion. Veröffentlichungen der Österreichischen Nationalbibliothek, Neue Folge, Reihe 1.4).

Eduard **Hanslick**, *Geschichte des Concert-Wesens in Wien*, Wien **1869**.

Josef **Heinzelmann**, »›Prima la musica, poi le parole‹. Zu Salieris Wiener Opernparodie«, in: *Österreichische Musikzeitung* XXVIII (**1973**), S. 19 bis 28.

Wien, seine Geschicke und seine Denkwürdigkeiten. Im Vereine mit mehreren Gelehrten und Kunstfreunden bearbeitet und herausgegeben durch Joseph Freyherrn von **Hormayr**, 9 Bände, Wien **1823–25**.

Walter **Hummel**, *W. A. Mozarts Söhne*, Kassel **1956**.

Adolphe **Jullien**, *L'Opéra en 1788. Documents inédits extraits des Archives de l'État*, Paris **1873**.

Adolphe **Jullien**, »Salieri. Sa carrière en France«, in: *Revue et gazette musicale* XXXXII (**1875**), Februar–Juli.

Adolphe **Jullien**, *La Cour et l'Opéra sous Louis XVI. Marie-Antoinette et Sacchini, Salieri, Favart et Gluck*, Paris **1878**.

»Michael **Kelly**'s Lebenserinnerungen«. Übersetzt von Cäcilie Chrysander, in: *Allgemeine Musikalische Zeitung*, 15. Jahrgang, Leipzig **1880**, Nr. 12–33.

Georg **Kinsky**, »Glucks Reisen nach Paris«, in: *Zeitschrift für Musikwissenschaft* VIII (**1925/26**), S. 551–566.

Ludwig Ritter von **Köchel**, *Die kaiserliche Hofmusikkapelle in Wien von 1543–1867. Nach urkundlichen Forschungen*, Wien **1869**.

Marcus **Landau**, *Geschichte der italienischen Litteratur im achtzehnten Jahrhundert*, Berlin **1899**.

Giuseppe **Magnani**, *Antonio Salieri: musicista legnaghese*, Legnago **1934**.

***Maria Theresia** und Joseph II. Ihre Correspondenz sammt Briefen Josephs an seinen Bruder Leopold.* Herausgegeben von Alfred Ritter von Arneth, 3 Bände, Wien **1867/68**.

Otto **Michtner**, *Das alte Burgtheater als Opernbühne. Von der Einführung des deutschen Singspiels (1778) bis zum Tod Kaiser Leopolds II. (1792)*, Wien **1970** (Theatergeschichte Österreichs Bd. III: Wien, Heft 1).

Otto **Michtner**, »Der Fall Abbé Da Ponte«, in: *Mitteilungen des österreichischen Staatsarchivs* 19 (**1966**), S. 170–209.

*Aus **Moscheles** Leben.* Nach Briefen und Tagebüchern herausgegeben von seiner Frau, 2 Bände, Leipzig **1872/73**.

I. F. Edler von **Mosel**, *Ueber das Leben und die Werke des Anton Salieri, k. k. Hofkapellmeisters, Inhabers der goldenen Civil-Ehrenmedaille mit der Kette, Ritters der königl. französischen Ehrenlegion, Vice-Präses des Pensions-Institutes der Tonkünstler zu Wien für ihre Witwen und Waisen,*

Mitglied des französischen National-Institutes und des musik. Conservatoriums zu Paris, dann der königl. schwedischen musikalischen Gesellschaft, Wien **1827**.

Wolfgang Amadeus **Mozart**, *Briefe und Aufzeichnungen*. Gesamtausgabe, herausgegeben von der Internationalen Stiftung Mozarteum Salzburg, gesammelt und erläutert von Wilhelm A. Bauer und Otto Erich Deutsch, Bd. I–IV (Text), Bd. V–VI (Kommentar, bearbeitet von Joseph Heinz Eibl), Bd. VII (Register, zusammengestellt von Joseph Heinz Eibl), Kassel usw. **1962–75**.

Mozart. *Die Dokumente seines Lebens*. Gesammelt und erläutert von Otto Erich Deutsch, Kassel usw. **1961** (Neue Ausgabe sämtlicher Werke, Serie X: Supplement).

Franz **Niemetschek**, *W. A. Mozart's Leben nach Originalquellen beschrieben*. Faksimiledruck der ersten Ausgabe 1798, Prag [**1906**].

Walter **Nohl**, »Ist Mozart von Salieri vergiftet worden? Neues Material zu einer alten Frage«, in: *Die Musik* XXXI (**1938/39**), S. 389–392.

Gustav **Nottebohm**, *Beethovens Unterricht bei J. Haydn, Albrechtsberger und Salieri*, Leipzig/Winterthur **1873** (Beethoven-Studien Bd. 1).

Rudolf **Nützlader**, *Salieri als Kirchenmusiker*, Dissertation Wien **1924**.

Rudolf **Nützlader**, »Salieri als Kirchenmusiker«, in: *Studien zur Musikwissenschaft* XIV (**1927**), S. 160–178.

Alfred **Orel**, *Der junge Schubert. Mit ungedruckten Kompositionen Schuberts nach Texten Pietro Metastasios*, Wien/Leipzig **1941**.

Joseph II. als Theaterdirektor. Ungedruckte Briefe und Aktenstücke aus den Kinderjahren des Burgtheaters. Gesammelt und erläutert von Rudolf **Payer** von Thurn, Wien/Leipzig **1920**.

Richard **Perger**, *Geschichte der k. k. Gesellschaft der Musikfreunde in Wien*. 1. Abteilung: 1812–1870, Wien **1912**.

*Des **Plutarchus** von Chäroneia vergleichende Lebensbeschreibungen*. Aus dem Griechischen übersetzt mit Anmerkungen von Joh. Friedr. Sal. Kaltwasser. 7. Teil, Magdeburg **1803**.

Carl Ferdinand **Pohl**, *Die Gesellschaft der Musikfreunde des österreichischen Kaiserstaates und ihr Conservatorium*, Wien **1871**.

Josef **Richter**, *Die Eipeldauer Briefe 1785–1797*. In Auswahl herausgegeben und eingeleitet und mit Anmerkungen versehen von Eugen von Pannel, 2 Bände, München **1917** (Denkwürdigkeiten aus Alt-Österreich Bd. 17/18).

»Die Tagebücher von Joseph Carl **Rosenbaum** 1770–1829«. Herausgegeben von Else Radant, in: *Haydn Jahrbuch* Bd. V, Eisenstadt/Wien **1960**.

Julian **Rushton**, »Salieris ›Les Horaces‹. A Study of an Operatic Failure«, in: *Music Review* XXXVII (**1976**), S. 266.

Albert **Schatz**, »Giovanni Bertati«, in: *Veröffentlichungen für Musikwissenschaft* 5 (**1889**), S. 231–271.

Erich **Schenk**, »Salieris ›Landsturm‹-Kantate von 1799 in ihren Beziehungen zu Beethovens ›Fidelio‹«, in: *Colloquium amicorum. Joseph Schmidt-Görg* *zum 70. Geburtstag.* Herausgegeben von Siegfried Kross und Hans Schmidt, Bonn 1967, S. 338–354.

Fritz **Schröder**, »Antonio Salieri: ein Lehrer Beethovens«, in: *Das Musikleben* V (**1952**), S. 78–80.

Schubert. *Die Dokumente seines Lebens.* Gesammelt und erläutert von Otto Erich Deutsch, Kassel usw. **1964**.

Schubert. *Die Erinnerungen seiner Freunde.* Gesammelt und herausgegeben von Otto Erich Deutsch, Leipzig **1966**.

Carlo **Serini**, »Antonio Salieri«, in: *Rivista Musicale Italiana* XXX (**1925**), S. 412–433.

Peter **Shaffer**, *Amadeus.* Deutsch von Nina Adler, Frankfurt a. M. **1982**.

Jane **Shatkin Hettrick**, »A Thematic Catalogue of Sacred Works by Antonio Salieri. An Uncatalogues Holograph of the Composer in the Archive of the Vienna Hofkapelle«, in: *Fontes Artis Musicae* III (**1986**), S. 226–235.

Robert **Sondheimer**, »Gluck in Paris«, in: *Zeitschrift für Musikwissenschaft* 5 (**1922/23**), S. 165–175.

Ernst **Stöckl**, »Zur sowjetischen Diskussion über Mozarts Tod«, in: *Die Musikforschung* 17 (**1964**), S. 275–283.

Ernst **Stöckl**, *Puškin und die Musik. Mit einer annotierenden Bibliographie der Puškin-Vertonungen 1815–1965.* Leipzig **1974**.

Edward Elmgren **Swenson**, »›Prima la musica e poi le parole‹. An Eighteenth Century Satire«, in: *Analecta musicologica* (**1970**), S. 112–129.

Edward Elmgren **Swenson,** *Antonio Salieri. A Documentary Biography,* Ann Arbor, MI **1974** (Dissertation Cornell University).

Ernst **Tittel**, *Die Wiener Musikhochschule. Vom Konservatorium der Gesellschaft der Musikfreunde zur staatlichen Akademie für Musik und darstellende Kunst,* Wien **1967**.

Edith Hays **Walton-Myers**, *Antonio Salieri' s »La cifra«. The Creation of a Late Eighteenth Century Opera.* Ann Arbor, MI **1978** (Dissertation Northwestern University 1977).

John **Warrack**, *Carl Maria von Weber. Eine Biographie.* Hamburg/Düsseldorf **1972**.

Egon **Wellesz**, »Giuseppe Bonno (1710–1788). Sein Leben und seine dramatischen Werke«. in: *Sammelbände der Internationalen Musikgesellschaft* XI (**1909/10**), S. 395–442.

Const. v. **Wurzbach**, *Biographisches Lexikon des Kaiserthums Oesterreich, enthaltend die Lebensskizzen der denkwürdigen Personen, welche seit 1750 in den österreichischen Kronländern geboren wurden oder darin gelebt und gewirkt haben,* 60 Teile, Wien **1856–91**.

Gustav **Zechmeister**, *Die Wiener Theater nächst der Burg und nächst dem Kärntnerthor von 1747 bis 1776,* Wien **1971** (Theatergeschichte Österreichs Bd. III: Wien, Heft 2).

Agnes **Ziffer**, *Kleinmeister zur Zeit der Wiener Klassik,* Tutzing **1984** (Publikationen des Instituts für österreichische Musikdokumentation Bd. 10).

Abbildungsverzeichnis

Seite 34 Florian Leopold Gaßmann. Kupferstich von Johann Balzer nach Anton Hickel.

Seite 96f. Antonio Salieri: »Der Rauchfangkehrer«, Autograph der Partitur, Arie des Fräule »Ah non lasciarmi« (S. 358–360). (Österreichische Nationalbibliothek, Musiksammlung, Wien)

Seite 111 Antonio Salieri: »Les Danaïdes«, Erstausgabe der Partitur, Paris 1784, Titelblatt.

Seite 114f. Antonio Salieri: »Les Danaïdes«, Erstausgabe der Partitur, Paris 1784, Beginn des ersten Aktes.

Seite 124 Lorenzo Da Ponte. Punktierstich von Michele Pekenino nach einem Gemälde von Nathaniel Rogers. (Archiv für Kunst und Geschichte, Berlin)

Seite 142 Theaterzettel zur Uraufführung von Antonio Salieris »La grotta di Trofonio«. (Bildarchiv der Österreichischen Nationalbibliothek, Wien, NB 613.582 BRF)

Seite 165 Pierre Augustin Caron de Beaumarchais. Crayonstich nach einem zeitgenössischen Bildnis. (Archiv für Kunst und Geschichte, Berlin)

Seite 192 Antonio Salieri: »Axur, König von Ormus«, Klavierauszug der deutschen Bearbeitung in vier Akten von Christian Gottlob Neefe, Bonn 1796, Titelblatt.

Tafel 1 Torbogen von Salieris Geburtshaus in Legnago. (Photo: Dietrich Kreidt, Stuttgart)

Tafel 2 Das »Museo Fioroni« in Legnago. (Photo: Dietrich Kreidt, Stuttgart)

Tafel 3 Antonio Salieri. Schattenriß (um 1785) von Hieronymus Löschenkohl. (Bildarchiv der Österreichischen Nationalbibliothek, Wien, NB 503.692 BR)

Tafel 4 Antonio Salieri. Kupferstich von Sándor Ádám Ehrenreich nach einem Gemälde (um 1815) von Natale Schiavoni. (Bildarchiv der Österreichischen Nationalbibliothek, Wien, NB 505.261)

Tafel 5 Antonio Salieri. Lithographie nach einer Ad-vivum-Zeichnung von Friedrich Rehberg, datiert »Vienna 6 febr. 1821« und der Sängerin Angelica Catalani gewidmet. (Bildarchiv der Österreichischen Nationalbibliothek, Wien, NB 505.261)

Tafel 6 Christoph Willibald Gluck. Gemälde (1773) von Joseph-Siffred Duplessis. (Archiv für Kunst und Geschichte, Berlin)

Tafel 7 Joseph II., Deutscher Kaiser. Miniaturbildnis von Heinrich Friedrich Füger. (Archiv für Kunst und Geschichte, Berlin)

Tafel 8 Giambattista Casti. Punktierstich von Francesco Bartolozzi nach einem Gemälde von Domenico Pellegrini. (Bildarchiv der Österreichischen Nationalbibliothek, Wien, NB 509.993 B(R))

Tafel 9 Wolfgang Gottlieb Mozart. Unvollendetes Porträt von Joseph Lange. (Archiv für Kunst und Geschichte, Berlin)

Tafel 10 Franz II., Deutscher Kaiser (als Franz I. Erbkaiser von Österreich). (Archiv für Kunst und Geschichte, Berlin)

Tafel 11 Ignaz Franz Edler von Mosel. Lithographie (1830) von Josef Kriehuber. (Bildarchiv der Österreichischen Nationalbibliothek, Wien, NB 604.930 C)

Tafel 12 Grabdenkmal für Antonio Salieri auf dem Matzleinsdorfer Friedhof, Wien. Lithographie von Johann Rauh. (Bildarchiv der Österreichischen Nationalbibliothek, Wien, NB 510.765 B(R))

Personen- und Werkregister

Adamberger, Maria Anna (geb. Jacquet; 1752–1804) 149
Adamberger, Johann **Valentin** (1743–1804) 147–149
Affligio, Giuseppe (auch G. Afflisio, Afflissio; 1722–1788) 40, 64f.
Aischylos (525/524–456/455) 112
Albert Kasimir August (1738–1822), Herzog von Sachsen-Teschen 150
Albrechtsberger, Johann Georg (1736–1809) 258
Alxinger, Johann Baptist Edler **von** (1755–1797) 226
Amelot de Chaillon, Antoine-Jean (vor 1730–1795) 108f.
Anakreon (um 580–nach 495) 117
André, Johann (1741–1799) 76
Anfossi, Pasquale (1727–1797) 148
Il curioso indiscreto (Rom 1777) 146–148
Angermüller, Rudolph (* 1940) 9, 278f., 286
Anhalt-Zerbst → Katharina II.
Arco, Karl Joseph Maria Felix **Graf** (1743–1830) 98
Ariosto, Ludovico (1474–1533) 52
Aristokles → Platon
Aristoteles (384–322) 143
Arnold, Ignaz Ernst **Ferdinand** (1774–1812) 277
Arouet, François Marie → Voltaire
Artois, Graf von → Karl X.
Assmayer, Ignaz (1790–1862) 259
Aubertin, Madeleine → Beaumarchais, Madeleine de
Auenbrugger, Francisca (* nach 1756) 91, 279
Auenbrugger, Johann **Leopold,** Edler von Auenbrugg (1722–1809) 91, 98, 279
Auenbrugger, Marianne († 1786) 91, 279

Bach, Johann Christian (1735–1782) 80
Bacon, Sir **Nicholas** (1510–1579) 140
Baglioni, Clementina (verh. Poggi; vor 1745–nach 1783) 52
Baglioni, Costanza (vor 1745–nach 1780) 51f.
Baglioni, Rosa (auch Rosina B.; vor 1745–nach 1780) 52
Balzer, Johann (1738–1799) 294
Bartolozzi, Francesco (1727–1815) 295

Bayern → Karl Theodor
Beaumarchais, Eugénie de (verh. Delarue) 164
Beaumarchais, Geniève de (geb. Levesque-Watebled; 1730–1770) 166
Beaumarchais, Madeleine de (geb. Aubertin: um 1722–1757) 166
Beaumarchais, Marie-Thérèse de (geb. Willer-Mawlas) 164
Beaumarchais, Pierre Augustin Caron de (eigtl. P. A. C.; 1732–1799) 8, 12, 112, 157–160, 163–171, 176–184, 188, 193 f., 2O2, 208–211, 250, 264 f., 269, 283 f., 294
Le Barbier de Séville ou La Précaution inutile (1775) 167
La Folle journée ou Le Mariage de Figaro (1784) 112, 140, 157 f., 167 f., 188, 194, 210
Beccaria, Cesare Bonesana, Graf von (1738–1794) 287
Beer, Meyer → Meyerbeer, Giacomo
Beethoven, Karl van (1806–1858) 272, 274
Beethoven, Ludwig van (1770–1827) 7, 15, 19, 232, 256, 258 f., 261 f., 270, 272–274, 286 f.
Fantasie für Klavier, Chor und Orchester c-Moll (1808) 256
Fidelio oder Die eheliche Liebe (Wien 1805) 242
Konzert für Klavier und Orchester G-Dur Nr. 4 (1806) 256
Symphonie c-Moll Nr. 5 (1808) 256
Symphonie F-Dur Nr. 6 »Pastorale« (1808) 256
Wellingtons Sieg oder Die Schlacht bei Vittoria (1813) 233, 257 f.
Belle (um 1824) 287
Benda, Georg Anton (auch Jiří Antonín B.; 1722–1795) 76
Bene, Adriana Francesca del → Del Bene, Adriana Francesca
Benucci, Francesco (um 1745–1824) 155
Berchtold zu Sonnenburg, Maria Anna Walburga Ignatia → Mozart, Maria Anna
Bertati, Giovanni (1735–1815) 223
Blumauer, Aloys (1755–1798) 226
Bocarini, Giovanni Gastone → Boccherini, Giovanni Gastone
Boccaccio, Giovanni (1313–1375)
Il Decamerone (1353) 223
Boccherini, Giovanni Antonio **Gastone** (auch G. G. Bocarini; 1742–nach 1799) 41 f., 44, 50–52, 68
Böhmen → Maria Theresia
Bollert, Werner (* 1910) 9
Bon, Josephus Johannes Baptista → Bonno, Giuseppe
Bonanomi, Elisabetta → Salieri, Elisabetta
Bonaparte, Napoléon → Napoleon I.
Bonesana, Cesare → Beccaria, Cesare
Bonno, Giuseppe Giovanni Battista (eigtl. Josephus Johannes Baptista Bon; 1711–1788) 58 f., 63, 74, 144, 197
Bouillon. Gottfried von → Gottfried IV.
Bourbon → Maria Theresia
Braschi, Giovanni Angelo → Pius VI.
Braun, Peter Freiherr **von** (1758–1819) 229
Brède et de Montesquieu, Baron de La → Montesquieu, Charles de
Britten, Edward **Benjamin** (1913–1976)

Young Person's Guide to the Orchestra (1946) 263
Broschi, Carlo → Farinelli
Brunati, Giovanni Francesco (1723–1806) 130
Buonaparte, Napoleone → Napoleon I.
Buffon, Georges Louis Leclerc, **Graf von** (1707–1788) 178
Burney, Charles (1726–1814) 51
Buzin, Joseph Graf Keglevich von → Keglevich, Joseph Graf

Caesar, Gajus Julius → Cäsar
Caldara, Antonio (1670/71–1736)
La passione di Gesù Cristo (1730) 74
Calzabigi, Ranieri Simone Francesco Maria **de'** (1714–1795) 41, 46, 106, 108, 118f., 121
Canzi, Katharina Wallbach → Wallbach-Canzi, Katharina
Caron, Pierre Augustin → Beaumarchais, Pierre Augustin Caron de
Carpani, Giuseppe Antonio (1752–1825) 16f.
Carrara → Franz IV.
Casanova, Giovanni **Giacomo,** Chevalier de Seingalt (1725–1798) 28, 135
Cäsar (Gajus Julius Caesar; 100 oder 102–44) 237f.
Castelli, Ignaz Vincenz **Franz** (1781–1862) 286
Casti, Giambattista (1724–1803) 8, 68, 121, 130, 132–139, 142, 146, 151, 154, 194–197, 215, 219–222, 225–227, 282, 284, 295, Tafel 8
Gli animali parlanti (1802) 138f., 225
Poema tartaro (1787) 136–138, 194, 196, 282
Il re Teodoro in Corsica 136
Catalani, Angelica (verh. Valabrègue; 1780–1849) 295
Catilina, Lucius Sergius (um 108–62) 219f.
Cato Uticensis, **Marcus Porcius** (95–46) 219
Catull (Gajus Verlerius Catullus; um 84–um 54) 117
Cavalieri, Catarina (eigtl. Franziska Helena Appolonia Cavalier, Kavalier; 1760–1801) 93, 99, 155, 217, 258, 260
Cesarotti, Melchiorre (1730–1808) 232
Chaillon, Antoine-Jean Amelot de → Amelot de Chaillon, Antoine-Jean
Chamblain, Pierre Carlet de → Marivaux, Pierre Carlet de Chamblain de
Charles → Karl
Cherubini, Luigi Carlo Zanobi Salvatore Maria (1760–1842) 118, 213, 244
Cicero, Marcus Tullius (106–43) 219f.
Cimarosa, Domenico (1749–1801) 202, 242
Colloredo-Waldsee, Hieronymus Joseph Franz de Paula Graf von → Hieronymus Graf von Colloredo-Waldsee
Coltellini, Anna (vor 1764–nach 1794) 197
Coltellini, Celeste (verh. Meuricoffre; 1760–1829) 197f.
Coltellini, Marco (1719–1777) 45f.
Conegliano, Emanuele → Da Ponte, Lorenzo
Conegliano, Geremia → Da Ponte, Gaspare
Cordy, Harry → Nützlader, Rudolf
Corneille, Pierre (1606–1684)
Horace (1640) 161–163

Cornet, Julius (1793–1860) 260
Cornetti, Alessandro (um 1795) 139
Corte, Andrea della → Della Corte, Andrea
Cramer, Carl Friedrich (1752–1807) 45, 47–49, 110, 120
Curio, Gajus Scribonius (um 84–49) 220
Czerny, Carl (1791–1857) 259

Damichetti, Barbara (verh. Salieri; * um 1750) 278
Dante Alighieri (1265–1321) 190, 223
Da Ponte, Gaspare (eigtl. Geremia Conegliano; * 1720) 122
Da Ponte, Lorenzo (eigtl. Emanuele Conegliano; 1749–1838) 8, 28, 82, 104f., 121–131, 133f., 136f., 139f., 146, 155–157, 160, 187f., 190–194, 200–202, 214–216, 226, 269, 282, 294
Per la ricuperata salute di Ofelia (1785) 139–141, 282
Dauvergne, Antoine (1713–1797) 169
Defranceschi, Carlo Prospero (um 1800) 234–237, 239
De Gamerra, Giovanni (1743–1803) 69, 71, 223, 226f., 229
Delarue, Eugénie → Beaumarchais, Eugénie de
Del Bene, Adriana Francesca (eigtl. A. F. Gabrielli; gen. la Ferrarese; um 1750–nach 1799) 203, 205, 215
Delharpe, Jean François → La Harpe, Jean François de
Della Corte, Andrea (1883–1963) 9
Demokrit (470–um 380) 224
Deutsch, Otto Erich (1883–1967) 282
Dietrichstein, Johann Baptist Karl Fürst von (1728–1808) 142
Dietrichstein-Proskau-Leslie, **Moritz Graf** von (1775–1864) 275
Ditters von Dittersdorf, Karl (1739–1799) 145
L'Esther ossia La liberatrice del popolo giudaico nella Persia (1773) 144
Duplessis, Joseph-Siffred (auch J. Silfrède D.; 1725–1802) 295
Durazzo, Giacomo Graf (1717–1794) 37, 65
du Roullet, Marie François Louis Gand-Leblanc, Bailli → Roullet, François Gand-Leblanc du
Dussek, Franz Xaver (auch František Xaver Dušek; 1731–1799) 156
Dussek, Josepha (geb. Hambacher; 1753–1824) 156
Duverney → Pâris Duverney

Ehrenreich, Sándor Ádám (1784–1852) 294
Elisabeth Wilhelmine von Württemberg (1767–1790; verh. seit 1788 mit Franz, Erzherzog von Österreich, später Kaiser Franz II.) 98f., 191, 280f., 285
Este → Ferdinand Karl
Eybler, Joseph Leopold von (1765–1845) 259

Falca, Pietro → Longhi, Pietro
Farga, Franz (1873–1950)
Salieri und Mozart (1937) 9
Farinelli (eigtl. Carlo Broschi; 1705–1782) 93
Favart, Charles Simon (1710–1792)

La Rosière de Salency (1769) 90
Ferdinand IV. (1751–1825), König von Neapel (als Ferdinand I. König beider Sizilien) 88
Ferdinand Karl Anton (1754–1806), Erzherzog von Österreich 253
Ferdinand Karl d'Este (1781–1850) 253
Ferrarese, la → Del Bene, Adriana Francesca
Fischer, Johann Ignaz **Ludwig** (1745–1825) 94, 98
Fisher, Nancy Ann Selina → Storace, Nancy
Forman, Miloš (*1932)
Amadeus (1983) 7, 20f.
Franchetti-Walzel, Fortunata (verh. Walzel; 1801–1876) 260
Frankreich → Karl X.; → Ludwig XV.; → Ludwig XVI.; → Marie Antoinette; → Marie Louise; → Napoleon I.
Franz I. Stephan (1708–1765), Kaiser des Heiligen Römischen Reichs (seit 1745) 64
Franz II. Joseph Karl (1768–1835), Kaiser des Heiligen Römischen Reichs (1792–1806), als Franz I. Kaiser von Österreich (1804–35) 99, 138f., 191, 216, 218, 223, 225, 227, 231–233, 253–255, 261, 285, 295, Tafel 10
Franz IV. (1779–1846), Herzog von Modena, Massa und Carrara (seit 1806) 253
Friederike Luise von Hessen-Darmstadt (1751–1805; verh. seit 1769 mit Friedrich Wilhelm II., König von Preußen) 238
Friedrich II., der Große (1712–1786), König von Preußen (seit 1740) 135
Fries, Josef Graf (1765–1788) 107, 138, 282
Füger, Heinrich Friedrich (1751–1818) 295
Fulvia (gest. 50 v. Chr.) 220
Fux, Johann Joseph (1660–1741)
Gradus ad Parnassurn (1725) 33

Gabrielli, Adriana Francesca → Del Bene, Adriana Francesca
Galuppi, Baldassare (1706–1785)
La calamità de' cuori (Venedig 1752) 68
Il mondo alla roversa ossia Le Donne che comandano (Venedig 1750) 221
Semiramide riconosciuta (Mailand 1749) 100
Gamerra, Giovanni de → De Gamerra, Giovanni
Gand-Leblanc, Bailli du Roullet, Marie François Louis → Roullet, François Gand-Leblanc du
Gaßmann, Florian Leopold (1729–1774) 30–37, 39–41, 43, 58f., 73, 78, 90, 144, 186, 202, 230, 258f., 279, 294
Amore e Psiche (Wien 1767) 37, 39
Ezio (Rom 1770) 38
Gaßmann, Maria **Therese** (verh. Rosenbaum; 1774–1837) 230
Gazzaniga, Giuseppe (1743–1818)
Il finto Cieco (Wien 1786) 141
Geramb, Ferdinand Freiherr **von** (auch Maria Joseph G.; 1772–1848) 254
Habsburg (1805) 254
Gluck, Christoph Willibald Ritter von (1714–1787) 7f., 19, 31f., 35, 37–39, 42f., 46–49, 56f., 64f., 71, 79, 81, 101, 106–110, 112, 116, 118–121, 130, 146, 158, 161, 163f., 178, 180, 182,

185–187, 210, 212, 218, 247 f., 260–262, 268, 295, Tafel 6
Alceste (Wien 1767) 38 f., 47, 52, 105
Armide (Paris 1777) 47, 79, 119
De profundis (1787) 187
Don Juan ou Le Festin de pierre (Wien 1761) 37
Écho et Narcisse (Paris 1779) 107 f.
Iphigénie en Aulide (Paris 1774) 47, 116, 158
Iphigénie en Tauride (Paris 1779) 79, 105–107, 161
Orfeo ed Euridice (Wien 1762) 37, 105
Orphée et Euridice (Paris 1774) 158
Faride ed Elena (Wien 1770) 47
La Semiramide riconosciuta (Wien 1748) 100
La vestale (Wien 1768, Neufassung von *L'innocenza giustificata,* Wien 1755) 40
Goethe, Johann Wolfgang von (1749–1832) 228, 260, 283
Goldoni, Carlo (1707–1793) 85 f., 200, 221
La locandiera (1753) 52 f.
Gottfried IV. (G. von Bouillon; um 1060–1100), Herzog von Niederlothringen (seit 1087) 45
Graun, Carl Heinrich (1703/04–1759) 74
Grétry, André Ernest Modeste (1741–1813) 76, 84, 208
Guarini, Giovanni Battista (1538–1612)
Il pastor fido (1590) 201
Guglielmi, Pietro Alessandro (1728–1804) 29
Guillard, Nicolas François (1752–1814) 161
Guldener von Lobes, Vinzenz Eduard (1763–1827) 277
Gustav III. (1746–1792), König von Schweden (seit 1771) 55, 75, 119

Haitzinger, Anton (auch A. Haizinger; 1796–1869) 260
Hambacher, Josepha → Dussek, Josepha
Händel, Georg Friedrich (auch George Frideric Handel; 1685–1759) 19, 22
Harnoncourt, Nikolaus (* 1929) 282 f.
Harpe, Jean François de La → La Harpe, Jean François de
Härtel, Gottfried Christoph (1763–1827) 271
Hasse, Johann Adolf (1699–1783)
Alcide al bivio (Wien 1760) 35
Semiramide riconosciuta (Neapel/Venedig 1744) 100
Hauptmann, Pauline Anna → Milder-Hauptmann, Anna
Haydn, Franz **Joseph** (1732–1809) 66, 145, 205, 212, 232, 249, 251, 260, 270
Die Jahreszeiten (1801) 256
Die Schöpfung (1798) 256 f.
Helferstorfer, Carl Jakob von (vor 1735–1774) 59, 61, 279
Helferstorfer, Theresia von → Salieri, Theresia
Heraklit von Ephesus (um 550–um 480) 224
Hessen-Darmstadt → Friederike
Hickel, Anton (1745–1798) 294
Hieronymus Joseph Franz de Paula **Graf von Colloredo-Waldsee** (1732–1812), Fürsterzbischof von Salzburg (seit 1772) 98
Hiller, Johann Adam (1728–1804) 76
Hofer, Franz de Paula (1755–1796) 217

Hofmann, Leopold (1738–1793) 61–64, 279
Holzbauer, Ignaz Jakob (1711–1783) 74, 76, 80
Homer (um 700 v. Chr.) 52
Hormayr zu Hortenburg, **Joseph** Freiherr **von** (1781–1848) 253
Huber, Franz Xaver (1755–1814?) 263
Hummel, Johann Nepomuk (1778–1837) 7, 19
Hüttenbrenner, Anselm (1794–1868) 259, 269f.

Jacquet, Maria Anna → Adamberger, Maria Anna
Jekaterina II Alexejewna → Katharina II.
Johann (1782–1859), Erzherzog von Österreich 253
Jommelli, Niccolò (1714–1774) 74, 80
Requiem (1764) 187
Semiramide (Venedig 1742) 100
Semiramide riconosciuta (Turin 1741) 100
Jonson, Benjamin (1572–1637)
Epicœne or The Silent Woman (1609) 239
Joseph II. (1741–1790), Kaiser des Heiligen Römischen Reichs (seit 1765) 14, 31, 33, 35f., 39, 43, 55, 57–59, 61 f., 65f., 69, 73–76, 78, 84f., 88–91, 93, 99, 102f., 105, 109, 121–123, 135–138, 140, 146, 150–152, 155, 157, 160, 186–191, 196, 198f., 202, 205f., 212, 216, 226, 254, 280–282, 284f., 295, Tafel 7
Jullien, Jean Lucien **Adolphe** (1845–1932) 9
Kaltwasser, Johann Friedrich Salomon (1752–1813) 286
Kanz, Katharina → Wallbach-Canzi, Katharina
Karl X. (1757–1836), König von Frankreich (1824–30) 170
Karl Theodor (1724–1799), Kurfürst von der Pfalz (seit 1743) und von Bayern (seit 1777) 79
Katenin, Pawel Alexandrowitsch (1792–1853) 17
Katharina II., die Große (Jekaterina II Alexejewna; geb. Sophie Friederike Auguste Prinzessin von Anhalt-Zerbst; 1729–1796), Kaiserin von Rußland (seit 1762) 135–137, 196, 222
Kaunitz, Joseph Clemens Graf (1743–1785) 135
Kaunitz, Wenzel Anton Graf (1711–1794), Fürst von Kaunitz-Rietberg 135
Kavalier, Franziska Helena Appolonia → Cavalieri, Catarina
Keglevich von Buzin, **Joseph Graf** (1729–1792) 64f.
Kellgren, Johan Henrik (1751–1795) 56
Kelly, Michael (auch M. O'Kelly; 1762–1826) 140f., 148, 155, 157, 159f.
Killitschgy, Josephine (verh. Schulz; 1790–1880) 260
Koháry, Johann Nepomuk Graf (1733–1800) 64f.
Köln → Maximilian Franz
Kornmann 170
Kotzebue, August Friedrich Ferdinand **von** (1761–1819) 250f.
Die Hussiten vor Naumburg (1803) 250–252
Kraus, Joseph Martin (1756–1792) 56
Kraus-Wranizky, Anna **Katharina**

(geb. Wranizky; 1801–1851) 260
Kreibich, Franz (1728–1797) 189
Kriehuber, Josef (1800–1876) 295
Kruthoffer, Franz (um 1740–nach 1815) 108, 207

La Brède et de Montesquieu, Baron de → Montesquieu, Charles de
La Harpe, Jean François de (eigtl. J. F. Delharpe; 1739–1803) 163
Lainez, Etienne (1753–1822) 169
Landau, Marcus (1837–1918) 223
Lange, Joseph (1751–1831) 295, Tafel 9
Lange, Maria Aloysia Louise Antonia → Weber, Aloysia
Lanzendörfer, Monika 284
Lays, François (1758–1831) 130
Leclerc, Georges Louis → Buffon, Graf von
Legrand (um 1778) 80
Lemoyne, Jean-Baptiste (eigtl. J.-B. Moyne; 1751–1796) 208
Leopold II. (1747–1792), Kaiser des Heiligen Römischen Reichs (seit 1790), als Leopold I. (auch Peter Leopold, Pietro Leopoldino) Großherzog von Toskana (seit 1765) 78, 134f., 138, 206, 211f., 215, 218, 223, 285
Lepri, Marchesa (um 1760) 134
Lessing, Gotthold Ephraim (1729–1781) 38
Levesque-Watebled, Geniève → Beaumarchais, Geniève de
Liechtenstein (um 1795) 225
Liszt, Franz von (1811-1886) 7, 19, 259, 287
Liverati, Giovanni (1772–1846) 259
Livius, Titus (59 v. Chr. – 17 n. Chr.) 161
Lobes, Vinzenz Eduard Guldener von → Guldener von Lobes, Vinzenz Eduard
Longhi, Pietro (eigtl. P. Falca; 1702–1785) 28
Löschenkohl, Johann **Hieronymus** (1753–1807) 294. Tafel 3
Louis → Ludwig
Ludwig (1784–1864), Erzherzog von Österreich 253
Ludwig XV. (1710–1774), König von Frankreich (seit 1715) 167
Ludwig XVI. (1754–1793), König von Frankreich (1774–92) 112, 167f., 209, 220, 231
Lully, Jean-Baptiste (eigtl. Giovanni Battista Lulli; 1632–1687) 283

Magnani, Giuseppe (um 1935) 9
Mälzel, Johann Nepomuk (1772–1838) 260
Mandini, Maria (geb. Soleri de Vesian; um 1783) 115
Marchesi, Luigi Lodovico (gen. Marchesini; 1754–1829) 154, 241
Maria Antonia → Marie Antoinette
Maria Ludovica → Marie Louise
Maria Theresia (1717-1780), Erzherzogin von Österreich, Königin von Böhmen und Ungarn (seit 1740), Kaiserin des Heiligen Römischen Reichs (1745–65) 59, 64, 85, 88,122,134
Maria Theresia von Bourbon (1772–1807; verh. seit 1790 mit Franz, Erzherzog von Österreich, später Kaiser Franz II.) 253, 285
Marie Antoinette (Maria Antonia von Österreich; 1755–1793; verh. seit 1770 mit Ludwig XVI., Kö-

nig von Frankreich) 57, 107, 112, 119, 167f., 171
Marie Christine von Österreich (1742–1798; verh. seit 1766 mit Albert Kasimir, Herzog von Sachsen-Teschen) 150
Marie Louise (Maria Ludovica von Österreich; 1791–1847; verh. seit 1810 mit Napoleon I., Kaiser der Franzosen), Herzogin von Parma, Piacenza und Guastalla 211, 218, 261
Marivaux, Pierre Carlet de Chamblain de (1688–1763) 221
Martin, Désiré (eigtl. M. Barouillet; 1756–nach 1792) 207f.
La Princesse de Babylone (1787) 207, 227f.
Martinez (um 1760) 36f., 54
Martini, Giovanni Battista (1706–1784) 27, 31
Martín y Soler, Atanasio Martín Ignacio **Vicente** Tadeo Francisco Pelegrin (1754–1806) 202, 215
L'arbore di Diana (Wien 1787) 190f., 214
Una cosa rara ossia Bellezza ed onestà (Wien 1786) 214
Massa → Ferdinand IV.
Maximilian Franz (1756–1801), Erzherzog von Österreich, Kurfürst von Köln (seit 1784) 99
Maximilian Joseph (1782–1863), Erzherzog von Österreich 253
Mazzolà, Caterino (1745–1806) 82, 87, 104, 121, 221
Metastasio, Pietro (eigtl. P. Antonio Domenico Bonaventura Trapassi; 1698–1782) 36–38, 46, 54, 56, 69, 90, 95, 97, 101, 104f., 133, 136, 223, 260
Attilio Regolo (1740) 279
La clemenza di Tito (1734) 38
Didone abbandonata (1724) 279
Ezio (1728) 38
La passione di Gesù Cristo (1730) 74
Semiramide (1729) 88, 100
Meuricoffre, Celeste → Coltellini, Celeste
Meyerbeer, Giacomo (eigtl. Jakob Liebmann Meyer Beer; 1791–1864) 259
Semiramide riconosciuta (Turin 1819) 100
Milder-Hauptmann, Pauline **Anna** (1785–1838) 260
Mocenigo, Alvise IV (1701–1778) 28
Mocenigo, Giovanni (um 1766) 27, 29–31
Modena → Franz IV.
Montesquieu, Charles Louis de Secondat, Baron de la Brède et **de** (1689–1755)
Lettres persanes (1721) 171
Montgolfier, Etienne Jacques de (1745–1799) 129
Montgolfier, Michel Joseph de (1740–1810) 129
Moscheles, Ignaz (1794–1870) 7, 15f., 19, 259, 272–274
Mosel, Ignaz Franz de Paula Vinzenz Ferrerius Joseph Edler **von** (1772–1844) 9, 22f., 25, 30, 40, 43, 55, 57, 71f., 75, 81f., 86, 89–91, 159, 162, 185–188, 201, 222, 229f., 241, 245, 251f., 262, 271f., 275f., 278f., 287, 295, Tafel 11
Moyne, Jean-Baptiste → Lemoyne, Jean-Baptiste
Mozart, Franz Xaver Wolfgang (1791–1844) 218, 259
Mozart, Karl Thomas (1784–1858) 217

Mozart, Konstanze (geb. Weber; auch verh. von Nissen; 1762–1842) 13, 157, 217, 221
Mozart, Johann Georg **Leopold** (1719–1787) 38, 50, 53f., 86, 93, 98, 148, 156, 280
Mozart, Maria Anna Walburga Ignatia (gen. Nannerl M.; verh. Berchtold zu Sonnenburg; 1751–1829) 156
Mozart, Wolfgang Amadé (eigtl. Johannes Chrysostomus W. Theophil M.; 1756–1791) 7f., 11–22, 35f., 38f., 53, 66f., 73, 90. 98f., 105, 120f., 124f., 129, 136f., 139f., 144–150, 152, 155–157, 159f., 190, 192, 194, 197f., 202, 205f., 212, 216–218, 221, 244, 247f., 263, 269–274, 276, 280f., 283–285, 287, 295, Tafel 9
La clemenza di Tito (Prag 1791) 38, 82, 270
Così fan tutte (Wien 1790) 104, 202, 205f., 214
Il dissoluto punito ossia Il Don Giovanni (Prag 1787) 104, 190f., 200, 214, 216, 270, 284f.
Die Entführung aus dem Serail oder Belmonte und Constanze (Wien 1782) 35, 76, 93f., 105, 145f., 152, 156, 258, 284
La finta semplice (Salzburg 1769) 39
Idomeneo (München 1781) 67, 100, 146
Konzert für Klavier und Orchester Es-Dur Nr. 22 (1785) 144
Lucio Silla (Mailand 1772) 69
Maurerische Trauermusik c-Moll (1785) 160
Le nozze di Figaro (Wien 1786) 14, 104, 139–141, 144, 146, 152, 155–157, 159f., 188f., 194, 202, 206, 214, 269, 271
Quartett für Klarinette und Streicher A-Dur (1789) 145
Requiem (1791) 12f., 220f., 271
Der Schauspieldirektor (Schönbrunn 1786) 152, 154, 160, 282f.
Sechs Variationen für Klavier über ein Thema aus der Oper »La fiera di Venezia« von Antonio Salieri (1773) 54
Symphonie g-Moll Nr. 40 (1788) 145
Die Zauberflöte (Wien 1791) 216f.
Mysliveček, Josef (1737–1781) 74

Napoleon I. (Napoléon Bonaparte; eigtl. Napoleone Buonaparte; 1769–1821), Kaiser der Franzosen (1804–14/15) 210, 231f., 234, 250f., 253–255, 261
Naumann, Johann Gottlieb (1741–1801) 56, 74
Cora och Alonzo (Stockholm 1782) 49
Neapel → Ferdinand IV.
Neefe, Christian Gottlob (1748–1798) 76, 294
Nicolai, Carl **Otto** Ehrenfried (1810–1849)
Die lustigen Weiber von Windsor (Berlin 1849) 234
Niederlothringen → Gottfried IV.
Niemetschek, Franz Xaver (1766–1832) 13f., 156f.
Nissen, Georg Nikolaus von (1761–1826) 157
Nissen, Konstanze von → Mozart, Konstanze
Noverre, Jean Georges (1727–1810) 44, 65
Nützlader, Rudolf (Pseud. Harry Cordy; *1885) 9

O'Kelly, Michael → Kelly, Michael
Orsini → Rosenberg-Orsini
Österreich → Elisabeth Wilhelmine; → Ferdinand; → Franz II.; → Johann; → Ludwig; → Maria Theresia; → Marie Antoinette; → Marie Christine; → Marie Louise; → Maximilian Franz; → Maximilian Joseph; → Rainer; → Rudolf

Pacini, Fernando († nach 1766) 29f.
Paisiello, Giovanni (1740–1816) 202
Il re Teodoro in Venezia (Wien 1784) 129, 136
Pál, Tamás (*1937) 285
Pâris Duverney (eigtl. Joseph P.; 1684–1770) 166
Parma, Piacenza und Guastalla → Marie Louise
Paul I. (1754–1801), Kaiser von Rußland (seit 1796) 105
Pekenino, Michele (um 1820) 294
Pellegrini, Domenico (1759–1840) 295
Périer, Auguste-Charles (*nach 1742) 168
Périer, Jacques-Constantin (1742–1818) 168
Pescetti, Giovanni Battista (um 1704–1766) 29
Peter I. (Pjotr I Alexejewitsch; 1672–1725), Zar (seit 1682) und Kaiser (seit 1721) von Rußland 196
Peter Leopold → Leopold II.
Petrarca, Francesco (eigtl. F. Petracco; 1304–1374) 52, 190
Petronius, Gajus Titus (?; gen. P. Arbiter; † 66 n. Chr.) 134
Petrosellini, Giuseppe (1727–um 1799) 51, 87
Pfalz → Karl Theodor
Piccinni, Vito **Niccolò** Marcello Antonio Giacomo (1728–1800) 56, 202
Pietro Leopoldino → Leopold II.
Pius VI. (vorher Giovanni Angelo Braschi; 1717–1799), Papst (seit 1775) 103
Pjotr I Alexejewitsch → Peter I.
Platon (eigtl. Aristokles; 428/427–348/347) 143
Plutarch (Mestrius Plutarchus; um 46–um 125) 237f.
Pocherini → Boccherini
Poggi, Clementina → Baglioni, Clementina
Poggi, Domenico (um 1775) 52, 68
Pompadour, Jeanne Antoinette Poisson, Dame Le Normant d'Etoiles, **Marquise de** (1721–1764) 166
Porpora, Nicola Antonio Giacinto (1686–1768)
Semiramide riconosciuta (Venedig 1729) 100
Preußen → Friederike; → Friedrich II.
Prokop der Große (um 1380–1434) 251
Puchberg, Johann **Michael** (1741–1822) 205
Puschkin, Alexandr Sergejewitsch (1799–1837) 11–13, 17–20
Jewgeni Onegin (1833) 11
Mozart i Saljeri (1830) 11f.

Quarin, Joseph Freiherr **von** (1733–1814) 58

Rainer (1783–1853), Erzherzog von Österreich 253
Randhartinger, Benedikt (1802–1893) 259
Rauh, Johann (1803–1863) 295
Rehberg, Friedrich (1758–1835) 295

Reissiger, Karl Gottlieb (1798–1859) 259
Righini, Vincenzo (1756–1812)
Il Demogorgone ovvero Il filosofo confuso (Wien 1786) 140f.
Missa solemnis (1790) 219
Rochlitz, Johann **Friedrich** (1769–1842) 17, 250, 270f., 277
Rogers, Nathaniel (1788–1844) 294
Römisches Reich → Franz I.; → Franz II.; → Joseph II.; → Leopold II.; → Maria Theresia
Rosenbaum, Maria Therese → Gaßmann, Therese
Rosenberg-Orsini, Franz Xaver Wolf Fürst (1723–1796) 88, 90, 134–137, 146, 148f., 155–157, 191, 198, 211, 225, 284
Rossini, Gioacchino Antonio (1792–1868) 15
Roullet, Marie **François** Louis **Gand-Leblanc,** Bailli **du** (1716–1786) 106, 108f., 118f., 159
Rudolf Johann Joseph Rainer (1788–1831), Erzherzog von Österreich 253
Rumfeld, Katharina → Salieri, Katharina
Rußland → Katharina II.; → Paul I.; → Peter I.
Rust, Giacomo (auch G. Rusti; 1741–1786) 86
Il talismano (mit Antonio Salieri; Mailand 1779) 86, 200

Sabatier, Karoline → Unger, Karoline
Sacchini, Antonio Maria Gasparo Gioacchino (1730–1786) 57
Semiramide riconosciuta (Rom 1764) 100
Sachsen-Teschen → Albert Kasimir; → Marie Christine
Salieri, Alois Engelbert (1782–1805) 245f., 256
Salieri, Anna (1784–nach 1825) 245
Salieri, Anna Maria (geb. Scachi di Francesco; 1717/18–1763) 26f.
Salieri, Antonio (1702–1763/64) 26f., 278
Salieri, Antonio (1744–1745) 26
Salieri, Antonio (1750–1825)
Alleluja (1774) 64
L'amore innocente (Wien 1770; Text: Giovanni Gastone Boccherini) 44, 55
L'Angiolina ossia Il matrimonio per sussurro (Wien, 22.10. 1800; Text: Carlo Prospero Defranceschi nach Ben Jonson) 239–241
Annibale in Capua (Triest, 21.4. 1801; Text: Antonio Simone Sografi) 241f.
Armida (Wien, 2.6. 1771; Text: Marco Coltellini nach Torquato Tasso) 45, 47–50, 55f., 61, 81, 101, 266, 268
Axur, re d'Ormus (Wien, 8.1. 1788; Text: Lorenzo Da Ponte nach Pierre Augustin Caron de Beaumarchais; Neufassung von *Tarare*) 82, 187–194, 197, 200, 202, 204, 206, 212, 214, 218, 225, 227, 229, 231, 238, 243f., 248, 269, 272, 285, 294
Il barone di Rocca antica (Wien, 12.5. 1772; Text: Giuseppe Petrosellini) 51, 55
La calamità de' cuori (Wien, 11.10. 1774; Text: Giovanni De Gamerra nach Carlo Goldoni) 68f.

Catilina (1792; Text: Giambattista Casti) 219–221, 225, 227
Cesare in Farmacusa (Wien, 2.6. 1800; Text: Carlo Prospero Defranceschi) 236–239
La cifra (Wien, 11.12. 1789; Text: Lorenzo Da Ponte nach Giuseppe Petrosellini; Neufassung von *La dama pastorella*) 202, 204–206
Cublai, gran kan de Tartari (1788; Text: Giambattista Casti) 138, 194, 196, 204, 219, 225, 227
La dama pastorella (Rom, Januar 1780; Text: Giuseppe Petrosellini) 87, 202
Les Danaïdes (Paris, 26.4. 1784; Text: François Gand-Leblanc du Roullet und Louis Théodore Tschudi nach Ranieri de' Calzabigi) 106–120, 129f., 146, 158, 161, 163, 212, 260, 263f., 266, 268f., 281, 294
Danaus (um 1810; Text: Franz Xaver Huber nach François Gand-Leblanc du Roullet und Louis Théodore Tschudi; Neufassung von *Les Danaïdes*) 263–265
Delmita e Daliso (Wien, 29.7. 1776; Text: Giovanni De Gamerra) 71f., 75, 223
Don Chisciotte alle nozze di Gamace (Wien 1770; Text: Giovanni Gastone Boccherini) 44
Le donne letterate (Wien, 10.1. 1770; Text: Giovanni Gastone Boccherini) 41, 43, 50, 55
Eraclito e Democrito (Wien, 13.8. 1795; Text: Giovanni De Gamerra) 223, 229
L'Europa riconosciuta (Mailand, 3.8. 1778; Text: Mattia Verazi) 80–82, 87
Falstaff ossia Le tre burle (Wien, 3.1. 1799; Text: Carlo Prospero Defranceschi nach William Shakespeare) 234–236, 238, 241, 248, 285
La fiera di Venezia (Wien, 29.1. 1772; Text: Giovanni Gastone Boccherini) 50, 55, 61, 67, 85f., 132
La finta scema (Wien, 9.9. 1775; Text: Giovanni De Gamerra) 69f., 223
Il genio degli state veneti all'entrata delle truppe austriache in Venezia l'anne 1798 (1798) 232
Gesù al limbo (1803) 252, 266
La grotta di Trofonio (Wien, 12.10. 1785; Text: Giambattista Casti) 137, 140, 142–144, 160, 225, 243, 267, 294
Habsburg (1805) 255
Les Horaces (Paris, 7.12. 1786; Text: Nicolas François Guillard nach Pierre Corneille) 160–162, 164
Die Hussiten vor Naumburg (1803) 250–252
L'isola capricciosa (1779; Text: Caterino Mazzolà) 87, 229
Le Jugement dernier (1787) 185
Konzert für Flöte, Oboe und Orchester C-Dur (1774) 66
Konzert für Klavier und Orchester B-Dur (1773) 66
Konzert für Klavier und Orchester C-Dur (1773) 66
Konzert für Oboe, Violine, Violoncello und Orchester C-Dur (1770) 66
Konzert für Orgel und Orchester (1773) 66

La locandiera (Wien, 8.6. 1773; Text: Domenico Poggi nach Carlo Goldoni) 52f., 67, 78, 101, 105
Messe B-Dur (1809) 249
Messe C-Dur (1799) 234, 253
Messe D-Dur (1788) 200
La moda ossia I scompigli domestici (mit anderen; Wien, Dezember 1771; Text: Pietro Cipretti) 45
Il mondo alla rovescia (Wien, 13.1. 1795; Text: Caterino Mazzolà nach Carlo Goldoni) 221f., 229
Il moro (Wien, 7.8. 1796; Text: Giovanni De Gamerra) 229
Die Neger (Wien, 10.11. 1804; Text: Georg Friedrich Treitschke) 242–244
Palmira, regina di Persia (Wien, 14.10. 1795; Text: Giovanni De Gamerra nach Désiré Martin) 228f.
La partenza inaspettata (Rom, 22.12. 1779; Text: Giuseppe Petrosellini) 87
La passione di Gesù Cristo (1776) 73f.
Il pastor fido (Wien, 11.2. 1789; Text: Lorenzo Da Ponte nach Giovanni Battista Guarini) 201, 285
Prima la musica e poi le parole (Schönbrunn, 7.2. 1786; Text: Giambattista Casti) 137, 152–154, 160, 197, 241, 282f.
La Princesse de Babylone (um 1788; Text: Désiré Martin nach Voltaire) 207f., 227f.
Der Rauchfangkehrer oder Die unentbehrlichen Verräter ihrer Herrschaften aus Eigennutz (Wien, 30.4. 1781; Text: Leopold Auenbrugger) 91–93, 96–98, 279, 294
Requiem (1804) 249, 255, 275
Il ricco d'un giorno (Wien, 6.12. 1784; Text: Lorenzo Da Ponte) 125–132, 139, 144, 146
La riconoscenza (1796) 230
La riconoscenza dei Tirolesi (1800) 233
La scuola de' gelosi (Venedig, 27.12. 1778; Text: Caterino Mazzolà) 82–84, 88, 101, 104, 106, 225
La secchia rapita (Wien, 21.10. 1772; Text: Giovanni Gastone Boccherini nach Alessandro Tassoni) 52, 61, 279
Semiramide (München 1782; Text: Pietro Metastasio) 100, 103
Il talismano (mit Giacomo Rust; Mailand, 21.8. 1779; Text: Carlo Goldoni) 200
Il talismano (Wien, 10.9. 1788; Text: Lorenzo Da Ponte nach Carlo Goldoni) 86f., 200f., 203
Tarare (Paris, 8.6. 1787; Text: Pierre Augustin Caron de Beaumarchais) 157–161, 164, 168, 170, 172–185, 187–194, 204, 206, 208–210, 212, 227, 229, 231, 233, 250, 264–266, 268f., 283f.
Tedeum (1788) 200
Tedeum (1791) 211
Tedeum (1799) 234, 253
Der Tyroler Landsturm (1799) 232f.
La vestale (1768) 40
Vierundzwanzig Variationen für das Orchester über das Thema La folia di Spagnia genannt (1815) 263, 267

Salieri, Barbara → Damichetti, Barbara
Salieri, Elisabeth Josepha (1786–1794) 160, 245
Salieri, Elisabetta (geb. Bonanomi; 1705/06–1740) 26
Salieri, Francesco Antonio (*1737) 26, 278
Salieri, Francesco Antonio (*1741) 26f., 278
Salieri, Francisca Antonia (1781–1796) 245
Salieri, Francisca Xaveria Antonia (1778–1837) 84, 256
Salieri, Giulia (*1724) 26
Salieri, Josepha Maria Anna (verh. Thrier; 1777–1834) 75
Salieri, Katharina (verh. Rumfeld; 1788–1849) 256
Salieri, Lucia (*1756) 26
Salieri, Theresia (geb. von Helferstorfer; 1755–1807) 59–63, 160, 245f., 256
Salieri, Theresia Henrica (1790–1791) 245
Salzburg → Hieronymus Graf von Colloredo-Waldsee
Sarselli, Elisabeth Augusta → Wendling, Elisabeth
Sarti, Giuseppe (1729–1802)
  Giulio Sabino (Venedig 1781) 153f.
Scachi di Francesco, Anna Maria → Salieri, Anna Maria
Scarlatti, Giuseppe (um 1718 oder 1723–1777) 42
Schiavoni, Natale (1777–1858) 294
Schickeneder, Johann Joseph → Schikaneder, Emanuel
Schickh, Josef Kilian (1799–1851) 273f.
Schikaneder, Emanuel (eigtl. Johann Joseph Schickeneder; 1751–1812) 216, 229
Schiller, Johann Christoph **Friedrich von** (1759–1805) 228, 260
Schindler, Anton Felix (1798–1864) 272–274
Schröder, Friedrich Ulrich **Ludwig** (1744–1816) 234
Schubert, Franz Peter (1797–1828) 7, 19, 259, 261, 269
  Goethe-Lieder (1821) 260
Schulz, Josephine → Killitschgy, Josephine
Schweden → Gustav III.
Schweitzer, Anton (1735–1787) 76
Sechter, Simon (1788–1867) 259
Secondat, Charles Louis de → Montesquieu, Charles de
Seidler, Karoline (geb. Wranizky; 1794–1872) 260
Seingalt, Chevalier de → Casanova, Giacomo
Shaffer, Peter Lavin (*1926)
  Amadeus (1979) 7, 20f.
Shakespeare, William (1564–1616) 235
  Comedy of Errors (vor 1594) 214
  The Merry Wives of Windsor (1597/98) 234, 238
  The Tempest (1611) 185
Sievers, Georg Ludwig Peter (1766–1831?) 264
Simoni, Giuseppe (um 1760) 27
Sizilien → Ferdinand IV.
Soderini, Angela → Tiepolo, Angela
Sografi, Antonio Simone (1759–1818) 242
Sokrates (um 470–399) 143
Soleri de Vesian, Maria → Mandini, Maria
Sonnenburg, Maria Anna Walburga Ignatia Berchtold zu → Mozart, Maria Anna
Sophie Friederike Auguste Prinzessin von Anhalt-Zerbst → Katharina II.

Spaun, Joseph Edler **von** (1788–1865) 260
Spontini, Gaspare Luigi Pacifico (1774–1851) 118
Stamm, Maria Caecilia → Weber, Maria Caecilia
Steeg, Johann Rudolf Zum → Zumsteeg, Johann Rudolf
Stephanie d. J., Johann **Gottlieb** (1741–1800) 152
Storace, Nancy Ann Selina (verh. Fisher; 1765–1817) 130, 139, 142, 147, 154f., 241
Storace, Stephen John Seymour (1762–1796)
Gli equivoci (Wien 1786) 214
Summer, Georg (1741/42–1809) 280
Süßmayr, Franz Xaver (1766–1803) 220f., 259
Swenson, Edward Elmgren (*1940) 9, 278f.

Tartini, Giuseppe (1692–1770) 27, 278
Tasso, Torquato (1544–1595) 190
La Gierusalemme liberata ovvero Il Goffredo (1575) 45
Tassoni, Alessandro (1565–1635)
La secchia rapita (1622) 51f.
Testori, Angelo (vor 1770–nach 1803) 216
Theophrast (Theophrastos; eigtl. Tyrtamos; um 372–287) 143
Thrier, Josepha Maria Anna → Salieri, Josepha Maria Anna
Tiepolo, Angela (verh. Soderini; um 1780) 122
Tommasi, Pietro (um 1765) 32
Toskana → Leopold II.
Traetta, Tommaso Michele Francesco Saverio (1727–1779)
Semiramide (Venedig 1765) 100
Trapassi, Pietro Antonio Domenico Bonaventura → Metastasio, Pietro
Treitschke, Georg Friedrich (1776–1842) 242
Tschudi, Jean Baptiste **Louis Théodore** Baron de (1734–1784) 106, 108, 118f.
Tyrtamos → Theophrast

Ugarte, Johann Wenzel Graf (1748–1796) 211
Umlauff, Ignaz (1746–1796) 76, 84, 259
Ungarn → Maria Theresia
Unger, Karoline (auch Carlotta Ungher; verh. Sabatier; 1803–1877) 260
Uttini, Francesco Antonio Baldassare (1723–1795) 56
Thetis och Pelée (Stockholm 1773) 56

Valabrègue, Angelica → Catalani, Angelica
Verazi, Mattia (vor 1730–1794) 79f., 87, 100
Verdi, Giuseppe Fortunato Francesco (1813–1901)
Falstaff (Mailand 1893) 234
Vesian, Maria Soleri de → Mandini, Maria
Villeneufe, Luisa (um 1790) 205
Viotti, Giovanni Battista (1755–1824) 287
Vogler, Georg Joseph (gen. Abbé V.; 1749–1814) 56
Voltaire (eigtl. François Marie Arouet; 1694–1778) 168, 178

Wagner, Wilhelm **Richard** (1813–1883) 283
Wallbach-Canzi, Katharina (eigtl. K. Kanz; 1805–1890) 260

Walzel, Fortunata → Franchetti-Walzel, Fortunata
Warrack, John Hamilton (*1928) 277
Weber, Maria **Aloysia** Louise Antonia (verh. Lange; 1759/61–1839) 90
Weber, Carl Maria von (eigtl. C. Friedrich Ernst v. W.; 1786–1826) 15, 147–149, 155, 263
Weber, Konstanze → Mozart, Konstanze
Weber, Maria Caecilia (geb. Stamm; 1727–1793) 217
Weigl, Joseph (1766–1846) 212, 259
Il pazzo per forza (Wien 1788) 201
Wendling, Elisabeth Augusta (geb. Sarselli; 1746–1786) 100
Willer-Mawlas, Marie-Thérèse → Beaumarchais, Marie-Thérèse de
Winter, Peter von (1754–1825) 259
Wranizky, Anna Katharina → Kraus-Wranizky, Katharina
Wranizky, Karoline → Seidler, Karoline
Württemberg → Elisabeth Wilhelmine

Zinzendorf, Karl Johann Christian **Graf** (1739–1813) 284
Zumsteeg, Johann Rudolf (eigtl. J. R. Zum Steeg; 1760–1802) 80

Lust an der Musik

Ein Lesebuch
Herausgegeben von Klaus Stadler.
436 Seiten. Serie Musik 8250

»Lust an der Musik« will dem Leser Beispiele für die »unendliche Vielfalt« der Musik geben, es will ihn anregen, auch die Musik abseits der ausgetretenen Pfade der Konzertprogramme kennenzulernen. In den Texten wird deutlich, welchem Wandel die Art, über Musik nachzudenken und zu schreiben, unterworfen ist. Vor allem aber zeigen die Texte, daß es möglich ist, Musik im Wort zum Klingen zu bringen.
In den Kapiteln »Musik und Zeit«, »Über Komponisten und Kompositionen«, »Komponisten in Selbstzeugnissen«, »Interpreten und Interpretation«, »Zum Musiktheater« und »Zur Musik unserer Zeit« kommen 47 Autoren (darunter die Komponisten Beethoven, Kelemen, Mahler, Mendelssohn-Bartholdy, Prokofjew, Schumann, Strauss, Wagner und Zillig) zu Wort.